新しい国際金融論

理論・歴史・現実

勝 悦子

有斐閣

本書のコピー，スキャン，デジタル化等の無断複製は著作権法上での例外を除き禁じられています。本書を代行業者等の第三者に依頼してスキャンやデジタル化することは，たとえ個人や家庭内での利用でも著作権法違反です。

● は し が き ●

　東西冷戦が終結してから 20 年以上が経ち，世界は大きく変貌しました。グローバル化が一段と進むと同時にエマージング（新興）諸国の台頭が著しく，世界経済危機を背景としたソブリン・デットの重石のなか，日欧米経済の低迷が目立っています。世界経済危機後，それまで金融規制緩和が強い潮流であったものが金融規制強化に舵が切られ，世界のリーダーも G7 から G20 へと変わりました。

　冷戦終結で世界は安定化に向かうと思われていましたが，実際には紛争，貧困，環境問題などのグローバル・イシュー（地球規模問題）は依然解決されていません。むしろ金融危機で先進国はソブリン・デット問題を抱え，超金融緩和策を導入する，近隣窮乏化政策を競争的に採る危険性も増しています。世界経済危機は，各国の社会システムの不安定性と政治的不安定性を強めています。2011 年初めに中東で起きた「ジャスミン革命」と，これにともなう移民の EU 諸国への集中は，国境での出入国審査の廃止を定めたシェンゲン条約の見直しをももたらすなど，EU そのものにも影響を与えています。

　そしてわが国では未曾有の地震・津波，そして原発事故がおき，復旧・復興が急がれています。新たな財源が必要となるなか，日本国債の格下げもあり，ギリシャのような国債市場の流動性問題を生じさせないためにも，増税を含めた財政健全化政策が喫緊の課題となっています。福島第一原発事故にともなう東電の賠償金負担については，1990 年代日本でおきた金融危機で公的資金が銀行に注入されたことと同質の問題を抱えています。政府がどのように関与するのか，企業責任がどこまで問われるのか，その帰趨が注目されています。

　また，米国国債の格下げ後の 8 月 19 日には，円はニューヨーク市場で 1 ドル 75 円 95 銭，10 月 25 日には 75 円 73 銭の戦後最高値をつけ，円高の勢いは止まっていません。金やスイス・フランなど「逃避資産」が急騰し，ドル中心の国際通貨システムの将来展望も不透明なものとなっています。

本書は，このように大きく変貌した世界経済を，「金融」「グローバル化」といったキーワードで分析・理解することを目的とした「教科書」です。現代の経済は「金融」の理解なくしては語ることができないだけでなく，また「グローバル化」の本質を理解することなしには分析できません。

　「新しい」と銘打っていますが，データや現状はすぐに古くなるわけで，単に時系列での新しさを目指したものではありません。国際金融論の教科書の多くが，為替論や国際マクロに限られたものであり，金融システムを組み入れたものがなかったこと，世界経済の現象を分析するには，いまや「金融」の理解なくしてはできない，という認識のもとでマクロとミクロ両面に目配りした，という意味で，「新しい」としました。「理論・歴史・現実」を副題としたのは，理論だけでなく，「制度」を理解しなければ，本質は理解できない，ということを意味しています。とくに，世界の通貨制度については，金融政策，金融システムと関連付けて分析していることも本書の特徴となっています。

　また，より発展的な研究を行いたいという学生には，体系的な研究を行うために文献整理を行い，巻末に文献一覧をつけました。分析にはデータ収集も重要で，本書ではwebで取れるデータベースの情報もつけました。

　筆者は，2008年度から大学行政，とりわけ大学の国際化や政府の高等教育のあり方の議論にも関わることになり，日本の大学での教育，研究のあり方を改めて考える機会が多くなっています。大学の質保証のためには，究極的には個々の教員の教授法や研究内容の高度化が必要であり，何より体系的に学生に教えることが最も重要であると認識しています。また，日本経済が今後活力を失わないためには，グローバル人材育成のための教育も重要であり，その意味でも大学教育は多くの責務を負っています。こうしたパースペクティブで，また個人の教授法を再構築するためにも，今般教科書をまとめることとしました。

　大学の国際化に関わるようになって，世界各地を訪れる機会に恵まれました。エマージング諸国にいかに勢いがあるか，ロシア，旧東欧などの旧中央計画経済がいかに変わったかを実際に見る多くの機会に恵まれ，また彼らが英語という国際共通語を武器にコミュニケーションをしていることを目の当たりにして，日本人学生の海外での経験の必要性を痛感するようになりました。

　本書を書くに当たっては，大学行政に関わるようになって多忙を極めたこと

もあり，非常に長い時間がかかってしまい，有斐閣には多くのご迷惑をおかけしました。ただ，長い時間がかかったことで，いくつもの危機を分析対象とすることができた，ということは，ある意味幸運であったかと思います。これまで納谷学長をはじめとする明治大学教職員の方々，政治経済学部の教職員の方々にはいろいろお世話になり心より感謝申し上げます。また，政府審議会におけるさまざまな議論で，研究者，実務家の方々から多くを学ばせていただき，考え方を整理することができました。さらに大学院生であった一木毅文さん（現愛知大学助教）には，作図，データ整理を手伝ってもらいました。大学院生およびゼミの学部生との日々の議論でもさまざまな示唆をもらいました。

　最後に有斐閣書籍編集第二部の長谷川絵里氏には，丁寧な校正および多くのアドバイスをいただきました。同伊藤真介氏（現常務取締役），藤田裕子氏にも多々お世話になり，紙面を借りて心より感謝申し上げます。編集部の支援がなければ，本書は日の目をみなかったでしょう。また，心の支えとなってくれている家族にも心から感謝したいと思います。本書が，世界経済の現状の理解に少しでも貢献できれば筆者の望外の喜びです。

　本書を次世代の日本を担う，多くの若者に捧げたいと思います。

　2011 年 10 月

　　　　　　　　　　　　　　　駿河台研究室にて　　勝　　悦子

目　次

はしがき　i

第1章　国際収支とマクロ経済 ─────────── 1
1　マクロ経済の諸概念 ……………………………………………… 2
　　1.1　マクロ経済政策の目的　2
　　1.2　マクロ経済の諸変数　4
2　開放経済と経常収支 ……………………………………………… 14
　　2.1　GDPと経常収支　14
　　2.2　経常収支と貯蓄・投資　16
　　2.3　金融の概念──資金循環（flow of funds）と経常収支　18
　　2.4　経常収支と対外純資産　19
3　経常収支の5つの側面 …………………………………………… 22

第2章　国際収支表の作成方法 ─────────── 27
1　国際収支統計とは何か …………………………………………… 28
　　1.1　国際収支統計の3つの特徴　28
　　1.2　国際収支作成上のルール　30
　　1.3　国際収支統計とGDP統計　33
　　1.4　国際収支統計と資金循環統計　34
　　1.5　国際収支統計とBIS統計　35
2　国際収支の項目 …………………………………………………… 35
　　2.1　経　常　収　支　35
　　2.2　資　本　収　支　36
　　2.3　外貨準備増減，誤差脱漏　37
3　国際収支表の作成方法 …………………………………………… 38
　　3.1　具体的な記述例　38
4　近年のグローバルな資金フローと国際収支 ………………… 45

目次 v

第3章 外国為替市場の仕組み ——————————— 49
1 国際取引と外国為替市場 ………………………………… 50
- 1.1 急激に増大する外国為替市場　50
- 1.2 外国為替とは何か　51
- 1.3 国際取引の決済の仕組み　52

2 外国為替市場の仕組み ……………………………………… 54
- 2.1 インターバンク市場と対顧客市場　54
- 2.2 ディーリングの方法　57
- 2.3 為替レートの表示方法　60
- 2.4 24時間取引である外国為替市場　61

3 BIS統計からみた外国為替市場 ………………………… 63
- 3.1 外国為替市場の規模と通貨別取引量　63
- 3.2 形態別，取引相手別取引量　64
- 3.3 国別でみた外国為替取引額　66
- 3.4 東京市場の取引状況　66

4 外国為替市場での媒介通貨としてのドルの役割 ………… 67

第4章 リスクヘッジのための外国為替取引 ——————— 73
1 スポット・レートとフォワード・レート ……………… 74
- 1.1 スポット・レート　74
- 1.2 フォワード・レート　75
- 1.3 スワップ取引　79
- 1.4 デリバティブ取引　81

2 企業の為替リスク管理 ……………………………………… 87
- 2.1 企業，銀行の為替リスク管理　87
- 2.2 多国籍企業のリスク管理体制　88

第5章 市場介入と金融政策 ——————————————— 91
1 市場介入の仕組み ………………………………………… 92
- 1.1 平衡介入の枠組み　92
- 1.2 委託介入，逆委託介入と協調介入　96
- 1.3 風に逆らう介入，風に乗る介入　97

2 外国為替介入と金融 ……………………………………… 100

2.1　通貨の機能　100
　　2.2　マネーサプライとは何か　101
　　2.3　通貨当局のバランスシートとハイパワードマネー　102
　3　マネーサプライとハイパワードマネー ················· 103
　　3.1　銀行の信用創造機能　103
　　3.2　信用乗数メカニズム　105
　　3.3　外国市場介入による金融への影響　107
　　3.4　不胎化の効果　108
　　3.5　固定相場制と金融政策の自律性　110

第6章　為替レートの決定理論 ─────────── 113
　1　為替レートの長期的均衡 ···································· 114
　　1.1　一物一価の法則　114
　　1.2　購買力平価（PPP: Purchasing Power Parity）　115
　　1.3　マネタリー・アプローチ　124
　2　為替レートの短期的均衡 ···································· 126
　　2.1　アセット・アプローチ　126
　　2.2　不完全代替の場合のアセット・アプローチ　136
　　2.3　ポートフォリオ・バランス・アプローチ　137
　　2.4　ランダムウォーク・モデルと効率的市場仮説　139

第7章　外国為替レートと経常収支 ─────────── 141
　1　経常収支と為替レート ······································ 142
　2　弾力性アプローチ ·· 143
　　2.1　弾力性アプローチとは何か　143
　　2.2　マーシャル＝ラーナーの安定条件　146
　　2.3　パススルーと Pricing to Market（PTM: 市場別価格設定）　150
　　2.4　日本企業のインボイス通貨選択と円の国際化　151
　　2.5　Ｊカーブ効果　151
　　2.6　弾力性アプローチの限界　154
　3　国際収支のマネタリー・アプローチ（MABP） ··········· 154

第8章 オープン・マクロ理論 ——————————— 159

1 *IS-LM* モデル（閉鎖経済）………………………………………… 160
 1.1 通貨市場の均衡　160
 1.2 財市場の均衡　162
 1.3 均衡金利，均衡生産量の決定と金融政策，財政政策の効果　163

2 オープン・マクロ経済モデル——マンデル＝フレミング理論 ……… 164
 2.1 開放マクロ経済の均衡　164
 2.2 金融政策，財政政策の効果　166

3 国際資本取引の自由度と政策変化 ………………………………… 171
 3.1 資本可動性と *BP* 曲線　171
 3.2 資本可動性とマクロ経済政策の効果　173
 3.3 国際金融のトリレンマ　174

4 マクロ経済の政策手段 ……………………………………………… 175
 4.1 相互依存と政策協調　177
 4.2 マンデル＝フレミング・モデルの新潮流　178

第9章 国際通貨制度の歴史 ——————————— 181

1 第一次世界大戦以前のシステム——国際金本位制の確立 ………… 182

2 金本位制のメカニズム ……………………………………………… 183
 2.1 複本位制のメカニズム　183
 2.2 金本位制のメカニズム　184
 2.3 ヒュームのプライス・スピーシー・フロー・メカニズム　186

3 金本位制の崩壊と大戦間期の通貨制度 …………………………… 186

4 円の通貨史 ………………………………………………………… 188

5 戦後 IMF 体制とブレトンウッズ体制 …………………………… 191
 5.1 ブレトンウッズ協定　191
 5.2 ブレトンウッズ体制の特徴　192
 5.3 ブレトンウッズ体制の崩壊　194
 5.4 変動相場制移行と政策協調　196

6 IMF と世界銀行 …………………………………………………… 196
 6.1 IMF とは何か　196
 6.2 世界銀行とは何か　199
 6.3 国際開発金融機関と援助政策の変化　200

第10章　ユーロと欧州の金融・財政政策 ──────── 203

1　EUの歴史──ローマ条約からEUへ ················· 204
 1.1　ローマ条約締結まで　204
 1.2　段階的統合　205
 1.3　EU統合の経緯──拡大と深化　206
 1.4　欧州統合の背景　209

2　通貨統合の進展──EMSのメカニズムとEMU ············· 211
 2.1　共同フロートとその崩壊　211
 2.2　EMSの試み　212
 2.3　EMSからEMUへ　213
 2.4　東西冷戦終結とドイツ統合　214
 2.5　最適通貨圏の理論（Optimal Currency Area）とEMU　216
 2.6　経済安定化協定（財政赤字削減）　217

3　ユーロシステムの金融政策──制度と課題 ············· 219
 3.1　ユーロシステムとは何か　219
 3.2　ECBの金融政策の2つの柱（Two Pillars）　220
 3.3　ECBの金融政策の手段　221

4　EUの拡大とユーロの将来展望 ··················· 225
 4.1　旧東欧諸国の市場経済移行とEU拡大　225
 4.2　政治統合の可能性と今後の展望　227

第11章　金融のグローバル化と国際金融システム ──────── 229

1　金融のグローバル化 ······················ 230
 1.1　金融の国際化とグローバル化の違い　230
 1.2　金融グローバル化の進展　230
 1.3　BIS統計でみる金融のグローバル化　232
 1.4　エマージング市場の国際金融市場への統合度の高まり　235
 1.5　国際資本移動の効用　236
 1.6　国際分散投資　238

2　資本取引規制をどう考えるか ·················· 239
 2.1　通貨の交換性と資本取引規制　240
 2.2　資本自由化の順序付け（sequencing）　243
 2.3　エマージング市場における資本取引規制の類型　244

3　ユーロ市場と金融のグローバル化 ………………………………… 244
　　　3.1　ユーロ市場とは何か　244
　　　3.2　オフショア市場の類型　247
　　　3.3　タックスヘイブンとは何か　247
　　4　国際化の進展と各国金融システムの変化 ……………………… 249
　　　　――規制の競争と各国の規制緩和
　　　4.1　1986 年のイギリスのビッグバンと日本の金融制度改革　249
　　　4.2　主要国の金融制度と制度の競争　250

第 12 章　プルーデンス政策と規制の国際標準化 ─────── 255
　　1　プルーデンス政策の必要性 …………………………………………… 256
　　　1.1　銀行はなぜ特別か　256
　　　1.2　金融取引と情報の非対称性　257
　　　1.3　情報の非対称性と銀行の役割　258
　　2　プルーデンス政策の類型 ……………………………………………… 260
　　　2.1　プルーデンス政策とは何か　260
　　　2.2　事前的措置　260
　　　2.3　事後的措置　263
　　　2.4　金融規制の国際標準化　265
　　3　BIS 自己資本比率規制 ………………………………………………… 267
　　　3.1　BIS 規制の概要　267
　　　3.2　BIS 規制と銀行の経営戦略　269
　　　3.3　深化したバーゼルⅡ　270
　　　3.4　ルール重視からプロセス重視へ　272

第 13 章　通貨危機のメカニズム ───────────────── 275
　　1　アジア通貨危機 ………………………………………………………… 276
　　　1.1　アジア通貨危機の経緯　276
　　　1.2　アジア通貨危機発生の原因　279
　　　1.3　IMF の対応　282
　　　1.4　民間部門の関与（PSI: Private Sector Involvement）　285
　　　1.5　資本取引規制　286
　　2　通貨危機の理論 ………………………………………………………… 287
　　　2.1　第一世代モデルとシャドー為替レート　287

2.2　第二世代モデル，第三世代モデル　288
　3　エマージング市場特有の銀行問題 …………………………………… 289
    3.1　エマージング市場のリスク特性　289
    3.2　アジアにおける金融リストラクチャリング　291
    3.3　アジア債券市場構想　294
　4　ヘッジファンド危機と市場流動性 …………………………………… 294
    4.1　市場流動性　294
    4.2　ヘッジファンドとは何か　295
    4.3　LTCM危機　296
    4.4　ニューヨーク連邦銀行介入によるLTCM救済とBISの対応　297

第14章　エマージング諸国とさまざまな通貨制度 ── 301

　1　世界の通貨制度 ……………………………………………………… 302
    1.1　IMFの分類による通貨制度　302
    1.2　途上国の通貨制度　303
　2　為替相場制度の選択 ………………………………………………… 306
    2.1　なぜ固定相場制は崩壊するのか　306
    2.2　為替レジーム選択にあたって考慮すべきファクター　309
    2.3　エマージング諸国におけるさまざまな為替相場制度　313
    2.4　エマージング諸国の為替相場制度への示唆　319

第15章　世界経済危機と国際金融システム改革 ── 323

　1　サブプライム・ローン危機，リーマン・ショックと
　　　政策対応の失敗 …………………………………………………… 324
    1.1　サブプライム・ローン危機　324
    1.2　リーマン・ショックと世界金融危機，メルトダウン　327
    1.3　今回の世界経済危機と金融システムの安定性　330
　2　金融規制強化へ ……………………………………………………… 331
    2.1　G20サミットでの議論　331
    2.2　金融規制の強化　333
    2.3　バーゼルIII　335
    2.4　欧州ソブリン危機　335
　3　IMF，G20の役割，今後の国際ガバナンスのあり方 ……………… 341

3.1 国際システム安定化のために　341
3.2 G7 から G20 へ　342
3.3 IMF の機能強化　347
3.4 日米ソブリン・デットの行方　352

文献一覧 ——————————————————— 357
索　引 ——————————————————— 367

Column ●●

① 日本は経済三流国か　6
② アメリカの経常収支赤字をどう考えるべきか　16
③ 1980 年代の経常収支不均衡と前川レポート　41
④ アジアの資金フロー構造　44
⑤ 外為法改正と金融商品取引法の制定　68
⑥ VIX（CBOE Volatility Index）と NDF　80
⑦ 大阪堂島の米先物市場　83
⑧ シカゴ商品市場（Chicago Board of Trade: CBOT）　84
⑨ 「ミセス・ワタナベ」と円　88
⑩ ニューヨーク連邦準備銀行の特殊性　92
⑪ 「埋蔵金」と外国為替資金特別会計　99
⑫ 日本銀行の量的緩和政策とインフレ・ターゲット，非不胎化政策　109
⑬ ビッグマック指数（Big Mac Index）　118
⑭ 資産価格と割引現在価値　128
⑮ グローバル・インバランスと信用バブル　153
⑯ オランダ病が意味すること　155
⑰ G7 サミットから G20 サミットへ　177
⑱ BIS（国際決済銀行）の成り立ち　188
⑲ EU 理事会と EU 法　210
⑳ テイラー・ルール　221
㉑ ヨーロッパ・デー，欧州旗　224
㉒ 日本の為替管理の歴史　240
㉓ 2004 年外為法改正と TCI ファンド　246
㉔ インベストメント・バンクの歴史と規制緩和　251
㉕ 日本の金融危機はなぜ長引いたのか　262

㉖ 国際会計基準　271
㉗ 邦銀のグローバル市場でのプレゼンスの低下　273
㉘ マクロ経済データの公表基準──SDDS，GDDS　284
㉙ 円の国際化，アジア通貨統合の行方　292
㉚ エマージング市場への外国銀行参入　296
㉛ アルゼンチンの通貨危機　314
㉜ 人民元為替レジーム改革　320
㉝ 量的緩和第2弾とエマージング諸国，国際商品価格　329
㉞ ソブリン・ウェルス・ファンドと国際金融市場　344

●図●

1-1　フロー循環図　5
1-2　付加価値とは何か　8
1-3　マクロ経済の規模をあらわす諸指標と国民所得の三面等価　13
1-4　経常収支と対内民間証券投資額の推移　17
1-5　日本の資金循環　20
1-6　アメリカの資金循環　21
1-7　各国（地域）の経常収支　22
2-1　国際収支統計と国民経済計算の整合　33
2-2　国際収支統計と資金循環統計　35
2-3　エマージング・アジア諸国の資金フロー　45
3-1　国際取引の決済例　53
3-2　インターバンク市場と対顧客市場　55
3-3　日本経済新聞マネー欄　56
3-4　外国為替市場の執行別取引量　58
3-5　24時間稼働する外国為替市場（月～金，1992～93年）　63
3-6　世界の外国為替市場の取引額　64
3-7　媒介通貨　71
4-1　VDAX と VIX　81
4-2　オプション取引のペイオフ・ダイアグラム（損益表）　82
5-1　外国為替資金特別会計の外為介入　95
5-2　日本の外国為替市場の介入と円ドル・レートの推移　98
5-3　マネーストック統計　101
5-4　通貨当局の介入の流れ　108
6-1　ビッグマック指数（Big Mac Index）　119
6-2　相対的購買力平価（1ドル当たり円）　120
6-3　アンカバーの金利平価　129
6-4　円ドルの均衡為替レートの決定　131
6-5　円金利低下の影響　131
6-6　ドル金利上昇の影響　131

目　次　xiii

6-7　貨幣市場の均衡と為替レート　133
6-8　オーバーシューティング（硬直価格マネタリー・モデル）　135
7-1　為替レートの変化と両国の輸出入の変化　144
7-2　弾力性アプローチ　145
7-3　Jカーブ効果　152
8-1　LM 曲線の導き方　161
8-2　IS 曲線の導き方　163
8-3　オープン・マクロ経済の均衡　165
8-4　変動相場制下の金融政策の効果　167
8-5　変動相場制下の財政政策の効果　167
8-6　固定相場制下の金融政策緩和の効果　168
8-7　固定相場制下の財政政策の拡張効果　169
8-8　平価変更の効果　170
8-9　平価変更予想の効果　170
8-10　資本可動性とマクロ経済均衡　173
8-11　国際金融のトリレンマ　174
8-12　マクロ経済政策のポリシーミックス　176
9-1　金本位制度下の外国為替市場（1）　185
9-2　金本位制度下の外国為替市場（2）　185
9-3　第2次世界大戦前の円相場　190
9-4　ブレトンウッズ体制下の金ドル本位制　193
9-5　IMF 融資額の推移　198
10-1　EU 加盟国　207
10-2　ユーロ中央銀行制度（ユーロシステム）と ESCB　218
10-3　ユーロ地域のインフレ率（年平均）　220
10-4　TARGET システムの概要　223
11-1　国際資金取引統計での与信：所在地ベース（locational）　233
11-2　国際与信統計での与信：連結ベース（consolidated）　233
11-3　国際金融取引の概念図　234
11-4　国際資本移動の効用　237
11-5　有効フロンティア曲線　238
11-6　国際分散投資の効用　238
12-1　情報の非対称性と資金市場　259
12-2　BIS 規制の見直し（2006 年度末適用開始）　268
12-3　信用リスク計測の精緻化のイメージ　270
13-1　アジア各国の為替推移（1997 年 6 月末～）　278
13-2　アジア諸国への民間資金の流入（GDP 比，％）　280
13-3　2 つのミスマッチ（通貨，マチュリティ）　282
13-4　シャドー為替レートと危機の発生時期　288
14-1　エマージング諸国の通貨制度　304
14-2　スワン・ダイアグラムにおける基礎的均衡為替レート　307
14-3　中国の外貨準備の増大と人民元相場　321

15-1	世界金融危機の経緯	326
15-2	危機前のエマージング諸国のNIIP（GDP比，%）	328
15-3	FRBの量的緩和政策	329
15-4	欧州債務危機国のリスク・プレミアムの推移	337

● 表 ●

1-1	OECD加盟国の1人当たりGDP（上位20カ国）	6
2-1	国際収支表の例	40
2-2	アメリカの国際収支	42
3-1	主要通貨の外国為替市場取引シェア	65
3-2	世界主要外国為替市場の1日平均取引高	67
3-3	東京市場における取引形態（2010年4月）	70
4-1	外国為替相場一覧表（各通貨1単位当たり，円）	75
4-2	簡略化した外国為替持ち高表（ドル・ポジション）	87
5-1	外国為替資金特別会計のバランスシート	95
5-2	通貨当局のバランスシート	103
5-3	市中銀行のバランスシート	103
5-4	不胎化を行った場合の日本銀行のバランスシート	110
7-1	価格弾力性の推計値	149
8-1	為替相場制度とマクロ政策の効果	171
9-1	IMFの基礎データ	197
10-1	バラッサによる経済統合の深化	205
10-2	欧州年表	208
10-3	ESCBの金融政策手段	222
10-4	新規EU加盟国の通貨制度	226
10-5	ユーロ導入国	227
11-1	国際銀行統計の比較	233
11-2	外為法をめぐる変遷	241
12-1	プルーデンス政策の類型	261
12-2	国際金融規制の変遷	265
12-3	英『ザ・バンカー』誌の世界銀行ランキング（資産規模ベース）	273
13-1	主な通貨危機	276
13-2	外貨準備の通貨別内訳	293
13-3	外貨準備のうち分類不能の比率	293
14-1	為替相場制度と金融政策のマトリックス（2010年4月末現在）	304
14-2	国際金融のトリレンマと制度	313
15-1	バーゼルIII策定までの経緯	332
15-2	バーゼルIIIの段階的実施	336
15-3	リーマン・ショック後のIMF支援	339
15-4	各種国際会議のメンバー	343
15-5	主なソブリン・ウェルス・ファンド	345
15-6	IMFの主な非譲渡的融資	349
15-7	最近のIMF増資とクオータの推移	351

第1章 国際収支とマクロ経済

> **Keywords**
> open economy　対内均衡　対外均衡　付加価値　帰属価値　名目 GDP　実質 GDP　GDP デフレーター　CPI　WPI　FISIM　ラスパイレス型指数　パーシェ型指数　GNP　GDP　要素所得　所得収支　SNA　SNA 体系　GNI　三面等価の法則　産業連関表　純輸出　アブソープション・アプローチ　可処分所得　IS バランス　部分均衡　一般均衡　異時点間の取引　資金循環勘定　間接金融　直接金融　ストック　フロー　IS バランス・アプローチ

◆ はじめに

バブル経済崩壊後「失われた10年[*1]」と言われたように，日本では景気停滞局面が長引，1995年以降はデフレ（持続的な物価水準の下落）の傾向が顕著となりました[*2]。一方で経常収支は大幅な黒字が続いており，円相場は基本的にはドルに対して堅調な動きを示してきました。これに対しアメリカでは，90年代を通じて「ニューエコノミー」と言われるインフレなき安定成長が続いた後2001年にブッシュ政権が誕生してからは，減税政策や03年のイラク戦争勃発にともなう軍事支出増大のもとで財政赤字は再び赤字に転落し，経常収支の赤字幅も06年に過去最大となり，80年代の「双子の赤字」の再来が騒がれました。この間，EUにおいては共通通貨ユーロが99年に導入され，国際収支は

[*1] 「失われた10年」（Lost Decade）とは，80年代の中南米債務危機の際，IMF融資のコンディショナリティなどにともなう構造改革で10年間成長が伸びなかった事象について使われたものです。最近では「失われた20年」（Lost Two Decades）とまで言われています。

[*2] GDP デフレーター（年度ベース）は，1995年にマイナスに転じ，97年に一時的にプラスとなったものの，98年には再びマイナスとなってそれ以降13年連続でマイナスとなっています（内閣府ウェブサイト〔http://www.esri.cao.go.jp/〕で確認してみましょう）。

各国統計とEU全体の統計（ECB, Eurostat）が公表されています。

　世界経済の統合が一段と進むなか，国際経済関係を表す国際収支がいっそう注目されてきています。国際収支は，一国の対外経済取引をすべて網羅したものであり，なかでも経常収支は，国民経済との関連が強いことからその不均衡は大きな政治的関心事項となっています。マクロ経済政策といった観点からも経常収支不均衡をどう捉えるかが大きな論点となっています。1997年のアジア通貨危機は国際資本の急激な流出が要因のひとつですが，国際資本フローの実態を捉えることができるのも国際収支です。

　本章では，国際収支とは何か，開放経済（**open economy**：国際貿易，国際資本移動のある経済）の枠組みのなかで，国際収支と国民経済がどのように結び付いているか，国際収支の不均衡はマクロ経済の枠組みのなかで何を意味し，何に起因しているのか，について考えてみましょう。まず初めにマクロ経済分析に必要な生産，インフレの概念を簡単に整理し，国際収支と国民所得との関係を整理しておきましょう。

1　マクロ経済の諸概念

1.1　マクロ経済政策の目的

◆ マクロ経済とミクロ経済

　1990年代にアメリカ経済はインフレなき安定成長，いわゆる「ニューエコノミー」と言われる高度成長を達成し，一方「失われた10年（20年）」と言われているように，日本の経済は停滞しました。また97年に起きたアジア通貨危機では，多くのアジア諸国が激しいリセッションに陥りましたが，その後はV字型回復を実現しました。欧州においてはユーロ導入のもとで2000年代後半GDP（国内総生産）はおしなべて高い成長率を示しましたが，2008年のリーマン・ショック後はソブリン・リスクが顕在化しアメリカ同様経済の停滞が顕著となっています。このように，経済の国際化，相互依存関係がますます増大するなかで，「インフレなき安定成長」を実現するために，各国はどのような経済政策を採るべきなのでしょうか。

　このような問題に対処するのがマクロ経済学です。マクロ経済学は，経済全

体の失業，生産，および成長がどのように決定されるか，インフレはなぜ起こるのか，失業はなぜ増大するのかなど，経済全体の事象を明らかにするものです。これに対し，家計，企業，政府など個々の経済主体の行動パターンを分析し，それぞれの経済主体が自身の利益を追求するためにどのように意思決定するのか，それらの意思決定が市場でどのように相互作用するのか，どのように資源配分を決定するのか，などを分析するのがミクロ経済学です。したがって，各経済主体が生産と消費をどのように決定し貿易パターンがいかに決まるかといったことや，自由貿易が資源配分を効率化させ，消費者余剰を高めるといった国際貿易理論もミクロ経済学の範疇に入ります。

　もちろん，経済全体は，市場で相互に作用しあう家計や企業の集合体であるので，ミクロ経済学とマクロ経済学は密接な関係にあり，最近では，ミクロ経済学の基礎に基づいたマクロ経済学の構築が主流となっています。また，経済の国際化が一段と進み，ほとんどの国が開放経済の度合いを高めるなか，オープン・マクロ経済学に基づいた分析はますます重要となっています。

◆ マクロ経済政策の目標

　一国経済のみならず，世界経済を安定化させるにはマクロ経済政策が適切に運営されていなければなりません。マクロ経済政策の政策当局の目標として以下の3つが重要です。それは**対内均衡**（すなわち，完全雇用の状態。失業率が自然失業率に等しい状態）を達成するために重要な3つのファクターで，安定した経済成長，低位で安定したインフレ率，および自然失業率に等しい失業率です。これらはすべて国民経済の厚生を高めることになります。これに対して，マクロ経済政策の目標は対内均衡と**対外均衡**を同時に達成することだという考え方もあります。この場合，対外均衡を達成するとは，国際収支の均衡ということになります[*3]。

　国内総生産（GDP）は，その国の経済厚生を測定する最善の尺度とみられています。すなわち実質成長率が伸びれば伸びるほどその国の国民の所得が増し，生活水準が向上して経済厚生が高まると考えられるからです。以下では，

---

*3　政策目標が複数ある場合に同時に政策目標を達成するには，少なくとも同数の独立した政策手段が必要となります。これは「ティンバーゲンの定理」と呼ばれますが，これについては第8章で論じます。

GDPの概念についてまず整理をしておきましょう。

1.2　マクロ経済の諸変数
◆GDPとは何か
　経済成長を測る指標として，国内総生産（Gross Domestic Product: GDP）という概念があります。GDPとは，「一定期間において一国内で生産されるすべての最終的な財・サービスの市場価値」と定義されます。

　ここで，家計と企業という2つの経済主体からなる経済を考えてみましょう。この経済では，労働だけを投入要素としてパンを作っているとします。家計は企業に労働サービスを売り，企業は雇った労働を用いてパンを作り，それをまた家計に売ります。これをお金の流れから見ると，家計は企業からパンを買い，企業はその売上げの一部を労働者の賃金として支払います。残った部分が企業の利潤となります（図1-1）。

　すべての経済取引は売り手と買い手という二者が必要なので，一方が支払えばそれは他方の所得になり，一国の経済活動においては必ず所得と支出は等しくなります（後述する三面等価も参照）。先ほどの経済で言えば，1年間でパンを100万円分作ったとすると，家計は100万円を支出する一方で，企業には100万円の所得があります。これはたとえば雇用者報酬として80万円，企業利潤が20万円という形で，企業と労働者にそれぞれ分配されます。この経済では，GDPはパンへの支払い総額100万円であると同時に，パンの生産から生み出された所得の総額100万円でもあります。もっとも，この場合に生産したパンがすべて売れるとは限りません。売れ残ったパンが在庫となった場合には，企業が在庫としてパンを購入したとみなし，支出面でGDPに加えられます。一般に，GDP統計での在庫増減は，景気がいい場合に企業が意図的に在庫を増やす前向きの在庫投資と，景気が悪い場合に売れ残り，意図しない在庫が増加する場合がありますが，在庫投資からはその分類は不可能であり，通常統計上の誤差として統合が成立するよう計上されます。

◆付加価値の総計
　一国の財・サービスの生産量（＝それへの支出）を計測するには，上の例ほどは単純ではありません。まず，財は通常，多くの生産段階を経て完成品とな

図1-1 フロー循環図

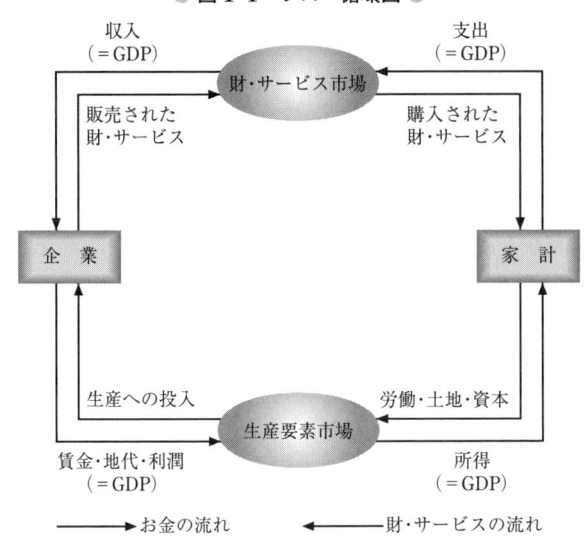

家計は企業から財・サービスを購入し，企業はその販売から得られた収入を用いて労働者への賃金，地主への地代および企業の所有者への利潤を支払う。GDPは家計が財・サービスの市場において支出した総額に等しい。GDPはまた企業が生産要素の市場において支払った賃金，地代，利潤の総額に等しい。

(出所) マンキュー (2001), 128ページ。

ります。原材料はある企業によって加工されて中間財となり，その中間財をもとに最終財が完成します。GDPを算出する際にすべての生産量を足し合わせてしまうと，二重計算される部分が出てきてしまいます。

たとえば，1年間でオレンジを100万円分生産し，そのオレンジをすべて使ってオレンジジュースを200万円分生産する経済を考えてみましょう。もし生産量を単純に足し合わせればGDPは300万円となります。しかし200万円のオレンジジュースを生産するには原材料である100万円分のオレンジが必要です。オレンジジュースの正味の生産量は，オレンジジュースの生産額から中間財であるオレンジの投入額を引いた100万円ということになります。総生産額から中間財投入の額を差し引いたものは，**付加価値**（value added）と呼ばれますが，結局この経済の1年間のGDPは，オレンジの生産額の100万円とオレンジジュース生産の付加価値である100万円を足した200万円ということに

Column① 日本は経済三流国か

　日本の1人当たりGDPは，OECD加盟国（2011年現在34カ国）中，1995年，2000年に3位であったものが08年には20位にまで転落しました（表1-1）。「日本はもはや経済一流国ではない」と発言した内閣府経済財政担当大臣も過去にいましたが，はたして日本経済は本当に凋落しているのでしょうか。

　第1に注意しなければならないのは，1人当たりGDPはドル建てで換算されていることです。2000年以降のユーロ，ポンド，オーストラリア・ドルは中期的に増価しており，ユーロに至ってはドルに対して00年1月末の1ユー

● 表1-1　OECD加盟国の1人当たりGDP（上位20カ国）●

1990年		1995年		2000年		2003年	
スイス	35,453	ルクセンブルク	50,515	ルクセンブルク	46,360	ルクセンブルク	64,404
ルクセンブルク	33,268	スイス	44,804	ノルウェー	37,520	ノルウェー	49,317
スウェーデン	28,269	日　本	42,076	日　本	36,811	スイス	44,886
フィンランド	28,042	デンマーク	34,927	スイス	34,802	アイルランド	39,622
ノルウェー	27,764	ノルウェー	34,150	アメリカ	34,774	デンマーク	39,558
デンマーク	26,519	ドイツ	30,861	アイスランド	30,824	アイスランド	37,786
アイスランド	24,952	オーストリア	30,170	デンマーク	30,119	アメリカ	37,685
日　本	24,734	スウェーデン	28,753	スウェーデン	27,736	スウェーデン	34,734
アメリカ	23,208	アメリカ	27,763	アイルランド	25,510	オランダ	33,241
フランス	22,015	ベルギー	27,316	イギリス	24,689	日　本	33,180
オーストリア	21,542	オランダ	27,188	オーストリア	24,266	フィンランド	31,657
カナダ	21,087	フランス	27,179	オランダ	24,251	オーストリア	31,507
イタリア	20,029	アイスランド	26,203	カナダ	23,659	イギリス	30,689
ベルギー	19,826	フィンランド	25,598	フィンランド	23,612	フランス	29,945
オランダ	19,761	オーストラリア	20,497	ドイツ	23,168	ベルギー	29,867
ドイツ	19,593	カナダ	20,184	ベルギー	22,689	ドイツ	29,648
オーストラリア	18,604	イタリア	19,819	フランス	22,577	カナダ	27,449
イギリス	17,489	イギリス	19,670	オーストラリア	20,325	オーストラリア	26,486
アイルランド	13,632	アイルランド	18,636	イタリア	19,293	イタリア	26,308
スペイン	13,408	ニュージーランド	16,384	スペイン	14,464	スペイン	21,078

（出所）　IMFデータベースをもとに作成。

なります（図1-2）。

　このようにGDPは，最終的な財・サービスの生産額の合計であり，各生産段階での付加価値を合計したものに等しくなります。一方，経済社会では多様な財とサービスが生産されますが，各生産物は異なる価値をもっているため，異なる財・サービスの生産額を求めるには市場価格を基準にして測定しなければなりません。それが，前述した「一定期間において一国内で生産されるすべての最終的な財・サービスの市場価値」という意味です。

ロ＝0.9791 ドルから 08 年 6 月末のピーク 1.576 ドルまで大きく切り上がりました。この急激な増価がとくに欧州地域の 1 人当たりドル建て GDP を高めている点に留意する必要があります。

　第 2 に，このデータが実質ではなく名目 GDP である点です。すなわち，日本の 1997 年頃から始まる中期的な「デフレ」は名目 GDP を長らく制約してきました。多くの OECD 諸国は 2000 年から 08 年にかけて 1.5～2 倍程度の増大であったのに対し，日本は 1.04 倍と，上位 OECD 加盟国中最低の伸びでした。このように長期的に続いたデフレの影響が大きく作用したと考えられます。

　第 3 に，金融センターを有し金融サービスを主な産業にしている欧州小国が 2000 年代に上位を占めたことです。これは 03 年から 08 年までの金融緩和のもとで，世界的に資産価格が急激に上昇し，金融サービスが活発化したことも反映しています。日本では銀行のリスク回避が顕著で，株価や地価が上昇しなかったことから，資産効果が働かず，名目 GDP の停滞につながりました。

　近年エマージング（新興）諸国の 1 人当たり GDP は急激に増大しています。このような状況で，日本では国民の生活水準を引き続き向上させる施策が必要であり，内需拡大と同時に金融機能を強化していく必要があると言えるでしょう。

（単位：ドル）

	2008 年	2008/2000
ルクセンブルク	118,570	2.56
ノルウェー	93,235	2.48
スイス	65,699	1.89
デンマーク	62,238	2.07
アイルランド	59,902	2.35
オランダ	53,355	2.20
アイスランド	53,108	1.72
スウェーデン	52,882	1.91
フィンランド	51,020	2.16
オーストリア	49,975	2.06
オーストラリア	48,707	2.40
ベルギー	47,224	2.08
アメリカ	47,155	1.36
フランス	45,991	2.04
カナダ	45,051	1.90
ドイツ	44,525	1.92
イギリス	43,652	1.77
シンガポール	39,266	1.72
イタリア	38,887	2.02
日　本	38,271	1.04

　このため，市場で販売されていない財・サービスについては，それらの価値を推定しなければなりません。それらの推定額は**帰属価値**（imputation）と呼ばれます。主な帰属価値には住宅関連のものがあります。たとえば，借家に住んでいる人は家賃を払うことになりますが，これは住宅サービスを購入したことになり GDP に算入されます。しかし持ち家に住んでいる人は，家賃は払っていないのに，同等の住宅サービスを享受しています。このため持ち家の住宅サービス分も GDP に算入しなければなりません。この場合，もし市場でこう

◉ 図 1-2　付加価値とは何か ◉

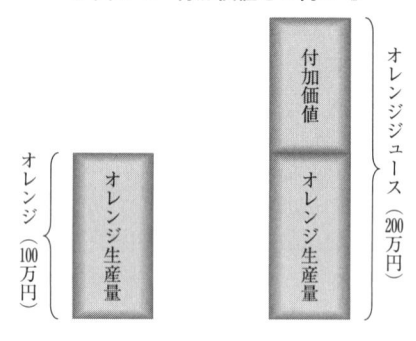

した住宅サービスを購入したとしたらどの程度になるかを推計し GDP に算入するのです。

このように，GDP には市場で売買される財・サービスしか含まれていません。したがって主婦の労働といった市場で売買されないサービスは GDP には含まれません。しかし，この主婦が行う炊事や掃除サービスなどを外部業者に委託すれば，これは市場で売買されるので GDP に含まれることになります。また，証券や不動産の価格変動にともなうキャピタルゲインは GDP には含まれませんが，仲介手数料は GDP に含まれることになります。[*4]

◆ 名目 GDP と実質 GDP

さて，**名目 GDP** はすべての財の価格を市場価値で計算した付加価値の総計であることがわかりました。この場合，価格が上昇しただけでも名目 GDP は増大します。すなわち経済厚生の尺度としては，名目 GDP はあまりふさわしいとは言えません。

このことを，1年間にキャベツ1個を生産している経済を例にとって考えてみましょう。今年の名目 GDP はキャベツ1個の価格の100円であるとします。もし翌年今年と同じくキャベツを1個だけ生産したとしても，キャベツの価格が2倍になれば，翌年の名目 GDP は200円となって今年の2倍に増大します。しかし，キャベツは両年とも1個しか生産していないので経済厚生が増大したとは言えません。

財・サービスの価値を現在の市場価格で測った GDP を名目 GDP と呼びます。

これに対して，価格の変動に左右されない財・サービスの産出量を測ったGDPを**実質GDP**と呼びます。通常GDPの伸び率は実質伸び率を指す場合が多いですが，これは実質GDPの方が名目GDPよりも経済厚生の尺度として優れているからです。この2つの概念，すなわち名目GDPと実質GDPから以下のように**GDPデフレーター**を計算することができます。

$$\text{GDP デフレーター}(\%) = \frac{\text{名目 GDP}}{\text{実質 GDP}} \times 100$$

ちなみに，日本の2010年度の名目GDPは約476兆円ですが実質GDP伸び率は2.3％でした（暫定値）。しかし最近のデフレ傾向を反映して名目GDP伸び率は実質GDP伸び率よりも低い0.4％となっており，GDPデフレーターはマイナス1.9％と13年連続のマイナスを記録しました。[*5] 名目GDP伸び率をプラスにすること，すなわち「デフレ経済からの脱却」がこの間経済政策の大きな目標になったのです。GDPデフレーターは，支出項目（消費，設備投資，政府支出，輸出など）それぞれのデフレーターを加重平均したものと等しく，インフレを表す概念の1つです。

◆ インフレの測定

インフレの測定に用いられる物価指数には，GDPデフレーターのほかに，消費者物価指数（**CPI**），卸売物価指数（**WPI**）および輸出物価指数などさまざまなものがあります。国によって公表される指数は異なります。日本では，消費者物価指数，卸売物価指数（2000年基準指数〔2002年12月公表〕から，国内企業物価指数と名称変更），輸出物価指数などがあります。また速報性の高いレフェレンス指標として東京都区部消費者物価指数があります。

これら指数の違いはバスケットの中身です。消費者物価指数は消費財に関する物価指数で，バスケットには生活に必要なさまざまな財とサービス，すなわち食糧，住居，衣類，ガス・電気・水道代などが含まれます。国内企業物価指数は，原材料などの中間投入物に関する物価指数で企業間取引が反映されるの

---

*4 金融サービスのGDPへの影響が近年大きくなっており，93SNAにおいては**FISIM**（Financial Intermediation Services Indirectly Measured; 間接的に計測される金融仲介サービス）をいかに測定するかが大きな課題となっています。

*5 内閣府経済社会総合研究所のウェブサイトにあるSNA体系で実際のGDPの数値を確かめてみましょう（http://www.esri.cao.go.jp）。

で，ほとんどが財でサービスは含まれません。また，輸出物価は輸出財の物価のみが反映されるので，貿易財だけが含まれ，サービスは含まれません。[*6]

　GDPデフレーターはGDPを構成するすべての財・サービスの価格がバスケットに含まれている物価の尺度で，財・サービスが混在するという意味で消費者物価と似た概念です。しかし両者には大きな違いがあります。

　第1に，GDPデフレーターは生産された財・サービスすべての価格を対象にしているのに対し，消費者物価指数は消費者が購入した財・サービスのみが対象となっている点です。第2に，GDPは後述するように国内で生産されたものしか対象としておらず輸入財は含まれないので，GDPデフレーターに輸入財が含まれていないことです。この点，消費者物価はたとえば中国からの輸入衣料なども含まれるので輸入財の価格から影響を受けますがGDPデフレーターは受けないことになります。第3に，バスケットの中身のウェイトが固定されているか否か，です。GDPデフレーターは，毎年GDPを構成する財・サービスのウェイトが変わるのに対し（可変バスケット），CPIは基準年のウェイトを100として計測したもの（固定バスケット）である点です。固定バスケットを用いた価格指数はラスパイレス型指数と呼ばれ，一方可変バスケットを用いた指数はパーシェ型指数と呼ばれます。[*7]

　もっとも，GDPデフレーターとCPIの相違は現実にはそれほど大きなものではありません。物価を計測するツールとしては，両者とも同じように有用であると言えます。しかし近年日本では消費者物価指数とGDPデフレーターの乖離が顕著になってきています。GDPデフレーターでみた方が物価の下落が顕著に現れているのです。これは，①GDPデフレーターのうち設備投資のデフレーターに技術革新の速いIT関連財が多く含まれておりIT関連価格の下落が影響しやすいこと，②数量ウェイトが可変であるパーシェ型指数であるGDPデフレーターの場合，たとえばパソコンの価格が下落するとそれに対する需要が増え下落幅がさらに増幅されること，などの要因によるものです。インフレターゲットをめぐる論点で金融政策の最終目標としての物価の安定が議論されていますが，そこでもどういった物価指標を使うかなども重要な論点となっています。

◆ GNI と GDP

ここまで GDP について概観してきましたが，GDP はその国の国内で生産された財・サービスの総額であると同時に，すべての人々の所得を積み上げた額です。それでは「すべての人々」とは具体的には何を指すのでしょうか。これを明らかにするために，**GNI**（Gross National Income; 国民総所得）と **GDP** の違いを整理しておきましょう。

GDP とは，その国の地理的な国境内で得られる所得の総額です。したがって外国人（非居住者）が国内で得る所得は含まれますが，国民（居住者）が外国で得た所得は含まれません。一方，GNI とは国民（居住者）が得る所得の総額です。したがってその国の国民が外国で得た所得は GNI に含まれますが，外国人がその国の国内で得た所得は GNI には含まれません。これには労働から得られた労働報酬や直接投資などの資本投下から得られた資本所得などがあります。たとえば，日本人大リーガー（居住者判定の場合）の所得は GNI に含まれますが GDP には含まれないことになります。またニューヨークに進出した日本の企業が得た投資収益（配当など）は日本の GNI に含まれますが，アメリカ国内で得られた所得であるので GDP に含まれません。このように資本や労働といった生産要素から生み出される所得は**要素所得**と呼ばれます。GNP と GDP の関係は以下の式で示されます。

GNI = GDP +（海外からの要素所得の受取り − 海外への要素所得の支払い）
　　= GDP + **所得収支**

---

*6　GDP デフレーターは内閣府が発表し，経済全体の物価動向を反映したものとなっています。消費者物価指数は総務省が発表し，消費者が店頭で買う財・サービス 584 品目が対象となっています（平成 17 年基準，23 年改訂予定）。国内企業物価指数は日本銀行が発表しており，企業間で取引される商品の 857 品目の価格を指数化したものです（2005 年基準）。最終製品のほかに原材料や部品などの中間製品も多く含まれています。他に輸出物価指数（213 品目），輸入物価指数（268 品目）があります（2005 年基準）。

*7　これを数式で示すと，ラスパイレス型指数は $\frac{\sum P_t^i Q_0^i}{\sum P_0^i Q_0^i}$ と示すことができます。これに対しパーシェ型指数は，$\frac{\sum P_t^i Q_t^i}{\sum P_0^i Q_t^i}$ と示すことができます（P_t^i は，生産物 i の t 年における市場価格。Q_t^i は生産物 i の t 年における数量。P_0^i は基準年における生産物 i の市場価格。Q_0^i は基準年における生産物 i の数量。ラスパイレスは分母分子ともに数量は基準年。パーシェは分母分子が比較時点の数量）。

GNIとGDPは通常はさほど大きな差異はありませんが，経済が国際化し，個人や法人が国際的に活動するようになると，その差額は大きくなる傾向があります。フィリピンなどではGNIとGDPが大きく乖離していますが，これはフィリピン人メイドのサウジアラビアなどへの出稼ぎ収入が巨額であり，移民労働の雇用報酬所得が大きな規模であるためです[*8]。日本においても近年，GDPとGNIは相当程度乖離する傾向にあります。資本収支が大幅な赤字となっている状況で，外国へ投下された資本（対外資産）が生み出す収益（所得の受取り）も増大しており，2010年の所得収支は11.6兆円（GDP比2.4%）の黒字と近年貿易黒字を上回っています。

経済の所得の尺度としてはそれまでGNPが使われていましたが，1991年にアメリカ商務省がGDPに変更し，現在では各国統計での所得統計はGDPに統一されています。GDP統計については国際連合が**SNA**（System of National Account; 国民経済計算）という勘定システムを打ち出し，現在では93年に制定された93 SNAが国際標準となっています。居住者主義が打ち出されており，居住者が行う生産活動の実績がGDPで評価されることとなりました。これに従い日本でも94年に『国民経済計算年報』や『経済白書』がGDP中心の表記に変わりました（**SNA体系**は内閣府経済社会総合研究所が公表）。93 SNAに基づき，2000年秋には国民経済計算の体系が改訂され，GNPの概念はなくなり，同様の概念として国民総所得（Gross National Income: **GNI**）が新たに導入されました。

◆ 三面等価の法則

以上みてきたように，すべての経済活動では，生産されたものが支出され，分配されます。すなわち，GDPは生産，分配，支出の3つの側面から捉えることができ，それらは互いに等しくなります。これを国民総所得の**三面等価の法則**（Principle of Equivalent of Three Aspects）と言います（国民総生産〈生産〉＝国民総所得〈分配〉＝国民総支出〈支出〉）。国民経済計算では生産，支出，分配の三面からの接近方法がとられており，統計上生産面と分配面が一致するように作成されています。支出GDPとの差は統計上の不突合として，三者が等しくなるように，支出GDPを構成する在庫投資で調整されることになります（在庫投資は意図せざる在庫投資と意図的な在庫投資に分類されますが，数値を見る

図1-3 マクロ経済の規模をあらわす諸指標と国民所得の三面等価

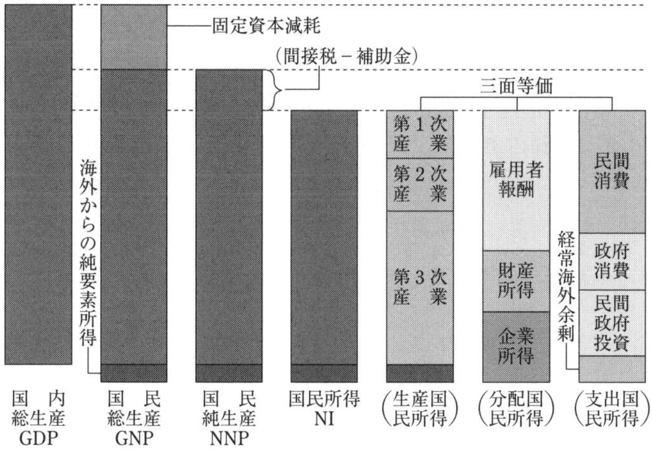

	固定資本減耗					
		(間接税－補助金)			三面等価	
海外からの純要素所得				第1次産業	雇用者報酬	民間消費
				第2次産業		政府消費
					財産所得	経常海外余剰
				第3次産業		民間政府投資
					企業所得	
国内総生産 GDP	国民総生産 GNP	国民純生産 NNP	国民所得 NI	(生産国民所得)	(分配国民所得)	(支出国民所得)

(出所) 小林ほか (2010), 18ページを修正。

だけではその分類は不可能です)。

　一方，多くの財はさまざまな生産工程を経て最終財となります。それぞれの段階の付加価値を足し合わせたものが国内総支出（GDE）であり，また費用を足しあげたものがGDPとなるわけですが，これは**産業連関表**で捕捉することができます。93 SNAにおいては，国民経済計算は，国民所得統計だけではなく，産業連関表，資金循環表，国際収支表，国民貸借対照表からなり，各部分システムが相互に整合性を保つ形で1つの全体システム（SNA）となっているのです。

　なお，固定資産は長期において使用される過程で摩滅（価値が減少）していきます。これを固定資本減耗といい（会計上の減価償却に該当します），これが含まれている場合を総（または粗；グロス），含まれていない場合は純（ネット）と捉えています。したがって，国民総生産（GNP）から固定資本減耗（減価償却に当たります）を引いたものが国民純生産（Net National Product : NNP）となります。NI（National Income）は，狭義の国民所得を表し，NNPから純間接税を引いたもので，すなわち雇用者報酬（賃金）と営業余剰（利子，配当，地

---

*8 ASEAN諸国とのFTA交渉でフィリピン側が看護師の労働自由化をうたっているのも，フィリピンの国民所得に大きな影響を与えるからと言えます。

代）と海外からの所得の純受取りを足したものになります（図1-3）。GDPから固定資本減耗を引いたものは国内純生産（Net Domestic Product：NDP）となります。

なお，GDPを支出面から分析するには，寄与度と寄与率の概念を押さえる必要があります（枠内参照）。たとえば日本経済では輸出動向が経済に大きな影響を与えていますが，需要項目別でみると輸出はGDPのうち17％と他の先進諸国に比べ非常に低い水準です。ただし，寄与度，寄与率は大きく，輸出がGDPに与える影響が大きくなっています。

〈寄与度と寄与率〉

$$\text{構成要素の寄与度} = \frac{\text{ある構成要素の増減}}{\text{前期のデータ全体の値}} = \frac{\text{今年の需要} - \text{前年の需要}}{\text{前年のGDP}}$$

$$\text{構成要素の寄与率} = \frac{\text{ある構成要素の寄与度}}{\text{データ全体の増減率}}$$

---

2 開放経済と経常収支

2.1 GDPと経常収支

ここで対外的に貿易や資本取引を行うことができる開放経済における財・サービスの総需要と総供給を整理しておきましょう。ある開放経済で供給される財・サービスの総額は，その国で生産された付加価値の総計と外国から輸入された財・サービスの合計になります。すなわち，

$$\text{総供給} = Y（\text{国内総生産}）+ IM（\text{輸入}）$$

と書き表せます。一方，開放経済での財・サービスに対する需要は何で決まるのでしょうか。各経済主体それぞれをみると，家計は日々の消費生活をするため財・サービスを購入し（個人消費），住宅も購入（住宅投資）します。一方企業は，生産をするため，工場を建設し，設備拡張や在庫積み増しのために財・サービスを購入します（設備投資，在庫投資）。政府は公共投資として，道路や港湾などの社会資本を建設するために財・サービスを購入します（政府支出）。また外国の経済主体も日本から財・サービスを購入します（輸出）。すなわち，

この国の総需要は，次の式のように，これら各経済主体の財・サービス購入の総額になります。

Y（総需要）$= C$（個人消費）$+ I$（設備投資）$+ G$（政府支出）$+ EX$（輸出）

一方で，財・サービスを売る人がいれば（供給），他方でそれを買う人が必ずいるわけで（需要），事後的には総供給と総需要とは必ず一致することになります。すなわち，

$$Y + IM = C + I + G + EX$$

となり，これを整理すると，次式となります。

$$Y = C + I + G + (EX - IM) \qquad (1)式$$

$(EX - IM)$ は財・サービスの輸出から輸入を引いたもので，財・サービスの**純輸出**，すなわち経常収支（Current Account: CA）を表します。

さて，上記の(1)式は，$Y = C + I + G + CA$ と表すことができますが，これを書き直すと，

$$CA = Y - (C + I + G)$$

となります。

$C + I + G$ の部分は，内需（Absorption: A）と呼ばれますが，この式が示すことは，ある国が生産する以上に支出をすればその国の経常収支は赤字になり，逆に支出する以上に生産すればその国の経常収支は黒字になるということです。言い換えれば「経常収支は一国の生産と支出の差額に等しい」ということになります。このように，一国の経常収支の不均衡が，その国の国内総生産と内需の差で決定されるというマクロ・バランスの観点からの考え方を，**アブソープション・アプローチ**と呼んでいます。

経常収支はこのように財・サービスの輸出から輸入を差し引いたものですが，このうち財の輸出から輸入を引いたものは貿易収支，サービスの輸出から輸入を引いたものはサービス収支と呼ばれます。第2章でくわしく述べますが，経常収支は以下の4つの構成項目からなります。すなわち，貿易収支（Trade Balance; 財の輸出から輸入を引いたもの），サービス収支（non-Trade Balance; サービスの輸出から輸入を引いたもの），所得収支（Income Balance; 労働や資本などの生産要素から得られる所得の受取りから支払いを引いたもの），経常移転収支（Transfer Balance; 対価のともなわない受取りから支払いを引いたもの），です。経

Column② アメリカの経常収支赤字をどう考えるべきか

　アメリカの経常収支赤字はピークの2006年度（暦年）に8006億ドル（GDP比6.2％）と史上最高水準の赤字となりました。図1-4は，最近の経常収支の推移と外国資本の対内民間証券投資額を示したものですが，両者には明らかに相関関係があります。1990年代半ば以降アメリカでは生産性が上昇し「インフレなき安定成長」（「ニューエコノミー」と呼ばれました）が達成されました。外国から資本が急激に流入して株価は急上昇し，90年代後半のFRBの金融政策引締めの遅れが株価を「熱狂的」水準とさせ，それがさらに海外からの資本を引き寄せ，景気をいっそう過熱させて経常収支赤字の規模が一段と拡大しました。経常収支赤字が単にアメリカ製品の国際競争力の低下に起因する事象（すなわち海外部門の「部分均衡」だけに注目）と考えるべきではなく，各経済主体の合理的経済活動の結果としての「一般均衡」で捉えるべきであることが示されます。

　2004年以降経常収支赤字は一段と拡大しましたが，これはアメリカ経済への高い成長期待から海外の資金が流入し，それが長期金利の低下をもたらし，住宅投資を活発化させ，住宅ローン借換えによる余剰所得の増大，それに起因する活発な個人消費や設備投資などの内需増大によるものと考えられます。もっとも，GDP比6％を超える経常収支赤字は異常な水準であり，2007年以降のサブプライム危機も起こるべくして起きたとも言えるでしょう。

　なお経常収支赤字が中期的に続いているアメリカでは，対外債務残高が2008年末に3.5兆ドルに達しました（リーマン・ショック後の09年は2.7兆ドルに縮小）。その規模は年々増大し，1980年代半ば以降世界最大の純債務国として君臨しています。

　アメリカの経常収支赤字のサステイナビリティに疑念がもたれ1980年代から「ドル暴落論」が繰り返し論じられました。確かにドル安となりましたが，しかしアメリカの純債務残高をブラジルなどのそれと同列に捉えるべきではな

常収支は，貿易収支，貿易外収支，所得収支，および経常移転収支の4項目から成ります。

2.2　経常収支と貯蓄・投資

　ここまで，実物面を中心に話を進めてきましたが，ここで金融の概念を取り入れてみましょう。すなわち，すべての経済取引にはその裏側に必ずお金の流れがあり，経済全体で生み出した所得から消費した分を引いたものは貯蓄とし

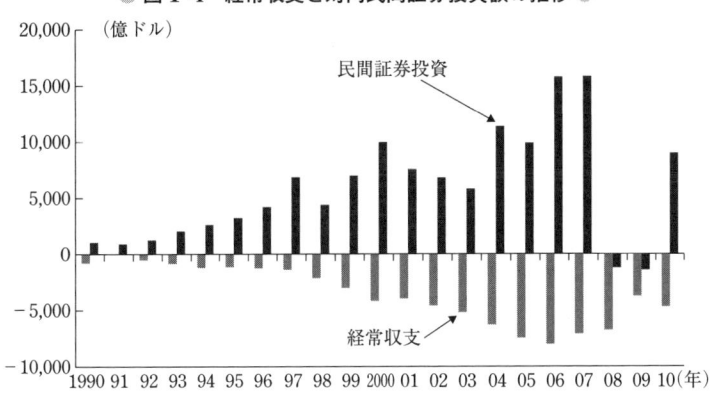

図1-4 経常収支と対内民間証券投資額の推移

(出所) アメリカ商務省データベースをもとに作成。

いでしょう。第1に，対外純債務残高の規模は経済規模に比してみると中南米諸国ほど大きくないことです。第2に，ドルは実態的には世界の基軸通貨なので，ドルのファイナンスに支障が出ることは考えられないこと。第3に，FRBの金融政策は少なくとも規律のない途上国の金融政策よりもずっと信頼性が高く，ドル危機が生じる懸念は小さいことです。このような安易なドル暴落論はミスリードされた議論と言えます。

もっとも，グローバル・インバランスが今回の世界危機を引き起こした背景にあることに鑑みれば，国際収支不均衡を監視する必要もあり，G20などで議論されています（第7章 *Column* ⑮，および第15章参照）。

（アメリカ商務省のウェブサイト http://www.bea.doc.gov でアメリカの経常収支の推移を確かめてみましょう）

て蓄えられます。所得から税金（T）などを引いたものを**可処分所得**（Disposable Income: DI）とすると経済全体の民間貯蓄（S_p）は，

$$S_p = (Y - T) - C \tag{2}式$$

と書き表せます（p は民間部門を表します）。(1)式と(2)式から，

$$S_p = C + I_p + G + CA - T - C$$

となり，これを整理すると

$$(S_p - I_p) + (T - G) = CA \tag{3}式$$

となります。(3)式が意味することは，経常収支は，民間部門の貯蓄と投資の差額と政府部門の貯蓄と投資の差額（すなわち財政収支）を足したものに等しくなるということです。この式は，家計，企業，金融機関からなる民間部門と，政府部門の資金過不足が国内全体の資金過不足となり（**IS バランス**)，それが海外部門の資金過不足に一致することを示します。左辺の民間部門と政府部門の貯蓄と投資の差額は，国内全体の資金過不足を意味します。一国全体でみて，貯蓄超過（$S>I$）の国では経常収支が黒字（海外部門の資金不足）になり，逆に資金不足（$S<I$）の国では経常収支が赤字（海外部門の資金余剰）となります。

この(3)式は恒等式であり，因果関係を示すものではありません。しかし国内の各経済主体の資金過不足が結果的に海外部門の資金過不足（経常収支）に一致するわけで，この面からも，経常収支は，単に輸出入の収支尻という**部分均衡**を示すのではなく，各部門の行動を勘案した**一般均衡**を示すものであることがわかります。また，経常収支の黒字がよいものか悪いものか判断できるものではなく，各経済主体の合理的行動の結果であるということを認識することが必要でしょう（これは，1980年代末の貿易黒字にかかわる論争で論議されました）。

2.3　金融の概念――資金循環（flow of funds）と経常収支

ここで「金融」の概念をもう一度整理しておきましょう。「金融」とは資金余剰の主体から資金不足の主体に資金を融通することを意味します。金融にはさらに，**異時点間の取引**（たとえば今日お金を借りて1カ月後に返すなど）という時間概念が含まれています。異時点間の取引は資金の取り手と出し手の双方の効用を増大させます。

通常家計は貯蓄超過主体であり，「資金の出し手」で，一方企業や政府は設備投資，公共投資などの資金不足主体であり，「資金の取り手」となります。これらを仲介するのが金融機関で，国全体の貯蓄と投資に過不足が生じ，資金循環が貯蓄超過であれば，この国では資金は海外（Rest of the World: ROW）に還流することになります（経常収支黒字）。逆に国全体の資金循環が資金不足であれば資金が海外から還流することになります（経常収支赤字）。前述したように，経常収支は一国の資金過不足と等しくなり，この分当該国と他国との間に金融関係が生まれていることになります。このような各経済主体のお金の流れ

を示した統計は**資金循環勘定**（Flow of Funds Accounts）と呼ばれ，先ほどみたSNA体系の一部分を構成します。経常収支が不均衡であることは，当該国とその他諸国の間で資金過不足が生じていること（海外部門の資金の過不足）にもなります。

　資金融通の媒介の違いにより，銀行を仲介にした**間接金融**と，市場を仲介とした**直接金融**とに通常分類することができます。国全体で資金過不足が生じている場合には国際的な資金の移動が生じるわけで，国内同様，銀行を経由する場合と（国際銀行市場），証券など市場を経由する場合（国際資本市場）とに分けられます。

　ここで日米の資金循環勘定を比較しておきましょう。資金循環勘定は日本では日本銀行が，アメリカではFRB（米国連邦準備制度理事会）が公表しています。日本の資金フローの近年の特徴は，家計部門が巨額の貯蓄超過主体であることです。また通常資金不足の主体である企業部門も，景気停滞のもとで設備投資を手控えたり，債務が増大するなか融資を返済しているため，金融危機が顕在化した98年から05年まで大幅な貯蓄超過となりました。国内で唯一資金不足になっている主体が政府部門で，財政赤字の拡大を背景にその幅が拡大しています。もっとも国内全体では貯蓄超過となっており，これに匹敵する額の資金が海外主体の資金不足（経常収支黒字）となっています（図1-5）。

　一方アメリカでは，家計部門は貯蓄率の低下を背景に資金不足主体となっています。法人企業は，2008年の危機以降貯蓄超過に転じました。政府部門はクリントン政権下での財政赤字圧縮政策により1998年に黒字（貯蓄超過）に転じましたが，ブッシュ政権下では，軍事費の増大や大型減税措置により，再び資金不足が拡大し，リーマン・ショック後の公的資金投入等の財政拡張から資金不足額はいっそう拡大しました（図1-6）。この結果，国全体では大幅な資金不足が続いており，そのぶん経常収支赤字が巨額となると同時に海外から資金がネットで流入しています。

2.4　経常収支と対外純資産

　さて，経常収支は国内各主体の貯蓄と投資の差額であり，経常収支の黒字とは，貯蓄超過を意味し，海外に対して資金を融資するか，既存の負債を返済す

図 1-5 日本の資金循環

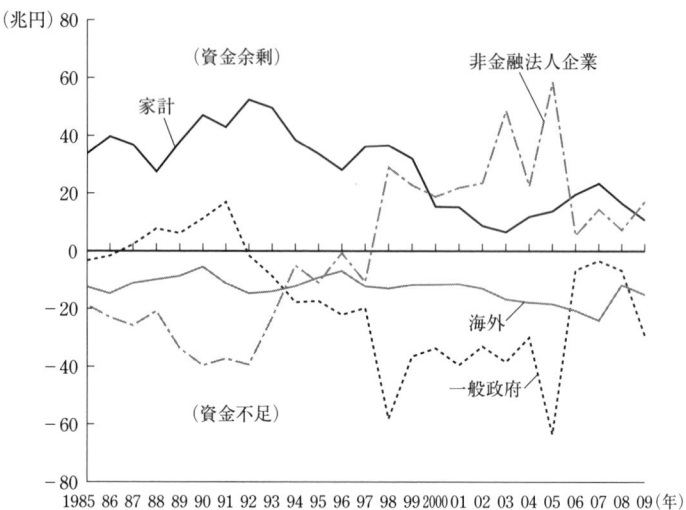

(出所) 日本銀行「資金循環統計」をもとに作成。

ることを意味します。逆に経常収支赤字とは，国内全体では資金不足となっており，国内居住者が海外から新規で借入れをすることを表します。民間主体と同様，フローの融資をすればストックである貸出債権残高が増えていく，あるいはフローの借入れが増えれば，ストックである債務残高が増えていくことになります。

ここで**ストック**と**フロー**の概念について整理しておきましょう。経済の対象となるさまざまな変数には，ストックとフローの変数があります。ストック（stock）とは，ある時点の残高を示し，フロー（flow）とはある一定時間の増減量に相当します。バスタブを例にとるとわかりやすいでしょう。たとえば1分間に1リットルずつ蛇口から水が出ているとすると，1分間当たりに溜まる水の量（この場合は1リットル）がフローであり，現在の水の量（たとえば100リットル溜まっていたとすると）がストックとなります。ストックとフローの数値は相互に関連しており，この場合ではバスタブの水の量は蛇口から出た水の量（フロー）の合計になり，フローはストックの変化量を示すことになります。

今まで出てきた経済指標を分類すると，GDPは1年間に生産された付加価

2 開放経済と経常収支　21

● 図1-6 アメリカの資金循環 ●

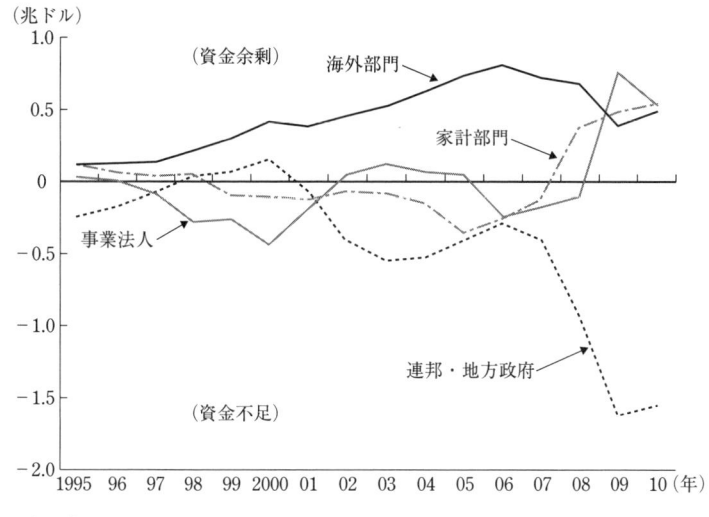

(出所) FRB, *Flow of Funds* データベースをもとに作成。

値の総計であるのでフローの数値，これに対応したストックは「国富」となります。財政赤字はフローの数値であり政府債務残高はストックの数値です。失業者数はストックであり，新規失業者数がフローとなります。経常収支はフローの数値であり，これに対応するストックの数値が対外純資産残高となるのです。

経常収支は前述したように，一国の貯蓄と投資の差額に等しく，一国の経常収支が黒字であるということは貸出残高など対外純資産が増えていくことを意味します。フローはストックの変化量であるとすると，

$$NFA(t) - NFA(t-1) = CA$$
$$(あるいは \Delta NFA(t) = CA)$$

という関係が導けます。ここで，NFA は対外純資産（Net Foreign Asset）であり，$NFA(t)$ というのは t 期の NFA です。$NFA(t-1)$ はそれより一期前の対外純資産を示します。この式が意味することは，一国の対外純資産は経常収支黒字分だけ増大（赤字だと減少）するということです。たとえば現在日本は毎年巨額の経常収支黒字を計上していますが，毎年経常収支分だけ対外純資産が増大することになります。逆にアメリカは巨額の経常収支赤字を毎年計上してい

図1-7 各国（地域）の経常収支

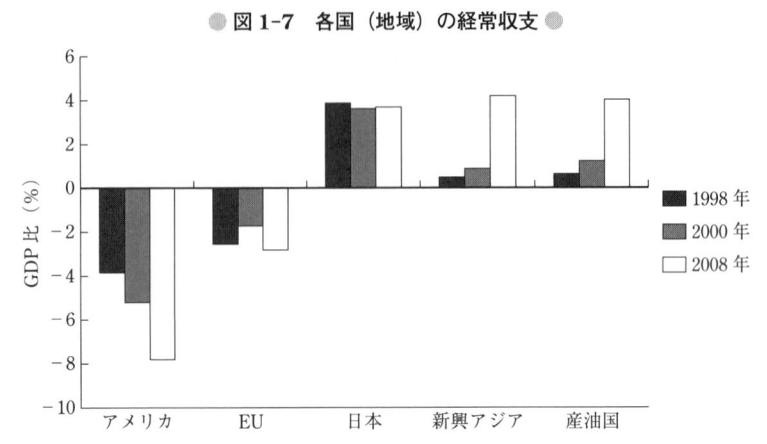

（出所）IMF, *World Economic Outlook*, 各号。

るので，対外純債務が毎年増大することになります。2010年末現在で，日本の純資産残高は251.5兆円（約3兆860億ドル；GDP比52.5％）と世界最大の対外純資産国であるのに対し，アメリカはマイナス2兆7378億ドル（GDP比18.7％）と世界最大の対外純債務国となっています。日本のみならずエマージング・アジア諸国，石油産出国の対外純資産残高は増大している一方，アメリカの純債務残高は年々拡大しています。

3 経常収支の5つの側面

さて，ここまでみてきたように，経常収支は開放マクロ経済で非常に大きな意味を持つことがわかりました。ここで経常収支の特徴をまとめてみましょう。

第1に，経常収支はGDP（あるいはGNI）の一構成要素であることであることです。前に見たように，GDPは需要項目別に個人消費，住宅投資，設備投資，財政支出，政府消費などからなる内需と財・サービスの輸出から輸入を引いた経常収支（純輸出）からなります。このため，内需のみならず，外需（純輸出）の動向がGDPに大きな影響を与えます。日本では輸出のGDPに占めるシェアは12％程度と，欧州諸国などに比べると低い水準となっていますが，景気に与える影響度を測る寄与度[*9]でみると景気に大きな影響力があることが確

認できます。

　第2に，経常収支は国内総生産と内需の差で説明できることです（アブソープション・アプローチ）。経常収支は内需が拡大すれば黒字幅は縮小し，逆に内需が減少すれば黒字幅は増大します。たとえば最近の日本のように内需の停滞が長引くと，その面から経常収支黒字が拡大することになります。ISバランスといった構造的要因だけでなく，こうした循環的要因も経常収支変動を規定する大きな要素となります。

　第3に，経常収支は一国の貯蓄と投資の差（ギャップ）に等しくなることです。国内各経済主体の貯蓄と投資の差額を積み上げたものが一国の貯蓄と投資の差額となりますが，これが事後的に経常収支と一致することになります。これは **ISバランス・アプローチ** と呼ばれ，一般均衡を示すものです。経常収支赤字解消が為替レートの変化によってなされるとよく言われますが（第7章にある弾力性アプローチ），これは部分均衡を論じているにすぎないと言えます。経常収支の裏側には資本収支があり（第2章参照），何らかの理由で資本流入が急増すれば，それによって経常収支赤字が拡大するということにも留意しなければなりません。

　第4に，経常収支は国際収支の一構成要素であることです。第2章でくわしく述べるように，国際収支は財・サービス・資本のクロスボーダーの取引をすべて把握するものですが，経常収支と広義の資本収支を加えたものは必ずゼロとなります。すなわち経常収支は広義の資本収支の符号を逆にしたものと等しくなります。ISバランス・アプローチでは経常収支は国内経済主体の貯蓄と投資ギャップに一致しましたが，これとも整合するものです。なぜなら貯蓄超過は経常収支黒字を意味し，そのぶん海外に資本が流出すること（資本収支赤字）になるからです。

　第5に，フローの統計である経常収支は，ストックの統計である対外純資産の増減に一致することです。経常収支黒字が続けば対外純資産は増大し，一方で経常収支赤字が続けば対外純資産が減少して純債務国になります。ただし，経常収支と対外純資産の増減額のデータが一致しないこともあることには注意

---

*9　寄与度とは，ある統計集団の全体を分母とし，特定部分の増減分を分子とした比率。ある項目（業種，品目など）の変化が全体の変動にどれだけ影響を与えたかを示します（14ページ参照）。

を要します。これは，①経常収支は月々の為替相場で換算して足し合わせるのに対し，対外純資産残高は年末レートで換算すること，②有価証券など市場価格が変動するものについては，経常収支の評価方法は時価でなされ，対外純資産残高は実質簿価で評価されること，などの違いがあるからです。[*10] アメリカにおいては，対外純資産残高の評価方法は，時価法（at current value）と市場価値法（at market value）といった2つの評価方法で計算したデータが公表されています。[*11]

例 題

1　GDP に関する記述のうち，誤っているものはどれでしょうか。
 (1)　持ち家の帰属家賃や農家の自家消費は GDP に含まれる。
 (2)　分配面からみた日本の GDP のうち，最も大きい構成要素は雇用者所得である。
 (3)　粗付加価値の合計は最終生産物の合計に等しい。
 (4)　日本の居住者がアメリカ企業の株式投資から受ける配当所得は日本の GDP に含まれる。

2　一国の財政赤字と経常収支がそれぞれ a 兆円ずつ減少したとき，民間部門の貯蓄・投資バランスの変化として正しいものはどれでしょうか。
 (1)　変化しない。
 (2)　a 兆円減少する。
 (3)　$2a$ 兆円増大する。
 (4)　$2a$ 兆円減少する。

3　ある国でキャベツとオレンジだけの生産が行われているとします。価格と生産量が下表のとき，$t+1$ 年の GDP デフレーターはいくらになりますか。

	キャベツ		オレンジ	
	価　格	生産量	価　格	生産量
t 年	300 円	5 個	100 円	10 個
$t+1$ 年	350 円	6 個	200 円	20 個

4　下記の経済において，個人消費，設備投資，純輸出の寄与度および寄与率を求めなさい。

	前　年	当該年
個人消費	300	330

設備投資	170	150
政府支出	60	70
輸　出	90	100
輸　入	80	80
GDP	510	570

5　以下の文章の（　）内に数字を入れなさい（Yは所得，Cは消費，Iは投資，Gは政府支出，Sは貯蓄，Tは税金）。

(1)　$Y=500$，$C=300$，$I=70$，$G=60$ の経済の場合，経常収支は（　　）となる。アブソープションは（　　）となる。

(2)　$S=90$，$I=40$，$G=50$，$T=40$ の経済の場合，経常収支は（　　）となる。

---

*10　1999 年に日本の対外純資産は大幅に減少していますが，これは総資産が為替の円高化を主因に大幅に減少した一方で，総負債が株価上昇を主因に増大したことによるものです。

*11　近年アメリカの対外純資産残高（ストック）は経常収支（フロー）を足し合わせた数値よりずっと小さくなっていますが，これは為替レート，株価などの評価の違いによるものと考えられます。

第2章 国際収支表の作成方法

> **Keywords**
> 複式計上方式　複式簿記の原則　国際収支統計マニュアル
> 産業連関表　交換取引　移転取引　帰属取引　市場価
> 格　発生主義　省令レート　基礎収支　自律的取引
> 調整的取引　経常海外余剰　資金循環統計　金融資産負
> 債残高表　対外資産負債残高統計　時価法　市場価値法
> 国際資金取引統計　国際与信統計　貿易収支　FOB
> CIF　サービス収支　投資収支　移転収支　前川レ
> ポート

◆はじめに

　現代の世界経済では，国際資本移動がマクロ経済にさまざまな影響を与えています。とりわけ東西冷戦が終了した1990年代以降国際資本移動はさらに激化する傾向にあり，金融経済のグローバル化のもとで，世界経済の相互依存関係は貿易面だけでなく金融面でもいっそう深化しています。

　国際分散投資がいっそう活発になるなか，国際資金フローがマクロ経済に与える影響も大きくなっています。1997年に起きたアジア通貨危機では，タイに始まった通貨危機が近隣諸国だけでなく，遠く離れたロシアや中南米にまで飛び火しました。98年にはロシア危機後にヘッジファンドであるLTCMが破綻の危機に瀕し，このヘッジファンド危機は，国際資本市場を震撼させ，国際金融市場の不安定性といったグローバルな問題を引き起こしました。

　また，先進諸国からエマージング（新興）諸国への直接投資が急増しており，貿易・投資のリンケージは以前にも増して強まっています。エマージング諸国においては対内直接投資や対内証券投資が経済の安定的成長に大きく貢献しています。このように国際資金フローの動きは現代経済を解明するのに重要な要

素となっており，これは国際収支統計の理解なしには分析できません。第1章では，経常収支とマクロ経済の関係を検討しましたが，本章では国際収支について統計作成の側面からもう少しくわしく分析してみましょう。また実際に国際収支統計を作成してみましょう。

1 国際収支統計とは何か

国際収支とはフローの統計であり，一定期間の，国や地域などある経済圏とそれ以外の地域との間の，財・サービス，資本などの経済取引をすべて網羅したものです。国際収支の統計作成に当たっては国際通貨基金（IMF）の作成した国際標準に基づいてなされています。同時に前章でも述べたように，SNA（System National Account；国民経済計算）体系での国民所得統計とも整合性があります。経済のグローバル化がいっそう進展するなかで，国境を越えた（クロスボーダー）経済取引はますます増大しており，これらを計測する国際収支統計の重要性はますます増大しています。

1.1 国際収支統計の3つの特徴

国際収支統計とは，一定期間における一国（あるいは地域）のすべての対外経済取引を体系的に記録した統計です。すなわち，ある国（経済圏）とそれ以外の国とのすべての国境を越えた経済取引を，市場価格を基準として，所有権あるいは債権・債務の移転があった時期を計上時期として，2つの項目に貸記・借記する**複式計上方式**で，体系的に網羅した統計です。[*1]

まず，国際収支統計を作成する上での3つのポイントを整理しておきましょう。

第1に，国際収支統計は**複式簿記の原則**で作成されていることです。これは第1章でもみたようにすべての経済取引には買い手と売り手の双方がいて，取引の裏側には別の取引が必ず付随しています。たとえば，日本がアメリカに自動車を輸出するとします。この場合，財は日本からアメリカに輸送されますが，代金はアメリカから日本に送金されます。複式簿記とは，取引を原因（この場合は財の輸出）と結果（現金の増減）の2つの側面から把握するもので，これに

より，資産の計算と損益の計算を同時に行うものです。この点で家計簿のような単式簿記とは異なります。すなわち，1つの取引は借方と貸方の2つの項目に計上されることになります。

　自動車の輸出の例をみると，100億円分の自動車が日本からアメリカに輸出されるとすると，複式簿記形式では，財取引の経常勘定に記載されると同時に，支払い代金はアメリカから日本に入ってくるので，資本勘定の一項目である銀行勘定にも同額記載されます。

　第2の特徴は，IMFの**国際収支統計マニュアル**（Balance of Payments Manual）に則って作成されることです。前に述べたように，経済のグローバル化が進むなかで，各国のデータは統一基準で作成される傾向が強まっており，国際収支統計もIMFのマニュアルに沿って作成することが世界標準となっています。[*2]
IMFマニュアルは1993年9月に第5版が公表されましたが，日本では96年1月から新しいベースでの統計が公表されるようになりました。93年9月の第5版で改訂された主なポイントは，①デリバティブ取引など新たな金融取引が拡大していることに鑑み計上範囲が拡大したこと，②GDP統計を含むSNA体系との整合性がいっそう図られたこと，③フローの統計である国際収支統計がストックの統計である対外金融資産負債残高を含む範囲にまで拡大したこと，などの点です。

　第3の特徴は，第2の特徴とも関連しますが，GDP統計や資金循環表を含むSNA体系といっそう整合的になったことです。国連が戦後開発してきたSNA体系には，部分システムとして，①国民所得勘定，②**産業連関表**（投入産出表），③資金循環表，④国際収支表，⑤国民貸借対照表の5つがあります。1993年に改訂された93 SNAは，国連のほかに，EC委員会，IMF，OECD，世界銀行との共同編集となりましたが，93年IMFの国際収支マニュアル第5版もあり，国際収支とSNA体系はいっそう整合性が図られるようになりまし

---

*1　国際収支統計を説明した参考書として，日本銀行国際収支統計研究会（2000）『入門国際収支』があります。国際収支についての理論と活用方法について詳細にわかりやすく説明されているので，目を通しておきましょう。
*2　IMFは1996年に，主要な経済・金融統計に関する特別データ公表基準（SDDS: Special Data Dissemination Standard）を公表しています。これは，国際資本市場にアクセスしているIMF加盟国が経済・金融データを公表する際の指針となるものです（Column㉘参照）。

た。この結果，後述するように，国民所得勘定，資金循環表，および国際収支表との整合性が高まったことが特徴として挙げられます。

1.2　国際収支作成上のルール

◆ 居住者と非居住者の概念

前述したように，国際収支はある国とそれ以外の全世界との，国境を越えたすべての経済取引を把握したものですが，厳密には「居住者」と「非居住者」の間の取引を指します。この場合の居住者，非居住者とは国籍によるものではありません。

IMFの国際収支統計マニュアルによると，居住者は「その国において居住あるいは生産活動が一定以上の期間継続すること」とされています。IMFではこの一定以上の期間とは通常1年以上とされています。この場合，その国で経済利益を得ているかが判断基準となっており，旅行者，学生，一時的に外国で働く季節労働者は，海外にいても国籍のある国の居住者になります。また企業も生産活動を行い，その国から経済利益を得ているかどうかが居住性の判断基準となります。

日本の「外国為替及び外国貿易法」（外為法）では（第3章 Column ⑤参照），このIMFマニュアルをもとに居住者と非居住者の概念が規定されています。ただしIMFの国際標準が1年以上の継続期間としているのに対し，日本では若干その定義が異なります。日本では，外国籍の個人が日本に6カ月以上滞在している，あるいは日本企業の事務所で勤務するものが居住者となります。日本国籍の個人については，2年以上外国に滞在している者，あるいは外国の事務所に勤務する者が非居住者となります。企業については，日本に所在する外国企業の事務所などは居住者，外国にある日本企業の事務所などは非居住者となります。IMFマニュアルは国際基準ですが，このように各国の法制度，慣習の違いに細かく配慮し，国によって異なることも容認されています。

◆ 取得価格と発生主義

国際収支表は居住者と非居住者間の取引が捕捉されるものですが，この取引には，実物資産や新たな債権債務の発生を含む金融資産の**交換取引**，経済価値の交換はするもののその対価は受領しない**移転取引**[*3]，そして実際には発生して

いない取引を発生したとみなす**帰属取引**[*4]などが含まれます。

これらの国際取引の評価はすべて**市場価格**でなされます。金融資産の債権債務残高についても，IMFの統計作成マニュアルに沿って，通常作成時点での市場価格がベースとなっています。[*5]さて，これらの交換取引，移転取引，帰属取引はどの時点で国際収支統計に計上されるのでしょうか。IMFマニュアルによれば，取引が交換，移転，創造された時点で計上されるという「**発生主義の原則**」が採られています。財の取引については所有権が移転した時点で，サービス取引については実行された時点で，そして金融取引については債権債務関係が発生した時点で計上されます。[*6]

◆ 建て値通貨

国際取引ではさまざまな通貨が使われますが，IMFマニュアルでは国際収支統計は自国通貨建てで作成されることになっています。これは，国際収支統計が各国のGDPや資金循環統計などの国内統計と整合性をもたせるように作成されるためです。日本の国際収支統計は円建てで，またEUではユーロ建てで作成されています。IMFの統計（たとえば *International Financial Statistics* など）では，これら自国通貨建てをすべてドル建てに換算し，国際比較ができるようにしています。[*7]

IMFマニュアルにおいて，フロー統計では取引日の市場為替レート（あるいは直近期間の平均レート）で，ストック統計では残高を計算する日の市場為替レートでとなっており，日本でもこれにならって外貨建ての取引を円建てで報告する場合には，フローの取引については取引発生時点の月の平均レートで換算され，残高統計などストックの場合は，12月末の為替レートが使用されています。なお，財務省は「**省令レート**」を公表しています。省令レートとは，

[*3] 資産が移動しなくとも，その所有者が居住者から非居住者に変わった場合は，移転取引として計上されます。
[*4] 帰属取引には子会社の未配分収益である内部留保に当たる再投資収益などが含まれます。
[*5] アメリカの統計では，時価法と市場価値法の2つのベースで公表されています（第1章24ページ）。
[*6] ただし，ゼロクーポン債など，期首に割り引かれて販売される債券については，金利部分は期首に発生しますが，発行から満期まで全期間にわたって発生するように計上されます。
[*7] これについては，IMFのSDDS（Special Data Dissemination Standard）のページ（http://dsbb.imf.org/Pages/SDDS/Home.aspx）で各国国際収支のドル建ての比較をしてみましょう。

「外国為替の取引等の報告に関する省令」第35条第2号に基づき財務大臣が定め，日本銀行が公示する相場（アメリカ通貨以外の通貨とアメリカ通貨との間の換算）です。取引の種類に従って，この省令レートで報告する取引と，平均実勢為替レートで報告する取引が細かく規定されています。

◆ **1996年の国際収支統計改訂での変更点**

日本の国際収支統計は，財務省（前大蔵省）の委託を受けて日本銀行が作成，公表しています。1993年に IMF 国際収支統計マニュアルが第5版に改訂されたのを受け，翌年外国為替審議会等が答申を出し，96年1月から（91年までさかのぼって）新しい国際収支統計が発表されることになりました。旧統計の発表形式は 66 年から続いていたものなので，30 年ぶりの改訂でした。今回の重要な改正点は，市場価格ベース，発生主義，居住者の概念など，計上原則を可能な限り SNA と整合的にした点です。

今回の変更点は第1に，従来経常収支は貿易収支と貿易外収支の2つに分類されていましたが，貿易外収支のうち「所得収支」を別立てにして「サービス収支」を新設したことです。貿易収支とサービス収支を加えた「貿易・サービス収支」は，GDP 統計の「財・サービスの純輸出」と一致することになります（図 2-1）。第2に，移転収支は従来経常移転収支と資本移転収支（後述）からなっていましたが，これを切り離し，経常取引に対応する「経常移転」と資本取引に対応する「資本移転」とに分け，資本移転収支は「その他資本収支」に含まれることになりました。第3に，従来「資本収支」は，「長期資本」と「短期資本」および「金融取引勘定」（為銀ポジション増減）に区分されていましたが，これを「投資収支」として「直接投資」，「証券投資」（金融派生商品を含む），「その他投資（現預金，貸付・借入など）」の3つの項目で構成されることになったことです。長期資本に分類されていた証券投資が近年売買の頻度が高くなり，短期資本との区別が曖昧になっていたなど，長期と短期の区分が意味をなさなくなっていたためです。これにより，「資本収支」は，「投資収支」と「その他資本収支（資本移転収支を含む）」で構成されることになりました。

これらの変更点にともない，「基礎収支」「金融勘定」という概念はなくなりました。**基礎収支**とは，経常収支と長期資本収支を足し合わせたもので，**自律的取引**とみなされていました。一方，金融勘定等は自律的取引に付随する**調整**

● 図2-1　国際収支統計と国民経済計算の整合 ●

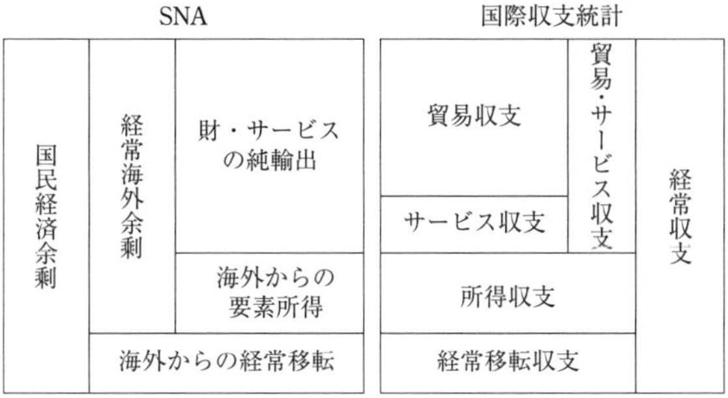

SNA			国際収支統計	
国民経済余剰	経常海外余剰	財・サービスの純輸出	貿易収支	貿易・サービス収支
			サービス収支	
		海外からの要素所得	所得収支	経常収支
		海外からの経常移転	経常移転収支	

的取引とみなされ，それぞれアバブザライン，ビローザラインとされていましたが，こうした概念もなくなりました。代わりに，経常収支と資本収支，および誤差脱漏を足し合わせたものが総合収支（basic balance）という概念になり，これは外貨準備の増減と一致するようになっています。

1.3　国際収支統計とGDP統計

　1993年に改訂されたIMFマニュアルは，国民所得計算体系（SNA）と国際収支統計がより整合的になったことが，特徴の1つです。第1章で概説したように，GDPは以下のように内需と外需（純輸出）に分解できますが，この純輸出部分は国際収支表の「貿易・サービス収支」に該当することになります。またGDPとGNPの違いは，要素所得の受払いが含まれているかどうかですが，この所得の受取りから所得の支払いを引いたものは，「所得収支」に相当します。すなわち，

　　国内総生産（GDP）＝内需（$C＋I＋G$）＋純輸出（財・サービスの輸出－輸入）
　　　　　　　　　　　＝内需（$C＋I＋G$）＋（財・サービス収支）

となって，国際収支統計の「貿易・サービス収支」はSNA体系の「財・サービス純輸出」と一致します。一方，国民総生産（GNI）は，

　　国民総生産（GNI）＝内需（$C＋I＋G$）＋財・サービス収支＋所得収支
　　　　　　　　　　＝内需＋**経常海外余剰**
　　　　　　　　　　＝GDP＋所得収支

と書き表すことができます。GNP（GNI）とGDPの差額が国際収支の所得収

支に該当します。国際収支統計と国民経済計算との関係をまとめれば図 2-1 の通りとなります。

1.4 国際収支統計と資金循環統計

　国際収支統計は SNA のサブシステムである**資金循環統計**とも整合的となっています。日本の統計では，フローの統計である金融取引表とストックの統計である**金融資産負債残高表**の2つがあります。国内の各経済主体の間の資金取引をGDP統計とあわせ，①家計，②非金融機関（企業法人），③対家計民間非営利団体，④一般政府，⑤金融機関，⑥海外の6部門に分類しています。①から⑤までを足したものが，国内全体の資金過不足となります。国内部門全体の資金過不足は，海外部門との金融取引で調整されることになり，海外部門の金融取引（すなわち海外部門の資金過不足）が，国際収支統計の資本収支と外貨準備増減に一致することになります。

$$\begin{aligned}「海外部門」の資金過不足(国内の IS バランス) &= 経常収支 \\ &= -(資本収支+外貨準備増減) \\ &= 対外純資産の増減 \\ &= 対外債権の増加 - 対外債務の増加\end{aligned}$$

　このように国際収支統計は，フローの統計である金融取引表だけでなくストックの統計である**対外資産負債残高統計**とも整合的となっています（図2-2）。

　IMFマニュアルでは対外資産負債残高統計についても市場価格で評価することになっています。ただし，定期的に評価替えできない国においては簿価を採用することも容認されています。日本においては市場価格で評価されるのに対し，アメリカの場合は2つの基準で公表されています。対外純資産については1991年までは外国直接投資額は簿価で評価されていましたが，現在は**時価法**（at current value）と**市場価値法**（at market value）の2つの異なる推計値で公表されています（両者の違いは直接投資の評価方法にあり，時価法では，工場設備などの有形資産を現在購入したらいくらかかるかで再評価したもの。市場価値法は売却した価格で再評価したもの）。

● 図2-2　国際収支統計と資金循環統計 ●

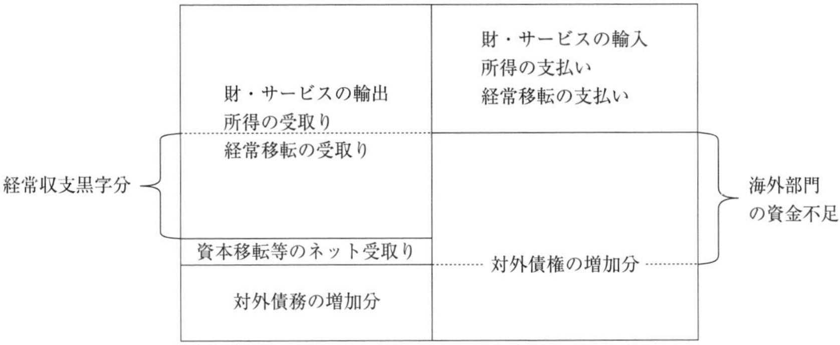

	財・サービスの輸入 所得の支払い 経常移転の支払い
財・サービスの輸出 所得の受取り 経常移転の受取り	
資本移転等のネット受取り	対外債権の増加分
対外債務の増加分	

経常収支黒字分｛（左列上部）　｝海外部門の資金不足（右列）

(出所) 日本銀行国際収支統計研究会 (2000) に加筆。

1.5　国際収支統計とBIS統計

　国際金融取引を把握するもうひとつの統計としてBIS統計があります。BISでは**国際資金取引統計**（四半期ベース），**国際与信統計**（四半期ベース），デリバティブ取引に関する統計（半期ベース），そして第3章でみる外国為替市場に関する統計（3年ごと）などが公表されています。国際資金取引統計は銀行部門の債権・債務を集計した統計で，国際金融取引を把握することができます。国際収支統計の「その他投資」に当たるものですが，国際収支統計では非居住者との取引のみが計上されるのに対して，BIS統計には国内居住者の外貨建て債権・債務取引も含まれるので，両者は一致しません（くわしくは第11章参照）。

2　国際収支の項目

　次に，国際収支の項目には具体的にどのようなものがあるのかを順に整理しておきましょう。まず，財・サービス取引からなる経常収支と，資本収支それぞれについて簡単に整理すれば以下の通りです。

2.1　経　常　収　支

　経常収支は，貿易収支，サービス収支，所得収支，経常移転収支からなります。**貿易収支**は「財貨」の輸出入ですが，すべて**FOB**[*8]（Free on Board）価格で

計上されます。基礎データは税関書類に基づき財務省が作成する貿易統計（通称「通関統計」）で，同統計は，輸出は FOB，輸入は **CIF**（Cost, Insurance and Freight）建てとなっているので，運賃，保険料などの諸コストは控除して FOB 建てに修正されます。通関と所有権移転の時期にずれがある場合も調整がなされます。

　サービス収支は，輸送，旅行，その他サービスからなります。その他サービスには，通信サービス，建設サービス，保険サービス，特許等使用料，文化・興業サービス，金融サービスなどが含まれます。

　投資収支には，資本や労働などの生産要素が生み出す雇用者報酬と投資収益などの要素所得取引が計上されます。投資収益は，直接投資収益，証券投資収益，およびその他投資収益に区分されます。

　移転収支は，実物資産あるいは金融資産などの無償取引を複式計上方式で国際収支表に記録するための見合い項目になります。取引が財か資本かによって，経常移転収支と資本移転収支に分類されます。経常移転収支には，個人あるいは政府間の食糧など消費財の無償援助，国際機関への拠出金，出向社員の給与の受払いなどが含まれます。一方，資本移転収支には，政府による相手国の固定資本形成のための無償援助，相続税など資産の取得に関連する諸税の受払いなどが含まれます。前述したように資本移転収支は旧分類では経常勘定に含まれていましたが，経常移転収支とは切り離されて資本勘定に含まれることになりました。

2.2　資本収支

　資本収支は居住者と非居住者の間で行われた資産，負債の受払いを計上するもので，「投資収支」と「その他資本収支」からなります。このうち「投資収支」は，金融資産負債の取引を計上するもので，「直接投資」「証券投資」「その他投資」の 3 項目からなります。「その他資本収支」は居住者と非居住者の間で行われた固定資産および非生産金融資産の取引を計上します。

　直接投資は，経営参加を目的とする投資と定義され，出資比率が原則 10% 以上のものです。親会社の持ち株比率が 10% 以上の子会社，支店に対する出資金や貸付金，不動産投資，再投資収益などが含まれます。「証券投資」は，

株式や債券などへの投資で，満期1年超の中長期債と満期1年以下の短期債，さらにオプション（プレミアムのみ），ワラント，スワップなどの金融派生商品が含まれます[*9]。証券投資は本邦資本と外国資本に分けられて計上されています。また，「その他投資」には，直接投資，証券投資，および外貨準備資産に該当しないすべての資本取引が計上され，貸付，借入れや貿易信用，現預金，雑投資などが含まれます。旧来の分類では銀行の現預金を含む為銀ポジションの増減は調整項目とされ別建てとなっていましたが，銀行の自発的な資本・金融取引も増大したことから，受動的性格の勘定とみなすことに無理が生じたという背景もあります。

「その他資本収支」は資本移転収支とその他資産からなり，資本移転収支は固定資産の所有権の移転などが計上され，その他資産には，大使館や国際機関の土地の取得や処分などが含まれます。

2.3　外貨準備増減，誤差脱漏

外貨準備の増減は，通貨当局の管理下にある利用可能な対外資産の増減が計上されます。具体的には，金，外貨，SDR（特別引出し権），IMFリザーブポジション（IMFから自由に引き出せる金額），外貨などです。外貨準備は公的部門が保有する対外資産であり，外国為替市場への介入や金利運用収入などによって増減します。

また，誤差脱漏は統計上の不付き合いを調整する項目となります。これは国際収支のそれぞれの項目が別個の原資料から作成されるために貸方と借方に不一致が生じるので，これを調整するための項目となっています。

[*8] FOB建てとは，輸出港本船渡し価格のことで，船積み以降に生じる費用は含まれないのに対し，CIF建ては運賃と保険料が含まれます。標準的な売買契約はCIF契約で，通関統計では輸出はFOB建て，輸入はCIF建てとなります。IMF方式に基づいた国際収支統計では，貨物の価格だけが計上されるので，運賃や保険料は別途サービス収支として計上されます。

[*9] 居住者邦銀発行のCD（譲渡性預金）の取得は「その他投資」に含まれますが，居住者による海外発行CDは外為法上証券とみなされ，証券投資に含まれます。

3 国際収支表の作成方法

それでは，実際に国際収支表を作成してみましょう。先に述べたように，国際収支表は複式簿記計上方式で作成されており，個々の取引は同一金額で2つの項目に記載されます。通常は資産の減少と負債の増加は「貸方」(Credit) に記載され，資産の増加と負債の減少は「借方」(Debit) に記載されます。ただし，国際収支統計は企業会計の記載とは2つの異なる点があります。

第1に，貸方と借方の記載が，企業会計では左側に借方，右側に貸方となるのに対し，国際収支統計ではその逆，つまり左側に貸方，右側に借方となる点です。第2に，企業会計では借方も貸方も絶対数を記載するのに対し，国際収支統計では借方はマイナス表記になる点です。

貸方には資産の減少と負債の増加が記載されますが，これは実物資産，金融資産の減少と金融負債の増加が記載されます。逆に借方には，実物資産，金融資産の増加と金融負債の減少が記載されます。たとえば，日本がアメリカに1億円分の自動車を輸出したとすると，貸方の輸出勘定に1億円が計上され，同時に借方のその他投資勘定に△1億円が計上されます。これは，自動車という実物資産が売却されることにより在庫残高が減少し（貸方に記載），またアメリカの購入者が1億円を日本のメーカーに送金するので，日本のメーカーの預金残高が増える（金融資産が増加するので借方に記載）ためです。

貸方に記載される項目は，財の輸出，サービスの受取り，金融資産の減少，金融負債の増加，になります。逆に借方に記載される項目は，財の輸入，サービスの支払い，金融資産の増加，金融負債の減少となります（下表参照）。

（貸方）実物資産・金融資産の減少，金融負債の増加，サービスの受取り
（借方）実物資産・金融資産の増加，金融負債の減少，サービスの支払い

3.1 具体的な記述例

ここで，以下のような取引について国際収支表にどのように記載されるかを

考えてみましょう（表2-1）。
① 日本のメーカーが100億円相当のパソコンをアメリカ企業に輸出し，日本の銀行口座に100億円の支払いを受ける。
　　⇨貿易勘定の貸方（パソコンという実物資産の減少）に100億円が計上される。日本企業の銀行口座の金融資産が増大するのでその他投資勘定の借方に△100億円が計上される。
② アメリカの観光客が京都を訪問し，200億円分の旅行小切手を使った。
　　⇨サービス取引の受取りになるのでサービス勘定の貸方に200億円計上される。日本の銀行口座の金融資産が200億円分増大するので，その他投資勘定の借方に△200億円計上される。
③ 日本政府がイラク復興資金として50億円相当を送金した。
　　⇨無償取引の見合い項目である経常移転取引の支払いなので借方に△50億円を計上する。日本の政府預金残高が50億円減少するので（金融資産の減少），その他投資勘定の貸方に50億円を計上する。
④ 対外援助の一貫としてミャンマーにコメ10億円相当を無償援助し，その際にパナマ籍の船舶会社に1億円の運送費を支払い，またイギリスの保険会社に2億円の保険金を支払う。
　　⇨上の取引と似ているが，この場合は財の輸出がなされるので，貿易勘定の貸方に10億円（コメという実物資産が減少），経常移転勘定の借方に△10億円計上される。また運送費および保険料はサービスの支払いに当たるので，サービス勘定の借方に△3億円計上する。政府預金残高（金融資産）が減少するので，その他投資勘定の貸方に3億円計上する。
⑤ 日本人の投資家が購入したドイツテレコム株の配当を5億円分受け取った。
　　⇨生産要素（資本）から得られる所得の受取りなので，所得勘定の貸方に5億円計上する。この投資家の金融資産が5億円増えるのでその他所得勘定の借方に△5億円計上する。
⑥ アメリカ企業が日本に支店を開設し，その費用として50億円を当該企業の銀行預金から支払った。

第2章　国際収支表の作成方法

● 表 2-1　国際収支表の例 ●

	貸方	借方	
貿易勘定	① 100, ④ 10	⑦ △100	経常収支
サービス勘定	② 200	④ △3	152億円の黒字
所得勘定	⑤ 5		
経常移転勘定		③ △50, ④ △10	
直接投資勘定	⑥ 50		資本収支
証券投資勘定	⑦ 100		52億円の赤字
その他投資勘定	③ 50, ④ 3, ⑧ 100	① △100, ② △200, ⑤ △5, ⑥ △50	
外貨準備増減		⑧ △100	

　　⇨この取引はアメリカから日本への直接投資に当たり，対内直接投資は日本からみると債務に当たるので負債の増大，すなわち直接投資の貸方に50億円計上する。またこの取引にともないアメリカ企業の非居住者円預金残高（日本からみると負債）が減少するので，その他投資勘定の借方に△50億円計上する。

⑦　日本の航空会社が100億円相当の米ドル社債をロンドン市場で発行し，ボーイング社の航空機を購入する。

　　⇨財の輸入なので貿易勘定の借方に△100億円計上する。日本企業の資金調達（金融負債の増大）でファイナンスするので，証券投資勘定の貸方（金融負債の増大）に100億ドル計上する。

⑧　円高に対応し財務省が100億円分の円売りドル買い介入を実行する。

　　⇨外貨準備が増大することになるので（金融資産の増大），外貨準備増減項目の借方の△100億円を計上する。財務省外為特別会計の円預金が減少（金融資産の減少）するのでその他投資勘定の貸方に100億円計上する。

　1年間に上記の取引があった場合，表 2-1 のとおり，この年の貿易収支は10億円の黒字，サービス収支は197億円の黒字，経常収支は152億円の黒字となります。一方資本収支は52億円の赤字となり，経常収支，資本収支，および外貨準備増減を合わせた額はちょうどゼロになることがわかります。経常収支の正の符号は黒字，負の符号は赤字と呼びます。資本収支は正の符号は流入超

Column ③ 1980年代の経常収支不均衡と前川レポート

1980年代に日米貿易不均衡や日欧貿易不均衡が顕著になると、日本の経常収支黒字問題が国際的にクローズアップされました。貿易不均衡是正のため1985年のプラザ合意でドル高是正と日独の内需拡大での国際経済協調体制がなされ、日本では86年4月7日に**前川レポート**[*10]が公表されました。同レポートは貿易黒字削減のために内需拡大や規制緩和を提言するものでした。

このレポートを批判したのが小宮隆太郎経済産業研究所長（当時）です。経常収支赤字はその国にとって不利である（黒字は得、赤字は損）、経常収支黒字は均衡させなければならない、経常収支黒字は国内市場の閉鎖性が要因だ、といった誤った観念を痛烈に批判し、経常収支不均衡は、家計、企業、政府といった各経済主体の合理的経済活動の「結果」であるという、国際経済学からみれば当たり前のことを主張したのですが、当時は「小宮理論」と呼ばれました。

官庁エコノミストや民間エコノミストとの論争がその後過熱しましたが、経常収支不均衡是正という「対外目標」達成のためにマクロ金融政策を割り当てたことは、結果としてバブル経済を招来しました。その間急激な円高が示現したものの、経常収支黒字は一向に縮小しませんでした。90年代に入ってから、日本経済活性化のために構造改革や規制緩和が大きく進みましたが、それ自体は経常収支黒字削減には資せず、今でも日米の経常収支は大きなアンバランスになったままです。もちろん、ミクロの構造改革や規制緩和は日本経済にとって非常に重要な課題です。しかし、経常収支を均衡させるという文脈とは切り離して考えるべきでしょう。

（黒字）、負の符号は流出超（赤字）と呼ばれます。外貨準備を含めた広義の資本収支を考えると、

広義の資本収支(資本収支、外貨準備増減、誤差脱漏) + 経常収支 = ゼロ

経常収支 = －(広義の資本収支)

となり、経常収支が赤字の国は資本収支が流入超、経常収支が黒字の国は資本収支が流出超ということになります[*11]。このように国際収支は複式簿記で計上されるので、経常収支と外貨準備等も含めた広義の資本収支を足し合わせるとゼ

[*10] 中曽根首相（当時）の私的諮問機関「国際協調のための経済構造調整研究会」が発表した報告書。経構研のメンバーは17人で、座長を務めた前川春雄（元日銀総裁）の名をとって、前川レポートと呼ばれています。

42　第 2 章　国際収支の作成方法

● 表 2-2　アメリカの国際収支表 ●

(単位：100 万ドル)

Line	Current account (Credits +; debits -)	2004	2005	2006	2007	2008	2009	2010
1	**Exports of goods and services and income receipts**	1,572,315	1,816,449	2,135,004	2,478,267	2,635,540	2,159,000	2,500,817
2	Exports of goods and services	1,158,576	1,281,186	1,452,783	1,648,665	1,839,012	1,570,797	1,837,577
3	Goods, balance of payments basis	819,870	909,016	1,035,868	1,160,366	1,304,896	1,068,499	1,288,699
4	Services	338,707	372,171	416,916	488,299	534,116	502,298	548,878
5	Transfers under U.S. military agency sales contracts	8,878	12,164	15,678	17,216	14,936	17,096	17,483
6	Travel	74,546	81,799	85,789	96,896	109,976	93,917	103,505
7	Passenger fares	18,851	20,970	22,036	25,646	31,404	26,424	30,931
8	Other transportation	29,495	31,704	35,503	40,315	43,714	35,406	39,936
9	Royalties and license fees	56,715	64,395	70,727	84,580	93,920	89,791	105,583
10	Other private services	149,262	160,051	186,028	222,434	238,932	238,332	250,320
11	U.S. government miscellaneous services	959	1,087	1,155	1,212	1,234	1,333	1,121
12	Income receipts	413,739	535,263	682,221	829,602	796,528	588,203	663,240
13	Income receipts on U.S.-owned assets abroad	410,917	532,373	679,338	826,632	793,484	585,256	657,963
14	Direct investment receipts	250,606	294,538	324,816	370,712	403,225	346,073	432,000
15	Other private receipts	157,313	235,120	352,122	453,687	385,353	234,458	224,469
16	U.S. government receipts	2,998	2,715	2,400	2,233	4,906	4,724	1,494
17	Compensation of employees	2,822	2,890	2,883	2,971	3,044	2,947	5,278
18	**Imports of goods and services and income payments**	-2,114,441	-2,458,268	-2,846,159	-3,080,813	-3,182,368	-2,412,489	-2,835,620
19	Imports of goods and services	-1,767,921	-1,995,362	-2,212,023	-2,350,763	-2,537,814	-1,945,705	-2,337,604
20	Goods, balance of payments basis	-1,485,501	-1,692,817	-1,875,324	-1,983,558	-2,139,548	-1,575,443	-1,934,555
21	Services	-282,420	-302,546	-336,700	-367,206	-398,266	-370,262	-403,048
22	Direct defense expenditures	-26,110	-27,676	-27,330	-27,917	-28,311	-30,474	-30,391
23	Travel	-65,750	-68,970	-72,104	-76,331	-79,726	-73,230	-75,507
24	Passenger fares	-24,718	-26,149	-27,501	-28,437	-32,563	-25,980	-27,279
25	Other transportation	-47,752	-52,475	-53,466	-53,513	-53,702	-41,586	-51,202
26	Royalties and license fees	-23,266	-24,612	-23,518	-24,931	-25,781	-25,230	-33,450
27	Other private services	-91,046	-98,684	-128,760	-151,894	-173,686	-168,892	-180,598
28	U.S. government miscellaneous services	-3,778	-3,979	-4,021	-4,184	-4,497	-4,871	-4,621
29	Income payments	-346,519	-462,905	-634,136	-730,049	-644,554	-466,783	-498,016
30	Income payments on foreign-owned assets in the United States	-337,556	-453,615	-624,646	-719,983	-634,190	-456,027	-483,504
31	Direct investment payments	-99,754	-121,333	-150,770	-129,134	-115,538	-94,010	-151,361
32	Other private payments	-155,266	-228,408	-338,897	-426,501	-352,053	-218,020	-196,004
33	U.S. government payments	-82,536	-103,874	-134,979	-164,348	-166,599	-143,997	-136,139
34	Compensation of employees	-8,963	-9,290	-9,490	-10,066	-10,364	-10,757	-14,512
35	**Unilateral current transfers, net**	-88,362	-105,772	-91,481	-115,548	-122,026	-124,943	-136,095
36	U.S. government grants	-23,823	-33,647	-27,733	-34,437	-36,003	-41,638	-44,717
37	U.S. government pensions and other transfers	-6,264	-6,303	-6,508	-7,323	-8,390	-8,874	-10,365
38	Private remittances and other transfers	-58,275	-65,822	-57,240	-73,788	-77,633	-74,431	-81,013

3　国際収支表の作成方法　43

	Capital account								
39	**Capital account transactions, net**	3,049	13,116	-1,788	384	6,010	-140	-152	
	Financial account								
40	**U.S.-owned assets abroad, excluding financial derivatives** (increase/financial outflow (-))	-1,000,870	-546,631	-1,285,729	-1,475,719	156,077	-140,465	-1,005,182	
41	U.S. official reserve assets	2,805	14,096	2,374	-122	-4,848	-52,256	-1,834	
42	Gold	0	0	0	0	0	0	0	
43	Special drawing rights	-398	4,511	-223	-154	-106	-48,230	-31	
44	Reserve position in the International Monetary Fund	3,826	10,200	3,331	1,021	-3,473	-3,357	-1,293	
45	Foreign currencies	-623	-615	-734	-989	-1,269	-669	-510	
46	U.S. government assets, other than official reserve assets	1,710	5,539	5,346	-22,273	-529,615	541,342	7,540	
47	U.S. credits and other long-term assets	-3,044	-2255	-2,992	-2,475	-2,202	-4,069	-4,976	
48	Repayments on U.S. credits and other long-term assets	4,716	5,603	8,329	4,104	2,354	2,133	2,408	
49	U.S. foreign currency holdings and U.S. short-term assets	38	2,191	9	-23,902	-529,766	543,278	10,108	
50	U.S. private assets	-1,005,385	-566,266	-1,293,449	-1,453,324	690,540	-629,552	-1,010,888	
51	Direct investment	-316,223	-36,235	-244,922	-413,993	-351,141	-268,680	-351,350	
52	Foreign securities	-170,549	-251,199	-365,129	-366,512	197,897	-208,213	-151,916	
53	U.S. claims on unaffiliated foreigners reported by U.S. nonbanking concerns	-152,566	-71,207	-181,299	-23,089	421,153	124,428	7,421	
54	U.S. claims reported by U.S. banks and securities brokers	-366,047	-207,625	-502,099	-649,730	422,631	-277,087	-515,043	
55	**Foreign-owned assets in the United States, excluding financial derivatives** (increase/financial inflow (+))	1,533,201	1,247,347	2,065,169	2,107,655	454,722	305,736	1,245,736	
56	Foreign official assets in the United States	397,755	259,268	487,939	481,043	550,770	450,030	349,754	
57	U.S. government securities	314,941	213,334	428,401	269,897	591,381	441,056	316,980	
58	U.S. Treasury securities	273,279	112,841	208,564	98,432	548,653	561,125	397,797	
59	Other	41,662	100,493	219,837	171,465	42,728	-120,069	-80,817	
60	Other U.S. government liabilities	-134	-421	2,816	5,436	8,912	57,971	12,124	
61	U.S. liabilities reported by U.S. banks and securities brokers	69,245	26,260	22,365	109,019	-153,423	-70,851	-9,375	
62	Other foreign official assets	13,703	20,095	34,357	96,691	103,900	21,854	30,025	
63	Other foreign assets in the United States	1,135,446	988,079	1,577,230	1,626,612	-96,048	-144,294	895,982	
64	Direct investment	145,966	112,638	243,151	271,210	328,334	134,707	236,226	
65	U.S. Treasury securities	93,608	132,300	-58,229	66,845	161,411	22,781	256,428	
66	U.S. securities other than U.S. Treasury securities	381,433	450,386	683,245	605,414	-166,490	59	120,453	
67	U.S. currency	13,301	8,447	2,227	-10,675	29,187	12,632	28,319	
68	U.S. liabilities to unaffiliated foreigners reported by U.S. nonbanking concerns	165,872	69,572	244,793	182,355	-36,522	-1,460	77,456	
69	U.S. liabilities reported by U.S. banks and securities brokers	335,206	214,736	462,043	511,463	-411,968	-313,013	177,100	
70	**Financial derivatives, net**	n.a.	n.a.	29,710	6,222	-32,947	50,804	13,735	
71	**Statistical discrepancy (sum of above items with sign reversed)**	95,107	33,758	-4,727	79,552	84,991	162,497	216,761	
71a	Of which: Seasonal adjustment discrepancy								
	Memoranda:								
72	Balance on goods (lines 3 and 20)	-665,631	-783,801	-839,456	-823,192	-834,652	-506,944	-645,857	
73	Balance on services (lines 4 and 21)	56,286	69,625	80,216	121,093	135,850	132,036	145,830	
74	Balance on goods and services (lines 2 and 19)	-609,345	-714,176	-759,240	-702,099	-698,802	-374,908	-500,027	
75	Balance on income (lines 12 and 29)	67,219	72,358	48,085	99,553	151,974	121,419	165,224	
76	Unilateral current transfers, net (line 35)	-88,362	-105,772	-91,481	-115,548	-122,026	-124,943	-136,095	
77	Balance on current account (lines 1, 18, and 35 or lines 74, 75, and 76)	-630,488	-747,590	-802,636	-718,094	-668,854	-378,432	-470,898	

(注) p は速報値。n.a. はデータなし。
(出所) 商務省データを引用。

Column ④ ●● アジアの資金フロー構造

　エマージング・アジア諸国の資金フローは1997年のアジア危機で銀行を通じて資金が逆流し，経常収支はそれ以前の赤字から黒字に一転しました。2000年代に入ると直接投資を中心に主に中国に民間資金が流入し，外貨準備は年を追って増大しました。08年のリーマン・ショックで銀行融資形態の資金の流出がありましたが，その後再び流入が顕著となっています。現状では経常収支黒字，民間資金が黒字（流入）で，外貨準備は大幅な赤字（外貨準備の増大）となっています。すなわち，外貨準備増大という形でアジアの資金が海外に環流していることがわかります。

　IMFデータによれば，2010年末の全世界の外貨準備に9兆34億ドルのうちアジア途上国の占める割合は38.9％で，これに日本と韓国の外貨準備保有を含めると，同時点で世界全体の外貨準備の54％もの額がアジアで保有されていることになります。11年4月末の米国財務省証券の外国保有残高4兆4891億ドルのうち，中国が最大で1兆1525億ドル，次いで日本が9060億ドル保有しています。アジア諸国が占める比率は57.2％と前年同月の54.6％から増大しています。すなわち，中国や日本などの外貨準備の急増は，アメリカのT-bond，TB投資という形でアメリカに環流していることを意味します。

ロになります。

　たとえば日本のように経常収支が大幅な黒字である国は，資本収支は大幅な赤字（出超）となり「資本輸出国」であることになります。前章でみたように，経常収支は貯蓄（S）から投資（I）を引いたものに等しいので，経常収支が赤字であることは，外国からの新規借入れがなされることを意味します。一方経常収支が黒字であることは，新規貸出あるいは負債の返済がなされることを意味します。フローの貸借関係が生じることになり，経常収支分だけ対外純資産は増減することになります。また，これは資金循環表の海外部門の資金過不足に当たります。すなわち経常収支は，すべての経済主体の，経済取引の結果であり，「経常収支黒字がよいことか，悪いことか」という命題は意味をなさないことになります（Column ③参照）。

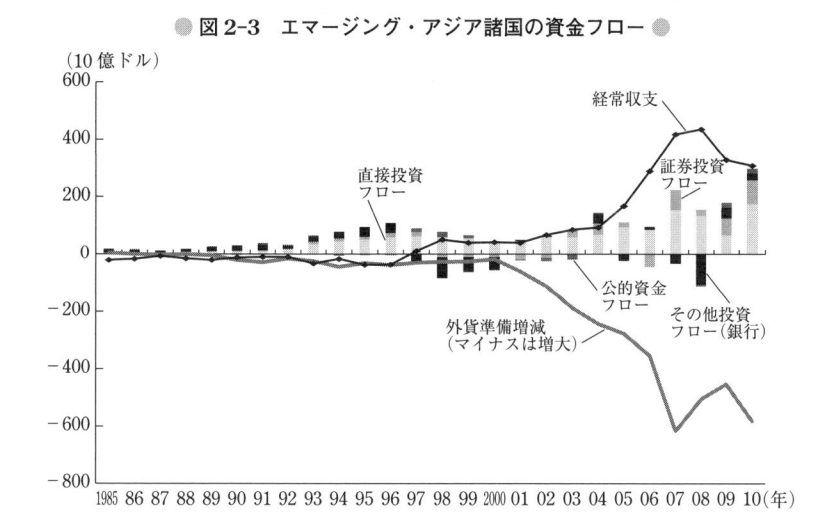

● 図 2-3　エマージング・アジア諸国の資金フロー ●

(出所) International Monetary Fund, "World Economic Outlook Database," April 2011.

4　近年のグローバルな資金フローと国際収支

　アメリカの国際収支は，商務省，財務省，連邦準備銀行が作成したデータをもとに商務省経済分析局（Bureau of Economic Analysis）が公表しています（『Survey of Current Business』）。公表頻度は四半期で，米ドル建てで公表されます。ユーロエリアについては，欧州中央銀行（ECB）と欧州委員会統計局（Eurostat）が作成したデータをもとに欧州中央銀行が公表します。ユーロ加盟19カ国とEU加盟国28カ国（2018年1月現在）の各国通関統計のデータのうち対域外諸国との取引を集計して作成されます。公表頻度は日本と同じ月次

＊11　資本収支は資産増，負債増ともにあくまでネットアウトした額なので，グロスの国際資本取引はさらに膨大なものであると推測されています。とりわけ1990年代以降はグロスの国際資本取引は経常取引をはるかに超える規模となっていますが，ネットの数値である資本収支にはこれは表れないことに留意が必要です。

データで建て値はユーロとなっています。日本では財務省と日本銀行が国際収支統計を公表しています。

米欧とも経常収支，投資収支（Financial Account）とその他資本収支（Capital Account）からなり，アメリカの場合は資産（US-owned assets abroad, net）と負債（Foreign Assets in the United States, net）に分類されて公表されています（表2-2）。日本の統計と異なる点は，両地域の場合とも，外貨準備増減が投資収支に含まれて公表されていることです。それぞれウェブサイトでデータを簡単に入手することができますので確認しておきましょう[*12]。

主要国の国際収支をみると，経常収支はその主要な項目である貿易収支が景気循環ファクター，為替レート，原油市況，交易条件の変化など，さまざまなファクターによって黒字となったり，赤字となったりしています。中長期的にみると，日本では80年代以降恒常的に黒字が継続していますが，趨勢的なトレンドと循環的なトレンドのもとで，黒字幅は増大したり減少したりしています。アメリカでは，中長期的に経常収支赤字が続いていますが，2000年以降さらに赤字幅は拡大しています（08年以降縮小。第15章）。ユーロエリアでのECBが公表した正式な国際収支は1997年以降しかないので，それ以降についてみると，おしなべて経常収支の黒字が続いていましたが，2000年以降はユーロ高を背景に経常収支は赤字に転落しています。

このように3地域間の経常収支と資本フローはさまざまなファクターにより変動します。同様に3地域間の資金フローもさまざまなファクターで変動します。さらに，最近では，エマージング市場の国際資本移動が増大する傾向が強まっており，とりわけ1997年のアジア危機や翌年のヘッジファンド危機以降はエマージング市場の国際資金フローのデータはますます重要となっています。銀行部門のエマージング市場への債権債務状況についてはBISが国際銀行統計を定期的に公表しています（第11章）。エマージング市場を含む資本フローについては，IMFが定期的に報告書（*Global Financial Stability Report*）を公表しています。なお，2014年1月から日本の国際収支統計はIMFマニュアル第6版に基づき公表されています。概要については有斐閣ホームページを参照ください。

例　題

1　1年間に以下の取引があった場合のその年の経常収支，資本収支を計算しなさい。
   ① 日本企業がドイツから400億円相当の薬品を輸入し，スイスの銀行口座に支払う。
   ② 台湾の観光客が，日本で200億円の旅行小切手を使う。
   ③ タイが，日本の銀行からの融資を受け，日本企業から500億円の地下鉄車両を輸入する。
   ④ オランダの家電会社が，日本での現地生産体制を強めるために，本国から200億円の機械を輸入する。
   ⑤ ドイツの資産家が，日本の銀行口座から40億円の利子を受け，そのまま日本に預金する。
   ⑥ 日本政府がアフガニスタンに，100億円の緊急物資を無償援助する。
   ⑦ 上の取引のために，日本政府がパナマの海運業者に運送料2億円，イギリスの保険会社に保険料3億円，計5億円支払う。

2　次の取引は国際収支統計のうちどの勘定に入るか答えなさい。
   ① 東京ディズニーランドのアメリカ本社に支払うライセンス料金
   ② 在日外国大使館の賃貸料
   ③ フィリピン人看護師の報酬送金
   ④ 海外企業の日本企業に対するM&A
   ⑤ 中国企業の日本の土地購入

---

*12　アメリカは商務省経済分析局のウェブサイト（http://www.bea.doc.gov），EUは欧州中央銀行のウェブサイト（http://www.ecb.int）で入手できます。それぞれの地域の国際収支表を比較してみましょう。

第3章 外国為替市場の仕組み

> **Keywords**
>
> 外国為替　ファイナリティ　全国内国為替制度（全銀システム）　日銀ネット　決済リスク　即時グロス決済（RTGS）　コルレス銀行　約束手形　為替手形　ディーリング　対顧客市場　インターバンク市場　インター・ディーラー市場　相対取引（OTC取引）　ブローカレッジ　ディーリング　為銀主義　ブローカーディーリング　ボイスブローカー　ダイレクトディーリング　マーケットメイカー　情報の非対称性　ロング・ポジション　ショート・ポジション　スクエア　オープン・ポジション　エクスポージャー　為替リスク　投機家　ヘッジャー　直接表示　間接表示　アメリカンターム　ヨーロピアンターム　IMF方式　欧州方式　クロス・レート　媒介通貨　ホットポテト現象　要求の二重の一致

◆ はじめに

　円高，円安といった言葉が新聞紙面を賑わせ，銀行や短資会社のトレーダーの姿がテレビ画面に映し出されるなど，円ドル相場の動きがしばしばニュースになります。なぜ円相場の動向がこれほどまでに騒がれるのでしょうか。

　近年の円ドル相場の動きをみると，1995年4月19日に1ドル79円75銭（東京市場）の高値を示現したかと思うと，その後は再び大きく円安に振れ，ロシア危機直後の98年8月11日には近年のボトムである147円63銭（東京市場）まで下落しました（約45％の減価）。その後トレンドとしてはドル安円高となりながらも短期的に大きく変動し，2001年9月の同時多発テロ以降は基本的にはドル安傾向が強まっています。08年9月のリーマン・ショック後ドルはさらに大きく値を下げ，10年末には81円台の円高となりました。さらに，東日本大震災発生後の11年3月17日には円は76円25銭に急騰し，8月の米国債格下げ後，10月25日には戦後最高値の75円73銭（NY）をつけました。

円ドル為替レートは日々変動するだけでなく，中期的にもこのように大きな波動を描いて変動しています。1998年のヘッジファンド危機のときには，2日で20円も円高となるなど，為替レートのボラティリティ（変動性）は以前にも増して大きいものとなっています。マクロ経済の観点からは，円ドル・レートの変動は，日本のGDP，インフレ，国際収支だけでなく，他国のファンダメンタルズにも大きな影響をもたらし，世界経済にも影響を与えることになります。また，ミクロ経済の観点からは為替レートの変動により各経済主体の為替リスクが増大し，企業の経営戦略や収益にも影響を与えます。株価や債券など資産価格変動との相関連も観察できます。

このような為替レートの変動はどうして起きるのか，また，為替レートの大きな変動はマクロ，ミクロ両面で経済にどういった影響を与えるのか。まず本章では，外国為替市場の仕組みを概説したうえで，国際通貨制度についても考えてみましょう。

1 国際取引と外国為替市場

1.1 急激に増大する外国為替市場

近年グローバル化のいっそうの進展とともに，外国為替市場の規模は急激に増大しています。この背景には，①世界的な対外取引規制の緩和や，金融規制の緩和が進行したこと，②金融の機関化が進行し，収益最大化を目的にファンドマネージャーが複数の通貨にまたがった大規模な国際金融取引を行う傾向にあること，③情報通信技術の発達により，情報がリアルタイムで浸透し取引コストが軽減したこと，④多国籍企業が地球規模で取引を行う傾向が強まったこと，⑤金融工学の発達を背景にデリバティブ取引などさまざまな金融商品が登場したこと，などがあります。この結果，世界の外国為替市場の取引規模は，2010年4月の時点で，1日当たり平均3兆9810億ドルとなっており，1日当たりの世界輸出入貿易額の約160倍に相当する，非常に莫大な規模に膨れ上がっています。

このように外国為替取引量が飛躍的に増大したのは，基本的には戦後の自由貿易体制のもとで世界貿易が持続的に成長したためです。しかし取引量の膨張

にそれ以上の影響を与えたのが，国際資本取引の爆発的な増大です。国際資本取引の増大は，アメリカの経常収支赤字の拡大，日本，ドイツの経常収支黒字の増大，そしてオイル・ショックによる OPEC 諸国の黒字増大など，国際間の経常収支不均衡の拡大にともなうものでした。しかし 1990 年代以降の民間資金フローの急激な増大は，とくに途上国において自国の経済開発を促進するため競うように資本取引規制が緩和されたこと，先進諸国の金融資産蓄積にともなう運用の国際分散化，金融規制の緩和によるものです。世界の通貨制度は戦後，ドルを中心とした固定相場制でしたが，71 年のニクソン・ショックを境にいわゆるブレトンウッズ体制が崩れ，73 年から変動相場制に移行してからとくに円ドル相場の変動は著しいものとなりました。本章ではまず，外国為替がどのような仕組みで取引されているかについてみていきましょう。

1.2　外国為替とは何か

　外国為替（Foreign Exchange）とは何でしょうか。通常「**外国為替**」という言葉は 2 つの意味合いで使われます。1 つは，「外国通貨建ての短期の譲渡可能な金融債権」という意味合いです。この概念では，現金，銀行預金，旅行小切手，その他短期金融債権など，さまざまな金融債権が「外国為替」に含まれ，それぞれの通貨の金融債権（外国為替）の交換レートが外国為替レートということになります。

　もう 1 つは「内国為替」に対する概念としての「外国為替」です。もともと「為替」とは，「遠隔地の資金の移動を現金の移動をともなわないで金融機関の決済機能を利用して行う仕組み」と定義できます。この仕組みが国境をまたいで（クロスボーダーで）なされるものが外国為替です。通常国民経済においては，すべての取引を行うには「通貨」が必要となりますが，「通貨」は，**ファイナリティ**（支払いと決済が同時に行われること）のある現金だけを指すのではなく，銀行にある預金通貨や手形など，すべての準通貨が含まれます。経済取引を行うには，「支払い」と「決済」を行う必要がありますが，最終的な決済がなされて初めてその経済取引は完了します。こうした決済システムを担っているのが，日本では日本銀行を中心として国内の銀行が参加する決済システムです。

　日本の国内資金決済システムは，企業や個人の振り出した手形・小切手を決

済する手形交換制度，銀行間貸借を対象とする**全国内国為替制度（全銀システム）**，外国為替関係円資金を決済する外国為替円決済制度からなっています。銀行間の相対決済については日本銀行に預けられている日本銀行当座預金の間の振替（**日銀ネット**）でなされています。IT技術の進展により決済システムの効率性が向上している一方で，約定後決済まで，取引相手の財務状況の悪化，システム障害などの**決済リスク**も増大しています。対外取引が増大するにつれ，決済取引にともなう決済リスクは国際的に増大しています。そのもとで**即時グロス決済（RTGS）**[*1] システムが国際標準となってきているのです。国境を越えた経済取引にも支払いと決済が必要となります。内国為替とは異なり外国為替は取引相手国の「決済システム」にも依存することになります。

1.3　国際取引の決済の仕組み

　それでは，海外との取引ではどのような形で決済がなされるのか，具体的にみておきましょう。図3-1は国内の個人太郎さんが海外から本を買ったときの資金の流れと支払い契約をバランスシート（BS）で示したものです。まず太郎さんは100ドルの本を買うために，外貨100ドルが必要となります。外貨を入手するには口座のある邦銀A銀行で100ドル相当の小切手（為替手形[*2]）をまず購入しなければなりません（1ドル＝100円であるとすると太郎さんは1万円を口座から引き落して100ドルの小切手を入手します）。これをアメリカの販売会社（たとえばバーンズアンドノーブル〔B&N〕社）に送ります。B&N社は100ドルの小切手を入手し，これをB銀行に持って行き，自分の口座に入金してもらいます。一方，B銀行は立替払いをしたので，受け取った100ドルの小切手を現金化する必要があります。そこで，この小切手を提示して，C銀行（C銀行には邦銀A銀行のドル建て口座があり，C銀行は小切手の支払い人〔名宛人〕）からB銀行に振替がなされなければなりません。この振替はFRB（連邦準備銀行）に預託してある両行の当座預金の移動でなされます。ここでC銀行にある邦銀A銀行のドル残高は減り，B銀行のドル残高は増えて，すべての決済が終了します。すなわちこの取引ではアメリカの決済システムがかかわることがわかります。

　日銀ネットに相当するアメリカの決済システムは，FRBを中心とした預金

1 国際取引と外国為替市場   53

● 図 3-1 国際取引の決済例 ●

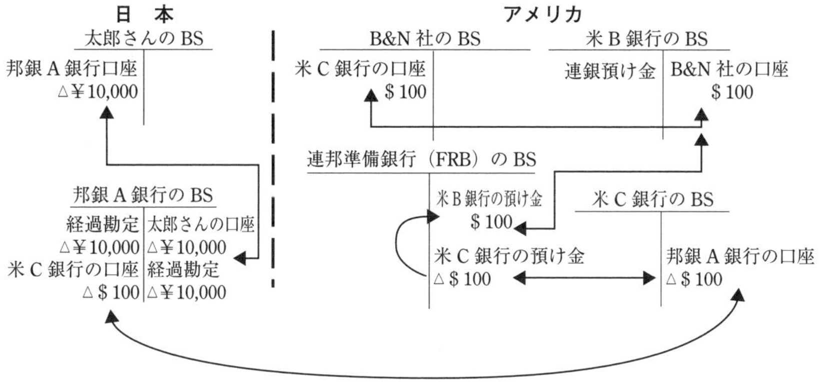

```
        日  本                            |              アメリカ
   太郎さんのBS                            | B&N社のBS              米B銀行のBS
  邦銀A銀行口座                             | 米C銀行の口座     連銀預け金 | B&N社の口座
   △¥10,000                              |    $100             $100  |   $100
                                          |   ↑
                                          | 連邦準備銀行(FRB)のBS
    邦銀A銀行のBS                          |  米B銀行の預け金 |  米C銀行のBS
   経過勘定  | 太郎さんの口座               |    $100         | 邦銀A銀行の口座
   △¥10,000 | △¥10,000                   |  米C銀行の預け金 |   △$100
   米C銀行の口座 | 経過勘定                 |    △$100        |
   △$100    | △¥10,000                   |
```

(出所) 深尾 (1990) をもとに作成。

決済システムで，フェッドワイアーと呼ばれます。日本の全銀システムに対応するのが，ニューヨーク・クリアリング・ハウスが運営しているCHIPS (Clearing House Inter-bank Payments System) という民間決済システムです。[*3] また，この例では，アメリカのC銀行には邦銀A銀行は口座を持っており（コルレス関係），C銀行はA銀行の**コルレス銀行**ということになります。

---

*1 RTGSとは，即時グロス決済 (Real Time Gross Settlement) の略。国内決済システムの資金決済手段には「時点ネット決済」と「即時グロス決済」の2つがあり，前者は特定時点で受払いの帳尻分（ネット）を決済するもので，資金効率は高いもののシステミックリスクが相対的に高くなります。後者は支払い指図が生じるたびに決済するのでシステミックリスクは発生しません。国際的に時点ネット決済からRTGSに移行する傾向があり，EUではTARGETシステムが構築されています（第10章参照）。日本でも2001年1月より日本銀行当座預金決済のRTGS化が実現しました。

*2 遠隔地決済を理解するには，**約束手形**と**為替手形**の違いを理解する必要があります。約束手形は，振出人が名宛人に対して仕入代金等を現金で支払う代わりに，手形を振り出して支払うという2者間の取引です。これに対し為替手形は，一定の期日に手形金額を第三者に支払うことを依頼した証券のことで，手形の振出人が名宛人（支払人）に対して，一定の期日に手形金額を指図人（受取人）に支払うことを依頼する証券のことです。この例の場合では，振出人は日本のA銀行，名宛人（支払い義務があります）はアメリカのC銀行になります。名宛人がC銀行であれば，単にコルレス残高が減少するだけですみ，決済システムを使う必要はありません。

　本章の例では，送金為替（並為替）ですが，外国為替の決済方法としては主に輸出入決済で債権者が債務者に対して取り立てる取立為替（逆為替）という方法も多く用いられます。

*3 ちなみに，イギリスの英ポンド決済はチャップス (CHAPS: Clearing House Association Payments System) で行われており，またEUにおいては，TARGETと名付けられた各国RTGS決済網で行われています。

決済の過程で太郎さんに小切手を売った邦銀Ａ銀行は，太郎さんにドルを売ったので，外貨ポジションは変化します。そのため銀行間市場でのドルの需給調整が必要となり，インターバンク市場での外貨取引が生じます。上で示した取引を含め，財・サービスの貿易取引，あるいは外国通貨建て債権を売買するには必ず外貨が必要となります。この面からの外貨の需要を「実需」と呼びます。銀行は，こうした顧客のニーズで外国通貨を売買するだけでなく，後述するように自身の収益を増大させるような自己売買（ディーリング）も行います。自己売買収益は銀行の資産残高に影響を与えないオフバランス収益の柱でもありますから，こうした外貨取引需要は実需よりもずっと大きいものとなっています。

国境を越える国際経済取引にはこのように必ず自国通貨と外国通貨との為替取引が生じます。財・サービスの輸出入，資本取引などすべての対外取引の決済は銀行を通じて行われるため[*4]，ほとんどの邦銀は，各国の決済システムに組み込まれたコルレス先（コルレス銀行）を持っています。

このように対外取引を行えばその裏側には必ず資金のやりとりがあるわけで，資本収支のなかの「その他投資」（銀行預金の増減）が変化します。しかしこれは，マネーサプライには影響を与えず，「輸出が増えて外貨収入が増えればマネーサプライが増える」といった記述は誤りと言えます。

2　外国為替市場の仕組み

2.1　インターバンク市場と対顧客市場

それでは外国為替市場とはどのようなものなのでしょうか。上記の例でみると，Ａ銀行は太郎さんにドルを売りますからＡ銀行のドルポジションは変化しました。Ａ銀行の顧客のドル需要によって外貨ポジションは日々大きく変わることになり，銀行は外国為替市場で過不足を調整する必要が生じます。このように外国為替市場は，①銀行と最終需要者である企業，個人，政府などとの外国為替取引を行う**対顧客市場**（上の例では太郎さんとＡ銀行）と，②銀行が外国為替市場で需給を売買する取引を行う**インターバンク市場**（銀行以外の参加者も多いので**インター・ディーラー市場**）に大別されます。換言すれば，卸売市場

2　外国為替市場の仕組み　55

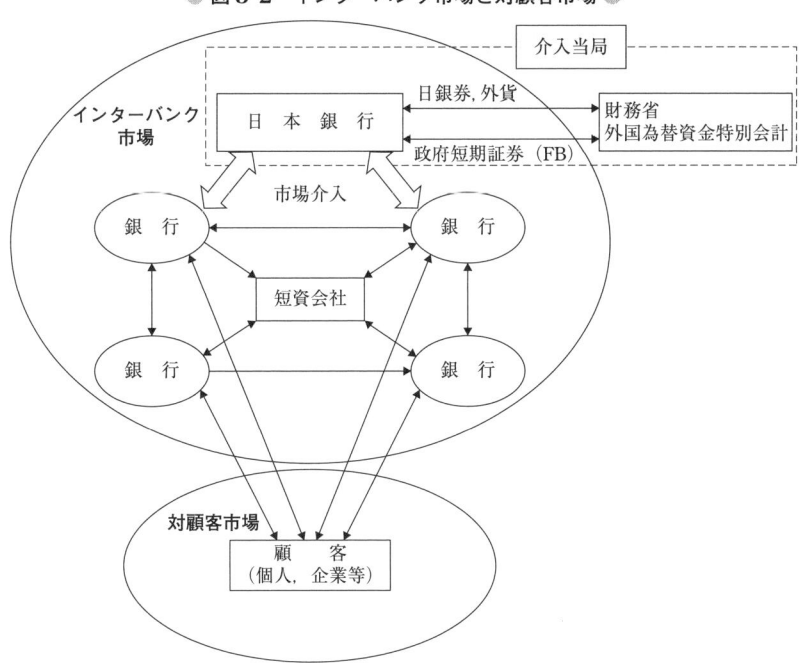

● 図3-2　インターバンク市場と対顧客市場 ●

[図: インターバンク市場の中に日本銀行、銀行、短資会社が配置され、介入当局として財務省外国為替資金特別会計と日本銀行の間で日銀券・外貨、政府短期証券（FB）がやりとりされ、市場介入が行われる様子。対顧客市場には顧客（個人、企業等）が配置されている]

に当たるのがインターバンク市場，小売市場に当たるのが対顧客市場であり，外国為替市場は両者の総体と言えます（図3-2）。

外国為替市場は，証券取引所などと異なり，取引所といった実存する物理的な場所があるわけではありません。**相対取引（OTC 取引：Over The Counter）**が基本なので，電話やテレックスを通じた取引が大宗を占めています。最近では，IT 技術の発展のもとでシステム取引が一般的になっています（58ページ）。

◆ 対顧客市場

対顧客市場での取引は**ブローカレッジ**と呼ばれます。顧客の取引ニーズに応じて外国為替を売買するわけです。手数料は，各取引ごとに設定された為替

---

*4　外国為替取引には必ず決済リスクがともないます。国際決済には時差があるため，なかでも時差による決済リスクをヘルシュタット・リスクと呼びます。有名な例は，1974年に旧西ドイツのヘルシュタット銀行が破綻したときに起きたもので，邦銀も多くの損失を蒙りました。ヘルシュタット・リスクは時差リスクとも呼ばれます。

● 図3-3　日本経済新聞マネー欄 ●

外為市場

◇円相場
（銀行間直物、1ドル＝円、売買高は前日）
（終値は17時、寄付は9時時点、日銀）

		前　日
終値	81.54— 81.56	81.47— 81.49
寄付	81.50— 81.51	81.40— 81.41
高値	81.49	81.35
安値	81.70	81.60
中心	81.64	81.50

直物売買高　　　　　　83億8400万ドル
スワップ売買高　　　　507億600万ドル
オプション売買高　　　　3億9100万ドル
対ユーロ（1ユーロ＝円）　112.62—112.66

◇名目実効為替レート指数（前日分）
（1999年1月＝100、日銀）
（カッコ内は前々日）
日本円　　　　　　　122.66（122.96）

◇日経インデックス（2005年＝100）
日本円　　　　　　　　　　　123.9
米ドル　　　　　　　　　　　88.8
ユーロ　　　　　　　　　　　105.7

◇主要通貨（カッコ内は前日終値）
ユーロ　　　　　　　1.3811—1.3813
　（1ユーロ＝ドル）　（1.3835—1.3837）
英ポンド　　　　　　1.6227—1.6231
　（1ポンド＝ドル）　（1.6169—1.6173）
スイスフラン　　　　0.9426—0.9430
　（1ドル＝スイスフラン）（0.9352—0.9356）
豪ドル　　　　　　　1.0134—1.0138
　（1豪ドル＝ドル）　（1.0114—1.0118）

◇ニューヨーク市場　　　　10時現在
日本円　　　　　　　81.85—81.95
　（1ドル＝円）　　　（81.50—81.60）
ユーロ　　　　　　　1.3640—1.3650
　（1ユーロ＝ドル）　（1.3805—1.3815）

◇上海市場＝中国人民元
（銀行間取引、17時30分現在）
米ドル　　　　　　　　　　休　場
　（1ドル＝元）　　　　　（6.5938）
日本円　　　　　　　　　　休　場
　（100円＝元）　　　　　（8.0495）

◇対顧客米ドル先物相場
（三菱東京ＵＦＪ銀、円）

	売り	買い
2月渡	82.63	80.59
3月〃	82.63	80.55
4月〃	82.62	80.53
5月〃	82.60	80.49
6月〃	82.58	80.46
7月〃	82.55	80.43

（出所）日本経済新聞 2011年2月4日付．

レートの売りと買いのスプレッド（売買幅）に相当します。規制の時代にはこのスプレッドは各銀行横並びでしたが，近年では銀行により違いがみられるようになっています。送金，為替手形売買などさまざまな国際取引を行うための相場を銀行は毎日提示しています。送金やトラベラーズチェックなどに用いられる電信売買相場（Telegraphic Transfer Selling Rate: TTS, Telegraphic Transfer Buying Rate: TTB），キャッシュを売買する現金売買相場（Cash Selling Rate, Cash Buying Rate），輸入決済に用いられる Acceptance, 信用状付輸出手形買入れ相場，輸出信用状のない輸出手形買入れ相場（D/P，D/A）などさまざまな対顧客為替レートがあります（75ページ）。いずれもある時点（日本では通常は午前9時55分。市場が乱高下する場合は日中に変更）のインターバンク市場直物為替レートの仲値をもとに上下同じ幅になるように各行が定めます。この場合の selling, buying は銀行側からみた外貨の売買を表します。

◆ インターバンク市場

　一方，卸売市場に相当するインターバンク市場は上述した対顧客取引のポジションを調整する場となっていますが，それだけでなく金融機関は自社の収益を上げるために，インターバンク市場で自己勘定での外貨の売買も行います。こうした取引をディーリングと呼びます。大手銀行では，ディーリング収益が銀行収益の柱の1つとなっています。

インターバンク市場に参加できるのは，銀行，信託銀行，信用金庫，および証券会社などの金融機関に限定されています。中央銀行も主要なプレイヤーです。ちなみに，1998年の外為法改正（Column⑤参照）にともなっていわゆる**為銀主義**[*5]が撤廃されたことから，証券会社もインターバンク市場に参入できるようになりました。現在日本ではインターバンク市場に参加している金融機関は約200社に上ります。ニューヨーク市場では報告ディーラー25社とその他[*6]ディーラーが参加し，報告ディーラーは後述するマーケットメーカーとして機能しています。

2.2 ディーリングの方法

◆ ブローキングとディーリング，マーケットメーカー

インターバンク市場で取引相手を見つけるには2つの方法があります。1つはブローカーを通して相手を見つける方法です。これを**ブローカーディーリング**と呼びます。こうしたブローカーを通じた取引は，迅速かつ金額の多少にかかわらず簡単に取引相手をみつけることができますが，反面仲介手数料がかかります。ブローカー会社は単に取引を仲介するだけで，外貨の自己売買は行いません。短資会社など従来の電話を通じた取引を行うブローカー会社は**ボイスブローカー**と呼ばれますが，近年では電子ブローキングシステムによる自動注文マッチングが急増しています。日本では，1990年代前半にボイスブローカーは8社ありましたが，93年の電子ブローキングの登場とバブル崩壊でボイスブローカー経由の取引が急減したことからボイスブローカーの廃業，合併が続き，現在では3社（メイタン・トラディション，トウキョウフォレックス・上田ハーロー，日短FX）しかありません。

[*5] 「為銀主義」とは，1949年に施行された外国為替及び外国貿易管理法により，すべての外国為替取引は大蔵大臣が認可した外国為替公認銀行（為銀）を通じて行わなければならないとされた規定のことです。1980年に外為法が改正され対外取引が原則禁止から原則自由となった後も98年の改正まで，「為銀主義」は堅持されました。

[*6] ニューヨーク市場の外国為替取引については，ニューヨーク連邦銀行のウェブサイトで確認してみましょう（http://www.ny.frb.org/markets/foreignex.html）。日本では大手銀行，地方銀行，第二地方銀行，信用金庫など多くの銀行と証券会社が参加していますが，銀行数が多いアメリカの場合（2011年2月現在，FDIC付保機関7635行），インターバンク市場は為替取引の実績のある投資銀行を含む大手金融機関に限られています。

● 図3-4　外国為替市場の執行別取引量 ●

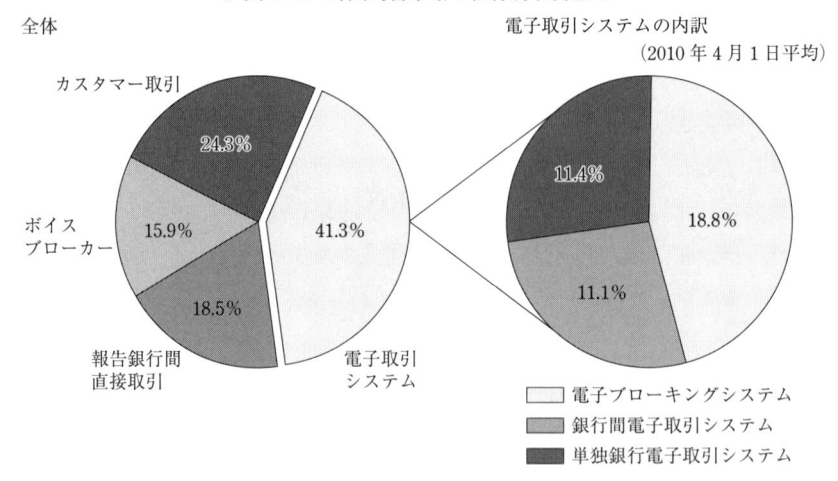

全体

- カスタマー取引　24.3%
- ボイスブローカー　15.9%
- 報告銀行間直接取引　18.5%
- 電子取引システム　41.3%

電子取引システムの内訳
（2010年4月1日平均）

- 11.4%
- 18.8%
- 11.1%

□ 電子ブローキングシステム
■ 銀行間電子取引システム
■ 単独銀行電子取引システム

（注）重複取引を控除したネットベース。
（出所）BIS, *Triennial Central Bank Survey of Foreign Exchange and Derivatives Market Activity in April 2010.*

　2010年4月現在世界の外国為替市場では，銀行間市場でのボイスブローカー経由の取引は18.5%で，EBS，ロイターを含む電子ブローキング経由の取引が41.3%となっています（図3-4）。近年電子ブローキング・プラットフォームのシェアが4割超と急増しており，FAXII，Currenex，FXConnect，Globalinkなどの銀行間電子取引システムのシェアも増大しています。

　もう1つの方法は仲介業者を通さないで，直接取引を行うことです。これを**ダイレクトディーリング**と呼びます。日本では，1984年にダイレクトディーリングが認可されてから，その後取引額は増大しています。ダイレクトディーリングは，ブローカーを通さないので，コストは安くすみますが，自分の要求に合う取引相手を探すことは至難の業になります。そこで登場するのが，**マーケットメイカー**です。

　前述したように外国為替市場は相対取引（OTC）であるため，ディーラーである大手銀行は巨額のポジションを利用してマーケットメイカーとして活動しています。マーケットメイカーとは，値付け業務を行う主体を指すものですが，市場機能を円滑にし市場流動性を増大させることに貢献しています。大手金融

機関がマーケットメイカーとして活動できるのは資産規模が大きく，多くの顧客と取引をしているからです。ドル建て資産，負債ともに在庫を多く持っている金融機関でないと，膨大な取引に対応できません。グローバル金融機関と言われる世界的な大手銀行や証券会社は，マーケットメイカーとしての役割も担っており，大量の持ち高を保有しています。ブローカーとは異なり手数料は徴収しませんが，買値（bid rate）と売値（offer rate あるいは ask rate）のスプレッドがマーケットメイカーの手数料収入となります。

マーケットメイカーの目的は市場の流れを読み，為替レートが変化する方向を予想して利益を稼ぐことです。その意味で，マーケットメイカーの見通しは市場に大きな影響を与えることになります。日々の為替レートは，さまざまな経済指標の発表，ニュース，噂などにより影響を受けますが（第6章参照），マーケットメイカーには情報が蓄積されているため，これら金融機関の売買に他の機関は追随する傾向が見られます（こうした行動を「群衆行動〔herding behavior〕」と呼びます）。こうした**情報の非対称性**が相場の乱高下を生んでいるとの指摘もあります。

◆ ロング・ポジション，ショート・ポジション

対顧客取引およびディーリングによって，各金融機関の外貨の債権・債務残高は大きく変化します。ある外貨の債権が債務を上回っている状態は**ロング・ポジション**（買い持ち），逆に債務が債権を上回っている状態は**ショート・ポジション**（売り持ち），債権と債務が完全に一致し為替リスクがまったくない状態は**スクエア**と呼ばれます。このように債権・債務が一致していない状態を一般に**オープン・ポジション**と呼び，為替リスクにさらされている部分は**エクスポージャー**と呼ばれます。

為替リスクとは，「外国為替レートの変動にともない，外国通貨建て債権・債務が変化して損失（あるいは収益）が生じる可能性」のことです。ロング・ポジションで外国通貨の相場が急落すれば，外国為替差損をこうむりますが，上昇すれば収益を上げることができます。リスクエクスポージャーを増大させて利益を得ようとする主体は**投機家**（speculator）であり，リスクエクスポージャーを減らすことで利益を得ようとするヘッジャーとは区別されます。為替取引が1つの取引相手に集中しすぎると，取引相手が破綻した場合のカウン

ターパーティー・リスクも生じることになります。日本の事業会社は過去に多くの為替損失事件を引き起こしていますが，事業会社のリスクが自己完結的であるのに対し，マクロ経済への影響が大きいのが銀行の為替リスクです。銀行が巨額損失を抱えると，経営を揺るがすだけでなく，銀行システム全体に影響を与える懸念があるからです。このため預金者保護の観点から，銀行にはオープン・ポジション規制（いわゆる為替持ち高規制）が課されていました。

日本では，1998年の外為法改正により，持ち高規制は廃止されましたが，信用秩序の観点からは銀行のリスク管理が重要な課題になっています。BIS第二次規制（第12章参照）では，金利，株式，コモディティ・リスクと合わせて為替リスクについてもVaR（バリュー・アット・リスク）という手法で市場リスクが測定されるようになりました。為替についてはトレーディング勘定のエクスポージャーの計測，直物，先渡しポジションだけでなく，通貨オプションのデルタ・ベース換算額も含めたリスク量を計測し，それに見合う自己資本が要求されており，過度なリスク保有への抑制は働いていると言えます。

2.3 為替レートの表示方法

為替レートの表示方法には2通りあります。1つは，現在われわれがよく耳にする1ドル＝100円という表記です。これは，外貨1単位当たりの自国通貨の価値を示すもので，**直接表示**（direct quotation；自国通貨建て表示）と呼ばれます。もう1つは自国通貨1単位当たりの外貨の価値を示すもので，**間接表示**（indirect quotation；外貨建て表示）と呼ばれます。世界の外国為替市場での中心通貨はドルであるため，日本も含めほとんどの市場では慣習上直接表示を用いています。アメリカでは，外貨をドル表示したものを**アメリカンターム**，ドルを外貨表示したものを**ヨーロピアンターム**と呼んで区別しています。

例外はポンドとユーロなどです。ポンドは第一次世界大戦まで世界の基軸通貨であったことを背景に，旧英連邦圏（オーストラリア，アイルランド，南アフリカなど）では現在でも間接表示が用いられています。1999年に誕生したユーロもこれに準じており，それぞれ1ポンド＝1.6ドル，1ユーロ＝1.4ドルといった形で表示されます（前掲図3-3）。為替レートとは，2つの通貨の交換比率を示すものですから，一方の国の直接表示での相場は，もう一方の通貨の間

接表示での相場となります．国際会議などで通貨の切下げや切上げが議論されるときは，通常ドルに対する各通貨の間接表示で計算した変化率を **IMF 方式**，各通貨の直接表示で計算した変化率を**欧州方式**と呼んでいます．

　基軸通貨国であるアメリカでは，対顧客取引で間接表示（アメリカンターム）が用いられており，たとえばアメリカ所在の商業銀行で円とドルの両替をした場合は，1円＝○○ドルといった形で，日本とは逆の表示となっています．

　ドル以外の，2つの通貨間の為替レート，たとえば円・人民元，円ポンド・レートなどは**クロス・レート**と呼ばれます．クロス・レートには，2つの通貨が実際に取引される直接的クロス・レートと2つの通貨の対ドル・レートから計算される計算上のクロス・レートがあります．直接的クロス・レートは取引量が増えれば売買スプレッドも縮まり，取引コストは低下します．ユーロが誕生する前ではドイツ・マルクを対価としたクロス・レートが急増し，スプレッドは縮まりました．これはドイツ・マルクが後述するような**媒介通貨**としての機能を欧州域内で有し始めていたことを示しています．アジア通貨についてはほとんどが計算上のクロス・レートで取引されますが，東京市場では近年アジア通貨と円との直接取引が増大していることが指摘されています．

　一方，経済学の文献では為替レートは通常直接表示でなされます．為替レートはSと表示され（spot rate のS），Sが大きいとはすなわち自国通貨が外国通貨に対して弱いことを，小さいとは自国通貨が外国通貨に対して強いことを示します．円高，円安でよく誤解が生じるのは，こうした表示によるものです．円高（appreciation; 円の切上げ，増価）はSが小さくなること，円安（depreciation; 円の切下げ，減価）はSが大きくなることを意味することに注意をしなければなりません．

2.4　24時間取引である外国為替市場

　外国為替取引は24時間取引であることが特徴の1つです．日付変更線を中心に考えると，まずウエリントン，シドニーが開き，東京，香港，シンガポールとアジアの市場が開きます．さらにバーレーン，フランクフルト，パリ，ロ

---

*7　たとえば1982年の第一勧業銀行シンガポール支店（損失約100億円），93年の昭和シェル石油（同1250億円），94年の鹿島石油（同1600億円），日本航空（同440億円）など．

ンドン，そしてニューヨーク，サンフランシスコが開くという形で，すべての時間帯においてどこかの市場が開くことになります。このためディーラーは24時間情報を追い続けることになります。

しかし，その取引規模が24時間同じというわけではありません。図3-5にもあるように，取引が非常に活発な時間帯と，そうではない時間帯と繁閑の度合いが異なっています。最も取引が活発な時間帯はロンドン市場が開く時間帯と，アメリカ市場とヨーロッパ市場が同時に開いている時間帯です。ニューヨーク市場は取引のほぼ3分の2は午前の時間帯に行われるので，世界市場をみると，最も取引が低調なのは，ヨーロッパ市場がすでに閉まり，東京市場などがまだ開いていないニューヨーク市場の午後の時間帯となります。

BISの報告銀行は約1300ですが，このうちマーケットメイカーの役割を担っているのは100行程度にすぎません。これらの大手金融機関はディーラー間で頻繁に取引を行っており，外国為替市場で大きな影響力を持っています。大手商業銀行や投資銀行は世界各地に支店や駐在員事務所を構えており，相互に密接なコミュニケーションを行っています。これら金融機関が核となっている外国為替市場は，各市場が結びつき，最もグローバルな形で機能している，最も市場流動性の高い市場と言えるでしょう。

日本では1998年に外為法が改正されるまでは，大蔵省に認可された外国為替認可銀行（通称「為銀」）のみが市場に参入を許可されていました（Column ⑤参照）。アメリカでは外国為替市場への参加に認可は必要ではありませんが，ニューヨーク連邦銀行の外国為替取引の調査対象となる報告ディーラーになるためには，活発にディーラー業務を行い，それなりの知名度があることが必要となります。また近年の外国為替市場は取引の集中化が進んでいることがその特徴で，すなわち大手のマネーセンターバンク，投資銀行，保険会社などがディーラーとして活発に活動しています。最近では金融機関の大型合併が相次いだため，ディーラーの数は世界的に減少する傾向にあり，後述するような取引の集中化が顕著となっています。

● 図3-5　24時間稼働する外国為替市場（月〜金，1992〜93年）●

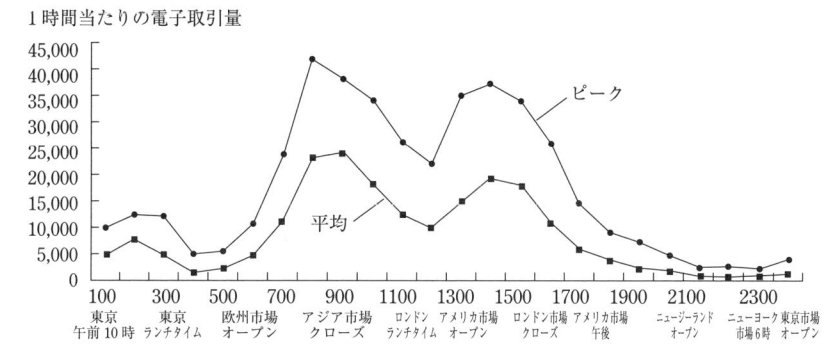

1時間当たりの電子取引量

[グラフ：縦軸 0〜45,000（5,000刻み）、横軸 100〜2300の時間帯別取引量。「ピーク」と「平均」の2本の折れ線。横軸ラベル：100 東京午前10時／300 東京ランチタイム／500 欧州市場オープン／700 アジア市場クローズ／900 ロンドンランチタイム／1100 アメリカ市場オープン／1300 ロンドンクローズ／1500 アメリカ市場午後／1700 ニュージーランドオープン／1900 ニューヨーク市場6時／2100／2300 東京市場オープン]

（注）時間はグリニッジ標準時間。
（原資料）ロイター。
（出所）FRBNY (1998) "All About...The Foreign Exchange Markets in the United States," p.17.

3　BIS統計からみた外国為替市場

3.1　外国為替市場の規模と通貨別取引量

BISは3年ごとに外国為替市場の規模の調査（"Triennial Central Bank Survey of Foreign Exchange and Derivatives Markets Activity"；2010年4月には53の中央銀行と42の通貨当局を通じ約1309の金融機関を対象に実施）を公表しています。

BISデータによると2010年4月現在の世界の外国為替市場の取引額（Turnover）の規模は，1日当たり約4兆ドルに上り，証券市場や公社債市場に比べてはるかに大規模かつ最も市場流動性の豊富な市場となっています（図3-6）。1999年のユーロ導入や国際的な大銀行の合併からインターバンク取引が減少[8]したことを背景に，2001年4月の調査時には約2割減少しましたが，その後は順調に増大しました。08年9月のリーマン・ショック後取引量は一時的に減少しましたがその後持ち直し，10年4月には07年に比し約20％の増大となりました。ファンドを含む国際投資家が国際分散投資の度合いをいっそう高めたことやアルゴリズム・トレーディング[9]の普及などが近年の増大に影響を与え

---

*8　2001年度調査では，報告対象先は48カ国2772で，1998年の43カ国3087から減少し，合併・統合が進んだことを反映（04年52カ国1200，07年54カ国1260）。

図 3-6 世界の外国為替市場の取引額

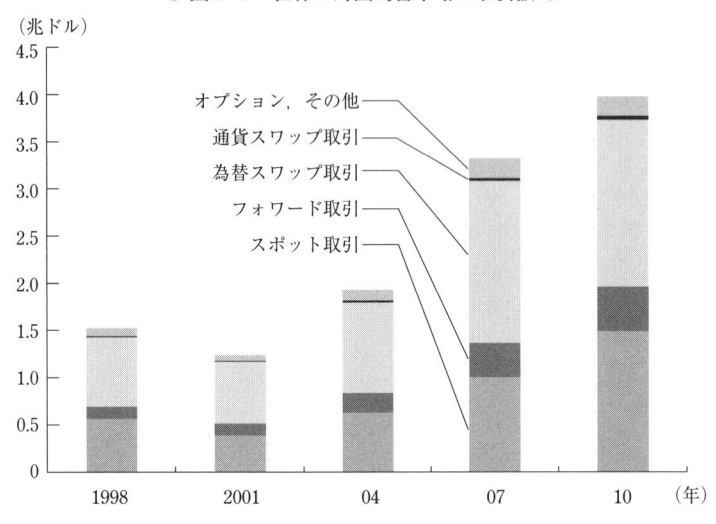

(兆ドル)

凡例:
- スポット取引
- フォワード取引
- 為替スワップ取引
- 通貨スワップ取引
- オプション，その他

(注) 1日当たり平均。
(出所) BIS, *Triennial Central Bank Survey of Foreign Exchange and Derivatives Market Activity in April 2010.*

ています。

通貨別取引量をみると，ドルが引き続き全体の84.9％と最大のシェアを占めており（通貨取引は2通貨がかかわるので全体では200％），ついでユーロ（39.1％），日本円（19.0％），ポンド（12.9％）が続き，主要通貨への集中が顕著なものとなっています（表3-1）。ドルの比率は横ばいであるのに対し，取引額では増大しているものの，日本円の地盤沈下が顕著となっています。逆にポンド，オーストラリア・ドル，ニュージーランド・ドルを含む高金利通貨の比率が増大しています。ユーロを対価とする取引は4割弱ですが，これは旧ユーロ圏通貨が存在していた時期（50～60％）よりも小さいものとなっています。ユーロのボラティリティ[*10]も円ドル取引のそれより高まる傾向にあります。

3.2 形態別，取引相手別取引量

取引量を形態別にみると，スポット取引が全体の31.3％，アウトライトフォワードが11.2％であるのに対して53.4％がスワップ取引です（第4章で後述）。これは金融機関がリスクをヘッジするために，売買したフォワード取引のリス

3 BIS 統計からみた外国為替市場　65

● 表 3-1　主要通貨の外国為替市場取引シェア ●

(単位：％)

	1992	1995	1998	2001	2004	2007	2010
米ドル	82.0	83.3	86.8	89.9	88.0	85.6	84.9
ユーロ	-	-	-	37.9	37.4	37.0	39.1
独マルク	39.6	36.1	30.5	-	-	-	-
仏フラン	3.8	7.9	5.0	-	-	-	-
ECU., その他欧州通貨	11.8	15.7	16.8	-	-	-	-
日本円	23.4	24.1	21.7	23.5	20.8	17.2	19.0
英ポンド	13.6	9.4	11.0	13.0	16.5	14.9	12.9

(注) 外国為替相場は2つの通貨がかかわるため，表には掲載していないその他通貨も合わせると合計は200％となる。
(出所) 図3-6と同じ。

クをヘッジするために反対売買を同時に行うことにともなうものです。ヘッジとは，リスクを他人に移転することを示すわけですが，これを**ホットポテト現象**と呼ぶ場合もあります。この場合，リスクをホットポテト（熱いジャガイモ）にたとえ，熱いジャガイモを他人に渡すこと，すなわち先物市場や直物市場で反対売買でリスクヘッジをすることを意味します。こうした事情が外国為替市場の取引高を巨額にしているわけです。

　最近ではほとんどの市場で大手金融機関への取引の集中傾向が強まっています。日本では上位10行が外国為替市場取引の90.7％を占めており（上位20行では98.3％），アメリカでも上位10行が9割，イギリスでも上位10行のシェアが前回の70％から77％へ増大し（上位20行では90→93％），各国で取引集中の度合いが強まっています。これは世界的な金融再編にともなうものですが，情報の非対称性のなかで，群集行動（herding behavior）を強め，価格形成に大きな影響を与えると考えられます。対顧客取引では，企業の財務機能の効率化やネッティングの増大を背景に非金融事業会社の取引が減少している一方，資産運用ニーズの増大を背景に投資信託や年金，ファンドを含む「ディーラー以

---

*9　アルゴリズム・トレーディングとは，特定の理論に基づくコンピュータープログラムに従って自動的に処理する高頻度取引（HFT）のこと。
*10　ボラティリティ（volatility）は1日当たり変動幅の標準偏差と定義することができます。実証研究ではユーロ・ドルの方が円ドルのそれより高くなっています。

外の金融機関」の取引増大が顕著です。

3.3 国別でみた外国為替取引額

外国為替取引を国別でみると，ロンドン市場の取引規模が最も大きく，次いでニューヨーク市場が続いています（表3-2）。BISの統計では2010年4月時点で，ロンドン市場が世界全体の36.7％，ニューヨーク市場が17.9％，次いで東京市場が6.2％となっています。戦後自然発生的に誕生したユーロ市場（第11章参照）もあり，ロンドン市場は世界の金融センターとして君臨しています。歴史的にみてもロンドン市場が長らく国際金融の要であったことから，人的資源，法制度，慣習，ノウハウなどの点で他の市場を大きく凌駕していたからですが，ロンドン市場は，外国銀行のシェアが非常に高いことがその特徴となっています。

グローバル金融機関のほとんどがロンドン市場に拠点を置いているので，イングランド銀行に報告しているディーラー金融機関は257社と，ニューヨーク市場（79社）を大きく上回っています（2001年）。[11]ロンドン市場のディーラーのうち，約85％は外国の金融機関であり，ドイツなどの大陸欧州の銀行や，日本の銀行も活発に取引を行っています。なかでもアメリカの金融機関が50％を占めており，イギリスの銀行はわずか15％程度にすぎません。これらのことは，ニューヨーク市場よりもロンドン市場でのドル取引が多いことを裏付けています。東京市場の取引額はスワップ取引の増大を主因に増大しましたが，香港市場，シンガポール市場は引き続きアジアの金融市場として大きなシェアを占めています。

3.4 東京市場の取引状況

東京市場はバブル経済のピークであった1989年こそニューヨーク市場に肉薄しましたが，その後取引額は減少傾向にあります。表3-2でも明らかなように，シンガポール市場（5.3％）や香港市場（4.7％）に迫られています。東京市場で最も多い取引は円ドル取引で全体の62.3％，ユーロ取引については，ユーロ・ドル取引（9.5％）はユーロ円取引（8.6％）とほぼ同じ規模となっています（表3-3）。アジア通貨の取引が増大していることを反映して，その他通貨と円

● 表 3-2　世界主要外国為替市場の 1 日平均取引高 ●

(単位：10億ドル，％)

2004 年			2007 年			2010 年		
①イギリス	835	〈32.0〉	①イギリス	1,483	〈34.6〉	①イギリス	1,854	〈36.7〉
②アメリカ	499	〈19.1〉	②アメリカ	745	〈17.4〉	②アメリカ	904	〈17.9〉
③日　本	207	〈8.0〉	③スイス	254	〈5.9〉	③日　本	312	〈6.2〉
④シンガポール	134	〈5.1〉	④日　本	250	〈5.8〉	④シンガポール	266	〈5.3〉
⑤ドイツ	120	〈4.6〉	⑤シンガポール	242	〈5.6〉	⑤スイス	263	〈5.2〉
⑥オーストラリア	107	〈4.1〉	⑥香　港	181	〈4.2〉	⑥香　港	238	〈4.7〉
⑦香　港	106	〈4.1〉	⑦オーストラリア	176	〈4.1〉	⑦オーストラリア	192	〈3.8〉
⑧スイス	85	〈3.3〉	⑧フランス	127	〈3.0〉	⑧フランス	152	〈3.0〉
⑨フランス	67	〈2.6〉	⑨ドイツ	101	〈2.4〉	⑨デンマーク	120	〈2.4〉
⑩カナダ	59	〈2.3〉	⑩デンマーク	88	〈2.1〉	⑩ドイツ	109	〈2.1〉
グローバル・ベース		1,934	グローバル・ベース		3,324	グローバル・ベース		3,981

(注)　1　〈　〉内はシェア。
　　　2　各国市場は国内分の二重計上を調整。グローバル・ベースは国内・海外分の二重計上を調整しているため，各国市場の合計はグローバル・ベースに一致しない。
　　　3　グローバル・ベースおよび各国市場の計数は，今後改訂される可能性がある。
　　　4　スポット，フォワード，為替スワップのほか，通貨スワップ，通貨オプションが含まれる。
(出所)　日本銀行（2009）「外国為替およびデリバティブに関する中央銀行サーベイ（2010年4月中取引高調査）について」。

の取引は 19.7％となっています。最近の特徴は外資系金融機関の取引シェアが増大していることで，インターバンク，対顧客取引を合わせた全体の約 7 割は外資系金融機関によるものです。

4　外国為替市場での媒介通貨としてのドルの役割

　さて，BIS が公表した世界の外国為替取引の統計をみると，面白いことがわかります。前述したように通貨別の取引額をみると，おしなべてドルのシェアが圧倒的に高いのです（全取引 200％のうち 84.9％）。これは，ブレトンウッズ体制が崩壊してからも，ドルが依然として国際金融市場の中心的通貨であることを示すものです。

　仮に世界に 5 つの国しか存在しないとします。それぞれに自国通貨があるとすると，順列組み合わせでいえば，バイラテラル（2 国間）の為替レートの数

---

*11　東京市場は 342 機関と多いですが，これは規模の大小を問わず多くの金融機関が銀行間市場に参加しているためです。

Column⑤ 外為法改正と金融商品取引法の制定

　1996年，橋本政権のもとでの金融ビッグバン構想が打ち出され，その一環として98年に，それまでの「外国為替及び外国貿易管理法」（いわゆる外為法）が18年振りに抜本的に改正されました。戦後日本の為替管理の歴史をみると，49年に「外国為替及び外国貿易管理法」が，翌50年に「外資に関する法律」が制定され，対外取引が広い範囲で原則禁止となりました。これは，外貨準備が乏しいなか外貨を有効に使う必要性があること，国内産業保護のため外資参入規制を重視したためでした。しかし日本が経済大国化しまた経済の国際化が顕著となったため，80年12月に「原則禁止」から「原則自由」体系へと180度転換した改正外為法（外資法は廃止統合）が施行されました（*Column* ㉒参照）。

　1998年の改正のポイントは，①法律名称から「管理」が削除され，「外国為替及び外国貿易法」と名称変更がなされたこと，②外国為替業務の完全自由化を行うため外国為替公認銀行（為銀）の認可制度および両替商の認可制度，指定証券会社制度を廃止すること，③許可・事前届出制の原則廃止等内外資本取引の自由化，④事後報告制度の整備，などです。具体的には，居住者間の外貨建て取引の自由化，銀行を通じない対外決済（マルチネッティング，相殺）の自由化，国内投資家が海外預金を通じて事前の許可・届出なしに自由に有価証券売買が可能となること，両替業務が誰でも可能となること，外国為替売買が銀行以外でも可能になること，海外預金の自由化，などです。また支払い手段として新たに電子マネーが追加されました。

は，$\frac{n(n-1)}{2}$，すなわち $\frac{5 \times 4}{2}$，すなわち10個になります。しかしながら現実にはそれほど多くの為替が取引されているわけではありません。これはなぜでしょうか。

　たとえば，ブラジルとベトナム在住の業者が国際取引をするとしましょう。ブラジル通貨レアルとベトナム通貨ドンを直接売買する相手方をみつけることは至難の業です（これを経済学では「**要求の二重の一致**」〔the "double coincidence of wants"〕と呼んでいます）。しかしドルを媒介通貨として選べば，ドル・レアル，ドル・ドンの為替レートから両者の為替レート（クロス・レート）は簡単に計算することができます。為替レートの数は少なくなり，それだけ1つの為替レートの取引は増大することになるので，ビジネスは非常に簡単かつ効率的となり，取引コストも低下することになります。このように，実際の支払い構

1998年の改正は日本の金融資本市場のいっそうの活性化を図る観点から実施されたものです。戦後一貫して採られてきた為銀主義のもとで，外国為替公認銀行（いわゆる為銀）や指定証券会社を通じた取引については個人や企業は自由に対外取引を行うことができましたが，それ以外の取引では事前の許可・届出が義務付けられていました。近年の情報通信革命で金融取引がグローバル化，迅速化するなかで，規制は迅速な内外取引の阻害要因となっているという認識が改正の背景としてあったことが指摘できます。また，東京市場を国際的に魅力ある市場とするために，市場への参入退出を極力自由とし，市場参加者の自由な活動を確保するなど効率的で厚みのある市場とすることも目的となっています。

一方，株券や債券など有価証券については証券取引法，金融先物取引については金融先物取引法など，金融商品ごとに法律が定められていましたが，金融グローバル化・規制緩和の潮流のなかで，従来の枠組みに当てはまらない多様な金融商品や，取扱い業者が登場してきました。このため幅広い金融商品を包括的にカバーする新しい法律の枠組みが求められていました。こうしたなかで2007年9月，「金融商品取引法」が施行され（1948年に施行された証券取引法の改題および証券先物取引法など投資商品に関する法律群の統合），集団スキーム（ファンド）を対象に加えること，情報開示の拡充，罰則強化など投資家保護が打ち出されています。

造（structure of payment）と為替取引の構造（structure of exchange）は大きく異なることになるのです。

先ほどの例を考えると，もし1つの通貨を媒介通貨（vehicle currency）として選び，媒介通貨を軸としてそれぞれの通貨のバイラテラルな為替レートを考えると，$n-1$個の為替レートですむことになります。先ほどの例では，5－1，すなわち4つの為替レートですむことになり，10から比べると大きく減少することになります（図3-7）。小国は大国の通貨を媒介通貨にする傾向が強く，より大きな国も特定通貨を媒介通貨とするようになり（その方が多国間決済の場合は効率性が増します），多くの国が使うようになるという「雪だるま現象」のプロセスでこの動きが強化されます。

媒介通貨があれば，以下の理由から効率性が増大します。第1に，たとえば

表 3-3　東京市場における取引形態（2010 年 4 月）

市場区分（%）	
インターバンク市場	60.8
対顧客市場	39.2
通貨別構成比（%）	
ドル／円	62.3
ユーロ／ドル	9.5
ユーロ／円	8.6
その他	19.7
種類別構成比（%）	
スポット	33.7
フォワード	10.5
為替スワップ	55.8
本邦・外資系金融機関別（%）	
本邦金融機関	30.2
外資系金融機関	69.8

（出所）　日本銀行，「外国為替およびデリバティブに関する中央銀行サーベイについて：日本分集計結果」

ブラジルとベトナムの例ですと両国のマクロ経済情報や政治情報を常にウォッチしていなければなりません。しかしドルを媒介通貨にすれば，大国であるアメリカの情報について規模の経済（economy of scale）が働いて情報面でのコストが低減します。第 2 に，使われれば使われるほど効用が増大するという，規模の経済が働いて，取引コストが低減することになります。

　こうしたことが，ドルが全世界の取引の半分近くを占めている理由なのです。前述したような先進諸国通貨間でもドルを媒介としたクロス・レートが一般的になっていることも同じ理由によります。また，円が媒介通貨としての役割を果たしていないことが，円の国際化がなかなか進まない理由でもあるのです。最近ではユーロが国際通貨のもう 1 つの極として台頭していますが，ドルにはまだ及ばない要因でもあります。

　一方で，媒介通貨はいわゆる「$n-1$ 問題」を惹起します。「$n-1$ 問題」とは，ある国の通貨を媒介通貨として選択すると為替レートは $n-1$ 個になります。同様に，国際収支も $n-1$ 個になります。このため為替レートや国際収支を動かすための政策についても $n-1$ 個が必要ということになります。これは n 番目の国が何もせず，他の国が政策的な負担を負うという「非対称性の問題」を

● 図 3-7　媒介通貨 ●

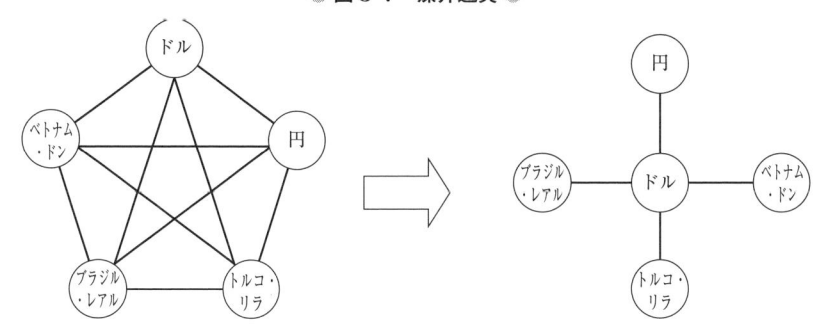

引き起こします。よく，アメリカの「特権」に言及する評論家がいますが，これはこの $n-1$ 問題から生じる非対称性の問題を指しています。一方で，媒介通貨がただ 1 つの通貨である理由はなく，複数の通貨が媒介通貨となるといった複数均衡の議論もなされています（Krugman, 1995）。これが国際通貨制度の二極化，あるいは三極化になるといった見方の理論的背景になっています。

例　題

1. BIS が行う 3 年ごとの外国為替市場のデータから，相手別取引量の推移のグラフを作成しなさい。このグラフから何がわかるか答えなさい。
2. 国際通貨のうち，ドル，ユーロ，円それぞれが媒介通貨としての役割を担うことができるかどうか論じなさい。
3. 同様に円の国際化について，外国為替市場の取引量，および役割といった観点から論じなさい。
4. 人民元の国際化について，BIS 外国為替市場のデータから論じなさい。

第4章 リスクヘッジのための外国為替取引

> **Keywords**
> 裁定取引　アンカバーの金利平価　カバー付き金利平価
> 直先スプレッド　プレミアム　ディスカウント　LIBOR
> スワップ取引　リスク・エクスポージャー　VIX　NDF
> デリバティブ取引　コール・オプション　プット・オプション　アメリカン・タイプ　ヨーロピアン・タイプ
> オプション・プレミアム　ブラック゠ショールズ式　シカゴ・マーカンタイル取引所　リーズ・アンド・ラグズ　ミセス・ワタナベ　FX取引　証拠金　外貨マリー
> マッチング　マルチ・ネッティング　キャッシュ・マネジメント

◆はじめに

　第3章で検討したように外国為替レートは市場の需給で決まり，日々刻々大きく変動しています。このため，とりわけグローバルに活動する多国籍企業にとっては為替リスクをいかに軽減するかが，財務体質を強化するためにも大きな課題となっています。過去の事例をみても，多くの一部上場企業が為替差損事件を起こしており，管理体制が問われる事件が頻発しました。また，最近では，企業が生産拠点をアジアを含むエマージング（新興）諸国に移す傾向が強まっており，こうした多国籍企業においては，企業財務面からいかに為替リスクを管理するかが経営上ますます重要な課題となっています。

　本章では，リスクヘッジのための手段としてどういったものがあるのか，またその仕組みについて概観しましょう。また，企業や銀行のリスク管理体制についても考えます。まず，リスクヘッジのための為替取引にどのようなものがあるかを整理すれば以下の通りです。

1 スポット・レートとフォワード・レート

為替レートは第3章でもみたように，外国為替市場の需給で決定されます。これがスポット・レート（spot rate：直物相場）で，通常，売りと買いの間に幅があります。その中間値が「仲値」です。通貨によってこの売りと買いの幅には違いがあり，ドルは売買幅（スプレッド）が最も小さくなっています。これは，外国為替市場ではドルが媒介通貨であるため取引量が格段に大きく，情報コストが小さいことや規模の経済が働いているためです。

インターバンク市場では，スポット（直物）取引とフォワード（先渡し）取引などが行われ，それぞれの相場がスポット（直物）レート，フォワード（先渡し）レートです。この2つの取引を組み合わせたものがスワップ取引で，後述するようにさまざまな組み合わせがあります。一方，対顧客市場では，取引の種類に応じてさまざまな為替レートが設定されています。

またスポット・レートの可変性が高まるなか，リスクヘッジのためのデリバティブ取引も急増しています。デリバティブ取引は取引所で行われる規格化された先物取引や，店頭市場（OTC）で相対取引として行われる通貨オプション取引，通貨スワップ取引などがあります。ちなみに，インターバンク取引も基本的にはすべて店頭取引となります。

1.1 スポット・レート

インターバンク市場の中心的な取引がスポット取引で，スポット・レートは対顧客取引のさまざまな為替レートの基準となります（前章図3-3参照）。スポット取引とは，ある通貨と他の通貨との直接交換で，スポット・レートは取引時点の市場価格を表し，時々刻々この相場は変化します。2001年4月のBISの調査によれば，伝統的為替取引総額（スポット，フォワード，スワップ等）に占めるスポット取引額の割合は31.9％と全体の半分以下であり，また時系列的にみるとその比率は低下傾向にあります。スポット取引は即時決済（取引と同時に決済）されるわけではなく，慣行上取引日（約定日）の2営業日後に受渡しがなされます。前述したように，スポット取引とはある通貨と他の通貨の

1 スポット・レートとフォワード・レート　75

● 表 4-1　外国為替相場一覧表（各通貨 1 単位当たり，円）●

通　貨	Cash S	Cash B	TTS	TTB	D/P・D/A	Acceptance	A/S
米ドル	85.43	79.63	83.63	81.63	81.21	83.75	81.51
イギリス・ポンド	143.95	119.95	135.95	127.95	127.02	136.18	127.72
カナダ・ドル	91.76	74.56	84.76	81.56	81.13	84.91	81.41
スイス・フラン	91.93	82.13	87.93	86.13	85.94	88.06	86.00
スウェーデン・クローネ	14.95	10.15	12.95	12.15	12.06	12.98	12.12
ユーロ	116.70	108.70	114.20	111.20	110.76	114.39	111.01
タイ・バーツ	3.14	2.20	2.75	2.59	2.55	2.76	2.58
香港ドル	13.03	8.17	11.03	10.17	10.05	11.05	10.15
中国元	−	−	12.94	12.14	−	−	−
韓国ウォン	8.90	5.90	7.60	7.20	−	−	−

（注）数値は 2011 年 1 月 14 日現在。− は取り扱いなし。中国元の TTS および TTB は参考値。韓国ウォンは 100 通貨単位あたりの相場。
（出所）三菱東京 UFJ 銀行ウェブサイトより一部修正。

直接交換であり，銀行口座間の資金の受渡しは，2 国の支払いシステムを通じてなされます。スポット・レートには売値（offer rates）と買値（bid rates）がありますが，スプレッドは通貨の取引量により異なります。円の場合，ドルを対価とする取引のスプレッドが最も狭くなっています。通常，ドル・レートを基準として第三国のクロス・レートが決まります。

　東京市場では，毎日午前 9 時 55 分の時点のスポット・レートをもとに，対顧客レートを各金融機関が決定します。対顧客スポット・レートは日中に大きな変動がない限り変動しません。Cash S，Cash B，TTS，TTB レート，D/P，D/A レート，Acceptance，フォワード・レートなどはスポット・レートの中心レートをもとに各銀行が決定します。これまで邦銀はどの銀行も同じ横並びの相場を発表していましたが，現在では銀行によって為替レートに相違がみられるようになっています。また対顧客レートのスプレッドについてもそれぞれの銀行で違いがあります（表 4-1）。

1.2　フォワード・レート

　スポット・レートは時の経過とともに時々刻々と変動します。このため貿易業者や資産運用を行う主体は，現時点で将来時点のスポット・レートはどうなるかわからないので，確定しておきたいという動機があります。たとえば輸出

業者は，船積みしてから資金決済が行われるまで，たとえば3カ月，6カ月の時間がかかる場合があります。現在1ドル100円であるのが将来に円高になってしまうと，円建てでみた収益は減少します。そこには将来受渡しを行うドルの相場を，現在時点の相場で確定したいという誘因があります。こうした将来の支払いの手当てや収益確定といった実需上の目的だけでなく，フォワード・レートを利用して投機目的の取引が行われることもあります。

将来の受渡し相場を現時点で確定した為替レートが，フォワード・レート (forward rate：先渡し相場)[*1]です（後述する為替スワップと区別するためにアウトライト・フォワードとも呼ばれます）。フォワード・レートはどのように決定されるのでしょうか。

1年後に受渡しされるフォワード・レートが現在1ドル当たり F であるとすると，投資家が為替リスクを回避しつつ資金を運用（カバー付き運用）するには2つの方法が考えられます。1つは，円で運用することで，たとえば1円を1年間運用すると1年後には $1+r$ 円（r は円金利。厳密に言えばユーロ円LIBOR[*2]）になります。もう1つの方法は，1円をドルにスポット・レート（1ドル $=S$ 円）で交換し，これを1年間運用することです。この場合為替ヘッジをするため1年物フォワード・レート（1ドル $=F$ 円）でドルを売り円を買い，現時点で損益を確定します。

```
    1円  ──────────▶  1+r円
    S ↓       1年運用       ↑ F
   1/S ドル ─────────▶ (1+r*)/S ドル
```

現在の円金利を r，ドル金利を r^*，フォワード・レートを F，スポット・レートを S とすると，1年後に受け取れるドル建ての金額は，$\dfrac{(1+r^*)}{S}$ ドルとなります。ここで，円でそのまま運用した金額 $(1+r)$ とドルで1年運用し，期日にフォワード・レートで円に換算した金額 $\left(\dfrac{(1+r^*)}{S} \times F\right)$ とが異なっているとすれば，需給が変化します。すなわち，ドル建てで運用しフォワード・レートで換算した金額の方が大きくなれば，このドル建て運用の需要が増大し

F はドル高となります。逆に円建てで運用した金額の方が大きくなればドル先渡し取引の需要が減少し，F はドル安となります。結局，円建てでの運用額とドル建てでの運用額がちょうど一致するように**裁定取引**（arbitrage）が働き，フォワード・レートである F が決定されるのです。

これを数式で考えてみましょう。(1)式の左辺にはドル建て運用をフォワード・レートで円建てに直した収益，右辺には円で運用した場合の収益が示されており，両者は裁定取引により一致することになります。

$$\frac{1}{S} \times (1 + r^*) \times F = 1 + r \qquad \text{(1)式}$$

これを展開すると，

$$\frac{F}{S} = \frac{1 + r}{1 + r^*}$$

両辺から1を引くと，

$$\frac{F - S}{S} = \frac{1 + r - (1 + r^*)}{1 + r^*} = \frac{r - r^*}{1 + r^*}$$

$1 + r^*$ はほぼ1に等しいので $(1 + r^* \fallingdotseq 1)$，

$$r - r^* \fallingdotseq \frac{F - S}{S}$$

が成り立つことになります。すなわち，フォワード・レートのスポット・レートに対する乖離率は，国内金利と外国金利の金利差に等しくなります。第5章の為替レートの決定理論でみるようなアセット・アプローチでは，S^e を期待為替レートとする金利平価式（UIP: Uncovered Interest Rates Parity; **アンカバーの金利平価**）の概念が出てきますが，これと区別する意味で，為替リスクヘッジを目的としたフォワード・レートの決定式を，**カバー付き金利平価**（CIP: Covered Interest Rates Parity）と呼びます。

この乖離幅を**直先スプレッド**と呼びます。アメリカの金利が日本の金利を上回っている場合は，左辺がマイナスになるので，F は S よりも小さくなります。

---

*1 forward rate については，先物相場と訳される場合がありますが（たとえば日経新聞のマネー欄），取引所取引である先物市場（futures）と区別する意味で，ここでは先渡相場とします。
*2 London InterBank Offered Rates の略。

S が小さいということは，円高を意味するので，この状態を「円は（フォワード）プレミアム」，「ドルは（フォワード）ディスカウント」と呼びます。直先スプレッドについて d や p での表示がありますが，d はディスカウント，p はプレミアムを表します。たとえば円金利がドル金利より低いとドル・ディスカウント（d）となり，ディスカウント幅（すなわち直先スプレッド）は年率でみれば両国の金利差（正確に言えば，ドル **LIBOR** と円 LIBOR の差）に等しくなります。

　これは次のように考えることもできます。もし仮に日本円の短期金利が3%，ドルの金利が6%であり，フォワード・レートがスポット・レートに等しければ，手数料等を考慮しないと，3%で円を借りてこれをスポット・レートでドルに換え，同時に1年物のフォワード・レートでドルを売って円を買えば，入手したドルを1年間運用するだけで，為替リスクを被らずに誰でも3%分の利益を得ることができることになります。こうした裁定機会があると，2つの投資に対する収益が同じになるまでフォワード・レートは調整されることになります。すなわち，フォワード・レートとスポット・レートの乖離率は，2国のユーロ市場での金利差に等しくなるのです。

　こうしたフォワード取引自体は商品取引において何百年も前から，また為替のフォワード取引も19世紀から行われていました。しかし第11章で詳述するように，フォワード取引が急増したのは1950年代のユーロ市場の誕生によるところが大きいと言えます。ユーロ市場は税制や準備制度の面で規制が緩く，また巨大な流動性があるため市場は効率的で，さらに情報の伝達も早いため，金利裁定取引がより効率的となるからです。また資金市場と為替市場の関連性が強まることとなり，運用収益均一化が強まります。逆に言えば，取引コストが高く，資金市場に規制が強く残っている途上国などではフォワード取引が整備されていません（Column ⑥の NDF の説明参照）。また，資本取引規制があると金利裁定取引が働かないので，金利平価は成立しません（1988年に日本の資金市場は大きく整備されましたが，それまではこうした現象がみられました）。日本では，1984年4月に為替フォワード取引についての実需原則が撤廃されて使い勝手が増し，その後当該取引は急増しました。

1.3 スワップ取引

スワップ取引には，①売買が反対方向のスポット取引と同額のフォワード取引を組み合わせた取引の組み合わせと，②売買方向が反対の，2つのフォワード取引を組み合わせた取引の，2つがあります。前節でアウトライト・フォワードという表現を使いましたが，これは買切り，売切り，すなわち反対方向の売買をともなわない取引を示します。これは，スワップ取引との対比からこのように表現され，エクスポージャーが生じるかどうかに違いがあります。

通常銀行は，顧客に対してフォワード・レートでドルを売ったりあるいは買ったりしますが，このようなアウトライト取引は一方で銀行のフォワード・ポジションを変化させます。すなわちフォワード市場でのドルのロング・ポジションやショート・ポジション（**リスク・エクスポージャー**）が形成されることになり，将来のレートが現在のレートと大きく乖離すれば，為替リスクが生じることになります。こうしたリスクを他の経済主体に振り替えてリスクヘッジをする（第3章で述べたホットポテト現象）必要があります（この目的のほかにも，流動性の管理，決済日の変更，投機など，さまざまな目的で為替スワップ取引は行われます）。

ここで，ドルのフォワードを顧客が銀行に売却した場合に，銀行はドルのフォワード買持ちのリスクを，どのようにヘッジするのかをみておきましょう。ここで輸出業者は，180日後に1万ドル入金される契約であるものの，現時点で売上額を円建てで確定したいとします。輸出業者は180日物の円ドルのフォワード・レートでドルを売りますが，銀行からみればドルのフォワードのロング・ポジションが生じます。銀行がこの為替リスクをヘッジするには2つの方法があります。

1つは，国際金融センターの資金市場を利用したヘッジです。銀行は1万ドル分相当の円を現時点で資金市場で借り入れ，スポット市場でドルに換え，1年間運用します。満期になった時点で銀行は顧客にドルを受け渡し，代わりに得た円を返済すれば，為替リスクを回避することができます。しかしながら，このプロセスでは銀行のバランスシートの資産が膨らみ，自己資本比率を低下させる，というデメリットが生じます。

そこで，第2の手段として銀行はスワップ取引を行うというオプションがあ

Column ⑥ ●● **VIX（CBOE Volatility Index）と NDF**

　VIX とは，1993 年にシカゴオプション取引所（CBOE）が導入した株価のボラティリティ指数で，デューク大学ホエーリー教授の論文（Whaley, 1993, pp.71-84）をもとに誕生しました。株価変動がしばしば市場の混乱を表すため，同指標は「投資家恐怖指数」（investor fear gauge）とも呼ばれ，ウォール・ストリート・ジャーナル紙やバロンなどの経済紙に頻繁に登場し，株式市場のボラティリティのベンチマークとなっています。2003 年に大幅な改訂が行われ，新インデックスでは，S&P 500 インデックスオプション価格を基準に算出されています。**VIX** は市場の 30 日後の期待を表し，たとえば VIX が 15 である場合には S&P 500 が次の 30 日間に年率 15％変化する期待を示しています。同様の指標がドイツの VDAX で，04 年 10 月から公表されているドイツ証券取引所の DAX の株価ボラティリティ指数です。図 4-1 は VDAX および VIX を時系列で並べたものですが，双方には連動性があり，98 年秋のヘッジファンド危機，01 年同時多発テロ，08 年 9 月のリーマン・ショック，そして 11 年 3 月の東日本大震災など市場の緊張時に数値が大きく上昇していることがわかります。

　一方，**NDF**（non-deliverable forward）は途上国のオフショア市場で取引されている元本の受渡しをともなわない為替フォワード取引で，決済は米ドルでの差金決済でなされます。為替フォワード市場が未発達な国で広く普及しているもので，韓国ウォン，台湾ドル，人民元，インド・ルピー，インドネシア・

ります。この例では，銀行が顧客からドルのフォワードを買い，円を売った時点で，同額の反対の取引をスポット市場で行います。この時点で銀行はフォワードのドル買い，スポットのドル売りのポジションが形成されることになるので，この銀行はその正反対のスワップ取引を他の銀行との間で行います。こうすればスポット取引はスクウェアーとなってリスクが消滅し，1 年後に予約が実行されれば，フォワード取引もスクウェアーとなります。これによりバランスシートを変化させずに為替リスクをヘッジすることができます。こうしたリスク回避の行動が前述したように世界の為替市場での取引を増大させる要因となっており，また，ユーロ資金市場が最も発達しているロンドン市場での外国為替取引が膨大になっている理由でもあります。

● 図 4-1　VDAX と VIX ●

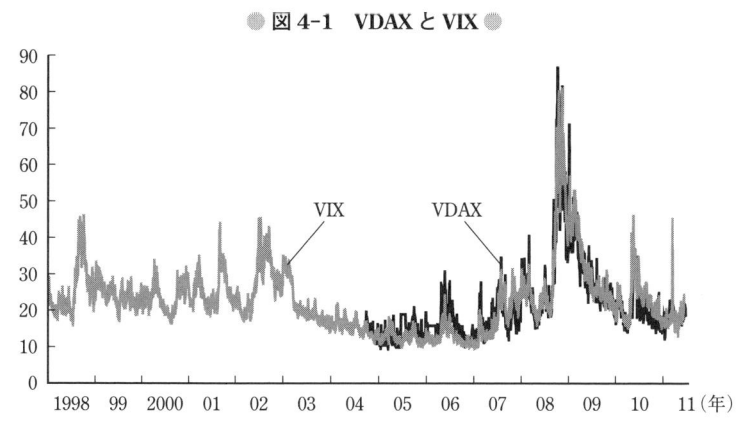

（出所）Reuters, EcoWin データベースをもとに作成。

ルピアなどの NDF 取引が大きくなっています。これらの国では資本取引規制やさまざまな制約から国内のフォワード市場が十分に整備されていないため，投資家のニーズに応えるべく，オフショア市場で取引されているのです。価格変動が大きく，投機的な動きをするとも言われています。

1.4　デリバティブ取引
◆ 通貨オプション取引

原資産市場ではなく，それから派生する取引を**デリバティブ取引**と言います。為替レートを対象にしたデリバティブ取引には，通貨オプション取引，通貨スワップ取引，通貨先物取引などがあります。前の２つは相対取引（OTC）でなされ，テイラーメイドの商品設計が可能であるのに対し，後者は金融先物取引所などの取引所で取引されるという相違点があります。

オプション取引とは，一定期間内（あるいは権利行使期間）に定められた価格で為替レートを買う（あるいは売る）権利の売買を意味します。これを通貨取引に適用したものが，通貨オプション取引です。通貨を買う権利が「**コール・オプション**」，通貨を売る権利が「**プット・オプション**」と呼ばれ，**アメリカン・タイプ**と**ヨーロピアン・タイプ**とがあります。前者はオプションを売買して

図4-2 オプション取引のペイオフ・ダイアグラム（損益表）

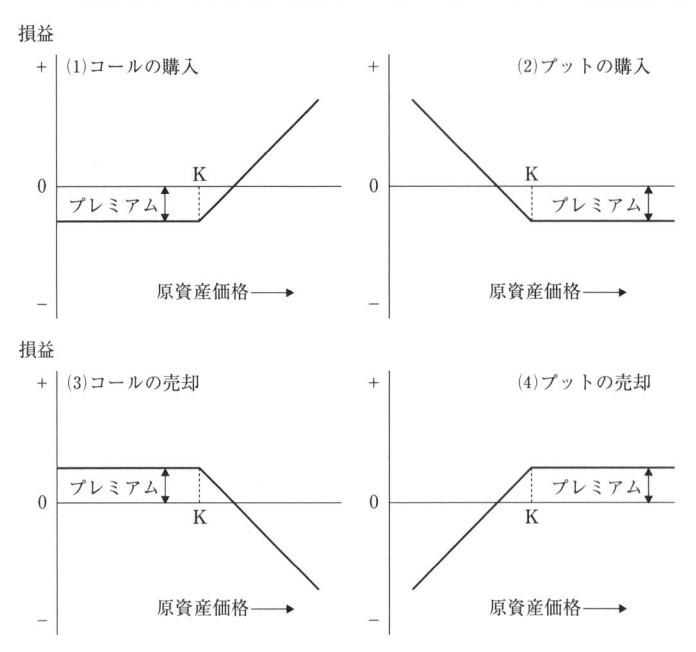

(1)コールの購入
(2)プットの購入
(3)コールの売却
(4)プットの売却

（注）K点はストライクプライス（行使価格）。
（原資料）ロイター。
（出所）FRBNY（1998）"All About...The Foreign Exchange Markets in the United States."

から通知期日までの営業日であればいつでも権利を行使できるのに対し，後者は通知期日でのみ権利を行使できるものです。市場で取引されるオプション取引はほとんどがヨーロピアン・タイプです。

　オプション価格は**オプション・プレミアム**と呼ばれており，オプションの理論価格を導く公式が**ブラック＝ショールズ式**です。同式によれば，オプション価格（プレミアム）は変動幅（ボラティリティ）等の諸要因によって決まります。

　オプション取引自体の歴史は非常に古く，古代ギリシャの時代にもなされていたと言われています。[*3] 通貨オプションについては，ニクソン・ショック後の1972年に**シカゴ・マーカンタイル取引所（CME）**に上場されたのが最初ですが，その後店頭市場で取引されるようになりました。日本では84年に，外国為替予約の実需原則撤廃を契機に店頭市場で通貨オプションが開始され，その後都

Column ⑦ 大阪堂島の米先物市場

　日本では，今からおよそ300年前にすでに公設の先物市場が組織されていたと言われます。大阪堂島の米先物市場です。それまでも先物取引はすでに各地で行われていましたが，日本では大阪の豪商淀屋が江戸時代の初めに米の先物取引を行ったと言われています。貨幣経済が浸透し経済が活発化するなか，大阪は物流・商業の中心地であり，多くの藩は大阪に蔵屋敷を設けて領国から送られてきた米を掛屋や蔵本と呼ばれる商人たちを通じて換金していました。

　米売買の契約日（入札日）と実際の引渡し日には隔たりがあったので，この間の価格変動を利用して利益を得ることも可能でした（これを「延米取引」といいます）。10万石単位で引き渡す売買契約は「米切手」として有価証券化され，米切手自体の売買（正米取引）も可能となりました。米切手に対する幕府の買入れなどの法制度もあったため活発な取引となりました。米が入荷する前での米切手の売買（帳合米取引）も行われるようになり，事実上の先物取引がなされていました（宮本，1988；高本，1997）。

　幕府は当初，米価高騰を招くという理由から米切手の転売を禁止していましたが，8代将軍吉宗は江戸に入荷する米の量の調整，および価格安定化に資するとして，1730（享保15）年に堂島に米会所を設立し，ここでのみ延米取引を行わせました。これは世界最初の公設の先物取引所でした。米が貨幣の中心的地位を占めていたこともあり，当時の幕府はしばしば米市場に介入し，物価の安定に努めていました。

　価格変動の激しい米については，先物取引はヘッジの役割を担っていましたが，実証研究によれば，天保以降はスペキュレーター目的が大きくなったとされています。とりわけ幕末には投機的動きが激しくなり，明治政府は，堂島米会所を賭博と認定し，1869（明治2）年2月には閉鎖されることになりました。刑法185条，186条などにより，デリバティブ取引は賭博罪に当たるとされ，長きにわたり発展が阻害されることになりました。

市銀行等を中心に金融商品の開発が進みました。国債先物オプションや株価指数オプションなどさまざまなオプション取引が東証，大証などに上場されています。

＊3　最古の取引は古代ギリシャの哲学者ターレスがオリーブ絞り機を借りる権利の売買をしたことにさかのぼると言われています。また17世紀にはオランダでチューリップの球根が，イギリスでは株券を対象としたオプション取引が行われていたとされています。これに対し先物取引の歴史も古く，その発祥は江戸時代の大阪堂島における米の先物取引にさかのぼると言われています（Column ⑦）。

Column⑧ ●● シカゴ商品市場（Chicago Board of Trade: CBOT）

　シカゴ商品市場は，1848年に穀物売買を行う中央市場としてシカゴに設立された，世界最大の商品取引所です。シカゴはイリノイ川とミシシッピー川に挟まれ，五大湖とも近く内陸水路の結合地であるという地理的条件から早くから穀物の集積地であったため，さまざまな財の卸売り市場があります。1865年に穀物の先物取引を早くも導入し，現在では世界の穀物先物取引の約8割がCBOT市場で行われています。商品取引だけでなくさまざまな先物取引やオプション取引が行われており，1975年にGNMA債（政府住宅抵当証券）の先物取引を開始して以来，金融先物商品，およびオプション取引が盛んで，出来高の半分以上を占めています。

　1898年にシカゴ・バター・卵取引所がCBOTから独立し，1919年にシカゴ・マーカンタイル取引所（CME）に改組されました。1972年にシカゴ・マーカンタイル取引所に通貨先物が上場され，また1973年にはCBOTがCBOE（Chicago Board Options Exchange: シカゴ・オプション取引所）を設立して個別株式オプション取引も開始されました。同取引所では株価指数先物，株価指数オプション取引などさまざまな金融派生商品も取引されています。2007年にシカゴ・マーカンタイル取引所はCBOTを買収し，世界最大の商品取引所CME groupが誕生することになりました。

　コールの場合，購入者は満期において原資産価格が行使価格を上回っていれば，権利を行使して利益が得られます。逆に下回っていれば，権利を放棄し，オプション価格であるプレミアムを支払うだけでリスクヘッジができます。プットの場合は，満期において原資産価格が行使価格を下回っていれば，原資産を売ることによって利益が得られ，逆に行使価格を上回っていれば権利を放棄できます。一方，コールの売り手，およびプットの買い手には無限の損失をこうむるリスクもあります（図4-2参照）。

　具体例を考えてみましょう。6カ月後に決算のために1万ドルが必要な輸入業者がいるとします。6カ月後にドルが上昇した場合には日本円換算の支払い額は増大するので，現時点で為替リスクをヘッジする必要があります。リスクヘッジをするには，①フォワード取引を行う，②通貨先物取引を行う，③通貨オプション取引を行う，の3つの選択肢があります。ここでオプション取引を選択するとします。

たとえば，6月30日を満期として，行使価格を130円とするドルのコール・オプションを，2円のオプション料（プレミアムと呼ばれます）を支払って買うとします。もし，6月末のスポット・レートが140円になっているとすると，この輸入業者は手数料を加えて1ドル132円でドルを購入することができることになるので，8円の得になります。一方6月末のスポット・レートが120円になっているとすれば，この業者はオプションを行使せず，スポット市場でドルを買う方が得になります。この場合，2円のオプション料を支払うだけですみます（実質的には122円でドルを買うことになります）。

コール・オプションのオプション料は，行使価格が高ければ高いほど権利が行使される可能性は低くなるので安くなります（プット・オプションの場合は逆です）。また，為替相場のボラティリティが増大すれば，行使価格を上回る確率は高くなるのでオプション料は高くなります。ブラック＝ショールズ式はこうしたオプション料がどのように決まるかを示したものです。

◆ 通貨先物取引

次に，通貨先物でヘッジする場合を考えてみましょう。通貨先物取引とは，将来の一時点に，特定の通貨を一定の価格で売買することを契約する取引を指します。金融先物市場の誕生は1972年5月にシカゴ・マーカンタイル取引所が金融先物の国際通貨市場（IMM）を創設したことにさかのぼります。為替差損の回避手段を提供すべく，既存の商品先物市場を応用して通貨先物市場を開始したのが始まりです。71年のニクソン・ショック後，73年に先進諸国通貨が変動相場制に移行したことから為替の変動幅が大きくなり，このためヘッジの必要性が高まって先物取引は増大しました。その後，金利先物，T-Bill，T-bond，CD（譲渡性預金），株価指数などさまざまな商品が開発されました。

通貨先物は，ある特定の通貨を将来の一時点に，取引所のなかで契約された一定の価格で売買することを約束する双務契約です。これら金融先物取引は，①現物の受渡しはせずに差金決済ができる，②取引所取引では清算機関が介在するので信用リスクがない，③少額の証拠金ないし預託金を拠出すれば取引ができるので，少額の元手で多額の取引が可能となる，などのメリットがあります。一方で毎日値洗い（mark to market）を行わなければならないので，評価損が出れば追加証拠金が求められます。先物取引は，現在，あるいは将来保有

するであろうリスクの移転，回避が可能となり，またさまざまな情報をもって市場に参入するので市場の価格発見機能を改善させます。また，現物市場との裁定取引を通じ両者の流動性が増大すること，などの効果があります。

通貨先物市場はシカゴ・マーカンタイル取引所にマルク，ポンド，スイス・フラン，日本円，カナダ・ドルなどが，ロンドン金融先物市場（LIFFE）にポンドなどが上場されています。日本では，1986年に東京金融先物市場（TIFFE）が創設され，円とドルの通貨先物が上場されていますが，外国為替市場でのヘッジ手段が充実していることもあり，金利先物に比べ取引額は極端に少なくなっています。

◆ **通貨スワップ取引**

通貨スワップ取引は，先ほどの為替スワップ取引とは明確に区別されます。通貨スワップ取引とは，異なる通貨建ての債務の交換，すなわち，元本や金利などのキャッシュフローの交換と捉えることができます。通貨スワップ取引の目的は，借入れの多様化や分散化，キャッシュフローを外貨から自国通貨に移し換えるなど，さまざまな目的があります。通貨スワップは多くが複数通貨建ての金利スワップであり，1960年代から定着している取引です。金利スワップは，同じ通貨建てで異なった性質の金利を交換する取引であり，80年頃から定着し，市場価格が大きく変動する現在，両者とも活発に取引されています。

通貨スワップ取引は異種通貨間のスワップ取引であり，上場取引ではなく店頭取引（相対取引）で行われます。たとえば，ドルとスイス・フランの資金需要があるそれぞれの主体が，相手方の通貨調達でより低いコストの調達が可能であるなどの場合には，同一の返済スケジュールで相手方が必要とする通貨建て資金を調達し，当該債務を交換してその元利支払いを行う旨約定します。こうした取引により，企業は資金調達手段の多様化，調達コストの低減などの効果が期待できます。1990年代に入り通貨スワップ取引は急増しており，企業の債権債務管理や国債取引で活用されています。

● 表 4-2　簡略化した外国為替持ち高表（ドル・ポジション）●

借方		貸方
1,000	輸出為替	
	対銀行先物売り予約	500
	インパクトローン	400
	（純買い持ち）	(100)
	輸入為替	1,000
300	対銀行先物買い予約	
300	外貨預金	
(400)	（純売り持ち）	
(300)	総合ポジション	
	（純持ち高）	

2　企業の為替リスク管理

2.1　企業，銀行の為替リスク管理

　経済活動がグローバル化するにつれ，企業や銀行が為替リスクにさらされる機会が増大しています。為替リスクとは，「外国為替レートの変動にともない，外国通貨建て債権・債務が変化して損失（あるいは収益）が生じる可能性」であり，債権サイド，債務サイドにおいて通貨のミスマッチが生じれば，為替レートの変動によって為替リスクが生じます。とりわけ多国籍企業においては為替リスクの管理は重要な課題であり，リスク管理のみならず，リーズ・アンド・ラグズ等により収益向上を図る傾向もみられます。また外為法改正によりネッティングに積極的に取り組む企業も増えています。

　通常輸出入などで外貨取引を行う企業は，どの程度の為替リスクがあるかを，常に把握しなければなりません。為替リスク管理のため企業は，通常外国為替持ち高にかかる貸借対照表を作成しています（表4-2）。外国為替持ち高表の主要計上項目は，輸出入関連，貿易外取引関連，金融取引関連，先物予約等があります。輸出入関連については，借方に輸出為替等が計上され，輸入為替は借方に計上されます。通常はドルのロング・ポジションやショート・ポジションに対してフォワード市場でリスクヘッジしますが，これらも外国為替持ち高表で管理されます。

Column ⑨ ●●「ミセス・ワタナベ」と円

　2000年代半ばから，欧米市場関係者は，主婦を含む日本の個人の外貨取引が急増していることに着目し，日本の個人投資家を総称して「ミセス・ワタナベ」と呼ぶようになりました。なかでも **FX取引** が急増しており，金融先物取引業協会のデータによれば，11年第1四半期の東京市場の円取引量の4分の1はFX取引によるものでした。FX取引とは外国為替証拠金取引のことで，証拠金を業者に預託し，主に差金決済による通貨の売買を行うもので，レバレッジの非常に高い取引です。98年の外為法改正とブロードバンド普及により急速に取引が増大しました。05年7月1日の金融先物取引法改正によりFX取扱業者は金融庁の監督下に入り，また投資家保護の観点から，**証拠金** に対する取引額の上限が10年8月に50倍に設定され，11年8月には25倍に引き下げられて，規制が強化されました。それでも低金利の環境下，引き続きFX取引への誘引は大きく，為替レートへの影響も無視できないものとなっています。

2.2　多国籍企業のリスク管理体制

　企業がグローバルに製造，販売を展開するようになると，為替リスクの管理はより高度化する必要が生じます。世界各地に複数の拠点があり，グローバルな企業内分業をすればするほど為替リスクは膨大となり，複雑化します。グローバルに活動する多国籍企業は，膨大な量のさまざまな通貨を扱うことになり，財務上これら為替リスクや金利リスクなどをどのように管理するかが経営上非常に重要な課題となります。

　企業内ヘッジ手段としてもさまざまな手法があります。たとえば，輸出債権と輸入債務に幅がある場合には，**外貨マリー** として，原材料や部品を輸入調達してエクスポージャーを削減する手法があります。大手多国籍企業の場合は，グループ企業各社が保有する外貨建ての債権・債務を通貨ごとに集約させる **マッチング** といった手法もあります。また，グループ企業各社間での貿易取引にともなう輸出債権と輸入債務を相殺し，ネットの債権・債務のみを送金する **ネッティング** といった手法もあります。これは，2社間の総務ネッティングだけでなく，複数子会社間の **マルチ・ネッティング** により，エクスポージャーを減少させ，コストを低減させることができます。

　さらに，為替リスクの回避を狙ったリーズ・アンド・ラグズといった手法も

有効です。リーズ・アンド・ラグズとは，為替予想に応じて輸出入契約や決済条件を変更させることです。たとえば円安が予想される場合には，可能な限り輸出契約や決済時期を遅らせることで，逆に円高が予想される場合には逆の対応をすることで企業収益を大きく増大させることができます。これらリーズ・アンド・ラグズは，資本取引規制があった場合でも為替レートの変動を大きくするように作用します。[*4]

　こうした為替管理，為替操作を行うにあたっては，財務統括子会社の創設が有効と考えられています。たとえばアジアに海外生産の多くが集中している大手日系企業の場合は，シンガポールに金融子会社を設立し，そこで，為替，資金の集中管理，資金の集中調達と分配，ネッティング，為替予約などを行っています。金融子会社が「銀行」の役割を担っているわけで，グローバル企業においては，アジア，欧州，米州にそれぞれ金融子会社を現地に設立するケースが多くなっており，それぞれがキャッシュ・マネジメントを強力に行っています。これら金融子会社は1つの大手グローバル金融機関に取引を集中させる傾向が強く，現地子会社は，情報の的確な収集や対応を行えるという意味でも多くのメリットがあると言われています。

例　題

1　為替リスクヘッジ手段としてどのようなツールがあるでしょうか。
2　近年デリバティブ取引が最近急増していますが，このうちオプション取引は権利を売買するものです。買う権利，および売る権利はそれぞれなんと呼ばれますか。
3　スポット・レートが120円，日本の金利が1%，アメリカの金利が5%のときに6カ月物フォワード・レートは何円となりますか。

[*4] 為替管理が現在よりも厳重であった1960年代から70年代にかけてもポンド危機やフラン危機が生じたのは，こうしたリーズ・アンド・ラグズが主因だと言われています。

第5章 市場介入と金融政策

> **Keywords**
> ミスアラインメント　クリーンフロート　ダーティーフロート　外国為替平衡操作　日本銀行　外国為替資金特別会計　円キャリー・トレード　ジャパンプレミアム　SWF（Sovereign Wealth Fund）　委託介入　逆委託介入　スワップ協定　協調介入　チェンマイ・イニシアティブ　風に逆らう介入　風に乗る介入　ポートフォリオ・バランス・チャネル　シグナリング・チャネル　計算単位　価値の貯蔵手段　支払い手段　フィアット・マネー　マネーサプライ　マネタリーベース　ベースマネー　ハイパワードマネー　時間軸効果　為券　インフレ・ターゲット　非負制約　不胎化　非不胎化

◆はじめに

　外国為替市場には，銀行，証券会社を含む金融機関，事業会社，個人，機関投資家などさまざまな主体が参加しています。変動相場制では基本的には為替レートはこれら参加者の外貨への需給で決まります。しかし，金融資本市場には元来情報の非対称性があること，また財市場と資産市場の均衡には時間上のラグがあることなどから，為替レートはしばしば均衡レートから大きく乖離する，**ミスアラインメント**が起きます。第7章でみるように，為替レートはマクロ経済に大きな影響を与えるため，通貨当局は政策的観点からしばしば外国為替市場で為替介入を行います。外国為替市場への介入は，為替レートのみならず，マクロでみた金融情勢にも大きな影響を与えます。

　本章では，市場介入の実態がどのようなものなのか，当局の市場介入はマクロの金融政策にどのような影響をもたらすのか，固定相場制のもとでは金融政策はどうなるのか，などについて考えてみましょう。通貨の機能や銀行の機能に照らして，中央銀行のベースマネーとマネーサプライの関係を考え，市場介入がどういった金融面での影響をもたらすかについても検討してみましょう。

Column ⑩ ニューヨーク連邦準備銀行の特殊性

　アメリカの中央銀行制度は日本銀行のような単体ではなく，ワシントン所在の連邦準備制度理事会（FRB）の下部組織として 12 の地区連邦準備銀行が存在します。FRB の意思決定は日本銀行の政策委員会に当たる FOMC（Federal Open Market Committee：連邦公開市場委員会）が行います＊。FOMC は，12 人のメンバーからなり，議長（現在はバーナンキ）と副議長を含む 7 人の FRB 理事，ニューヨーク連銀総裁，残り 11 地区連銀総裁のうち順番で決まる 4 人，で構成されています。FOMC の副議長は常にニューヨーク連銀総裁が務めます。

　このように，ニューヨーク連銀は地区連銀のなかでも特別な存在と言えます。これは第 1 に，ニューヨークには多くのアメリカの大手銀行が所在し，その健全性がアメリカ金融システムにとって重要であるためです。すなわちニューヨーク連銀による地域の持ち株会社や州法銀行の監督や検査が非常に重要であるからです。1998 年秋にヘッジファンド LTCM が破綻危機にさらされた際，ニューヨーク連銀が仲介してグローバル金融機関からなるコンソーシアムの支援が得られたのも，これら金融機関と日頃密接に情報交換をしていたからこそ

1　市場介入の仕組み

1.1　平衡介入の枠組み

◆ 為替介入の決定主体

　1973 年に変動相場制に移行してから円は大きく変動してきました。変動相場制は市場にすべてをまかせる**クリーンフロート**制が基本です。しかし，変動相場制のもとでは為替レートはしばしばミスアラインメント（為替レートが長期的均衡レートから中期的に乖離する現象）が起きるので，先進諸国でも外国為替市場でしばしば介入を行います。介入をともなう変動相場制は**ダーティーフロート**と呼ばれます。この意味で 73 年以降の変動相場制も完全なクリーンフロートではありません。なかでも日本は，アメリカや EU と比べ巨額の介入を実施しているのが特徴です。

　外国為替市場への為替介入は，正式には「**外国為替平衡操作**」と呼ばれ，円相場が乱高下する場合に，為替レートを安定化させることを目的に行われます。

と言えます。第2に，ニューヨーク連銀が，外国為替市場や債券市場で活発に取引していることです。ニューヨーク連銀は公開市場操作を行っていますが，これは NYSE（ニューヨーク証券取引所）やアメリカン証券取引所に非常に近いことから同連銀スタッフが金融関係者と密接なコンタクトがとれるからこそ可能なのです。また FRB や財務省の指示に基づき，ニューヨーク連銀は外国為替市場での介入を行っています。全世界の金準備もニューヨーク連銀の地下金庫に蓄えられています。これらのことは，国内市場，海外市場双方の情報をニューヨーク連銀が入手していることを意味します。こうした理由もあって，第3にニューヨーク連銀は地区連銀のなかで唯一国際決済銀行（BIS）のメンバーとなっており，ニューヨーク連銀総裁は FRB 議長とともに BIS の定例会議に出席し海外の通貨当局とも綿密に情報交換をしています。

> アメリカの金融政策がどのようになされているかは FRB にある FOMC の議事録などで公表されています。ウェブサイトで FOMC の活動を把握してみましょう（http://www.federalreserve.gov/fomc/）。

日本では，財務大臣の権限[*1]において為替介入が行われ，財務大臣の指示に基づき，代理人として，**日本銀行**が為替介入を実際に行っています（第4章でもみたように日本銀行は，証券会社，銀行，短資会社とともに外国為替市場に参加しています）。

一方アメリカでは，政府（財務省）と連邦準備制度理事会（FRB）に介入の決定権があり（政府が優先），ニューヨーク連邦準備銀行が執行します（Column ⑩参照）[*2]。介入の実態については四半期ごとに議会報告されます（「財務省および連邦準備の外国為替操作報告：Treasury and Federal Reserve Foreign Exchange Operations」。ニューヨーク連銀のウェブサイトで確認できます）。EU では，欧州中央銀行（ECB）に決定権がありますが，蔵相理事会が策定する一般的指示権

---

*1 「外国為替及び外国貿易法」（外為法）第7条第3項において，「財務大臣は，対外支払い手段の売買等所要の措置を講ずることにより，本邦通貨の外国為替相場の安定に努めるものとする」と規定されています。

*2 1978年の IMF 協定改正により変動相場制が公認されてからは，アメリカの市場介入は，「無秩序な市場情勢を正す」という名目で行われています。財務省と連邦準備制度理事会（FRB）が協力して介入に当たりますが，財務長官の意向が強く反映される形となっており，外国為替市場で介入がある場合には常に不胎化されることになっています（本章3.3参照）。

と整合的でなければなりません。介入事務の執行は，ECBと各国中央銀行が行います。イギリスでは政府とイングランド銀行（BOE）に決定権があり（BOEに決定権があるのは金融政策遂行上必要な場合のみ），BOEが介入を実施します。

◆ 日本の平衡介入の仕組み

為替介入はすべて政府の**外国為替資金特別会計**（通称：外為特会）を通じて行われます。外為特会は，もともと固定相場制，かつ外貨集中制の時代に，政府が行う外国為替の売買を円滑にするために1951年に創設されたものです。当初は外国為替管理委員会が運営し，管理権限は内閣総理大臣にありました。翌52年に当該委員会が廃止されたのにともない，その後は大蔵大臣の管理下におかれました。現在，運営権限は財務大臣（旧大蔵大臣）に属し，事務は日本銀行に委託されています。

ドル買い円売り介入をする場合，外為特会は政府短期証券（FB: Finance Bill）を発行して円資金を調達し，これを売却してドルを購入します。ドル売り円買い介入の場合は，外為特会のドル資金（外貨準備）を市場で売却して円を買い入れます（図5-1）。現状，外為特会の負債サイドの多くは円建ての為券残高で，資産サイドは外貨準備で構成されています。外貨準備は安定性・流動性が求められるので，保有資産の多くはドル預金とアメリカ財務省証券などドル建て資産が中心です。東京外国為替市場の円を対価とする取引の8割超がドル（第3章）であることも影響しています。注意しなければならないのは，外貨準備の裏側には常に政府債務がある点です（Column⑰参照）。

外貨準備は為替介入と金利収入で変化します。2004年以降10年9月まで介入はなかったので04年以降の外貨準備増大は主に外貨資産の金利収入によるものです。現状ドル金利が円金利を上回っているためこの利鞘（りざや）から外為特会の収益（余剰金）が生まれます。余剰金の一部は一般会計に繰り入れられ，残余は準備として積立金となります。積立金が必要なのは，円高にともなう為替評価損が発生する可能性があるためで，外為特会の健全性を維持するために毎年の利益の一部を積立金に繰り入れるのです。このように，外為特会は為替リスクと金利リスク（為券と米国債の金利差など）を同時に抱えており，現状では外為特会総体では円キャリー・トレード（円借り外貨投資）を行っているとみるこ

1　市場介入の仕組み　95

● 図 5-1　外国為替資金特別会計の外為介入 ●

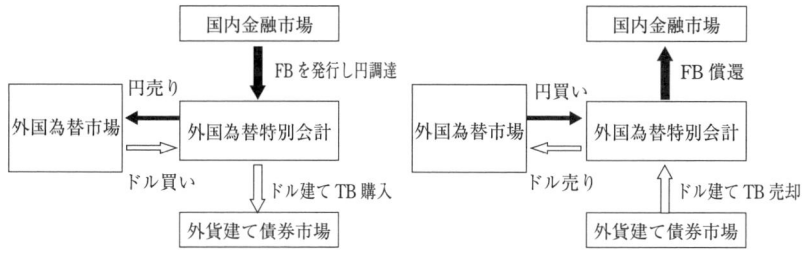

円高の場合（円売りドル買い介入）

```
                    国内金融市場
                         │
                         │ FB を発行し円調達
                    円売り ▼
外国為替市場 ◄──── 外国為替特別会計
            ドル買い    │
                         │ ドル建て TB 購入
                         ▼
                    外貨建て債券市場
```

円安の場合（円買いドル売り介入）

```
                    国内金融市場
                         ▲
                         │ FB 償還
                    円買い │
外国為替市場 ────► 外国為替特別会計
            ドル売り    ▲
                         │ ドル建て TB 売却
                         │
                    外貨建て債券市場
```

（出所）財務省資料をもとに作成。

● 表 5-1　外国為替資金特別会計のバランスシート ●

資　産	負　債
現金・預金	政府短期証券等（円建て）
保有外貨資産（外貨建て） 　外貨預金 　外国債券など	
	IMF 出資金等
財投預託金（積立金と 利益にほぼ相当）	利益
	積立金 △為替評価損

（出所）財務省資料をもとに作成。

ともできます（表 5-1）。

　日本の外貨準備は 2020 年 5 月末現在 1 兆 3782 億ドルとなりました。外貨準備の増大の裏側には常に円建て負債の増大があるため，①バランスシート上のミスマッチが増え，為替リスクが増大すること，②金利収入あるいは市場介入によるドル建て資産増大は政府債務を増大させることになるという問題があり

＊3　1990 年代半ばの邦銀の金融危機時にジャパンプレミアムが発生し，ユーロ市場でのドル資金調達が困難だった時期には巨額のドル預金が邦銀に預託されました。

＊4　行革推進法により全ての特別会計は財政健全化のため 2006（平成 18）年度からの 5 年間で 20 兆円程度の貢献が求められており，外為特会についても相応の貢献が求められています。

＊5　積立金の適正水準については多くの議論がありますが，外貨資産の 3 割程度が適正と見られています。

ます。最近では，第 15 章でみるような SWF（Sovereign Wealth Fund: 政府系ファンド）を日本でも創設すべきという意見もあります。また，毎年増大するドル建て金利部分だけでも外貨準備から切り離し，外貨準備自体の増大を抑制し，為替リスクを減少すべきとの見方もあります。

1.2 委託介入，逆委託介入と協調介入

通常日本の為替介入は東京市場で行われます。相手方は邦銀や外国銀行など外国為替市場の参加者となります。しかし，第 3 章でみたように外国為替市場は 24 時間開かれているグローバルな市場です。東京市場は日本時間の午後 5 時を過ぎると取引の多くは欧州市場に移行するので，この間何らかのショックで為替レートが急変した場合，日本以外の市場で介入する必要が生じるかもしれません。日本の当局が海外の通貨当局に委託して介入することを**委託介入**と言います。

委託介入には日本の資金，すなわち外国為替資金特別会計の資金が当てられます。海外の通貨当局が行ったとしても，あくまで日本の資金が用いられており，海外の通貨当局が自己資金を用いて行う介入とは区別されます。逆に，海外の通貨当局が東京市場の取引時間に介入をしなければならない場合は，海外の通貨当局の要請に基づきそれらの資金を用いて日本銀行が海外通貨当局に代わって介入を実行します。これを**逆委託介入**と呼びます。

国際通貨を擁するアメリカ当局は，各国通貨当局との間で**スワップ協定**（互恵的クレジットライン）を結んでいます。もともとはドルが基軸通貨であったブレトンウッズ体制下で，ドル防衛のため，アメリカが他国から借り入れてドル買い介入を行っていたことにさかのぼります[*6]。現在は，ECB，イングランド銀行，カナダ中央銀行，日本銀行，メキシコ中央銀行などの中央銀行との間にスワップラインがあります。他国からの依頼で FRB がニューヨーク市場で介入する場合はこのスワップラインが使用されます。

G5 や G7 などの国際会議の場で，ドルの安定，ユーロの安定，円の安定などが協議されますが，グローバル化が進展するにつれ，複数の通貨当局が協議のうえで連続的に介入を行う**協調介入**もなされています。たとえば，1985 年のプラザ合意や 87 年のルーブル合意などです。90 年代以降では，アジア通貨危

機後のドル高是正のための介入（98年4月），99年ユーロ誕生後のユーロ安是正のための介入（2000年9月）などの協調介入形態での介入が実施されました。最近では，2011年3月の東日本大震災直後の円の急騰に歯止めをかけるべく，約10年半ぶりに協調介入が行われました。

先進諸国間のみならず，アジア地域においても地域の為替投機等の動きを牽制し金融支援体制を構築する目的で，多国間の通貨スワップ網を構築する動きがあります。[*7] アジア通貨危機後の2000年5月には，チェンマイで開催されたASEAN＋3（日中韓）の財務大臣クラスの会合で，加盟国間の外貨融通により地域の支援体制ネットワークを構築するいわゆる「**チェンマイ・イニシアティブ**」が合意に達しました。日中の外貨準備が巨額となっている現在，有事の際の安定装置として，外国為替市場の安定化のためにもこのスワップ取決めはますます重要になると考えられます（詳細は第15章）。

1.3 風に逆らう介入，風に乗る介入

為替介入の効果については，さまざまな議論がなされています。介入はせずすべて市場に委ねるべき，とする見方もあれば，情報の非対称性があるなかでは金融市場は常に不完全なもので介入すべきだ，という考え方もあります。①為替レートがマクロ経済の重要な変数であること，②為替レートが，オーバーシュートし理論値から乖離する傾向があること（第6章）を考慮すると，為替介入はしばしば強力な政策手段となりえます。

ニューヨーク連銀は四半期ごとに介入実績を公開しています。これに対し日

[*6] ブレトンウッズ体制のもとでドルが基軸通貨であったため，介入は他国が行う必要があるなど，同体制はもともと「非対称的」なものであったので，アメリカは外貨準備を保有する必要はありませんでした。金ドル本位制のもとで，アメリカは主要国と互恵的クレジットラインを設け，金に対しドルが下落するとドルを借り入れることで介入を行っていました（財務省の為替安定基金〔Exchange Stabilization Fund〕を通じて実施）。このクレジットラインが現在のスワップ協定の原型です。現在でもアメリカの外貨準備は経済規模に比して少ない水準であり，2011年8月末現在では1488億ドルと，日本の8分の1，中国の20分の1程度の規模です。SDRとIMFリザーブポジションのほか，外貨としてユーロと円を短期政府証券の形態で保有しています（クロス，2000，pp.177-87）。

[*7] スワップ網構築の動きは，アジア通貨危機後に日本が唱えたアジア通貨基金（Asian Monetary Fund: AMF）構想がアメリカの反対などで実現しなかったことにともなうものでもあります。スワップ協定だけでなく，域内の市場動向をサーベイランスすることの必要性もますます認識されています（第15章参照）。

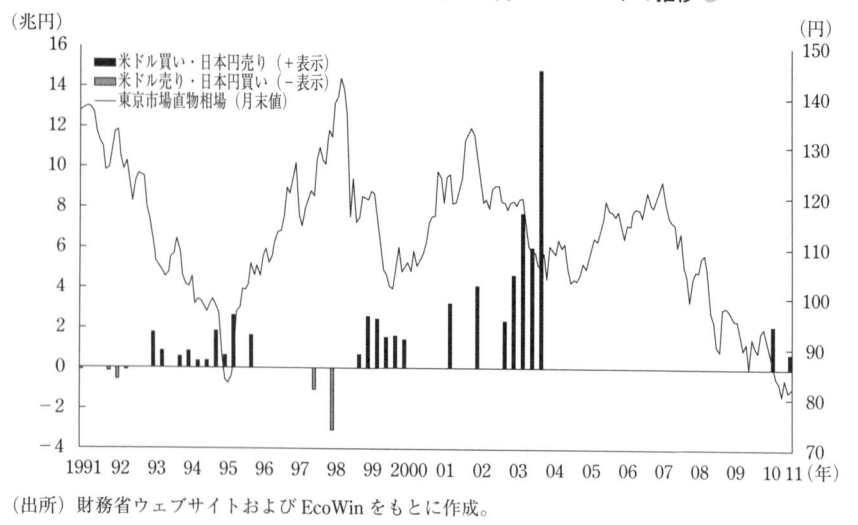

● 図5-2　日本の外国為替市場の介入と円ドル・レートの推移 ●

凡例：
- 米ドル買い・日本円売り（＋表示）
- 米ドル売り・日本円買い（－表示）
- 東京市場直物相場（月末値）

（出所）財務省ウェブサイトおよび EcoWin をもとに作成。

本の通貨当局は介入実績を長らく公表していませんでした（もちろん外貨準備額の増減額から財務省証券利子収入を引けば介入額を推計することはできます）。しかし，当局の情報公開の必要性が高まるなかで，財務省は2001年7月13日に過去10年分の介入データを初めて公表し，その後は四半期ごとに介入実績を公表しています[*8]。同データによれば，ロシア危機後一段と円安が進んだ1998年8月前後に巨額の円買いドル売り介入を実施した以外は，最近に至るまで円高是正のための円売りドル買い介入であることがわかります（図5-2）。

介入には，一方向に進行しすぎるのを反転させることを目的とした介入と，当局にとって望ましい方向への流れを加速させるためのダメ押しの介入があります。前者を「**風に逆らう介入**」（leaning against the wind），後者を「**風に乗る介入**」（leaning with the wind）と呼びます。日本の介入額は先進諸国のなかでは突出しており，東京市場での介入の効果に関する実証研究によれば，1991年5月から2000年4月までに実施された193回の介入のうち，実際に効果があったのは69回にすぎないという研究もあります（井澤，2002）。また，歴代の財務官により介入の質が異なるといった研究もあります[*9]。

外国為替介入の効果については，**ポートフォリオ・バランス・チャネル**とシグ

1 市場介入の仕組み　99

Column ⑪ ●●「埋蔵金」と外国為替資金特別会計

　日本では政府債務残高が急増していますが，一方で巨額の政府資産も保有しています。「埋蔵金」とは，特別会計の日本政府における特別会計の剰余金や積立金など，財源として利用可能な資金のことです。

　子ども手当てや高速道路無料化など民主党政権のマニュフェストはそもそも多額の財源不足が前提になっており，2011年度予算案策定に当たっては，基礎年金の国庫負担割合を2分の1に維持するため，鉄道建設・運輸施設整備支援機構の剰余金に加え，財政投融資，外国為替資金の両特別会計の剰余金などの「埋蔵金」発掘で財源確保をすることになりました。

　なかでも外国為替資金特別会計は，保有する米国債などから金利収入を得られるため，毎年剰余金が発生しますが，2011年度予算では，11年度中に発生する見込みの剰余金を前倒しで繰り入れて年金の財源に充てるとされました。しかし，金利収入からなる剰余金は米ドル金利の低下から，今後確実に減り続けることが予想されます。外国為替資金特別会計自体の安定性，および日本の財政健全化に鑑みれば，「埋蔵金」に依存する財政政策には遅かれ早かれ限界がくると思われます（第15章参照）。

ナリング・チャネルに分けて考えることができます。前者は，自国通貨建て資産と外国通貨建て資産の供給を変化させることによって両者の相対的な期待収益率を変化させるという経路で，後者は，介入によって市場参加者に将来のファンダメンタルズに関する情報を送るという経路です。シグナル経路についてはある程度の効果がみられるものの，ポートフォリオ・バランス経路についてはその効果が限定的であるなど，介入の効果についてはさまざまな実証研究があります。[10] 介入の効果があまりみられないなかで，日本の介入政策を批判的に見る向きも少なくありません。巨額の為替介入と金利収入で日本の外貨準備

---

*8　財務省のウェブサイト「外国為替平衡操作の実施状況」で介入の実情を確認しておきましょう（http://www.mof.go.jp/）。

*9　たとえば，Ito, Takatoshi and Yabu, Tomoyoshi（2004），"What Prompts Japan to Intervene in the Forex Market?," *NBER Working Paper*, No.10456。なお，2004年までの巨額の介入は溝口善兵衛財務官の時代になされました。財務長官によって為替介入は大きく異なります。ちなみに榊原英資元財務官が「ミスター円」と呼ばれたのになぞらえ，溝口元財務官は「ミスター・ドル」と呼ばれました。

*10　たとえばGalati and Melick（2002），"Central Bank Intervention and Market Expectation," *BIS Papers*, No.10。

は急増していますが，この大半はアメリカ財務省証券で保有されています。すなわちアメリカの巨額の経常収支は日本や中国からの公的資金の還流でファイナンスされるという構図になっています（Column④参照）。

2 外国為替介入と金融

　外国為替市場での介入はさまざまなチャネルで為替レートに影響を与えますが，同時に外貨準備が増減し，結果として国内金融情勢にも影響を与えます。この点について，まず通貨の機能を検討し，通貨供給量と中央銀行の金融政策の効果，外国為替介入の影響について検討しましょう。

2.1 通貨の機能

　まず，通貨の機能について整理しておきましょう。通常，通貨の機能には，①**計算単位**（the unit of account），②**価値の貯蔵手段**（a store of value），③**支払い手段**（a medium of exchange），の3つがあります。計算単位としては，財や資産の価値測定のための単位として機能します。通常，自国通貨が計算単位の機能を有しますが，たとえば極端にインフレの高い国では，ドルが計算単位の機能を有することも多くみられます。価値の貯蔵手段については，金，宝石など価値の一定した商品が通貨として適しており，りんごなどはいずれ腐ってしまうため適しません。時代を経て紙幣が発行されるようになりますが，商品との交換が法的に保障されています（法定通貨）。それ自体には価値がないこうした紙幣をフィアット・マネーと呼びます。もっとも価値の貯蔵手段機能は通貨独自のものではなく，株式，債券，不動産などの金融資産もその機能を有しています。第3の支払い手段については，通貨があれば「欲求の二重の一致（double coincidence of needs）」[*11]（Jevons, 1875）は必要でなく，経済活動は断然効率化します。中世以降現金決済から信用決済へと変わり為替制度が発達するなど，支払い手段は変化しました。国際貿易の活発化にともなって，遠隔地の決済について「銀行」が介在し，さらに経済活動が効率化しました。[*12]

　「通貨」は，これら3つの機能を兼ね備えていなければなりません。現金だけでなく，普通預金や定期預金を含む銀行預金，郵貯の貯金なども「通貨」で

● 図5-3　マネーストック統計 ●

（金融商品）

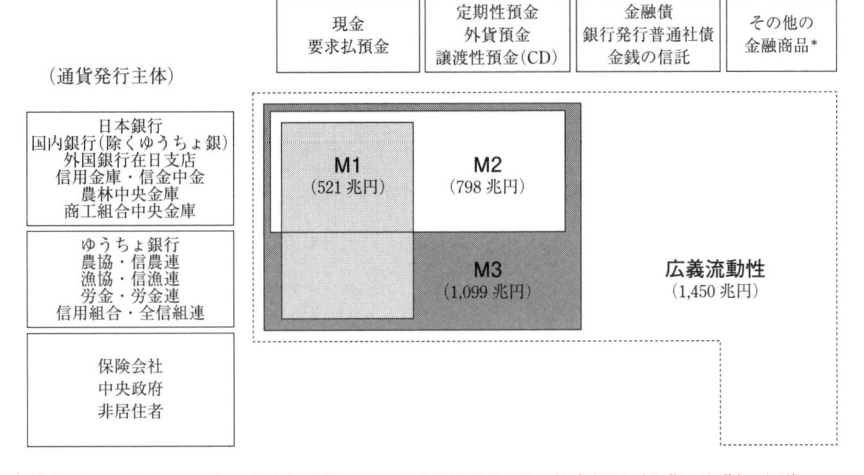

	現金 要求払預金	定期性預金 外貨預金 譲渡性預金(CD)	金融債 銀行発行普通社債 金銭の信託	その他の 金融商品*
（通貨発行主体）				
日本銀行 国内銀行(除くゆうちょ銀) 外国銀行在日支店 信用金庫・信金中金 農林中央金庫 商工組合中央金庫	M1 (521兆円)	M2 (798兆円)		
ゆうちょ銀行 農協・信農連 漁協・信漁連 労金・労金連 信用組合・全信組連		M3 (1,099兆円)	広義流動性 (1,450兆円)	
保険会社 中央政府 非居住者				

（注）カッコ内は2011年6月末実績値。*は，金融機関発行CP，投資信託（公募・私募），国債・FB，外債。
（出所）日本銀行資料。

す。社会に出回る通貨の総量は，中央銀行が創造する現金だけでなく，信用創造機能を有する銀行が，貸出を行うことによっても増大します。

2.2　マネーサプライとは何か

　マネーサプライとは，「経済全体に供給されている通貨の総量」です。日本のマネーサプライ統計としては，M1，M2，M3，広義流動性の4つが公表されています（図5-3）。日本銀行は2008年5月から旧マネーサプライ統計をマネーストック統計として大幅に改訂しました。M1が最も流動性が高く，「国内銀行等」にゆうちょ銀行，農協，労金，信用組合などその他金融機関を含む

---

*11　一方の当事者が仮にりんごをもっており，同価値の牛肉と交換したいと考えたとします。このときこれとまったく逆の欲求，すなわち牛肉をもっていてりんごと交換したい主体を見つけるのは至難の技です。しかし通貨という媒体を用いれば，経済活動は格段と効率化します。

*12　銀行（bank）の語源はイタリア語のbancoで，両替商がお金を数えるために使った机（banco）に由来すると言われています。金融活動が早くから発達したイタリアでは，商人が金融業を営んでいました。金融業は厚い信用を背景に，為替で遠隔地決済を行うとともに，貨幣も取り扱い，銀行業務，保険業務を行っていました。

「全預金取扱機関」に預けられた現金通貨，および普通預金，当座預金など要求払預金からなります。M2は，「国内銀行等」に預けられた現金・預金通貨と定期預金，CDなどからなります。M2はGDPや物価との相関が安定しているので，日本では最も注目度の高い指標です。また，旧マネーサプライのM2＋CDにも接続します。「国内銀行等」を含む「全預金取扱機関」に預けられた現金・預金通貨に準通貨とCDを加えたものがM3となります。M3に金融債，金銭信託，その他金融商品を含め，また保険会社，中央政府，非居住者のその他金融商品を含めた流動性が「広義流動性」となります。*13

マネーサプライは実物経済やインフレと密接な関係があるので（貨幣需要関数をみてもマネーサプライと名目GDP，インフレ率には相関関係があります。第10章参照），中央銀行は金融政策を遂行するうえで，重要な指標と位置付けています。たとえば欧州中央銀行（ECB）はマネーサプライ（M3）を金融政策遂行上の重要な2つの柱の1つと位置付けています（第10章参照）。しかし，アメリカでは，FRBはマネーサプライと経済活動の関係が不安定であるとして他の指標と同等程度にしか扱っていません。日本はその中間で，マネーサプライの動向にも細心の注意を払って総合的に金融政策を行っています。

これに対し，通貨当局（中央銀行）の通貨性負債を合計したものが**マネタリーベース**です。通貨当局のバランスシートの負債サイドにある銀行券発行高と中央銀行当座預金を合計したものです。「ベースマネー」「ハイパワードマネー」とも呼ばれます。

2.3 通貨当局のバランスシートとハイパワードマネー

マネーサプライの多くは銀行に預託してある預金です。中央銀行はこれを直接コントロールすることはできませんが，準備預金制度を活用して管理することができます。準備預金制度とは，銀行が預金残高の一定比率を中央銀行に無利子で預けなければいけないというルールです。たとえば必要準備率が5%であれば，銀行に預託された月末の預金残高が100億円であるとすると，このうち5億円は無利子で中央銀行に準備預金として積み立てなければなりません。たとえば銀行がA社に10億円の貸出をした場合，当該銀行に預けられているA社の預金は10億円増大しますが，このうち5%は中央銀行に無利子で預け

表 5-2 通貨当局のバランスシート

資産	負債
外貨準備（FA）	現金（C） ⎫
国内信用（DC）	準備預金（R）⎬ HPM
その他資産（OA）	その他負債（OL）⎭

表 5-3 市中銀行のバランスシート

資産	負債
準備預金	預金
貸出金	借入金
有価証券	
その他資産	自己資本

なければなりません。

　このようにマネーサプライと中央銀行に預託される準備預金との間には相関関係があります。中央銀行の準備預金と，中央銀行が発行した現金を加えたものが，「ハイパワードマネー」（ベースマネーと同義）です。通貨当局のバランスシートをみると（表 5-2），資産サイドに外貨準備（FA），国内信用（DC），その他資産（OA），負債サイドに現金通貨（C），準備預金（R），その他負債（OL），があります。C と R を足し合わせたものがハイパワードマネー（HPM）です。バランスシートなので，$FA + DC + OA = C + R + OL$ となります。現金および準備預金はコストゼロの中央銀行の負債であり，中央銀行の資産サイドである国内信用や有価証券保有からは金利収入が生まれます。これが通貨発行益（シニョレッジ）であり，たとえば日本銀行は収益の一部を国庫に収めています（317ページ注17参照）。

3 マネーサプライとハイパワードマネー

3.1 銀行の信用創造機能

　ここで，マネーサプライとハイパワードマネーがどのような関係にあるかをみておきましょう。通貨は現金と預金通貨からなります。現金は中央銀行にしか発行権がありませんが，預金通貨はそのときの市況や景気動向等を背景に市中銀行の信用創造で変化します。

　表 5-3 の市中銀行のバランスシートをみると，負債サイドに預金，借入金，自己資本，資産サイドには準備預金，貸出金，有価証券，その他資産がありま

---

*13　アメリカ，EU のマネーサプライ統計でも，M1，M2，M3 を公表していますが，その定義はそれぞれ異なっています。それぞれの中央銀行ウェブサイトで確認しておきましょう。

す。仮にA銀行が預金を100億円，自己資本を10億円もっているとします。法定準備率が10%で，過剰準備をもっていないとすると，A銀行は中央銀行に準備預金を10（100×0.1）億円もたなければなりませんが，残りの90億円は貸出に回せます。貸出に回さず超過準備としてもつこともできますが，超過準備は利子を生まない資産であるので収益を追求する民間銀行は，融資，あるいは有価証券で運用することになります。

基本的に金融機関は，①準備預金制度における法定所要準備額を積み上げるため（法定準備需要），あるいは②金融機関としての業務を行ううえで発生する資金決済需要を満たすために，日銀当座預金に残高を保有しています。この残高は，日本銀行が有価証券売買のオペレーションを行うことで影響を与えることができるので，日本銀行は短期金利に影響を与えることができます。日銀はこのように金利政策で金融政策を行ってきました。[*14]

たとえば，日本銀行が金利を低下させるには，資金市場（コール市場）を潤沢にする必要がありますが，市中銀行から有価証券を買う（市中銀行の準備預金が増える）ことでこれに対応できます。市中銀行からみると，有価証券資産が減り準備預金が増えます。この場合，受け入れている預金残高は変わらないので法定準備を上回る過剰準備が生じます。収益を増大させるには，この超過準備を甲社に貸し出すことになります。

たとえばここで，日本銀行が市中銀行Aから有価証券10億円を購入したとします。市中銀行Aのバランスシートはこの時点で準備預金が10億円増大し，有価証券が10億円減少します。過剰準備が生じるので，市中銀行Aが甲社に10億円融資をしたとします。甲社が借入れをした乙社に取引決済のため10億円を支払うと，B銀行にある乙社の預金は10億円増えることになります。B銀行は預金が10億円増えるので準備預金はその10%に当たる1億円増大させる必要があります。残りの9億円が過剰準備となります。そこでB銀行は丙社に9億円の貸出をします。するとC銀行にある丙社の預金は9億円増えるのでC銀行はその10%に当たる0.9億円分準備預金を積み増しし，残りの8.1億円を貸出に回します。このプロセスが続くことで，銀行システム全体での預金は次のように増大していきます。

$$10 + 10 \times 0.9 + 10 \times 0.9^2 + \cdots\cdots$$

これは，初項（A）が 10，公比（a）が 0.9 の等比級数[*15]なので，

$$\frac{A}{1-a} = \frac{10}{1-0.9} = 100$$

となります。

　すなわち，10億円分ハイパワードマネーが増えたのに対し，マネーサプライはその10倍の100億円増えることになります。この場合，分母（$1-0.9$）は必要準備率（10％）と等しくなります。すなわち法定準備率をrとすれば，銀行預金（マネーサプライ）はハイパワードマネーの$\frac{1}{r}$倍増大することになります。

3.2　信用乗数メカニズム

　さて，ここで，ハイパワードマネーとマネーサプライとの関係をみておきましょう。表5-2の中央銀行のバランスシートの負債サイドには，現金通貨（C），準備預金（R），その他負債（OL）があり，資産サイドには外貨準備（FA），国内信用（DC），その他負債（OA）があります。バランスシートの資産と負債は一致するので，

$$C + R + OL = FA + DC + OA$$

となります。ハイパワードマネー（H）とは前述したように，中央銀行バランスシートの負債サイドにある現金と準備預金を足し合わせたものですから，

$$H = C + R$$

となります。現金は，民間非金融部門が保有する通貨（C_1）と，金融機関および中央銀行が保有する通貨（C_2）からなります。マネーサプライ（M）は民間非金融部門が保有する通貨（現金と預金〔D〕）なので，

$$M = C_1 + D$$

[*14]　1990年代後半以降の深刻なデフレ経済のもとで，政策金利をゼロとしましたが，一向にデフレから脱却できず，2001年3月に操作目標は日銀当座預金に変わりました（06年3月まで）。これにより「時間軸効果」（インフレ率が0％を上回るまで量的緩和政策を行うこと）の概念が導入されました。

[*15]　初項Aで公比aの場合の等比級数は，$X = A + A \times a + A \times a^2 + A \times a^3 + \cdots$（①式）と書き表せます。両辺に$a$をかけると，$aX = A \times a + A \times a^2 + A \times a^3 + \cdots$（②式）となり，①式から②式を引くと，$X - aX = A$となり，$X = \frac{A}{1-a}$となります。

と表せます。市中銀行は預金総額の一定割合（法定準備率を掛けたもの）を中央銀行に預託しなければなりません。この日銀預け金（必要準備）と保有現金（超過準備）に対する預金の比率（預金準備率）を β とすると，

$$\beta = \frac{C_2 + R}{D}$$

と表せます。一方，民間非金融機関は現金（C_1）と預金（D）を保有しますが，預金に対する現金の比率（現金預金比率）を a とすると

$$a = \frac{C_1}{D}$$

となります。このとき，貨幣乗数 $\left(\frac{M}{H}\right)$ を求めると，

$$\frac{M}{H} = \frac{C_1 + D}{C + R} = \frac{C_1 + D}{C_1 + C_2 + R} \quad （総現金量 \ C = C_1 + C_2）$$

分母，分子を D で割ると，

$$\frac{\frac{C_1}{D} + \frac{D}{D}}{\frac{C_1}{D} + \frac{C_2 + R}{D}} = \frac{a + 1}{a + \beta} > 1$$

先にみた信用創造のメカニズムにおいては預金が現金としてまったく流出しないとしているので，a はゼロ，信用乗数は $\frac{1}{\beta}$ となり，上の式と整合的になります。

民間非金融部門	市中銀行		通貨当局
現金 C_1 預金 D	現金 C_2	預金 D	現金発行高 C 準備預金 R

また，信用乗数は必ず1を上回る数値になります。これは，$0 \leq a \leq 1$，$0 \leq \beta \leq 1$ であるためです。ハイパワーとは「高馬力」という意味で，ハイパワードマネーが増大すればその乗数倍分，マネーサプライが増えるからです。すなわち，前にみたように，為替介入で外貨準備が増減すると同額の負債，つまりハイパワードマネーが変化します。これは信用乗数メカニズムを通じて国内の金融情勢に影響を与えることになります（信用乗数は通貨乗数とも呼ばれます）。

もっとも，ハイパワードマネーは受動的にしか供給できないというのが，中央銀行の一般的な見方です。2001年3月からの量的緩和政策導入により，当

座預金残高について誘導目標水準が設定されるようになりましたが、それによって期待されたようなマネーサプライの増大があったかといえばそうではありません。企業、家計の資金需要の低下、金融機関の仲介機能低下を反映し、マネーサプライの伸びは低位にとどまりました。信用乗数アプローチは、HとMの因果関係を示すものではなく、各経済主体の行動の結果ととらえるべきでしょう。

3.3 外国市場介入による金融への影響

　外貨準備（FA）は、①外貨準備資産の金利収入、②外国為替市場の介入によって増減します。①の金利収入が増大した場合は、外貨準備が増大すると同時に、その他負債（OL）が同額増大するのでハイパワードマネーの増減には影響を与えません。しかし、為替介入により外貨準備が増減した場合には、準備預金が増減するのでハイパワードマネーに影響を与えます。たとえば、5億円分の円買いドル売り介入をした場合には、外貨準備が5億円減少すると同時に、負債の準備預金も同額減ります（当局の取引相手はインターバンク市場に参加している市中銀行なので、市中銀行の資産側の準備預金〔円〕が減少）。当局の負債サイドのハイパワードマネーが5億円分減少するので、乗数メカニズムが働きマネーサプライにも影響を与えます。

　ここで平衡介入の仕組みを具体的にみておきましょう。通常介入を行うには円売りドル買いの場合は円貨、円買いドル売りの場合はドル貨を調達しなければなりません。後者は外貨準備が豊富であれば問題はありませんが、円売りのための円資金は、外国為替資金証券（通称「**為券**」：政府短期証券〔FB〕の一種）を発行することで調達できます。従来FBの金利は常に公定歩合を下回る金利で公募されていたので実質的には全額日銀引受となる定率公募残額日銀引受方式でしたが、1999年4月から価格競争入札（コンベンショナル方式）となりました（2010年度末発行残高110.7兆円）。

　図5-4は通貨当局と日本銀行のバランスシートを示したものです。これを使って介入の流れを追ってみましょう。円高が進んだので当局が円売りドル買い介入を行ったとします。第1段階で外国為替資金特別会計はFBを発行し、日銀が全額引き受けるとします。外為特会のバランスシートでは債権サイドで

図 5-4　通貨当局の介入の流れ

(ア)　FBの発行と日銀引受　　　　　　　　　　　　　　　　　　　　　　（単位：100万円）

外国為替資金特別会計		日本銀行	
日銀当座預金 +100	FB（為券） +100	国内信用：FB（為券） +100	その他負債（政府預金） +100

(イ)　外国為替介入の実施

日銀当座預金 △100		日本銀行		市中銀行	
外貨準備 +100		その他負債（政府預金） △100 準備預金 +100		外貨 △100 日銀当座預金 +100	

↓

外国為替資金特別会計と日本銀行のバランスシート

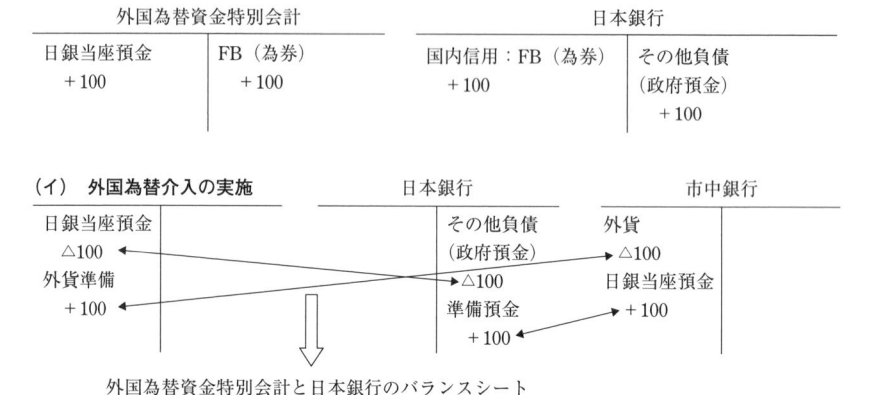

外貨準備 +100	準備預金 +100
国内信用：為券 +100	その他負債：為券 +100

日銀当座預金残高が1億円，負債サイドでFB残高が1億円それぞれ増えます。日本銀行のバランスシートでも債権サイドでFBが1億円，負債サイドで政府預金1億円が増額します。第2段階で日本銀行は市中銀行との間で介入を行うので，買い入れた外貨は外国為替資金勘定の資産サイドで100万ドル増額し，それに見合う円貨1億円（1ドル＝100円）は日本銀行に預けていた政府預金が1億円減少し，ドルを売却した市中銀行の外貨が100万ドル減少し，それに見合う1億円を日本銀行の当座預金に振り込みます。

　この結果，日本銀行の市中当座預金残高は1億円増えることになり，ハイパワードマネーはこの分増大することになり，国内金融情勢でみると金融緩和と同じ効果が生まれます。このため円資金の供給超過分を吸収して金融政策に対する影響を中立化する必要が生じます。これを**不胎化**（sterilize）と呼んでいます。

3.4　不胎化の効果

　不胎化は，通貨当局のバランスシートにどのような影響を与えるのでしょうか。先ほどの例では円売りドル買い介入を行いましたが，その結果市中当座預

Column ⑫ ●● 日本銀行の量的緩和政策とインフレ・ターゲット, 非不胎化政策

　デフレが深刻になるなか, 2001年3月には量的緩和策が採られ, 当時**インフレ・ターゲット** (inflation targetting) や, 非不胎化政策の議論が高まりました。1998年以降日本のデフレが長期化するなかで, 金利はすでにゼロになっていたため名目金利は引き下げられず (**非負制約**), インフレ期待を起こして実質金利を引き下げること (フィッシャー効果。第6章参照) が必要だとされました。このような, 日本銀行に長期債券を引き受けさせるなど, 貨幣をばら撒くべきといったリフレーション (リフレ) 政策が主張される (クルーグマンのヘリコプターマネー論など) とともにインフレターゲット (IT) 論も論じられるようになりました。

　インフレターゲットは, インフレ基調にある先進諸国や金融政策に規律のないエマージング諸国で主に導入されています (ニュージーランドやイギリスなど現在20カ国以上)。政策の透明性が保てることや, 予想インフレ率を安定させるなどのメリットがあります。もっともEUではインフレ率は2％と定義されており, 日本でも「物価上昇率がゼロ％になるまで量的緩和を続ける」とコミットしたことが, 予想インフレ率の安定に寄与したとの指摘もあります。また, 資産価格市場にも目配りをしなければならない大国では, 厳格なインフレターゲットを採用することについては, 否定的見方が多くなっています。

　一方, 非不胎化政策とは, 外国為替市場の介入を不胎化せずにそのまま準備預金を積んでおくことです。1990年代のデフレ下で, 為替介入で円安誘導するのと同時に, 不胎化せずに準備預金を放置することでマネタリーベースを拡大すべきだとの主張がありました。当時日本銀行は, 介入資金の一本一本を個別のオペで吸収するようなオペレーションは行っておらず,「不胎化」「非不胎化」という区分自体, 非現実的であると主張しました。確かに, ゼロ金利下では準備預金も国債もほぼ完全に代替的となり, 資産市場の一般均衡モデルでも, ほぼ完全に代替的な2つの資産を入れ替えても均衡は変わらないことになります。もっとも, グリーンスパンFRB議長 (当時) は日本の金融政策について「為替介入と部分的非不胎化」という表現を使っており, 2003年以降の大量の為替介入時には事実上非不胎化政策が実施されたと考えられます。超過準備の大半は短資会社に滞留し, 銀行の不良債権処理が遅れるなかマネーサプライへの波及経路が機能しなかったことも指摘されています。

金残高は1億円増大しました。これは日本の金融緩和と同じ効果をもつことになります。中央銀行の第1の目標は, 物価の安定と通貨価値の安定なので, 金融情勢の変化が国内マクロ金融情勢に影響を与えることを回避するため, 外国

表 5-4 不胎化を行った場合の日本銀行のバランスシート

資産		負債	
外貨準備（FA）	＋100	現金（C）	
国内信用（DC）	~~△100~~	準備預金（R）	~~＋100~~
	~~＋100~~		△100
その他資産		その他負債：為券	＋100

　為替介入は通常不胎化されます。

　すなわち，公開市場操作と同じく，財務省証券の売りオペ，あるいは買いオペがなされます。先ほどの例では，円資金の供給超過分を吸収するために，政府債券を1億円分売却します。中央銀行の公開市場操作で政府証券を売却すると，通貨当局のバランスシートの資産サイドにある国内信用が1億円減少し，同時に負債サイドにある準備預金も1億円分減少します（表5-4）。

　結果として，対外資産の増大は国内信用の減少で相殺され，また預金準備も元の水準に戻ることになりハイパワードマネーに影響を与えません。当局が外国為替市場で介入をする場合には，このように中央銀行は必ず不胎化を行います。アメリカでは，FRBが外国為替市場で介入する際は必ず完全に不胎化することになっています。日本においては，アメリカのように自動的に不胎化されていませんが，結果的に不胎化される形となっています。もっとも，最近ではデフレ脱却の観点から，日本では「**非不胎化**」の議論が活発化しました（Column⑫参照）。

3.5　固定相場制と金融政策の自律性

　固定相場制では，当局が定めた水準に為替レートを釘付けにすることを当局は約束しています。このため，何らかの理由で為替レートがその水準から乖離しそうになった場合には当局は為替市場に介入しなければなりません。すなわち，固定相場制はマネタリーベースが対外的要因で変動するもので，金融政策の自由度が制約される制度であると言えます。

　これに対し変動相場制は基本的には為替介入はないので，対外的要因でマネタリーベースが変動することはありません。すなわち裁量的な金融政策が採用できるということになります。第14章でみるように，多くの途上国は現在固

定相場制を採っていますが，金融政策の自由度は大きく制約されています。不胎化政策の効果も薄く，通貨危機を引き起こす要因となっています。

中国では，硬直的な為替制度のもとで，外貨準備の急増とベースマネーの増大という事態に見舞われました。資金市場，短期債券市場が成熟しておらず，100％不胎化ができないため，通貨当局は政策金利引上げ，預金準備率の小刻みの引上げで対応しています（Colunm㉜参照）。

例　題

1　カッコ内に適切なものを入れなさい。
(1) 現金・預金比率が10％，預金準備率が10％，ハイパワードマネーが10兆円のとき，貨幣乗数アプローチに従えばマネーサプライは（　　）兆円となる。
(2) このとき金融政策緩和のため預金準備率を5％に引き下げた場合，マネーサプライは（　　）兆円（　　）する。
(3) 日本の外国為替市場介入は（　　　）が決定し，（　　　）が実行する。自国通貨買いドル売り介入をすると外貨準備は（　　　）し，準備預金が（　　）するので国内の金融に影響する。このため短期金融市場で政府短期証券を（　　　）するオペレーションをし，貨幣への影響を中立化させるようなオペレーションを（　　　）という。
(4) （　　）とは，金融部門を除いた民間部門が保有する通貨量のことであり，中央銀行の銀行券や政府発行の通貨などの（　　　）通貨だけでなく，（　　）通貨も含まれる。
(5) 古典派とケインズ派の違いは，貨幣の需要として，（　　　）を考慮するかしないかの点にある。
2　日本の外貨準備のあり方について論じなさい。

第6章 為替レートの決定理論

> **Keywords**
> 財の裁定取引　一物一価の法則　絶対的購買力平価　ビッグマック指数　交易条件　相対的購買力平価　バラッサ＝サミュエルソン効果　実質為替レート　実効為替レート　内外価格差　貨幣数量説　フィッシャーの交換方程式　マーシャルのk　マネタリー・アプローチ　オーバーシューティング・モデル　硬直価格マネタリー・アプローチ　フロー・アプローチ　アセット・アプローチ　カバー付き金利平価　オーバーシューティング　フィッシャー効果　実質金利平価　投機的バブル　ハネムーン効果　ケインズの美人投票　ファンダメンタリスト　チャーチスト　バンドワゴン効果　リスク・プレミアム　ホームバイアス　ポートフォリオ・バランス・アプローチ　効率的市場仮説　ホワイトノイズ　ランダムウォーク

◆はじめに

　前章まで，国際貿易と対外決済，外国為替市場の仕組み，為替リスクのヘッジ手段，為替介入と金融政策などについて概観しました。本章では，どういった要因で為替レートが変動するのか，どういった変数が為替レートに影響を与えるのかについて理論的観点から整理しておきましょう。

　円ドル・レートの長期的な推移をみると，1973年の変動相場制移行後は一貫して円高傾向が続いてきたことがわかります。しかしこうした長期的なトレンドとは別に，短期的には細かな波動を描いて推移しています。第3章で検討したように，外国為替レートは外貨売買の需給で決まります。海外との取引は財・サービスなどの輸出入である経常取引と金融資産の資本取引に大別されますが，経常取引は長い時間がかかるのに対し，金融資産の取引は，直接投資などを除いて，非常に短い時間でなされます。このため，資本市場は短期でみる

とほぼ均衡状態にあるのに対し，財市場は必ずしも常に均衡状態にあるわけではありません。また最近では，グロスベースでは，経常取引よりも資本取引の方が圧倒的に取引量が多くなっています。

本章では，国際マクロ経済学の定義に従って，「長期」を内外財市場と資本市場が均衡した状態，「短期」を資本市場が均衡した状態と定義して，それぞれの市場を均衡させる為替レートについて考えてみましょう。

1 為替レートの長期的均衡

1.1 一物一価の法則

日本の財市場とアメリカの財市場の間に関税や規制がなく市場が一体化されており，取引コストがないと仮定すると，同一財の日本とアメリカとでの価値はどのようになるでしょうか。

世界中で売られているバドワイザーでこれを考えてみましょう。現在為替レートが1ドル＝120円で，バドワイザー1本が東京では150円で売られており，アメリカでは1ドルで売られているとします。アメリカで1ドルのバドワイザーは円に直すと120円であり，東京の価格よりも安くなります。この場合，バドワイザーをニューヨークで購入して東京に輸入すれば，この業者は利益を得ることができます。ニューヨークでバドワイザーを買う動きが活発化すれば，ニューヨークで需要が急増して価格が上昇し，一方東京でバドワイザーを売る動きが活発化すると，東京では供給が急増して価格が低下します。結局，東京とニューヨークで価格が均等化するまでこの裁定取引が続くことになります。自国通貨建て価格が不変だとすると，外国為替取引において円売りドル買いが活発化し，為替レートが円安ドル高に変化することになります。

すなわち，**財の裁定取引**（Goods Arbitrage: 安いところで買って高いところで売ることで利鞘を得ること）により，同一の財は同一の価格で取引されることになります。これを**一物一価の法則**（the law of one price: あらゆる所で同一の商品の価格は等しい）と呼びます。

日本のリンゴを Pi，アメリカのリンゴを P^*i，為替レートを S とすると，

$$Pi = S \times P^*i \qquad (1)式$$

が成り立ちます。注意すべきことは，(1)式は均衡条件にすぎないことです。たとえば左辺の国内価格が何らかの事情から変化した場合，右辺が同値になるためには，為替レートが変動するか，外国の i 財の物価が変化するか，のどちらも考えられます。すなわち無数の組み合わせが考えられるわけで，これをもって，外国為替レートが決定されるというわけではありません。あくまで経済事象を抽象化した概念であることに注意する必要があります。

なお，一物一価の法則は，裁定取引が可能となるよう市場が一体化された場合にのみ成立します。したがって，関税や輸入の数量制限など貿易取引に関するさまざまな規制がある場合には成立しません。また，たとえばベトナムのハノイの散髪料が非常に安くても，ハノイまで行って散髪をする人がいないように，輸送コストが非常に高くそもそも貿易が難しい非貿易財（政府サービス，流通・小売り，教育産業，その他サービス財）にはこの法則は成り立ちません。ラテンアメリカ諸国では，製品輸入に対する高関税率や数量規制があるために貿易可能財であるにもかかわらず非貿易財に分類されることもあります。嗜好が他国と極端に違う財も非貿易財となります。さらに，国内価格についても完全競争が前提となっており，市場の競争度合いの違いによって価格設定を変えるような PTM（Pricing To Market）行動（第 7 章参照）がある場合でも成り立ちません。

すなわち，一物一価が成立する条件として，①同一の商品であること，②財が貿易可能財であること，③完全競争が達成されていること，④取引コストがゼロであること，が挙げられます。

1.2 購買力平価（PPP: Purchasing Power Parity）

◆ 絶対的購買力平価

さて，前述した一物一価の法則は，一財だけを対象としたものでした。これを物価水準全般に拡げるとどうなるでしょうか。物価水準といっても，それを測るには消費者物価指数，卸売物価指数，輸出物価指数などいろいろな指数があります（11 ページ注 6）。指数とはある年を基準年として，財・サービスをウェイト付けしそれぞれの価格を加重平均して算出したものですが，バスケットの中身は物価指数によって異なります。たとえば消費者物価指数や生計費で

は，最終需要者が生活するのに必要な財・サービスがバスケットに含まれているのに対し，卸売物価指数は，企業間の取引価格なので主に財が含まれます。輸出物価指数は輸出財しか含まれていません。生活パターンや取引パターンが異なれば，国によって指数の中身も異なります。

さて，一般物価水準を P とすると，

$$P = S \times P^* \quad \text{（厳密に言えば} \sum Pi = S \times \sum P^*i\text{）} \quad \text{(2)式}$$

が成立します。P は国内の一般物価水準，S は為替レート，P^* は外国の一般物価水準です。(2)式は，国内の物価水準と外国の物価水準が等しくなる水準に為替レートが決まることを示すもので，この為替レートを購買力平価（PPP: Purchasing Power Parity）と呼びます。PPPの考え方は，すでに16世紀にスペインのサラマンカ学派が示していました。[*1]

前述した一物一価の法則がベースにあるので（すなわち財の裁定が根底にあるので），長期で成り立つ均衡理論であることがわかります。しかし以下のような理由から長期でも必ずしも成立するとは限りません。第1に，財の移動に制約がないことが根底にあるので，サービス財を含む非貿易財が物価指数に入っている場合はこの公式は成り立ちません。消費者物価指数や生計費を基準にすると，サービス財がかなりのウェイトで入っているので成立しにくく，逆に輸出財物価はほとんどが貿易財であるので，この関係は成立しやすいと言えます。第2に，同じ消費者物価といっても，それぞれの国での生活パターンや嗜好が違ったり，貿易財と非貿易財のウェイトが大きく異なる場合には，購買力平価は成り立ちません。

このように，絶対的な物価水準でみた購買力平価は，後述する相対的購買力平価と区別する意味で，**絶対的購買力平価**（absolute PPP）と呼ばれます。ロンドン・エコノミスト誌にビッグマック指数が掲載されていますが（*Column ⑬*），これは世界各都市で売られているビッグマックという同一財の価格を基準に購買力平価を求めるものです。これも絶対的購買力平価を示す1つの指標と考えることができます。

購買力平価の考え方は，価格が伸縮的であることがその前提にあります。ケインジアンは価格や賃金は短期では硬直的であることを前提としているのに対し，新古典派あるいはマネタリストは，賃金や価格は伸縮的であることを前提

としています。この意味で購買力平価は古典派の考え方を基盤にしたものと言えるでしょう。

◆ 相対的購買力平価

もし貿易財と非貿易財のウェイトが一定であり、**交易条件**（輸出物価と輸入物価の相対価格）も変わらなければ、取引コストが大きくても、伸び率でみれば、(2)式は成立します。すなわち、

$$\frac{\Delta P}{P} = \frac{\Delta S}{S} \times \frac{\Delta P^*}{P^*}$$

が成立します。これを変形して近似式に直すと以下の式になります。

$$\frac{\Delta S}{S} = \frac{\Delta P}{P} \div \frac{\Delta P^*}{P^*} \rightarrow \frac{\Delta S}{S} \fallingdotseq \frac{\Delta P}{P} - \frac{\Delta P^*}{P^*}$$

この式は、為替レートの変化率が自国のインフレ率と外国のインフレ率の差に等しいことを示しています。たとえば、日本のインフレ率が2％、アメリカが5％であるとすると、為替レートの変化率 $\left(\frac{\Delta S}{S}\right)$ はマイナス3％となって、そのぶん円高（Sの低下）になることになります。すなわち次式のように、ある時点の為替レートを基準にして、その時点からどの程度国内と外国のインフレ格差が生じたかで均衡為替レートが求められます。この相場を**相対的購買力平価**（relative PPP）と呼びます。第一次世界大戦で金本位制がいったん崩壊したときに、スウェーデンの経済学者グスタフ・カッセルが通貨価値とインフレの関係を実証しました。[*2]

相対的購買力平価
 ＝ 基準時の為替レート × $\dfrac{\text{基準時を 100 とする日本の消費者物価指数}}{\text{基準時を 100 とするアメリカの消費者物価指数}}$

実際の相対的購買力平価（基準年：変動相場制に移行した1973年）をプロットしたのが図6-2です。同図によれば、実際の名目為替レートの推移は輸出物価

[*1] 購買力平価の歴史的経緯をみると、16世紀のサラマンカ学派のほかに、スウェーデン、イギリス、フランスの重金主義者（bullionists）が18世紀後半から19世紀にかけてすでに分析していたことが知られています。19世紀にはリカード、ミル、ゴシェン、マーシャルなどの古典派も購買力平価を支持していました。

[*2] 第一次世界大戦が終結すると、戦費調達のため財政赤字の拡大、インフレの急騰などが表面化し、金本位制から各国は離脱しました。Cassel（1918, 1928）は、1914年以降の各国のインフレ率と相対的金相場との相関関係を実証した研究です。

Column ⑬ ●● ビッグマック指数（Big Mac Index）

英エコノミスト誌は，ビッグマック指数を公表しています。アメリカのビッグマック価格を基準に各国の絶対的購買力平価を割り出し，現実の為替レートがそれとどの程度乖離しているかを示すものです。マクドナルドのビッグマックは世界中で売られており，かつほぼ同じ財であることから，その価格を基準に各国の購買力平価を算出することができるからです。もっともハンバーガーは貿易財ではないこと，税制に違いがあること，非貿易財である家賃やサービスなどのコストの相違，収益率の違い，嗜好の違いなどに鑑みれば，完全なバスケットではないとの批判もあります。それでも大まかな均衡レートとして，為替市場に参加しているディーラーも注目しています。

図6-1によれば，北欧を含むEU諸国，スイス，ブラジルで，実際の為替レートが均衡レートに対し過大評価されていることがわかります。一方，中国を含むアジア諸国では実際の為替レートが過小評価されており，中国に至っては約4割過小評価されています。ビッグマック指数でみると先進国通貨は過大評価される傾向にあります。円はこの時点で，5％の過大評価にとどまっていますが，これは日本では外食産業の競争が激しく，これらがビッグマックで測った購買力平価を押し下げていると考えられます。

ビッグマック指数と同じ考え方に基づき，スターバックスコーヒーの「トールラテ・インデックス」や，「iPodインデックス」なども考えられています。iPodインデックスについては貿易財なので適切，という見方もある一方で，生産工場の中国からの運送費が国によって大きく異なることから適切ではないとの指摘もあります。

でみた購買力平価に近づきながらも，消費者物価指数（CPI），卸売物価指数（WPI），輸出物価指数（EPI）でみた購買力平価にちょうど挟まれた形で大きくスウィングしていることがわかります。直感的に，相対的購買力平価は長期で成立することがわかります。もっとも相対的購買力平価にも問題があり，①たとえば図6-2では基準年が1973年になっていますが，基準時をいつにするかについて明確な基準がないこと，②どの物価指数を使うかによって購買力平価の相場が大きく異なること，③貿易財と非貿易財のウェイトが対象国で構造的に大きく変化する可能性があること，などが挙げられます。

相対的購買力平価は，インフレが非常に高い国や高い時期など，ハイパーインフレーションの場合に成立することが実証されています。[*3] しかし，より安定

図6-1 ビッグマック指数

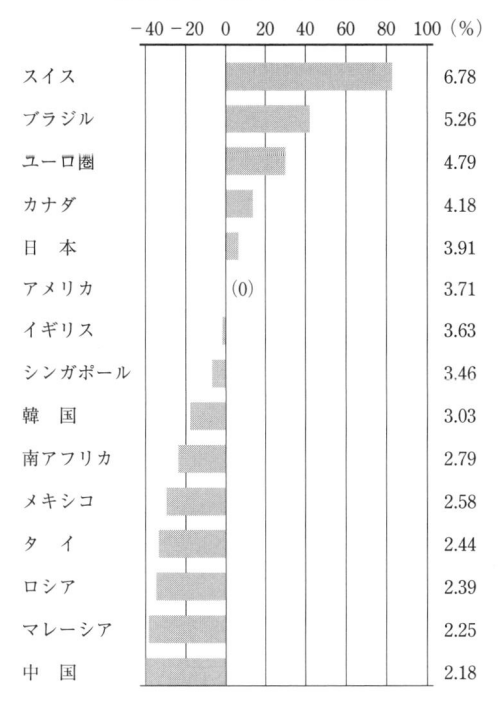

国	過大/過小評価(%)	価格(ドル)
スイス		6.78
ブラジル		5.26
ユーロ圏		4.79
カナダ		4.18
日本		3.91
アメリカ	(0)	3.71
イギリス		3.63
シンガポール		3.46
韓国		3.03
南アフリカ		2.79
メキシコ		2.58
タイ		2.44
ロシア		2.39
マレーシア		2.25
中国		2.18

ビッグマックの価格は日本では320円で(2010年10月当時),アメリカのマック価格で除した購買力平価(implied PPP)は320÷3.71＝86.25円／ドルとなる。実際の円レートは81円84銭なので,名目円レートはPPPより5.4％過大評価されていることになる。

(注) グラフはビッグマック平価と市場レート(10月13日)の比較。＋は過大評価,－は過小評価。右の数字は各国のビッグマックをドル建てにした価格(ユーロ圏はメンバー国の加重平均,アメリカは4つの都市の平均,中国は2つの都市の比較)。
(出所) エコノミスト誌2010年10月14日付。

した金融環境を扱った多くの研究では必ずしも実証されているわけではありません。また,相対的購買力平価は長期的なスウィングを説明することはできま

---

*3 たとえば第一次世界大戦が勃発した1914年にドイツは金本位制から離脱し,戦争遂行のために総資源を投入したためマネーサプライは急増しました。戦争終結時には国内資源の多くは失われ,またベルサイユ条約により連合国に対し過酷な賠償金も背負うことになったので,増税と貨幣の増刷でこれを賄いました。その結果マネーサプライは急増し,戦後天文学的なハイパーインフレーションが起こると同時に,通貨価値は大きく下落しました。1919年1月の物価指数は262でしたが1923年12月には126兆を超え,対ドル相場は1ドル＝4兆2000億マルクと戦前の1兆2600億倍となる天文学的なドル高となりました。そこで政府は,1レンテンマルク＝1兆旧マルクの比率でレンテン銀行券を発行し旧貨幣を回収してハイパーインフレを収拾しました。この事例は,ハイパーインフレが起きると通貨価値が下落すること,すなわち相対的購買力平価が成立することを示しています。また,ブラジルなどラテンアメリカ諸国では年率1000％を超えるインフレが80年代半ばに起きましたが,通貨はデノミや切下げを繰り返したこともこれを裏付けています。

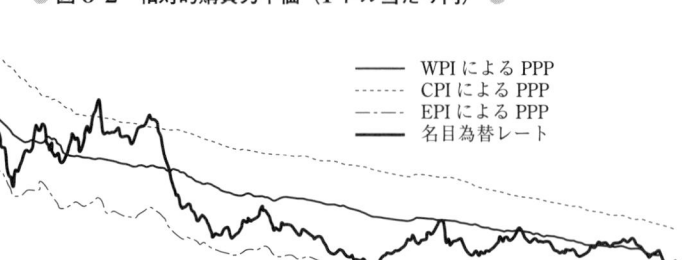

図6-2 相対的購買力平価（1ドル当たり円）

凡例：
- WPIによるPPP
- CPIによるPPP
- EPIによるPPP
- 名目為替レート

（出所）EcoWinデータベースより作成。

すが，価格の伸縮性が根底にありますから，短期で価格が硬直的であることを考慮すれば，短期的な為替レートの変動については説明できないということになります。

◆ バラッサ＝サミュエルソン効果と購買力平価

それでは，購買力平価と名目為替レートが大きく乖離する理由は何でしょうか。40年ほど前に購買力平価の長期的な偏差を実証したのが，バラッサとサミュエルソン（Balassa, 1964; Samuelson, 1964）です。彼らは，すべての国の物価水準を現実の名目為替レートでドルに換算し，高所得国の物価水準の方が，低所得国よりも高くなる傾向があることを実証しました。こうした現象が起きる理由として，高所得国の方が低所得国より絶対的な生産性が高いのではなく，高所得国では貿易財部門の生産性が相対的に高いからだと結論付けました。すなわち，国際的競争に晒されている貿易財の方がサービスなどの非貿易財よりも技術革新のスピードが速く，生産性が高いこと，それが一般物価を押し上げることをパネルデータを用いて実証したのです。

具体的に検討するために開放小国経済を考えてみましょう。財は貿易財（T）と非貿易財（N）からなり，貿易財（価格 P_T）については一物一価が成立するので外生的に決定されると仮定します（$P_T = SP_T^*$）。貿易部門，非貿易部門それぞれの生産性を a_T，a_N とすると，貿易財価格と非貿易財価格，そして一国

の物価水準はそれぞれ以下のように定義できます（ω_T, ω_N は，貿易財，非貿易財のウェイト）。

$$P_T = \frac{W}{a_T} = S \cdot P_T^* \qquad (3)式$$

$$P_N = \frac{W}{a_N} \qquad (4)式$$

$$P = \omega_T P_T + \omega_N P_N \qquad (5)式$$

　ここで貿易財の生産性が大きく上昇した場合の変化を考えてみましょう。前述した仮定では，一物一価が成立しているので，貿易財の価格水準は世界価格に固定されています（(3)式）。$S \cdot P_T^*$ は固定されているので貿易財の生産性（a_T）が上昇すると，貿易部門の賃金（W_T）が同率増大します。貿易財部門の賃金が増大すると国内で労働移動が起こり，貿易財部門と非貿易財部門で裁定がおきて賃金 W が均等化し，非貿易財部門の賃金 W_N も同率増大します。しかし，(4)式の分母にある非貿易財の生産性（a_N）は変わらないので，非貿易財部門の価格（P_N）は上昇します。(5)式にある，国内物価構成要素のうち非貿易財の価格が上昇するので，一般物価（P）も上昇することになります。

　高所得国，あるいは発展段階にある国は，貿易財部門の生産性が高まる傾向にあり，これはその国の一般物価を上昇させ，固定相場制度においては実質為替レートを増価させます。1960年代に高度成長を達成した日本では実質為替レートはこの間大きく増価しており，このような**バラッサ＝サミュエルソン効果**を裏付けています[*4]。

◆ 実質為替レートと実効為替レート

　実質為替レート（RE）は $RE = E \times \dfrac{P^*}{P}$ で表されます（E は名目為替レート）。これは，国内物価が海外物価に比べて相対的に上昇すれば（P の増加），RE は減少（通貨価値は増価）し，逆に国内物価が海外物価に比べて相対的に低下すれば RE は増大（通貨価値は減価）することを意味します。絶対的購買力平価（$P = S \times P^*$）が成立していれば，名目為替レートと購買力平価は等しくなる

---

*4　名目為替レートが購買力平価から乖離するパターンは，①非貿易財の相対価格の変化，②交易条件の恒久的シフト，③財価格の調整の遅延（オーバーシューティング），④関税や輸送費用による振幅，などです。

ので，RE は 1 となります。

上述したバラッサ゠サミュエルソン効果は，実質為替レートが不安定となる一例で，貿易財と非貿易財の相対価格が変動する場合です。すなわち，実質為替レートは貿易財と非貿易財の相対価格（内部交易条件：Internal Terms of Trade とも言います）に依存していることにもなります。ラテンアメリカなどの開放小国経済では，非貿易財でみた貿易財価格を実質為替レートと呼ぶ場合もあります。

$$実質為替レート = \frac{非貿易財価格}{貿易財価格}$$

2国が貿易財だけを生産していると仮定すれば，上の関係は輸出財と輸入財の相対価格に置き換えることができます。すなわち実質為替レートは交易条件 $\left(= \frac{輸出物価指数}{輸入物価指数} \right)$ に等しくなります。これらのことは，発展途上国の通貨制度を考えるうえで多くの示唆を与えています。小国は国際市場の貿易財価格に影響を与えることができないので，貿易財価格は所与となります。すなわち途上国では，非貿易財価格と貿易財価格の相対価格が実物経済に大きな影響を与えることになるのです。

一方，真の競争力を表す指標としては実質実効為替レート（REER: Real Effective Exchange Rates）[*5]のほうがふさわしいと考えられます。REER は実効為替レートをインフレ率で調整したものです。**実効為替レート**（Effective Exchange Rates）とは，ドル対円，といった2国間の為替レートではなく，当該国の貿易の国別ウェイトに基づき，複数の通貨をバスケットとして指数化したものです。たとえば，日本はアジアやアメリカとの貿易の比率も高いですが，欧州との貿易の比率もそれなりに高いものとなっています。円はドルに対して強くなっていてもユーロに対して弱くなっているかもしれないので，円の競争力は対ドル名目為替レートだけでは測れません。アジア通貨危機の際にはドルリンクのアジア通貨は対ドルでは安定していましたが，1995年以降円安とインフレが進行したことで実質実効為替レートが上昇し，アジア通貨危機の遠因となったことが指摘されています（第13章参照）。

◆ 内外価格差

さて，実際の為替レートは中長期的には購買力平価を基準にして大きくスイ

ングすることがわかりました。また，インフレ率と通貨価値には大きな関連があることがわかりました。一方で，長期的な均衡為替レート（購買力平価）と時々刻々市場の需給で決まる名目為替レートには自ずと乖離が生じることになります。その問題の1つが**内外価格差**です。

ここで東京とニューヨークの物価を比較してみましょう。東京とニューヨークで同じ水準の生活をする場合に必要なモノやサービスが含まれているマーケット・バスケット（買い物かご）を考えてみます。生活費には，食糧，衣服などの財のほかにも水道代などの公共料金，住居費などさまざまなサービス財が含まれています。ここで1カ月生活する費用が東京で15万円，ニューヨークでは1000ドルであったとします（同じ生活パターンを仮定。すなわちバスケットの中身が同じ）。日米の生計費でみた絶対的購買力平価は以下のように求められます。

$$\text{生計費の購買力平価} = \frac{\text{東京の生計費}}{\text{ニューヨークの生計費}} = \frac{150{,}000\text{円}}{1{,}000\text{ドル}} = 150\text{円}/1\text{ドル}$$

ここで実際の名目為替レートが1ドル＝100円であったとします。すると東京では15万円かかる生活がニューヨークでは10万円ですむことになります。つまり東京の生計費はニューヨークの1.5倍になります。こうした生計費の格差を内外価格差と呼びます。内外価格差は以下の式で求められます。

$$\text{内外価格差} = \frac{\text{東京の円建て生計費}(150{,}000\text{円})}{\text{ニューヨークの円建て生計費}(100{,}000\text{円})}$$

$$= \frac{\text{東京の円建て生計費}}{\text{ニューヨークのドル建て生計費}\times\text{円ドル・レート}}$$

$$= \text{生計費の購買力平価}(①) \times \frac{1}{\text{円ドル・レート}(②)} = \frac{150}{100} = 1.5$$

内外価格差が1より大きい場合は，東京の物価が相対的に高く，また1より小さい場合にはニューヨークの物価の方が高いことを示します。上式からも明らかなように，内外価格差を決定するのは，①生計費の購買力平価と，②名目の円ドル・レートです。つまり内外価格差が拡大するのは，購買力平価と名目

---

*5 $REER = w_1 \times RER_1 + w_2 \times RER_2 + w_3 \times RER_3 + w_4 \times RER_4 \cdots$（ただし，$w$ は貿易相手国のウェイト，RER は対当該国の実質為替レート）。

の為替レートの乖離によるものです。名目為替レートが均衡レート（購買力平価）よりも円高になれば増大し，円安になれば減少します。近年のドル安，ユーロ安のもと2011年6月現在東京は世界一生活費の高い都市となっています（ニューヨークを100とすると161。EIUデータによる）。

購買力平価は均衡レートであり，一物一価が前提にあることは前に指摘しました。それではなぜ購買力平価と実際の名目為替レートは乖離するのでしょうか。名目為替レートは中期的には貿易可能財の購買力平価に近づく傾向があります。しかし，生計費のバスケットには貿易財だけでなく，散髪，電気，ガス，住宅サービス，医療サービスなど，貿易されないサービスが多く含まれています。輸出財の生産性が高く価格が低下した場合には，名目為替レートは円高に振れますが，サービス財の生産性が低い場合には，購買力平価は円安となります。すなわち，非貿易財価格の貿易財価格に対する比率（相対価格。途上国の場合はこれが実質為替レートになることは前に述べました）がアメリカの相対価格よりも高くなると，購買力平価は円安となります。このため，内外価格差が拡大することになるのです。[*6]

1.3　マネタリー・アプローチ

購買力平価の概念は，財の裁定を基本にして財市場の均衡を中心として為替レートの長期的均衡を考えるものでした。それでは，購買力平価の概念に通貨市場の均衡を加えて考えるとどうなるでしょうか。相対的購買力平価説では通貨価値はインフレ格差と相関がありました。「インフレは貨幣的現象である」と言われます。この考え方の基盤が，下式で示される古典派の**貨幣数量説**（QT: the Quantity Theory of Money）です。

$$MV = PY$$

上式は，フィッシャーの**交換方程式**とも呼ばれます。Mは貨幣供給量，Vは貨幣の流通速度（逆数が**マーシャルの k**），Pは物価水準，Yは生産量を表します。この式が意味することは，貨幣の流通速度Vが一定で，完全雇用が達成されているとすると（Yが一定），貨幣供給量に比例して，物価水準が決まるということです。

貨幣市場が均衡することは，「貨幣供給と貨幣需要が一致する」ことを意味

します。これを定式化すると、以下の貨幣需要方程式が導けます。

$$\frac{M_S}{P} = L(Y, r) \qquad (6)式$$

この場合、貨幣数量説に従えば、右辺の貨幣需要（L）は、Y（所得）が増えれば増えるほど増大し、また金利（r）との関係からみると、金利が高ければ高いほど減少します。(6)式を変形すると(7)式になりますが、これは貨幣市場を均衡させる水準に物価が決定されることを意味します。

$$P = \frac{M}{L} \qquad (7)式$$

マネーサプライ（M）は通貨当局が決定する外生変数であるとすると、貨幣供給（M）が増えれば物価（P）が上がり、逆に貨幣需要（L）が増えれば物価（P）が下がることがわかります。外国の物価水準についても、(8)式が成立します。

$$P^* = \frac{M^*}{L^*} \qquad (8)式$$

さて、前節でみたような、絶対的購買力平価が成立する（$P = S \times P^*$）と仮定すると、これに(7)と(8)の2つの式を代入して整理すると、次のような名目為替レート（S）の決定式が導かれます。

$$S = \frac{P}{P^*} = \frac{M}{L} \times \frac{L^*}{M^*} = \frac{M}{M^*} \times \frac{L^*}{L} \qquad (9)式$$

この式から、①自国のマネーサプライ（M）が外国のマネーサプライ（M^*）に対して相対的に増大すれば、名目為替レート（S）が増大（通貨価値は下落）すること、②自国の成長率が増大すると通貨への需要（L）が増大し名目為替レート（S）が減少（通貨価値は上昇）すること、がわかります。

---

*6 日本では、貿易財の生産性と非貿易財の生産性の格差が大きいこと、すなわち生産性の二重構造があることがしばしば指摘されてきました。たとえば農産物などに対する輸入規制、酒類販売や大店舗出店規制などの参入規制（1998年大規模小売店舗法の廃止で緩和）、構造要因による高い公共料金、非効率的な流通機構、高いブランド志向など、競争制限的な構造が非貿易財の価格を高め、内外価格差を拡大する要因と指摘されてきました。これを「内内価格差」と呼びます。内閣府（前経済企画庁）は内外価格差を定期的に公表してきましたが、近年では円高が一服したことや規制緩和が進んだこともあって以前より縮小する傾向にあり、定期的な発表はしていません（日本の構造改革、規制緩和については Column ③を参照）。

貨幣市場の均衡と絶対的購買力平価を合わせたこの考え方は，**マネタリー・アプローチ**と呼ばれます。このアプローチは絶対的購買力平価が前提にあるので（すなわち財の裁定が基盤にあるので）短期では成立しません。財取引が国際取引で多くを占めていた1970年代までは支持されていましたが，金融のグローバル化が急速に進展し，国際資本取引が急増し金融資産間の裁定が活発化すると，後述するアセット・アプローチの考え方が主流となってきました。現実には物価の変化は短期では硬直的（sticky）であり，購買力平価の根底にある価格の伸縮性だけでは説明できません。購買力平価が短期では成立しないとは，**オーバーシューティング・モデル**などの**硬直価格マネタリー・アプローチ**の考え方の前提でもあります（132ページ）。

なお，マネーサプライと名目為替レートの関係は変動相場制を前提に説明してきました。もし固定相場制であればどうなるでしょうか。(9)式の左辺が固定されることになるので，自国と外国との相対的な貨幣の供給，需要の変化はありえません。言い換えれば，固定相場制では独立した金融政策が採れないことが示唆されます。

2 為替レートの短期的均衡

2.1 アセット・アプローチ

自国財と外国財の間の裁定は長期で働くのに対し，短期では自国金融資産と外国金融資産の間での裁定が強く働きます。国際的な資本移動が増大している現在，資産選択が為替レートに大きな影響を与えるようになっています。貿易収支といったフローの変化で為替レートが決まる考え方を**フロー・アプローチ**と呼んでいますが，これに対し，金融資産といったストックの変化が為替レートに大きく影響を与えるという考え方を**アセット・アプローチ**と呼んでいます。

資産選択をする場合には，期待収益率，リスク，および流動性の3つが重要なファクターとなります。ある資産が10％の利回りが見込まれてもインフレ率が同じく10％であれば実質収益率はゼロ％で，投資する魅力はありません。個人は実質収益率が最も高い資産を保有することを選好するのです。資産の価格変動性が高い場合には，実質期待収益率が変動するリスクが生じます。投資

家はこうしたリスクを嫌います。また，流動性も資産選択をする場合の重要なファクターです。たとえば不動産は売買に時間がかかり，ブローカー取引手数料，登記料などさまざまな費用が必要になるので流動性は低くなります。現金は一番流動性が高いので，不測の事態が起きる場合に備えて流動性の高い資産もポートフォリオに入れることになります。このように資産選択に当たっては実質期待収益性，リスク，そして流動性が常に考慮されます。実質期待収益率を比較する上で重要となる情報は各国通貨の金利です。

◆ **アンカバーの金利平価**（uncovered interest parity: UIP）

　外国資産を保有するには為替リスクがともないます。為替リスクを軽減するためヘッジする投資家もいれば，オープン・ポジションでもち，リスクもあるが高い収益を求める投資家もいます。第4章で検討したように，外国為替市場にはスポット取引とフォワード取引がありましたが，ヘッジする投資家はフォワード・レートを利用し，そのレートはフォワード市場と現物市場との間での裁定で決まりました。これを**カバー付き金利平価**と呼びます。

　ヘッジすると，リスクは負わないが収益率も上がらないことになります。そのため収益を追求する投資家は将来の為替レートについて「賭け」をすること（オープン・ポジションをとること）が合理的な行動となります。オープン・ポジションをとる投資家がいる場合，現実の為替レートはどのような動きをするでしょうか。

　たとえば，今1円をもっている投資家がいます。このとき円をドルに換えて，ドル建てで運用した場合の収益を考えてみましょう。現在の円金利を r とすると，1年間円建て資産に投資するとすれば，1年後の収益は $1+r$ 円になります。円ドル・レートが1ドル＝ S 円であり，ドル金利が r^* であるとすると，円をドルに換えて運用すれば，この投資家の1年後の資産は $\frac{1}{S} \times (1+r^*)$ ドルとなります（図6-3）。1年後の期待為替レートを1ドル＝ S^e 円とすると，1年後のドル建て資産の円建てにした期待収益率は，$\frac{S^e(1+r^*)}{S}$ となります。期待が一様である（S^e が一定）とすると，もしドル建て資産の期待収益率が円建て資産のそれよりも収益が上がるとすれば，ドルへの需要が高まり，ドル・レートは上昇します。逆になれば円レートは上昇します。結局は1年後の円建て運用額とドル建て運用額が等しくなるまでこうした裁定が働くことになりま

Column ⑭ 資産価格と割引現在価値

　株価，不動産，債券などの資産価格はどのように決まるのでしょうか。株価は収益のなかから必ず配当が出ます。不動産は賃料（レント）が毎月生じます。また債券も利子（クーポン）が定期的に支払われます。資産市場が効率的であれば，資産価格はどのように決定されるでしょうか。

　ここで割引現在価値（present discounted value）の概念を導入してみましょう。これは現在の 100 円と 1 年後の 100 円は違うという考えがベースとなっています。すなわち，金利が 5% であるとすると現在の 100 円は 1 年後には 105 円の価値となります。したがって，1 年後の収益 D の割引現在価値（A_1）は

$$A_1 = \frac{D}{1+r}$$

となります（r はリスク・フリー金利：割引率）。資産価格は，将来見込まれる一定の 1 年当たり収益を無リスク金利（通常は国債金利）で割り引いた現在価値を足し合わせたものに等しいので，均一の収益（D：クーポン）が将来にわたって永久に支払われ続けると仮定すれば，資産価値（A）は以下のような等比級数となります。

$$A = \frac{D}{(1+r)} + \frac{D}{(1+r)^2} + \frac{D}{(1+r)^3} + \frac{D}{(1+r)^4} + \cdots \quad \text{(10)式}$$

す。

$$1 + r = \frac{S^e(1+r^*)}{S}$$

これを展開すると，$r - r^* \fallingdotseq \dfrac{S^e - S}{S}$ となります（第 4 章参照）。

　この式は期待為替変化率が金利差と等しくなることを示しています。この場合，国内資産と外国資産が完全代替的であることが前提にあります。すなわち，資本取引規制や取引コストは想定していません。第 4 章でみた金利平価式は，フォワード・レート（先渡し相場）がどのように決定されるか，すなわち投資家がリスクヘッジした場合のカバー付き金利平価を示すものでした。アンカバーの金利平価式は，カバー付き金利平価式のフォワード・レートが期待為替レートに変わっているだけです。アンカバーの金利平価式が示すことは，現実の為替レート S は，国内金利および外国金利の金利差から影響を受けること，また期待為替レートの変動から影響を受けることです。

　もし仮に期待為替レート（S^e）が一定であるとすれば，①自国金利が外国金

等比級数の公式（第5章脚注15参照）から、(10)式は(11)式のように書き直すことができます。

$$A = \frac{D}{r} \qquad (11)式$$

(11)式は資産価格（A）と金利（r）の関係を示しています。すなわち、金利が上がれば資産価格は低下し、金利が下がれば資産価格が上昇することになります。なお債券価格については、償還期間（n）があらかじめ決まっているので、その市場価値はクーポン（D）と元本（F）からなるキャッシュフローの割引価値となり、(12)式のようになります。

$$A = \frac{D}{(1+r)} + \frac{D}{(1+r)^2} + \frac{D}{(1+r)^3} + \frac{D}{(1+r)^4} \cdots + \frac{D+F}{(1+r)^n} \qquad (12)式$$

この場合も市場金利が上がれば債券価格は下がり、逆に市場金利が下がれば債券価格は上昇することになります。債券価格は、金利（r）の変化、債務者の支払い能力（信用リスク）、流動性などに応じて、流通市場（セカンダリーマーケット）で頻繁に変動することになります。

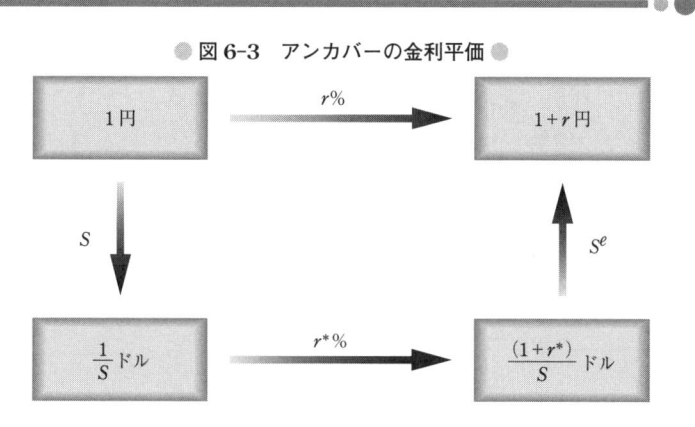

● 図6-3　アンカバーの金利平価 ●

利より相対的に上昇すると、スポット・レートは強くなり（Sは減少し）、②外国金利が自国金利より相対的に上昇すれば、スポット・レートは弱くなり（Sは増大し）ます。

これをグラフを用いて検討してみましょう。図6-4は横軸に収益率、縦軸に為替レートをとってあります。外国金利 r^*、期待為替レート S^e を所与とする

と，右下がりの曲線は，為替レート S と円建てでみたドル運用の期待収益率の関係を示しています。右下がりになるのは，円ドル・レートが円高に（S が小さく）なると，r^*，S^e が一定なので期待収益率が増大するからです。垂直線は国内金利 r の収益率を示したもので，現在の円ドル・レートとは無関係に一定の収益となるので垂直になります。このときの均衡レートは円建て運用収益と円でみたドル建て運用収益が一致する点 a の水準となります。仮に為替レートが点 b にあった場合には，円でみたドル建て運用収益の方が円建て運用益よりも少なくなるので人々はドル建て運用から円建て運用にシフトし，ドルが売られて為替レートは S_1^e から S^e にシフトし（円高になり）ます。為替レートが点 c にある場合は，逆に円建ての運用よりもドル建て運用の方が収益率が高いのでドル建て運用にシフトしドルが買われて為替レートは S_2^e から S^e にシフトし（円安になり）ます。

ここで何らかの理由で円金利が低下した場合にはどうなるでしょうか。円建て預金の収益線は r_1 から r_2 へと左にシフトし（図6-5），新たな均衡点は a から a' に移動します。円金利が下がれば実際の為替レートは円安（S^e から S_1^e）になります。

逆にアメリカの金利が上昇した場合はどうなるでしょうか。この場合には円でみたドル建て運用の期待収益を表す右下がりの曲線が右上にシフトするので（図6-6），新しい均衡点は a から a' にシフトし，為替レートは円安（S^e から S_1^e）になります。また，期待為替レート S^e が変化した場合（たとえば S^e が増大〔ドル安期待が発生〕した場合）も，図6-6のように円でみたドル建て運用の期待収益を表す右下がりの曲線が右上にシフトします。均衡点は a' となり，為替レートは円安（S^e から S_1^e）になります。すなわち他のすべての条件が一定であれば，期待為替レートの変化は現在の為替レートを変化させることになります。

◆ 貨幣需要関数と為替レート

金利平価説を貨幣市場の均衡と関連させてみましょう。貨幣総需要（M^d）は企業と家計の貨幣需要の合計ですが，これは利子率（r），物価水準（P），そして実質国民所得（Y）の3つの要因によって決まります。通常以下のように表すことができます。

● 図6-4　円ドルの均衡為替レートの決定 ●

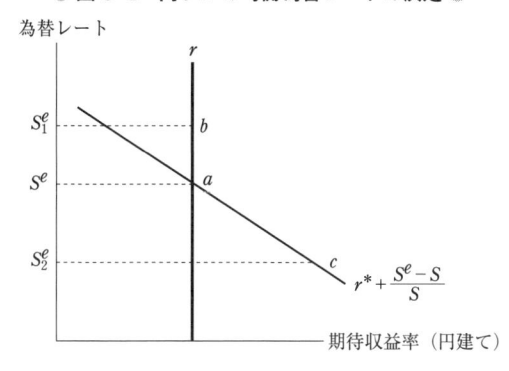

[図: 縦軸「為替レート」、横軸「期待収益率（円建て）」。垂直線 r と右下がり曲線 $r^* + \dfrac{S^e - S}{S}$ が交点 a で交わる。S_1^e は b に対応、S^e は a に対応、S_2^e は c に対応。]

● 図6-5　円金利低下の影響 ●　　　　● 図6-6　ドル金利上昇の影響 ●

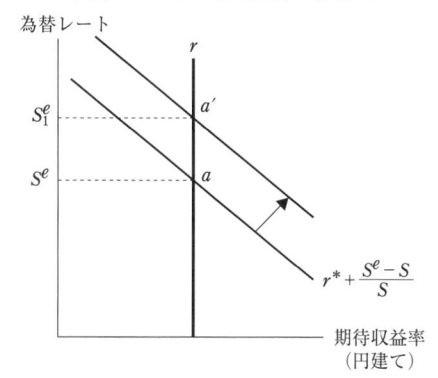

[図6-5: 垂直線が $r1$ から $r2$ へ左にシフト、均衡点が a から a' へ移動し S^e から S_1^e へ。横軸「期待収益率（円建て）」]

[図6-6: 曲線 $r^* + \dfrac{S^e - S}{S}$ が右上にシフト、均衡点が a から a' へ移動し S^e から S_1^e へ。横軸「期待収益率（円建て）」]

$$M^d = P \times L(r, Y) \quad \rightarrow \quad \frac{M^d}{P} = L(r, Y)$$

　実質貨幣需要を横軸に，金利を縦軸にとると，総貨幣需要関数は右下がりの曲線になります。これは，金利が上昇すると債券などの資産価格が下がり（Column ⑭参照），貨幣需要が減少するからです。またGDP（Y）が増大すれば貨幣需要曲線が右上にシフトし貨幣需要は増大することになります。貨幣市場が均衡する条件は，貨幣需要と貨幣供給が一致（$M^d = M^s$）することです。

$$\frac{M^s}{P} = L(r, Y)$$

　これと先の金利平価式を組み合わせてみましょう。図6-7は上の象限が外国

為替市場の均衡を，下の象限は貨幣市場の均衡を描いたものです。P と Y を所与とすると，均衡点は貨幣供給線と貨幣需要曲線の交点 a に決まります。このとき，均衡金利は r_1，均衡為替レートは E_1 になります。M^s は，中央銀行によって設定されるとすると，金融緩和策によって貨幣供給が増大すれば実質貨幣供給線は下方にシフトして実質貨幣量は増大し，金利は下がること (r_2) になります。均衡金利が低下すると，それに呼応して為替レートは円安 (E_2) になります。また，アメリカで金融引締めが起きて r^* が上昇した場合，あるいは円安期待が生じた場合には，グラフの上半分にある期待収益率の曲線が右上にシフトし，為替レートは円安 (E_3) に振れることになります。

◆ 為替レートのオーバーシューティング

ここまで，物価 (P) は一定と仮定してきました。通常の経済においては賃金や多くの価格は長期契約で決められているので，短期では物価は硬直的であると考えていたからです。しかし長期的にみると，金融緩和（引締め）によるマネーサプライの増大（減少）は物価水準にも影響を与えます。

オーバーシューティング[*7]とは，価格が短期では硬直的，長期では伸縮的であることから生じる現象で，為替レートの不安定性を高めるように作用します。たとえば，日本で金融緩和政策が採られた場合，短期では金利平価が働き，まず①円安 (E_2) という現象が生じます（図6-7）。しかし，金融緩和が恒常的に続くことが予想されると，長期では，②期待為替レートが変化して外貨期待収益曲線は右上にシフトしてさらなる円安 (E_3) が示現します。しかし長期的には先にみたように恒常的金融緩和は価格に影響を与え物価水準 (P) は低下するので，③実質貨幣供給線は元に戻ることになります。結局為替レートは長期均衡点である E_1 に収斂することになります。為替レートは $E_2 \to E_3 \to E_1$ という形で一回ジャンプする形，すなわちオーバーシュートすることになります。

図6-8はCaves et al. (2002) にしたがって縦軸に物価水準，横軸に為替レートをとったものです。右上がりの線は購買力平価を表します。右下がりの線は貨幣市場の均衡を表したものです。金融政策が緩和されマネーサプライが増大すると貨幣市場の均衡曲線がまず右上にシフトします。物価水準は短期では硬直的なので為替レートは A から B にまず大きくジャンプします。しかし時間が経つにつれ物価水準は徐々に上昇し新たな均衡点 C に到達することになり

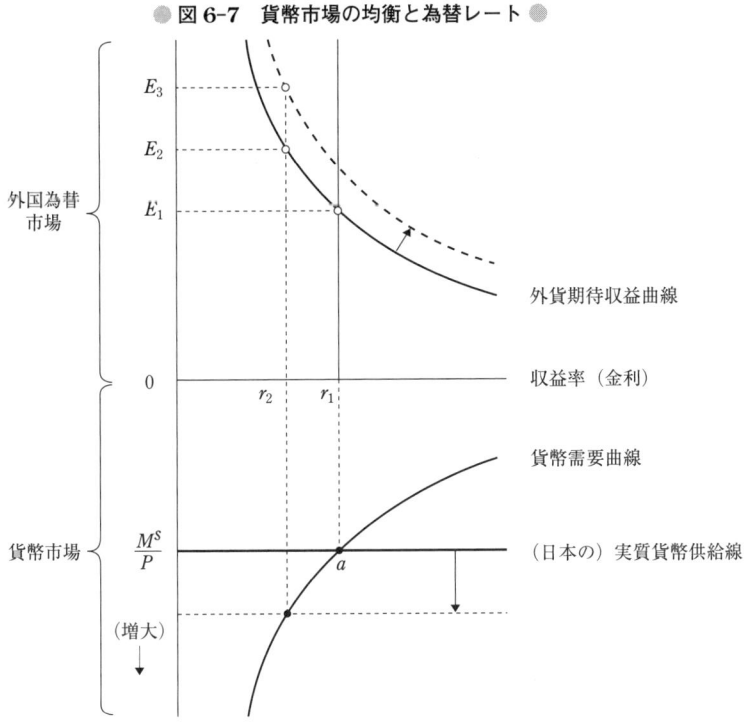

図 6-7　貨幣市場の均衡と為替レート

ます。このため為替レートはいったん大きく円安になってから長期均衡レートに戻るようにオーバーシュートする形で動きます。

◆ フィッシャー効果と金利平価

　金利平価式は名目金利差と期待為替レート変化率の相関関係を示したものです。しかし仮に，現在の名目金利が5%であっても，1年後にインフレが5%上昇すると予想されれば，実質金利はゼロになってしまいます。たとえば今100円をもっているとすると，この100円を預金すれば来年は105円になり購買力は増大するようにみえます。しかし，もしインフレ率が同じように5%上昇したとすると，現在100円の財が1年後には105円になるわけで，現在と1年後の購買力とを比べると，まったく変化しません。もし将来インフレが5%

---

*7　オーバーシューティング・モデルについては，ドーンブッシュの論文を参照してください。
　　Dornbusch, R.（1974）"Expectations and Exchange Rate Dynamics," *Journal of Political Economy*, pp.1161-1174.

図6-8 オーバーシューティング（硬直価格マネタリー・モデル）

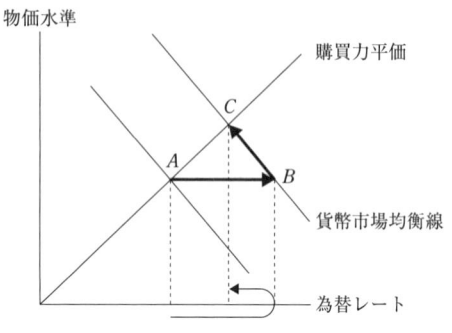

になると予想されれば，金利が同じだけ上昇しなければ実質金利は低下してしまうことになります。

このように，現実の物価上昇から生じる人々のインフレ期待は名目利子率に織り込まれる傾向があります。すなわち，期待インフレ率の上昇は同率の名目利子率の上昇を引き起こします（Fisher, 1930）。これを**フィッシャー効果**（Fisher effect）と呼びます。フィッシャー効果は，名目利子率が実質利子率と期待インフレ率を加えた水準に等しくなるまで働くと考えられます。

$$i = r + \pi^e$$

（i は名目金利，r は実質金利，π^e は期待インフレ率）

上式が意味することは，たとえばアメリカでインフレ率が5％水準から10％水準へ上昇した場合，インフレ期待が上昇してドルの名目金利も同じように5％から10％に上がるので，実質的なドル建て資産の利回りは変わらないことになります。すなわちフィッシャー効果が意味することは，マネーサプライの変化は長期的には経済の相対価格に何の影響も与えない，ということです。この意味で，フィッシャー効果は貨幣の二分法（ダイコトミー）や貨幣ヴェール説と同じ考え方であると言えます。

アンカバーの金利平価（UIP）とフィッシャー式が成り立っているとすると，名目金利，インフレ期待，名目為替レートの関係はおおむね以下のようになります。第1の経路では，インフレ期待が上昇するとフィッシャー効果を通じて名目金利が上昇します。名目金利が上昇すれば，UIPの関係から円建て資産の収益率が上がるので為替レートは円高になります。しかし一方で第2の経路と

して，期待インフレ率が上昇すると購買力平価を通じて期待為替レートを減価（円安）させる効果もあります。第2の経路の効果の方が大きければ，為替レート増価の度合いは小さくなります。

長期的に相対的購買力平価が成立すると仮定すれば，内外の期待実質金利は結局同じ，すなわち，**実質金利平価**が成立することになります。

◆ 期待の重要性

為替レートを予測するのが非常に難しいのは，実は期待為替レート（S^e）が安定しないところにあります。さまざまなニュースにより期待為替レートが大きく変動し，アセット・アプローチではそれによって現実の為替レートが影響を受けてしまうのです。現代のように情報が早く伝わる社会では，「期待」が現実の為替レートを動かす最大の要因になります。それゆえ，期待の変化によって，直物の為替レートは大きく乱高下することになります。期待の重要性を示す現象としては以下の2つがあります。

1つは**投機的バブル**です。17世紀オランダのチューリップ・バブル，18世紀初頭のイギリス南海会社のバブル（南海泡沫事件）など歴史的にバブルは繰り返し起きていますが，日本でも1980年代後半の地価高騰などの資産バブルを経験しました。為替市場でも，ファンダメンタルズで決まる均衡レートから乖離するバブルはありえます。たとえば，80年代前半のドル・レート，95年の円レート，あるいは2000年のユーロ為替レートなどは投機的バブルの様相を示しています。何らかの理由から投資家が将来の通貨の減価（あるいは増価）を予想すれば，群集心理が働き，投資家は群れに従わざるをえなくなります。なぜならば流れに乗り遅れれば損失をこうむってしまうからです。これらは，政府の介入を正当化する理由ともなっています。

もう1つはターゲットゾーンにおける**ハネムーン効果**です。ターゲットゾーンは，1979年に欧州で誕生したEMS（欧州通貨制度）のERM（為替介入メカニズム）でも実際に機能し，参加通貨間の為替レートを一定の幅（通常は2.25%）に維持するという約束事です。二国間で中心レート，上限・下限レートがそれぞれ設定され，何らかのショックでファンダメンタルズに変化があった場合には当局が介入することになります。為替レートが上限あるいは下限に近づくと投資家は為替介入があると予想するので，実際の為替レートは戻る傾向があり

ます。すなわち投機的行動は為替レートの変動を狭める効果があり，これをハネムーン効果と呼んでいます。

このように，今期の為替レートが将来の為替レートの予想に依存するという事実は，**ケインズの美人投票**[*8]と同じ問題が為替市場に存在することを意味します。ケインズの美人投票とは，投資行動を，1位の人を当てた人に商品が出る美人コンテストにたとえたものです。この場合，誰が最も美人かではなく，皆が美人と思っている人を当てて投票すれば，このゲームで勝つことができます。本当に美人ではなくても，皆が美人と思えばその人が一番美人になることになり，こうした自己実現的な特性が為替レートにはあることが示唆されます。このことは，為替予測を行うに当たって，**ファンダメンタリスト**としてではなく，**チャーチスト**として分析する必要があることをも示すものです。また，期待が形成されすべての投資家が勝ち馬に乗るような行動をとることを**バンドワゴン効果**と呼びます。

2.2 不完全代替の場合のアセット・アプローチ
◆ リスク・プレミアム

さて，前述したアンカバーの金利平価式では，自国通貨建て資産と外貨建て資産が完全代替的であることを仮定してきました。すなわち資産選択について予想収益率だけに着目しているということになります。しかし投資家は収益性だけでなくリスクにも着目します[*9]。リスク回避的な投資家は，リスクが高いと考えられる通貨に対しては，他の通貨よりも高いリターンが見込める場合にしか投資をしません。このようにリスク回避的な投資家がリスクの高い通貨に投資する場合に要求するプレミアムを**リスク・プレミアム**と呼びます。

円建て資産には為替リスクがまったくないのに対し，外貨建て資産には為替リスクだけでなく多くの不確実性（リスク）があるので，期待収益率が同じであれば当然円建て資産を選択することになります（**ホームバイアス**）。他国通貨建て債権の投資には不確実性（リスク）が常にあるので，投資家が危険回避的であるならば，リスク・プレミアムが生じることになります。これを考慮して金利平価式を修正すると，次式となります（ρはリスク・プレミアム）。

$$r = r^* + \frac{S^e - S}{S} + \rho \qquad \text{(13)式}$$

　金利平価式は資産代替が完全代替的であることを前提としていましたが，上式は，国内債券と外国債券が不完全に代替的であることを示しています。リスク・プレミアムは，自国通貨建て資産と外貨建て資産のリスク格差を反映しており，さまざまな要因が左右します。そしてこのリスク・プレミアムは価格面で市場がどのように評価しているかを発するシグナルと考えることもできます。

　通貨のリスクを高める要因としては次の3つが挙げられます。第1は，通貨価値の変動性です。これは当該国の物価水準の変動性と考えることができます。開放的な小国経済や金融政策がうまく機能していない国においては外国通貨（たとえばドル）よりも自国通貨の方がリスクが高くなる場合もあります。第2は，ポートフォリオの多様化の観点から当該通貨建て債券にどの程度集中しているかです。エール大学のジェームズ・トービンは，ポートフォリオの多様化について「卵すべてを1つのバスケットには入れない」と表現しましたが，リスクを軽減するには，国際分散投資をすることが合理的な行動となります。第3は，当該通貨のリターンとその他の通貨のリターンがどの程度相関しているかです。もし相関が正であると，ポートフォリオの変動性は大きく高まってしまうので，これらのリスクを考慮すれば，自国債券と外国債券は完全な代替物とはなりえません。すなわち，リスクを考慮するとアンカバーの金利平価式自体が成立しないことになります。このように自国債券と外国債券が不完全代替であることを前提とした為替レート決定の考え方を**ポートフォリオ・バランス・アプローチ**と言います。

2.3　ポートフォリオ・バランス・アプローチ

　前にみたマネタリー・アプローチは，為替レートの決定を貨幣市場の均衡条

---

*8　『一般理論』でケインズは株価形成を美人投票にたとえました。「…玄人筋の行う投資は，投票者が100枚の写真の中から最も容貌の美しい6人を選び，その選択が投票全体の平均的な好みに最も近かったものに商品が与えられるという新聞投票に見立てることができよう。…ここで問題なのは，自分の最善の判断に照らして真に最も美しい容貌を選ぶことでもなければ，いわんや平均的な意見が最も美しいと本当に考える要望を選ぶことでもないのである。…」（ケインズ，1995, p.154）。

*9　個人が資産選択をする場合，重要な決定要因はリスクとリターンです。リスクとリターンを考慮した投資理論については238ページ参照。

件だけで分析するものでした。これに対しポートフォリオ・バランス・アプローチ[*10]は，貨幣市場の均衡条件に，資産市場の均衡条件を同時に考え合わせたものです。ポートフォリオ・バランス・アプローチは，自国債券と外国債券が不完全代替であること，投資家がリスク回避型であること，を前提としており，リスクを考慮しながら資産ポートフォリオのバランスを最適化する結果，均衡為替レートが決まるという考え方です。長期的な物価水準がマネーサプライによって決まるという点では両者は共通していますが，マネタリー・アプローチでは自国資産と外国資産は完全代替（投資家にとって両者は同一となり区別しない）を前提にしているのに対し，ポートフォリオ・バランス・アプローチでは自国資産と外国資産の相対価格をもとに，資産市場の需給面から為替レートを考えようとするものです。

　収益性とリスクのバランスを考える合理的な投資家は，自国通貨建て債券，外貨建て債券，および貨幣に分散投資を行います。この自国通貨建て債券と，外貨建て債券などの保有割合をポートフォリオ・バランスと呼びます。B_tをt期の自国通貨建て債券保有残高，B_t^*をt期の外貨建て債券保有残高とすると，ポートフォリオ・バランスは$\frac{e_t \times B_t^*}{B_t}$と書き表わすことができます（$e_t$は$t$期の為替レート）。

　ポートフォリオ・バランス（どの程度外貨建て債券を保有するか）はリスクプレミアムと大きく関係しています。すなわち，外貨建て債券の保有比率が増大すると，投資家はより大きな為替リスクに直面することになり，より大きなリスクプレミアムがなければ為替リスクを補うことができなくなります。すなわち，リスクプレミアムρはポートフォリオ・バランスの増加関数となります。

　したがって，先の（13）式は以下のように書き換えることができます。

$$r_t + \rho\left(\frac{e_t \times B_t^*}{B_t}\right) = r_t^* + \frac{e_{t+1} - e_t}{e_t}$$

　外貨建て債券保有比率は経常収支不均衡とも関係します。1980年代以降巨額の経常収支赤字が累積したことは，ドルのリスクプレミアムが増大したことを示しています。

2.4 ランダムウォーク・モデルと効率的市場仮説

内外資産の代替性が不完全であることから考えると，さまざまなニュースが資産への需要を変動させ，為替レートはさまざまな「情報」が織り込まれて動くことになります。**効率的市場仮説**（EMH: efficient markets hypothesis）とは，資産の市場価格には，価格に影響するすべての情報が反映されているという仮説のことです。外国為替市場は，国際資本市場で中心的な役割を果たしており，したがって外国為替レートは，国際貿易や国際資本取引に関係する家計や企業に対して重要なサインを送っています。もしこのシグナルがすべての入手可能な情報を反映したものでなければ，資源配分は効率的なものとはなりません。

この場合，効率的な市場では将来の数学的期待値がその一期前の価値に等しくなるような変動過程をたどります。価格の時系列的な動きを分析することを**時系列分析**（time series analysis）と呼びますが，その最も基本的な分析は以下のような一次の自己回帰モデルです。

円ドル・レート(t) ＝ 円ドル・レート($t-1$) ＋ 攪乱項(t)

攪乱項(t)は確率的に決まる変数で，ある一定の幅内で不規則に変動しているもので，これを**ホワイトノイズ**と呼びます。このように時系列的に動く為替レートの動きを**ランダムウォーク**（酔歩過程）と呼びます。日々の為替レートはランダムウォークに従って動くと考えられています。[*11] このためその日の為替レートは誰も正しく予想することはできないことになります。しかし長期的にはファンダメンタルズ分析が，為替レート予測には妥当性をもつことになると考えられています。

例　題

1　現在1ユーロ＝120円，日本の短期金利が1％，ユーロの短期金利が3％だとします。このとき，6カ月物の円ユーロのフォワード・レートはいくらになりますか。

2　現在1ドル＝90円，日本のインフレ率はマイナス1％，アメリカのインフ

---

*10　たとえば，Frankel（1993）。初期のものとして，Branson（1977）。
*11　ランダムウォークに従って動くとすると，今日の円レートは過去のレートに含まれている情報をすべて含んでのことになるので，効率的市場仮説が成立していることになります。

レ率は2%であるとします。現在を基準値として相対的購買力平価で考えると，1年後の為替レートの理論価はいくらですか。
3 現在東京での1カ月の生計費が12万円，パリでは1000ユーロであるとします。このとき名目為替レートが1ユーロ＝120円だとすると，内外価格差はどの程度でしょうか。また，生計費でみた絶対的購買力平価はいくらになりますか。
4 購買力平価説によれば，自国のインフレが（外国に比べ）相対的に上昇すると，名目為替レートは増価しますか，あるいは減価しますか。

第7章 外国為替レートと経常収支

> **Keywords**
> 内生変数　外生変数　需要の価格弾力性　弾力性アプローチ　マーシャル＝ラーナーの安定条件　マーシャル＝ラーナー＝ロビンソン条件　市場別価格設定（PTM）　グラスマンの法則　円の国際化　Jカーブ効果　履歴現象　グローバル・インバランス　国際収支のマネタリー・アプローチ　オランダ病　コンディショナリティ　ケインズ・モデル

◆ はじめに

　前章では，外国為替レートが外国為替市場においてどのように決定されるかを分析しました。外国為替レートは経済変数の変化やさまざまな情報によって動くことがわかりましたが，前章では外国為替レートを**内生変数**として扱ってきたわけです。そこで本章では，外国為替レートを**外生変数**として取り扱い，他のマクロ変数にどのような影響を与えるのかを考えてみましょう。

　円高が進むと，新聞などは円高が国内経済に大きなダメージを与えると書き立てます。これは，為替レートの変動が国内の財の輸出価格と輸入価格の変化を通じ国際競争力をも変化させ，マクロ経済や国際収支に影響を与えるためです。もちろん円高は，自国通貨でみた輸入価格を引き下げるので，日本の購買力は増大し，輸入インフレを抑制するといったプラスの効果があります。しかし，日本のメディアはむしろ円高について景気にダメージを与えるというネガ

---

*1　内生変数（endogenous variable）と外生変数（exogenous variable）の違いは以下のとおりです。ある関数 $F(x)$ を想定し，$A \rightarrow \boxed{F(A)} \rightarrow B$ である場合，A が外生変数，B が内生変数ということになります。

ティブなものとして取り上げる傾向が強いと言えます。

　本章ではまず為替レートの変動が経常収支にどういった影響を与えるのかを、さまざまな角度から検討してみましょう。さらに、国際収支の決定理論について、弾力性アプローチに加えて、IMFが長らく重視してきた国際収支のマネタリー・アプローチについても考えることにしましょう。それらを踏まえ、近年話題になっている、グローバル・インバランスについてどのように考えたらよいかを検討してみましょう。

1　経常収支と為替レート

　財の価格が需給で決まるのと同様、変動相場制では、為替レートは外国為替インターバンク市場での外貨の需給で決まります。外貨の需給は、貿易取引、サービス取引、資本取引などさまざまな取引にともなって生じます。財の価格と取引量は市場での需要と供給で決まりますが、一般に価格が下がるほどその財への需要は増大するので需要曲線は右下がりとなります。価格が上がるほどその財の供給が増大するので供給曲線は右上がりの曲線になります。その交点が均衡点となり、そこで財の価格と取引量が決定されます。

　さて、為替レートを外生変数としてみると、為替レートが円高あるいは円安に振れることによって円建て資産はドル建てでみて価値が増大したり減少したりします。たとえば日本の自動車がアメリカに輸出される場合を考えてみましょう。両国とも輸入財は自国通貨建てであるとすると、円ドル・レートが10%円高になると、アメリカ市場での日本車の価格もドル建てで10%値上がりします。そうすると需要曲線がシフトしますから需要曲線と供給曲線との接点が移動し、数量ベースでの売上高は減ることになります。

　このように為替レートが変化することで輸出入に影響が出るとする考え方を弾力性アプローチと呼びます。もっとも、為替レートが経常収支に与える影響については、短期と長期（構造要因）とに分けて考えなければなりません。弾力性アプローチは、短期で生じる経常収支決定要因と言えます。第1章でみた、アブソープション・アプローチも短期で生じる経常収支決定要因です。長期（構造要因）で生じる経常収支決定要因には、同じく第1章に出てきた*IS*バラ

ンス・アプローチがあります。本章では，為替レートが経常収支に与える影響について，弾力性アプローチを中心に検討してみましょう。

2 弾力性アプローチ

2.1 弾力性アプローチとは何か

為替レートが変動したとき，貿易収支にどのような影響が出るのかを具体的にみておきましょう。たとえば日本からアメリカに単価120万円の自動車を輸出しているとします。ここで為替レートが仮に1ドル120円から100円に変化し円高になったとします。アメリカはドル建てで輸入すると考えると，ドル建て価格は1万ドルから約1万2000ドルに上昇します。すると日本の自動車に対する需要は減少します。逆にアメリカから100ドルの香水を輸入する場合には，円高になると日本での価格は1万2000円から1万円に低下します。価格が低下するのでこの香水に対する需要は増大することになります。

需要の価格弾力性とは価格の変化に対する需要の数量ベースでの反応の度合いです。為替レートの変動は，価格の変化を通じて当該国の財への需要を変化させることになります。このように，為替レートの変化が貿易・サービス収支に与える影響について，需要の価格弾力性に基づいて分析する考え方を**弾力性アプローチ**と呼びます。たとえば貿易・サービス収支が赤字の国が為替レートを切り下げると，外国通貨で計測した輸出価格は下落するので輸出数量が増大し，一方自国通貨で計測した輸入価格は上昇するので，輸入数量は減少します。両者の効果によって貿易・サービス収支の赤字は均衡に向かうことになります。

弾力性アプローチを考えるにあたって，以下の3つを仮定します。第1に，資本収支は均衡しており，国際収支が輸出財と輸入財のみで決定されること。第2に，自国であれ，外国であれ自国通貨建ての価格のみをその国の人間は考えること（輸入品の価格については，日本では円建て，アメリカではドル建てで考えること）。第3に，供給の価格弾力性は無限大であること。すなわち，企業が財を製造して売る場合，企業が商品の価格を決定でき，どのような需要にも応じてその価格で売ること（供給曲線は水平であること）。

図を使って日本とアメリカを例にとって考えてみましょう。図7-1の上2つ

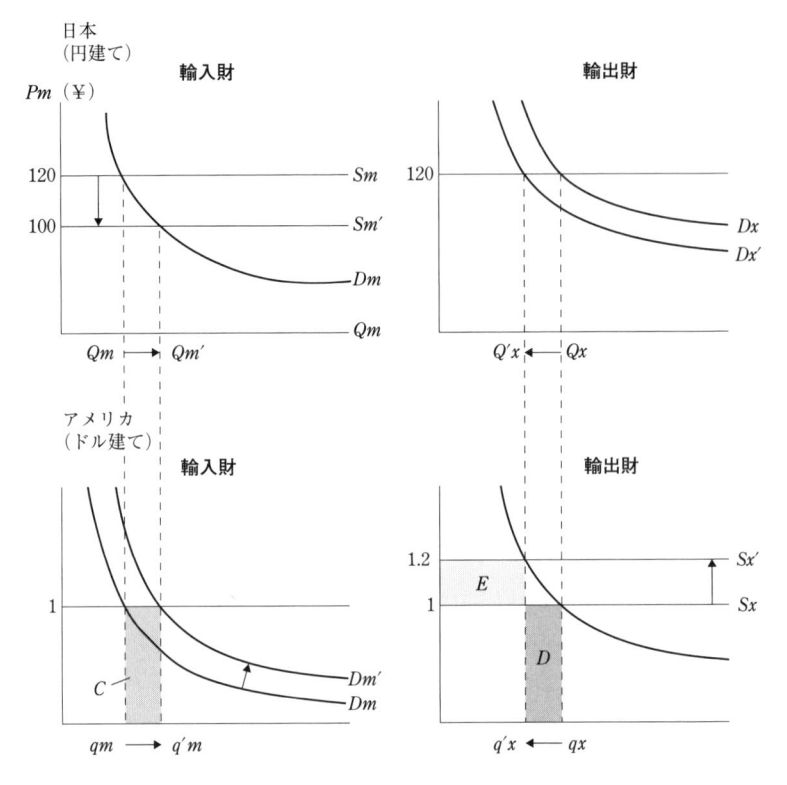

144　第7章　外国為替レートと経常収支

● 図7-1　為替レートの変化と両国の輸出入の変化 ●

のグラフが日本，下2つがアメリカの，輸入財，輸出財それぞれの需要曲線と供給曲線を示しています。両国とも，仮定により供給曲線は水平線となります。

　ここで，円ドル・レートが1ドル120円から100円に円高になったとします。日本側の輸入を示す図表上段の左側のグラフでみると，輸入は円建て価格なので，為替レートの変化は輸入品の円建て価格を下落させ（たとえば1ドルの製品は120円から100円に下落），日本でのアメリカ製品の供給曲線はSmからSm'に下方にシフトして，輸入数量はQmからQm'に増大します。これをアメリカ側（左下の図）からみると，日本国内でアメリカ製品に対する需要が増大したことを反映してアメリカ製品の需要曲線Dmは右上のDm'にシフトします。新たな均衡では，アメリカからの輸入数量は増大することになり，四角形で示されたC分の貿易利益が生じます。

2 弾力性アプローチ　145

● 図7-2　弾力性アプローチ ●

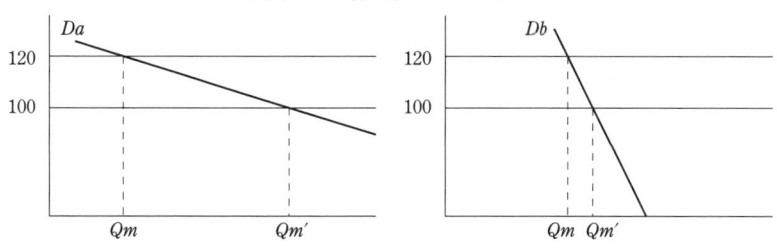

　一方、日本からアメリカへの輸出はどうなるでしょうか。円ドル・レートが120円から100円へと円高になるので、下段右のグラフでみるようにドル建てでみたアメリカの日本製品輸入財の価格は上昇します（当初1ドル=100円であるとすると1.2ドル $\left(1 \times \frac{120}{100}\right)$ へ上昇）。供給曲線は Sx から Sx' へと上方へシフトして均衡数量は $q'x$ に減少します。アメリカでの日本製品への需要が減退するので、輸出が減少し日本の需要曲線が Dx から Dx' へと下方にシフトします。供給曲線は仮定により水平（120円=1ドル）なので、日本の輸出量が減少することになります。

　総合すれば、円高になると日本では輸入量が増大し、輸出量が減少します。逆にアメリカでは輸出量が増大し、輸入量が減少します。このように、為替レートの変化は輸出、輸入双方に影響を与え、結果として経常収支に影響を与えます。しかし為替レートの変化（たとえば円高）が経常収支を改善させるには、赤字国アメリカの輸出額の増大分が輸入額の減少分を十分上回ること、一方黒字国日本では輸出額の減少分が輸入額の増大分を十分上回ることが条件となります。図7-1でみると、仮定で当初の貿易収支が均衡していると、貿易収支の増減は、$C + E - D$ 分となります。為替レートの変化が貿易収支を改善させるかは、この数値がどの程度になるかに依存します（後述するマーシャル=ラーナー条件）。

　その効果は需要曲線の傾きによって異なります。価格弾力性は需要曲線の傾き（輸出量の変化率／為替レート変化率）で表せますが、図7-2にあるように、価格弾力性が高い場合（すなわち輸出入の需要曲線が寝ているとき：Da）には数量（横軸）への効果が大きく、逆に価格弾力性が低い場合（需要曲線が立っているとき：Db）は数量への効果は限定的になります。このように輸出入の価格弾

力性が十分に高いことが，貿易収支が改善する条件になることがわかります。

　ここで，為替レートの変化には2つの効果があることを確認しておきましょう。1つは数量効果で，弾力性アプローチにより輸出数量と輸入数量が変化することです。もう1つは価格効果で，為替レートの変化により輸入総量が変化することです。どちらの効果が大きいかによって，為替レートの変動が経常収支を改善させるか否かが決まります。

　数量ベースでの輸出を $EX(q)$，輸入を $IM(q,Y)$ と表します（q は実質為替レート，Y は国内所得）。このとき輸出は自国通貨建てですが，輸入は外貨建てなので，輸入を自国通貨建てとすると $EX(q) = qIM(q,Y)$ となります。

　輸出総量は q が減価すれば増大します。しかし輸入は，数量ベース $IM(q,Y)$ は減少しますが，輸入総量が増大するか減少するかはわかりません。すなわち経常収支 CA は $CA(q,Y) = EX(q) - qIM(q,Y)$ となりますが，q の減価（増価）が経常収支を改善させるかどうかは，輸出入の弾力性（η, η^*）[*2]に依存します。

2.2　マーシャル＝ラーナーの安定条件[*3]

　為替レートの変動によって国際収支が均衡するには（赤字国が赤字を縮小させるには），赤字国通貨の為替レートが減価し，外貨で計測した輸出価格の下落にともない輸出量が増大すること，一方自国通貨建てでみた輸入価格が上昇して，輸入量が減少することが必要です。両者の効果により貿易・サービス収支が均衡に向かうには，上でみたように，価格に対する需要の弾力性が「十分に」大きくなければなりません。この条件を解明したのが，アルフレッド・マーシャルとアバ・ラーナーで，この条件を**マーシャル＝ラーナーの安定条件**と呼びます。

　ここで，為替レートの変動を，数量効果と価格効果に分けて，円高が日本の貿易収支黒字を減少させる条件を考えてみましょう（Krugman and Obstfeld, 2000）。ここで，実質為替レートを q，外貨建ての海外からの輸出（すなわち自国通貨建て輸入額）を EX^* とすると，日本での輸入額は次式となります。

$$IM = q \times EX^*$$

経常収支は，以下のように示されます。

$$CA(q, Y^d) = EX(q) - q \times EX^*(q, Y^d)$$

ここで、EXq を q の増大（減価）が輸出需要に及ぼす効果、EXq^* を輸入数量に与える効果とすると、それぞれ以下のようになります。

$$EX_q = \Delta EX/\Delta q, \quad EX_q^* = \Delta EX^*/\Delta q$$

1期から2期の為替レートの変化 $\Delta q (= q^2 - q^1)$ がどの程度経常収支を変化させるかをみると、

$$\begin{aligned}\Delta CA &= CA^2 - CA^1 = (EX^2 - q^2 \times EX^{*2}) - (EX^1 - q^1 \times EX^{*1}) \\ &= EX^2 - EX^1 - (q^2 \times \Delta EX^*) - (\Delta q \times EX^{*1}) \\ &= \Delta EX - (q^2 \times \Delta EX^*) - (\Delta q \times EX^{*1})\end{aligned}$$

為替レートの変化 Δq で両辺を割ればどの程度経常収支を変化させるかがわかります。

$$\Delta CA/\Delta q = EX_q - (q^2 \times EX_q^*) - EX^{*1}$$

上式は、為替レートの変化が経常収支に対して、数量効果と価格効果を及ぼしていることを示しています。上述したように、EX_q は q の増大（減価）が輸出需要に及ぼす効果、EX_q^* は輸入総量に与える効果なので、右辺第2項までは数量効果を示しています。第3項の EX^{*1} は価格効果を示します。EX_q と EX_q^* を含む項はプラスとなり、一方、輸入数量に与える効果 EX_q^* は、q の減価が輸入品を相対的に高くさせるので、マイナスとなります。右辺が全体としてプラスになれば、為替レートの変化が経常収支を改善することになります。

そこで、為替レート q に関する輸出需要の弾力性を η、輸入需要の弾力性を η^* とするとそれぞれ次のように、定義されます。

$$\eta = (q^1/EX^1)EX_q$$
$$\eta^* = -(q^1/EX^{*1})EX_q^*$$

前の式 $\Delta CA/\Delta q = EX_q - (q^2 \times EX_q^*) - EX^{*1}$ の右辺に q^1/EX^1 を掛け、また経常収支が当初ゼロであったとすると（すなわち $EX^1 = q^1 \times EX^{*1}$）、$\Delta CA/\Delta q$ がプラスの値をとるには、$\eta + (q^1/q^2)\eta^* - 1 > 0$ が成立することが条件となります。q の変化が非常に小さければ（すなわち $q^2 \approx q^1$）、上式は、

$$\eta + \eta^* > 1$$

---

*2 η、および η^* はそれぞれ以下のように定義されます。

$$\eta = \frac{q}{EX}\left(\frac{dEX}{dq}\right) \qquad \eta^* = \frac{q}{IM}\left(\frac{dIM}{dq}\right)$$

*3 より一般的なものとして**ビッカーダイク＝ロビンソン＝メッツラー条件**があります。

となります。

　これがマーシャル＝ラーナーの安定条件[*4]です。すなわち，輸出需要と輸入需要の弾力性が合計して1を超える場合に，為替レートの変化が経常収支を改善させることになるのです。

　これをもう少しかみくだいて説明すれば以下のとおりです（秦・本田，2007）。まず円ドル・レートが1％円高になったとします。前にみたように，円ベースの輸出価格は不変と仮定しているので輸出総額（輸出価格×輸出量）の変化は輸出量だけに依存します。輸出量がどの程度変化するかは輸出財の需要曲線の傾き，すなわち輸出量の価格弾力性 x（輸出量の変化率／為替レート変化率）に依存することになります。すなわち1％円高になった場合の輸出総額の変化率は輸出の価格弾力性（x％）と等しくなり，全体の輸出総額の変化額は当初の輸出額×輸出量の価格弾力性，ということになります。

　一方輸入については，為替レートの変化は輸入価格，輸入数量双方に影響を与えます。円高はアメリカ市場でのドル建て輸入価格を1％上昇させます。そのとき輸入量（日本の輸出数量）が x％減少したとすると，輸出量の価格弾力性（相手国の輸入の価格弾力性）は x になります。円ドル・レートが1％上昇したとき，数量が x％減少するわけですから，近似的にみると，ドル建ての輸出総額は $1-x$％増加することになります。一方，輸入量の価格弾力性を y とすると，輸入はドル建てですから，輸入総額は y％増加することになります。円高が日本の貿易収支黒字を減少させるには，「輸出総額の増加＜輸入総額の増加」になる必要があるので，$1-x<y$ となり，$x+y>1$ となって先にみた条件と同じになります。すなわち，輸出需要の価格弾力性と輸入需要の価格弾力性の和が1以上と十分大きければ，為替レートの切下げが貿易収支を改善させることになるのです。

　マーシャル＝ラーナーの安定条件についての実証研究のひとつ，Artus and Knight（1984）によれば，為替レートの変化の影響を，短期と長期に分けて弾力性を推計すると，長期になるほど弾力性が大きくなることがわかります。これは時間が経つにつれて，輸出入需要が徐々に調整されていくことを示しています（後で述べるJカーブ効果はこれを前提にしています）。多くの国では為替レートの変化の直後は弾性値は1より小さいものの，短期・長期については1

● 表7-1　価格弾力性の推計値 ●

国名	η 直後	η 短期	η 長期	η^* 直後	η^* 短期	η^* 長期
オーストリア	0.39	0.71	1.37	0.03	0.36	0.8
ベルギー	0.18	0.59	1.55	n.a.	n.a.	0.7
イギリス	n.a.	n.a.	0.31	0.6	0.75	0.75
カナダ	0.08	0.4	0.71	0.72	0.72	0.72
デンマーク	0.82	1.13	1.13	0.55	0.93	1.14
フランス	0.2	0.48	1.25	n.a.	0.49	0.6
西ドイツ	n.a.	n.a.	1.41	0.57	0.77	0.77
イタリア	n.a.	0.56	0.64	0.94	0.94	0.94
日　本	0.59	1.01	1.61	0.16	0.72	0.97
オランダ	0.24	0.49	0.89	0.71	1.22	1.22
ノルウェー	0.4	0.74	1.49	n.a.	0.01	0.71
スウェーデン	0.27	0.73	1.59	n.a.	n.a.	0.94
スイス	0.28	0.42	0.73	0.25	0.25	0.25
アメリカ	0.18	0.48	1.67	n.a.	1.06	1.06

(出所)　Artus and Knight (1984).

を上回る傾向がわかります（表7-1）。したがって，為替レートの変化は経常収支を中長期的に改善させるといえます。

1990年代以降のデータによる実証研究，たとえばHooper et al. (2000) は，G7諸国について長期と短期の弾力性を推計していますが，ここでも長期の方が弾力性は大きく，マーシャル＝ラーナーの安定条件が満たされる結果となっています。

---

*4　これを数学的にみれば，以下のようになります。
$$\text{ドル建て } TB = Px^* X - Pm^* M$$
ただし，TB はドル建て貿易収支，Px は自国財の円建て輸出価格，X は輸出量，Pm^* は外国財のドル建て輸入価格，M は輸入量を示します。
ここで $Px^* = Px/E$（E は円ドル・レート）とすると上式は，
$$TB = (Px/E) X - Pm^* M$$
と書き換えることができます。同式を全微分すると，
$$dTB = (Px/E) dX - Pm^* dM - (PxX/E^2) dE$$
となります。ここで輸出需要の価格弾力性を $\varepsilon x (= -(d\ln X / d\ln Px^*)) > 0$，輸入需要の価格弾力性を $\varepsilon m (= -(d\ln M / d\ln Pm)) > 0$ とすると上式は次式のように書き換えることができます。
$$dB = (Px^* X (\varepsilon x - 1) + Pm^* M \varepsilon m) d\ln E$$
ここで貿易収支は当初均衡していたとすると，$(Px^* X = Pm^*)$ なので，為替切下げにより貿易収支がプラスになる条件は，$(dB/d\ln E) = \varepsilon x + \varepsilon m > 1$ となります。

2.3 パススルーと Pricing to Market (PTM: 市場別価格設定)

弾力性アプローチが働かない要因としてミクロでみた企業の**市場別価格設定 (PTM)** 行動が指摘できます。日本からアメリカに円建てで輸出している場合，円の為替レートがドルに対して強くなった場合にはドル建ての価格は上昇することになります。しかし，企業の行動からみると，もし競争が非常に激しい市場であれば，為替レートの変動をすぐに価格に転嫁する行動は合理的ではありません。

財価格を為替レートの変化に合わせて同率で変化させることを，100％パススルー（転嫁）というのに対して，輸出企業が個々の市場において差別的な価格設定をする行動を市場別価格設定（Pricing to Market: PTM）と呼びます。たとえばアメリカ市場を考えてみましょう。アメリカ市場の規模は非常に大きいですが，各国の企業が自由に参入しているため競争が非常に激しいと一般にはみられています。このような市場でシェアを拡大するためには，企業は為替レートが大きく変動してもそれをすぐに価格には転嫁しないでしょう。とりわけ日本企業同士の市場シェア争いがきわめて熾烈なアメリカ市場で，こうしたPTM 行動が頻繁にみられることが指摘されています。

日本の自動車メーカーがアメリカ市場に輸出する際，輸出を円建てではなく，ドル建てで行っていますが，これも同じ理由によります。通常先進国間の貿易では輸出国通貨（この場合は円）が使われる場合が多いことが，実証的に示されています（**グラスマンの法則**）。しかし，日本企業の場合，輸出において円建てで行う比率は3～4割程度にとどまっていることが，経済産業省のデータ等で明らかになっています。こうした日本企業の行動はアメリカ市場で価格を安定させるためですが，これが貿易インボイス通貨で「**円の国際化**」がなかなか進まない要因の1つであることも指摘されています（2.4参照）。

企業の PTM 行動があると，前出の図7-1にあるようなアメリカ市場での日本製品価格の供給曲線は為替レートが変化しても変わらないことになり，為替レートの変化が貿易収支に影響を及ぼす度合いは小さくなります。不完全なパススルーは，名目為替レートの変化が貿易数量を決定する相対価格に変化を与えないことになります。したがって数量効果も限定的になります。PTM 行動があると，マーシャル＝ラーナーの条件を弱めることになり，またJカーブ効

果を弱めることにもなります。

2.4　日本企業のインボイス通貨選択と円の国際化

　日本企業のインボイス通貨選択は，古典的パターンとは大きく異なっています。前述したように，先進国間の貿易においては輸出国通貨が，発展途上国から先進国への輸出は先進国通貨が，また差別化された財は輸出国通貨が，同質的財（国際商品）では国際通貨（ドル）が使われるという古典的パターンがあります。しかし財務省データによれば2019年下半期の日本の輸出のうち，アメリカ向けでは85.6%がドル建て，円建て14.2%，欧州向けでは50.6%がユーロ建て，円建て29.5%，ドル建て14.8%，アジア向けではドル建て47.0%，円建て46.2%となっており，先進国間の貿易では自国通貨建てとなる古典的パターンとは異なっています。

　アジアへの輸出の大半はサプライチェーンで行われており，企業内貿易ではドル建てで取引が行われていることがこの理由として指摘できます。またアジア諸国通貨は交換性が先進国通貨ほど確立していないため，変動が非常に大きく，現地の地域統括会社が為替リスク管理を行う際，ドル選好が高くなるといったことも指摘できます。一方アメリカでは日本企業間での競争条件が非常に厳しいため，相手国通貨（ドル）を選択せざるをえない，といった事情もあります。このように円ドル相場の変動が大きい環境下で，競争条件，サプライチェーンなどの経営体制が企業のインボイス通貨選択に大きな影響を与えていることがわかります。

2.5　Jカーブ効果

　為替レートの変化は，輸出数量および輸入数量ともに影響を与えますが，影響が出るまでには相当時間がかかります。輸出契約，および輸入契約は数カ月前に行われており，為替レートの急激な変化は当初は数量に変化を与えません。

　すなわち円高になっても，アメリカの輸入（日本の輸出）は数量ではすぐには変化しませんが，まず価格に影響が出ます。円高になればドル建てのアメリカの輸入（日本の輸出）価格は増大するので，貿易収支の不均衡は増大します。通常自国通貨が減価すれば貿易収支は改善するはずですが，当初はこのように

● 図7-3　Jカーブ効果 ●

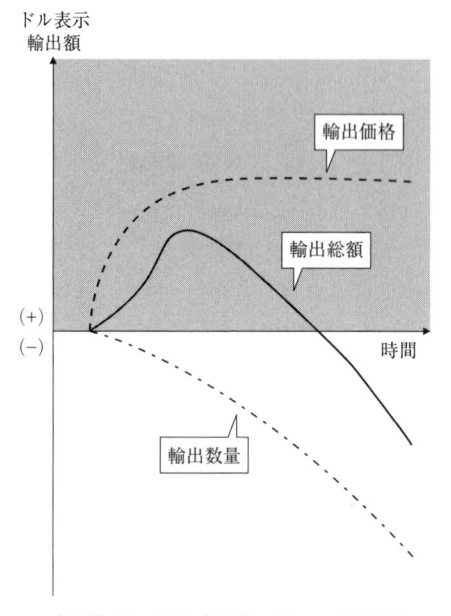

(出所) 秦・本田 (2007), 95ページを修正。

反対の結果となる現象を**Jカーブ効果**と呼んでいます。

　図7-3にあるように，自国通貨の増価はまずドル建て輸出価格（アメリカの輸入価格）に影響を与え，輸出の減少につながるプロセスは時間の進行にともなって変化します。数量効果と価格効果を総合した輸出総額はJの字のような形状となります。1980年代に急激な円高になったにもかかわらず日本の経常収支黒字が増大したのは，こうした効果が一部働いていたものと考えられています。

　こうした契約の表示通貨に注目したのがスティーブン・マギーで，輸出入が過去に結ばれた契約によって行われるため，為替レートが変化した直後は数量に影響が出ないことを**マギー効果**とも呼びます。

　以前になされた輸出契約と輸入契約が実行されたとしても，為替レートの変化にともなう相対価格の変化に完全に合わせるように新たな出荷を行うには時間がかかります。生産側からみれば，為替レートが減価して需要が増大すると

Column ⑮ ●● グローバル・インバランスと信用バブル

　近年アメリカの経常収支赤字が急増し（ピークの 2006 年には GDP 比 6.2％），一方で，中国を含むエマージング・アジア諸国，日本，産油国の黒字が巨額となる，いわゆる「グローバル・インバランス」が取り沙汰されてきました。こうした事態はすでに 2000 年頃から起きており，2004 年以降，IMF は国際金融委員会（IMFC）でこの問題に取り組んでいましたが，一向に改善されませんでした。しかし，2007 年後半からのサブプライム問題にともなうアメリカ経済の低迷から，経常収支赤字は縮小傾向に転じています。

　G20 は「対外的な持続可能性」(external sustainability) を 2011 年の課題として掲げ，経常収支をマクロ経済の指標とすることも検討しています。というのも今般の世界金融危機の背景にあるアメリカの信用バブル形成が，グローバル・インバランスが主因だという指摘があるからです（Global Saving Glut 論）。

　白川日銀総裁は（Shirakawa, 2011），経常収支不均衡は①貯蓄・投資バランスを反映したものであるので（第 1 章参照）それ自体を問題とみなすべきでないこと，②構造的側面と，景気循環的側面を分類することは困難で，経常収支を目的変数とする政策運営には副作用が大きいこと，③経常収支の反対側，すなわち資本収支を監視すること，とりわけグロスの資本フローを BIS 統計などで把握することが必要であると指摘しました。

　現在日本の経常収支黒字の半分以上が投資収支黒字からなっていることなども勘案すると，経常収支不均衡を是正するために円高で対応するといった，弾力性アプローチに基づく提言は，現在ではほとんどなされていないと言ってよいでしょう。

見込んでも，設備投資を増強したり新たな雇用を創出するには時間がかかります。さらに中間財の輸入をしようとしている場合には，輸入業者が中間財を経済的に使うための技術革新を行うなどの輸入調整にも時間が必要です。消費者側からみても外国の消費者が自国の製品を使うには新たな販売ルートを確保するなどの時間が必要となります。また一度円高で海外移転した企業はサンクコスト（埋没費用）から容易に戻れないこともあり，このような容易に元に戻せない反応を**履歴現象**（Hysteresis）と呼びます。

　通常，自国通貨安が自国の経常収支を改善させる時系列的な変化を J カーブ効果と呼び，自国通貨高が経常収支黒字を減少させる場合には，逆 J カーブ効果と呼びます。

2.6 弾力性アプローチの限界

為替レートの変動が国際収支を均衡化させることは弾力性アプローチで説明できますが，以上示したようにさまざまな阻害要因があることがわかりました。それでも，昨今の日本の経常収支黒字拡大，アメリカの膨大な貿易収支赤字を是正する政策として，ドル安，円高，元高を主張するエコノミストも少なくありません。

たとえば1980年代の日米経常収支不均衡の是正策としてアメリカのエコノミスト（たとえばIIEのバーグステンなど）は円高が必要だと一貫して主張してきました。実際に80年代半ば以降円高が急激に進み，90年代もそのトレンドは継続しました。しかし，経常収支黒字は減少するどころか逆に増大しました。これは国際収支不均衡是正のための弾力性アプローチに限界があることを示すものです。弾力性アプローチには，外国の輸入に対する需要は無限に弾力的であること，他の経済変数が捨象されているといった問題点があることにも留意が必要です。

第1章でもみたように，経常収支は国内の投資と貯蓄のギャップに等しく，為替レート変動も含むさまざまな経路から変化する家計，企業，政府，海外の経済活動の結果として経常収支が規定されます。すなわち，経常収支不均衡を是正させるには，ISバランスをベースとすると，各経済主体の構造的な不均衡に着目しなければなりません。もっとも，ISバランスは家計，企業，政府，海外部門といったそれぞれの経済主体の経済活動の結果を示したものにすぎず，ISバランスによって経常収支が決まるといった，一方的な因果関係を示すものではないことにも留意する必要があります。

3　国際収支のマネタリー・アプローチ（**MABP**）

さて，ここまでは為替レートの国際収支に与える影響を弾力性アプローチを中心に考えてきました。前述したように，国際収支の変化を説明するアプローチには，アブソープション・アプローチやISバランス・アプローチなどさまざまな接近方法があります。ここでは，とくにIMFが構造調整プログラムの理論的ベースとして提示してきた**国際収支のマネタリー・アプローチ（MABP）**

> **Column ⑯　オランダ病が意味すること**
>
> 　**オランダ病**（The Dutch Disease）とは，オランダでは天然ガスの産出量が多く，天然資源のブーム時には資源価格が上昇し，経常収支の黒字が拡大し，それにともなって為替レートが増価することから生じた現象を指します。弾力性アプローチでみれば，為替レートの増価は輸出総量を減少させ，経常収支の黒字を削減させるように作用します。同様の現象はイギリスや，石油，コーヒー，原油価格が上昇した1970年代の途上国（チリなど）でみられました。オランダ病では，望ましくない外貨準備の流入が起きます。
>
> 　国際収支のマネタリー・アプローチ（MABP）によれば，固定相場である場合には，外貨準備の流入はマネーサプライを増大させ，賃金や非貿易財価格を引き上げる可能性があります。あるいは名目為替レートが増価することになるでしょう。どちらの場合も通貨は実質的に増加し，輸出価格は上昇して競争力は減退することになります。
>
> 　近年世界的な過剰流動性のもとで，ブラジルやオーストラリアへ資金が還流し通貨高となっていますが，産業構造が高度化していなければマイナスの影響が出る懸念があります。ブラジルではレアル建て債券投資にともなう為替取引に課税する金融取引税（IOF）が2009年10月に2％で復活し，10年10月4％，12月に6％へと引き上げられ，過度の資本流入を抑制する動きも見られます。

について検討しておきましょう。

　マネタリー・アプローチは，1950年代から60年代にIMFのエコノミストが中心になって提唱したものです。[*5] マネタリー・アプローチとは国際収支の動向を貨幣市場と結び付けるもので，固定相場制度の時代に固定相場を維持するために中央銀行が介入し，それが国内マネーサプライに影響を与えたときに注目を浴びました。このアプローチが注目されたのは，債務危機に陥った国へのIMF融資で講じられる**コンディショナリティ**のうちマクロ経済政策（なかでも金融政策）の提言を行う際，この理論が柱になったためでもあります。途上国では金融政策が適切ではなく国内インフレの昂進と経常収支の赤字拡大が共存していたため，金融政策への助言が重要とされていました。

---

*5　J. ポラック，H. ジョンソンなど，R. マンデルの指導のもとでのIMF調査局スタッフによる文献があります。基本文献としては，IMF（1977），*The Monetary Approach to the Balance of Payments* を参照のこと。

マネタリー・アプローチは国際収支と貨幣市場を関連付けたモデルが基本となっています。第6章でみたように，貨幣市場が均衡するには以下のように，実質貨幣供給と実質貨幣需要が等しくならなければなりません。

$$Ms \equiv L(r, Y) \qquad (1)式$$

F を通貨当局（中央銀行）が保有する外貨準備，A を同じく国内資産，μ をベースマネーとマネーサプライの関係を表す貨幣乗数とすると以下の式が成り立ちます。

$$Ms = \mu(F + A) \qquad (2)式$$

(1)式と(2)式から，外貨準備と他の変数との関係を示すと以下のようになります。

$$F = \left(\frac{1}{\mu}\right)PL(r, Y) - A$$

上の式を変化額で表すと，以下のように書くことができます。外貨準備の増加額を ΔF とすると

$$\Delta F = \left(\frac{1}{\mu}\right)\Delta PL(r, Y) - \Delta A$$

すなわち外貨準備の増加額（ΔF）は，右辺第1項の，名目貨幣需要の変化額（$\Delta PL(r, Y)$）から第2項である貨幣市場の供給要因である国内資産の増加額（ΔA）を引いたものに等しくなることを表します。他の条件が不変であれば，右辺の第1項は名目貨幣需要の変化額を示しているので，貨幣需要が増大すれば国際収支は改善することになります。

マネタリー・アプローチでは国際収支の不均衡が，貨幣市場の不均衡から直接生じていることとなり，政策的には，国際収支不均衡を解消するには金融政策を用いる必要があることを示唆するものです。1960年代にこのマネタリー・アプローチが主流となったのは当時の国際経済の実態，すなわち日本，ドイツなど高成長の国の国際収支が黒字であるのに対し，アメリカでは赤字であったことを，この理論で説明できたためでもあります（Mundell, 1968）。**ケインズ・モデルが価格の硬直性を前提としていたのに対し，マネタリー・アプローチは，価格が伸縮的であるという古典派的考え方がその基盤にあるなど，ケインズ・モデルとは異なっていることにも注意する必要があります。**

もっとも，マネタリー・アプローチを政策遂行の際の基盤とするにはいくつ

かの問題があります。国際収支赤字に対して金融引締めで対応すると，むしろマクロ面では失業の増大等を引き起こす可能性もあります。また，時間的ラグや不確実性の問題，人々の期待をどう折り込むかなどの問題も残っています。

　近年の新興国危機に金融システムの脆弱性に起因するものが多くなるなか，IMFのコンディショナリティについても，マネタリー・アプローチを単純に当てはめるのではなく，各国の制度，資金フロー，金融システムなどを考慮した，複合的なものに変貌しています（第14章参照）。

例　題

1　以下の用語を説明しなさい。
 (1)　Jカーブ効果
 (2)　マーシャル＝ラーナーの安定条件
 (3)　PTM行動
2　グローバル・インバランスについて，経常収支のGDP比を，各国のマクロ経済の指針に利用することについての是非について述べなさい。また，その理由について，説明しなさい。
3　1980年代以降の日米経常収支不均衡について，弾力性アプローチをもとに，円高を求める声が高まりました。大幅な円高になったにもかかわらず，日本の経常収支黒字，アメリカの経常収支赤字は一向に改善されませんでした。その理由について述べなさい。

第8章 オープン・マクロ理論

> **Keywords**
> IS-LMモデル　マンデル＝フレミング・モデル　取引動機　予備的動機　投機的動機　貨幣数量説　マーシャルのk　2国モデル　小国モデル　その他全世界（ROW）　リスクプレミアム　金利平価式　クラウディング・アウト　BP曲線　国際金融のトリレンマ　ティンバーゲンの定理　マンデルの政策割当原理　サミット　ゲーム理論

◆はじめに

　グローバル化とは，「資本や労働力の国境を越えた移動が活発化するとともに，貿易を通じた商品・サービスの取引や，海外への投資が増大することによって世界における経済的な結付きが深まること」（内閣府年次経済報告）と定義されます。現在，主要国の経済は，実物・金融面ともに内外取引が自由で，国際化が一段と進んでいます。主要国は変動相場制であり，金融政策の効果については内外資金フローや為替レートの変動も考慮に入れなければなりません。

　閉鎖経済を考えた *IS-LM* モデルでは，財・サービスの輸出入や資本の流出入は考慮されません。これに対し開放マクロ経済理論である**マンデル＝フレミング・モデル**では，財・サービス収支が財市場の均衡に加わり，また，資本移動が完全に自由な小国を想定して，自国通貨建て資産と外貨建て資産が完全代替となる資産市場がモデルに加わります。すなわち，オープン・マクロ・モデルでは金利や所得だけでなく，為替レートが変数として加わります。

　本章では，開放マクロ経済の基本であるマンデル＝フレミング・モデルについて検討します。固定相場制度と変動相場制度のもとで，マクロ経済政策の効

果がどのように違うのか，また資本規制のあり方が効果にどう影響するのか，を考えてみましょう。

1 IS-LM モデル（閉鎖経済）

まずマクロ理論の基本である IS-LM モデルについて考えてみましょう。IS-LM モデルは，ケインズの一般理論に基づき，J. ヒックスが構築した理論で，生産市場と通貨市場の均衡を考えるものです。まず，通貨市場の均衡を検討してみましょう。

1.1 通貨市場の均衡

通貨とは何でしょうか。通貨を使用する動機には3つあります。第1は**取引動機**で，日常の経済取引をする際には常に必要になります。第2は**予備的動機**で，不測の出費などに備えるため通貨を保有する必要があるからです。第3は**投機的動機**で，通貨を現金（あるいは普通預金）で保有する場合には何の利益も生みませんが，資産として運用すれば利益を得ることができます（通貨供給量の定義については第5章参照）。

通貨への需要に影響を与える変数にはさまざまなものがあります。所得・資産が大きければ大きいほど，取引動機による通貨需要は増大します。また，金利が高ければ高いほど，金利を生まない通貨保有を節約し，収益性のある資産（長期債など）に振り分けるため，通貨への需要は減ります。通貨市場が均衡するとは，通貨の供給と需要が完全に一致することで，この条件を満たすすべての点の集合体が LM 曲線です。すなわち LM 曲線は，通貨供給量が過不足なく需要される（通貨市場が均衡する）ような「生産量（＝所得）と金利の組み合わせ」なのです。

前述した取引動機による通貨需要量を L_1 とすると，**貨幣数量説**から以下の式が成り立ちます。

$$L_1 \times v = PY$$

（P は国内物価，v は通貨の流通速度，Y は生産量）

これを変形すると，

● 図 8-1　LM 曲線の導き方 ●

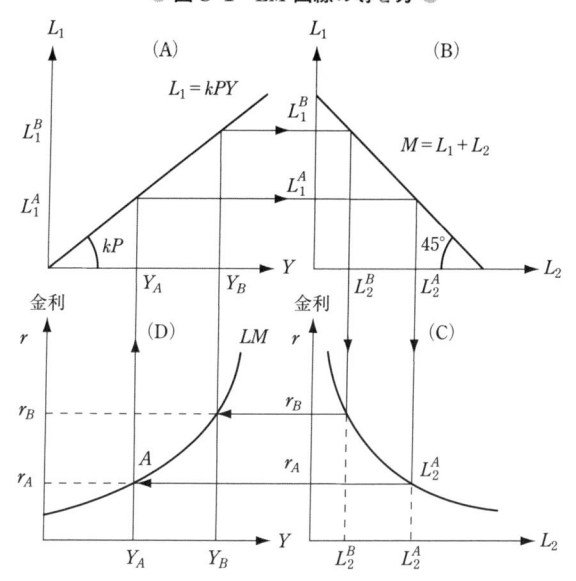

$$L_1 = kPY$$

（k はマーシャルの k〔通貨の流通速度の逆数〕）

　上式は，取引動機による通貨需要が Y（名目 GDP）に比例することを示しています。一方，予備的動機および投機的動機からなる通貨需要を L_2 とすると，L_2 は前述したように金利の減少関数となります。これを図 8-1 で考えてみましょう。(A) の象限には取引動機による通貨需要（L_1, 縦軸）と生産量＝所得（Y, 横軸）の関係が示されています。kP は定数であるため原点を通る直線となります。(C) の象限には投機的動機（および予備的動機）の通貨需要（L_2, 横軸）と金利（r, 縦軸）の関係が示されています。前述したように金利が上昇すれば債券価格が下落し債券への需要が増大することから，通貨需要とは減少関数となります。(B) の象限に通貨市場の均衡条件が示されます。
　均衡条件は次式のように通貨需要と実質マネーサプライが等しくなることです。

$$\text{実質マネーサプライ}\left(\frac{M^S}{p}\right) = \text{通貨需要}(L_1 + L_2)$$

横軸に L_2,縦軸に L_1 式をとった第 (B) 象限のグラフが,均衡条件を示します。通貨市場の均衡を表す生産量（＝所得）と金利の組み合わせは第 (D) 象限に示されます。たとえばある所得 (Y_A) が決まれば,これに対応する L_1^A が決まります。L_1^A に対する L_2^A も決まり,これにより r_A が決まり,通貨市場を均衡させる生産量（＝所得）と金利の組み合わせが1点だけ示されます。均衡条件を満たすすべての生産量（＝所得）と金利の組み合わせ（均衡曲線）が LM 曲線上の点の集合体であり,通貨供給量は外生変数であるので,金融政策によって通貨供給量が増減すればそれに対応して LM 曲線は上方あるいは下方にシフトすることになります。

1.2 財市場の均衡

次に閉鎖経済における財市場の均衡を考えてみましょう。閉鎖経済,すなわち財・サービス,および資本の対外取引がないと仮定すると,下式のような恒等式を導くことができます。（C は民間消費,I は投資,G は政府支出。ここでは G は T〔税収〕に一致すると仮定する。投資は金利の減少関数）

$$Y = C + I(r) + G$$

ここで貯蓄 (S) は総生産量 (Y) から経済全体の消費総量 ($C + G$) を差し引いたものに等しくなるので次式のように示すことができます（消費 (C) は可処分所得 ($Y - T$) の関数）。

$$S = Y - G - C(Y - T)$$

財市場の均衡条件は,生産量のうち消費されない残りである貯蓄が,すべて投資財として需要される状態であり,図8-2では (B) の象限に示されます。縦軸を S,横軸を I とすると,$S = I$ なので,原点から45度線の直線となります。(A) の象限には,縦軸に S,横軸に生産量（＝所得）を Y とした場合の貯蓄と生産量（＝所得）の関数が描かれています。上式から,S は所得の増加関数となり,右上がりの曲線となります。(C) の象限には,縦軸を金利 (r),横軸を投資 I とした場合の投資関数が描かれています。投資は金利の減少関数になるので,右下がりとなります。

通貨市場と同様に,たとえばある所得 Y_A を考えると,これに対応する S_A が決まります。S_A が決まるとそれに対する I_A も決まります。I_A が決まるとこれ

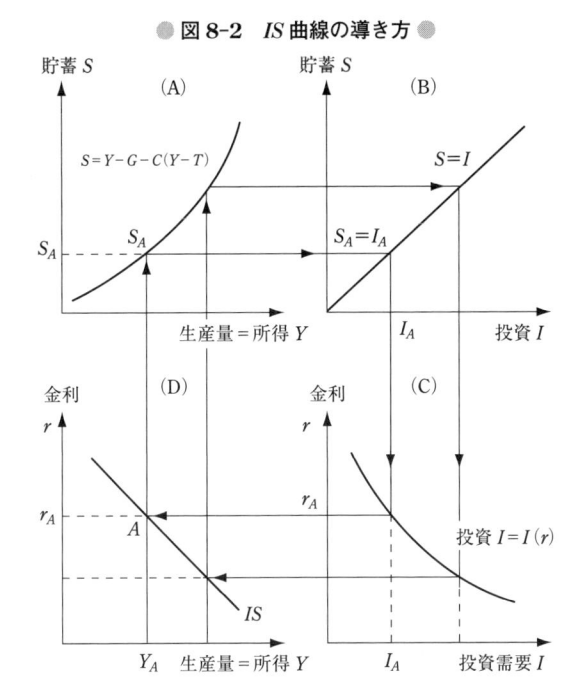

1　IS-LMモデル（閉鎖経済）　163

● 図 8-2　*IS* 曲線の導き方 ●

に対応する r_A が決まり，財市場を均衡させる所得と金利の組み合わせが1つだけ決まります。財市場の均衡条件を満たすすべての生産量（＝所得）と金利の組み合わせ（均衡曲線）が *IS* 曲線です。通常 *IS* 曲線は右下がりの曲線となります。

1.3　均衡金利，均衡生産量の決定と金融政策，財政政策の効果

以上みたように，財市場と通貨市場をそれぞれ均衡させる生産量（＝所得）と金利の組み合わせを示す *IS* 曲線と *LM* 曲線を導くことができました。経済全体の均衡はこの2つの曲線の交点で示され，次項で説明する図8-3では *A* が経済の均衡点であり，そこで均衡金利および均衡生産量が決定されます。ここで，金融政策，財政政策の効果を考えてみましょう。

まず金融政策緩和の経済効果を考えると，通貨当局が通貨供給量を拡大するわけですから，実質通貨供給量が増大して（図8-1でみると象限（B）のグラフの直線が右上にシフト），*LM* 曲線は右下にシフトし，均衡点では，金利が下が

り，同時に所得は増大します。財政拡張政策を行うと外生変数 G が増大するので図8-2でみると象限（A）の線が右上にシフトし，結果として IS 曲線は右上にシフトします。その結果，新たな均衡点では金利が上昇し，所得は増大します。財政拡張政策は経済を拡大させる効果をもたらします。

2 オープン・マクロ経済モデル——マンデル＝フレミング理論

2.1 開放マクロ経済の均衡

まず2国モデルと小国モデルの違いについて整理しておきましょう。2国モデルとは，自国（home country）とその他全世界（the Rest of the World: **ROW** と呼ばれます）からなる世界経済を考えるモデルです。このモデルでは，自国の行動が相手に変化をもたらし，相手の行動も自国に影響を及ぼすことになります。GDP，金利，インフレなどのマクロ経済変数が一方向ではなく相互に影響することになり，すなわち一国のマクロ経済変数の変化が他国（ROW あるいは国際市場）に影響を与え，それがまた自国に跳ね返ってくる（repercussion がある）ことになります。

これに対し小国モデルとは，自国のマクロ経済変数の変化が外国（ROW）に影響を与えず，反響もない，というものです。すなわち外国に影響を与えるほどの規模のない小国で，たとえばパナマとアメリカといった関係を考えるモデルとなります。本節で考えるマンデル＝フレミング・モデルは，小国モデルで考えるものです。

前述した IS-LM モデルを開放経済に拡張したのが，マンデル＝フレミング理論です。開放経済を考えているので，海外との財・サービス，および資本取引が生じます。ここでは，①小国開放経済であること，②内外資産が完全代替であること，を仮定します。本節ではケインズ的仮定，すなわち，財価格の調整には時間がかかるため短期的には無視することができ（硬直価格モデル），需要の変化が生産の変化にすべて反映されると仮定します。[*1] IS-LM 分析との違いは，海外との財取引，資本取引が生じることで，為替レートの変化がマクロ経済に影響を与えることになります。

財市場の均衡条件のうち，所得の恒等式は，海外との財・サービス取引が加

● 図8-3 オープン・マクロ経済の均衡 ●

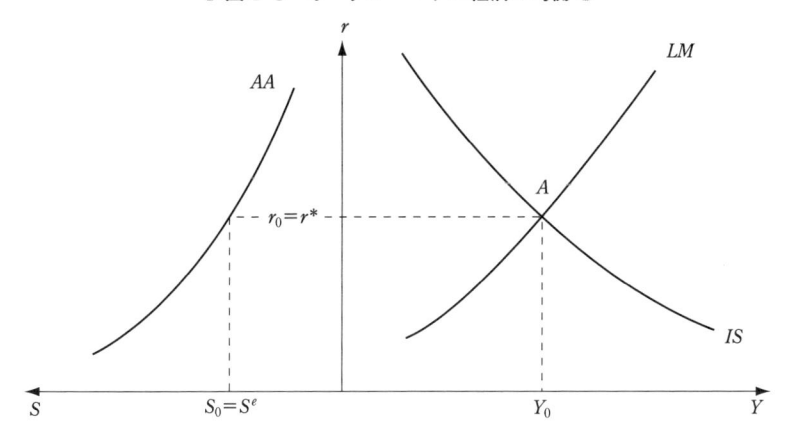

わるので、以下のようになります。

$$Y = C(Y - T) + I(r) + G + CA(S \cdot P^*/P, Y, Y^*)$$

ここで、C は可処分所得の増加関数、I は金利の減少関数、G は外生変数、CA は実質為替レート（$S \cdot P^*/P$）の増加関数、国内総生産（Y）の減少関数、外国の国内総生産（Y^*）の増加関数となります。一方通貨市場の均衡式は以下のようになり、閉鎖経済と変わりません。

$$\frac{M^S}{p} = L(Y, r)$$

一方、前述したように、財だけでなく国境を越えた資本取引が生じます。そこで内外資産が代替的な状況での資産市場の均衡を考える必要が生じます。ここでは、①投資家はリスクに対して中立的であること、②自国通貨建て資産と外貨建て資産は完全代替であること（**リスクプレミアム**がないこと）を仮定します。資産市場の均衡条件は自国通貨建てと外貨建ての金融資産の期待収益率が等しいことです。均衡条件式は第6章でみたような**金利平価式**で表すことができます。

$$r = r^* + \frac{S^e - S}{S}$$

───────────
＊1　マネタリスト・モデルでは、財価格は市場を通じてすぐに調整されるので、需要の変化だけでなく価格変化も考えなければなりません。

資産市場を均衡させるすべての金利と為替レートの組み合わせを示したものが AA 曲線です。開放マクロ経済の均衡は，財市場，通貨市場，および資産市場の均衡式がすべて同時に満たされることです。図 8-3 は，IS 曲線，LM 曲線を右の象限に，AA 曲線を左の象限に描いたものです。左の象限の横軸は為替レート（S. S が大きくなることは当該通貨の減価を表すことに注意），右象限の横軸は生産量（Y），縦軸は金利（r）を表します。この開放マクロ経済の均衡点の $r_0(=r^*)$，Y_0，S_0 が，当初の均衡金利，均衡生産量，および均衡為替レートとなります。

2.2　金融政策，財政政策の効果
◆ 変動相場制の場合

まず，変動相場制における金融政策の効果について考えてみましょう。一時的な金融政策と持続的な金融政策では効果が異なります。なぜなら持続的な金融政策は金利低下期待を生じさせ，資産市場均衡の AA 曲線がシフトするからです。一時的な金融政策緩和の場合，閉鎖経済と同様 LM 曲線が右下の LM′ 曲線にシフトし均衡金利が低下し生産量は増大します。一時的な金融政策では AA 曲線は変化しませんが，金利が低下するので AA 曲線に沿って為替レートが減価（S の増大）します。為替レートが減価すると IS 曲線も上方にシフトするので生産量はさらに増大します。

持続的な金融政策の場合には，さらに効果が大きくなります（図 8-4）。なぜならマネーサプライが持続的に増大すると人々が確信すれば期待為替レートが減価し，AA 曲線が左上の AA′ 曲線にシフトするからです。金融緩和による金利低下はさらに為替レートを減価させ IS 曲線の右上方へのシフトを大きくさせます。マネーサプライの持続的増大が続くと予想されると新たな期待為替レートが S_1 になり，国内金利と外国金利は再び一致することになります（$r = r^*$）。最終的には生産量は大きく増大し，金利は変わらず，為替レートは減価します。金利が一定で輸出が増大するので，経常収支は改善します。

次に，財政政策の効果を考えてみましょう。ここでも一時的な政策と持続的政策では効果が異なります。一時的な財政政策の拡張を考えると，IS 曲線が右上の IS′ 曲線にシフトするので金利が上昇し生産も増大します。一時的な政

● 図8-4 変動相場制下の金融政策の効果 ●

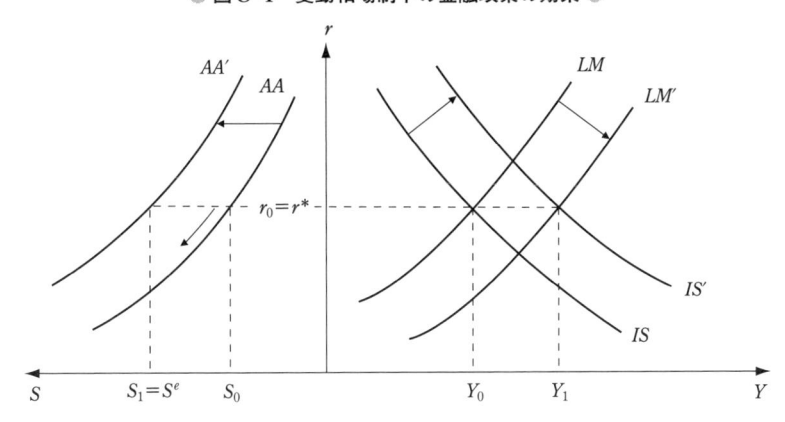

● 図8-5 変動相場制下の財政政策の効果 ●

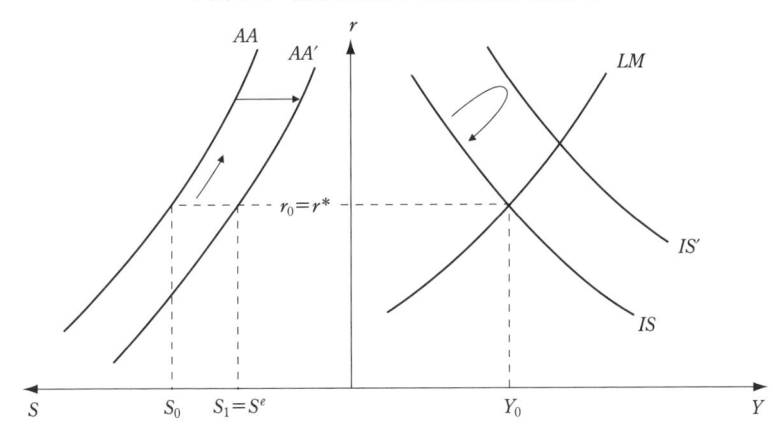

策なので期待為替レートには変化はなく AA 曲線は動きません。金利が上昇するので AA 曲線に沿って為替レートは増価（S は減少）します。為替レートが増価すると純輸出が減少するので IS 曲線は左に引き戻されます。新たな均衡では，為替レートは増価し，金利は上昇し生産量は増大します。金利水準が上昇するのは，一時的な財政政策なので将来は為替レートは減価するという予想が生じるためです（$S^1 < S^e$）。金利が上昇して**クラウディング・アウト**が生じ，また純輸出も減少するので生産量の増大効果はそれほど大きくありません。

次に持続的な財政政策の拡張を考えてみましょう（図8-5）。持続的な財政政

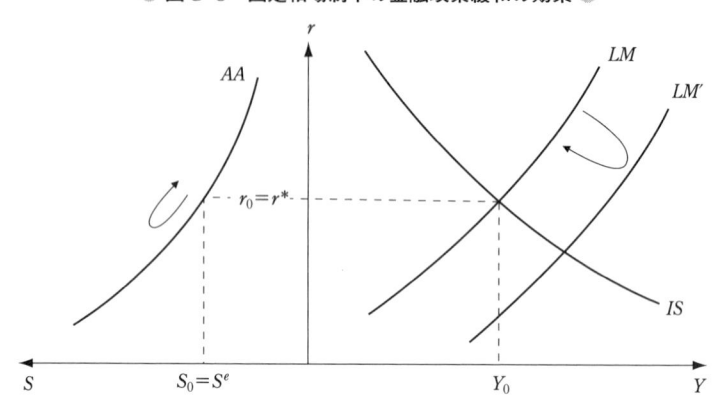

168　第8章　オープン・マクロ理論

● 図 8-6　固定相場制下の金融政策緩和の効果 ●

策の拡張は，IS 曲線を右上の IS′ 曲線にシフトさせ金利は上昇します。持続的な政策なので，為替レートに増価期待が生まれ AA 曲線は右側の AA′ 曲線にシフトします。為替レートはいっそう増価し純輸出は減少します。純輸出の減少にともない IS 曲線は左に引き戻され，結局元のところに戻ってしまいます。一定の財政拡張政策が続くと人々が考えれば，期待為替レートは政策実行後の均衡為替レートと等しくなり（$S^e = S_1$），金利は政策実行前の水準となります。結局持続的財政拡張政策では，為替レートは増価し，金利は変わらず，また生産量も変わりません。変動相場制の場合には財政政策の効果は非常に限られ，あるいはまったく無効となってしまいます。

◆ 固定相場制の場合

　現在先進諸国ではほとんどの国で変動相場制が採られていますが，途上国では多くの国が固定相場制を採用しています（第14章参照）。固定相場制とは，国際通貨に対して自国通貨をある一定水準に保つことをコミットするもので，その手段は，第5章でみたような外国為替市場への介入で行われます。

　そこで固定相場制下の金融政策緩和の効果を考えてみましょう（図8-6）。前述したように金融緩和は LM 曲線を右下の LM′ 曲線にシフトさせ，金利が低下し，生産量は増大します。金利が低下すると資産市場の均衡が変化し，為替レートに減価圧力（S の増大）がかかります。当局は為替レートを一定水準に保つことをコミットしているので，外国為替市場で自国通貨買い，外貨売りの介入を行います。第5章でみたように，この為替介入は外貨準備を減少させ同

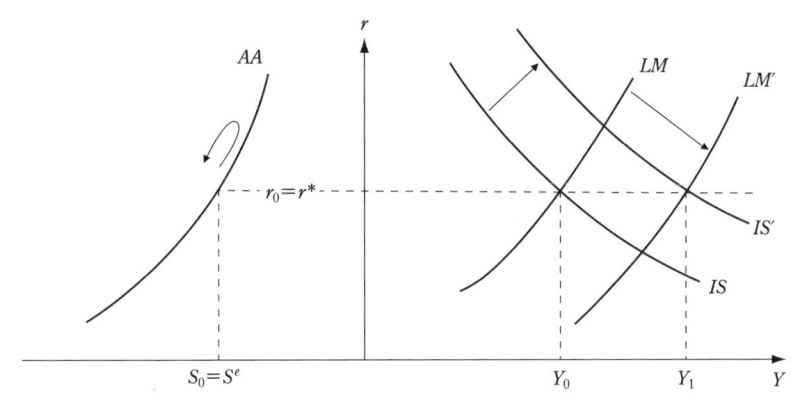

● 図8-7 固定相場制下の財政政策の拡張効果 ●

額のハイパワードマネー（通貨当局の負債）の減少をもたらします。ハイパワードマネーの減少はマネーサプライを減少させ，LM 曲線はもとの方向にシフトすることになります。通貨供給量は元の水準に戻ることになり，金利は変わらず，また生産量も変化しません。国内信用量の増大は外国為替市場介入によるベースマネーの減少で相殺され，固定相場制では金融政策はまったく無効となってしまいます。つまり固定相場制では自律的金融政策が採れないことになります。

　一方，財政政策の拡張はどのような効果をもたらすでしょうか。財政政策の拡張は，前述したように IS 曲線の右上の IS' 曲線にシフトし，金利を上昇させ生産量を増大させます（図8-7）。金利の上昇は為替レートを増価させるので，当局は固定相場制のコミットメントに沿って自国通貨売り，外貨買いの為替介入を行います。通貨当局のバランスシート上では，外貨準備が増大するのと同時にハイパワードマネーも増大するので，LM 曲線は右下の LM' 曲線にシフトします。結局為替レートと金利は元の水準に戻り，新しい均衡では生産量は大きく増大します。すなわち固定相場制では財政政策は産出量を変化させるうえで非常に強力な手段になります。

　固定相場制では，金融政策と財政政策のほかに，為替政策という武器があります。平価変更は時として産出量を大きく増大させます。平価を切り下げると，AA 曲線は左にシフトし新たな均衡点（$S_1 = S^e$）に為替レートが変化します（図8-8）。為替レートが減価するので純輸出が増大し IS 曲線は右上の IS' 曲線にシ

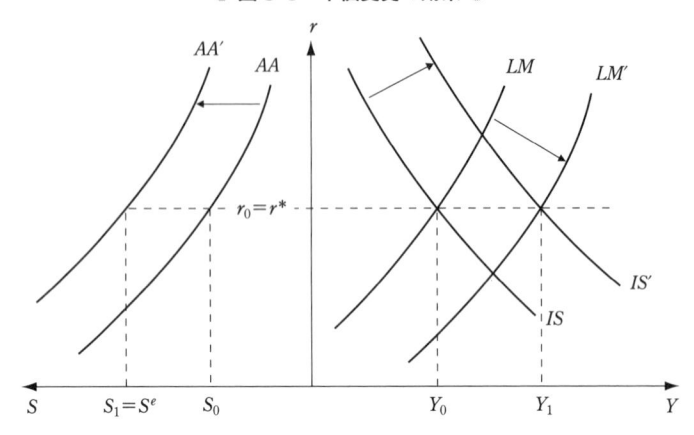

170   第8章 オープン・マクロ理論

● 図8-8　平価変更の効果 ●

● 図8-9　平価変更予想の効果 ●

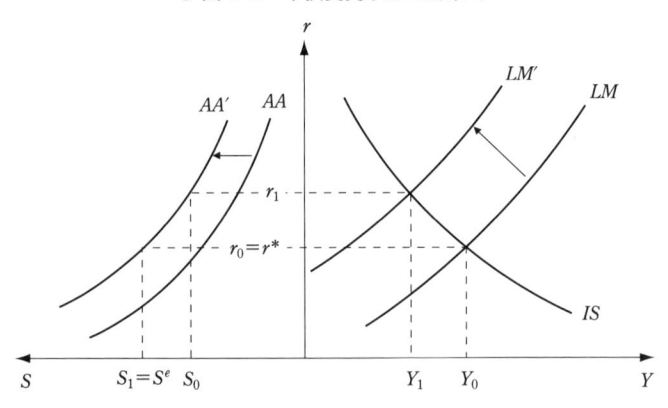

フトします。新たな均衡点では金利が上昇し生産が増大しますが，金利の上昇は，AA' 曲線に沿って為替レートを増価（S の減少）させます。固定相場制なので当局は新為替レートが S_1 になるように自国通貨売り，外貨買いの為替介入を行います。このため LM 曲線は右下の LM' 曲線にシフトし，新たな均衡点では，産出量の増大，外貨準備の増大，通貨供給量の増大がみられます。平価切下げはこのように固定相場制度の国にとっては大きな効用があります。

　しかしながら，平価切下げには資本逃避リスクもともないます。平価切下げには大きな効果があるため，当該国が不況に陥った場合，あるいは経常収支赤字が拡大した場合に，通貨の切下げが将来あるのではないかと人々は予想しま

表 8-1 為替相場制度とマクロ政策の効果

	金融政策	財政政策
変動相場制	○	×
固定相場制	×	○

す。この結果，期待為替レートが減価するので AA 曲線は左上の AA' 曲線にシフトします。為替レートに減価圧力がかかるので当局は自国通貨買い，外貨売りの為替介入を行います。しかし，実際に為替レートが動いているわけではないので IS 曲線は動きません。一方，介入によりベースマネーが減少するので LM 曲線は左上の LM' 曲線にシフトすることになります（図 8-9）。結果として，外貨準備の減少，生産の減少，金利の上昇となり，不況はいっそう深刻になります。資本逃避から平価切下げに実際に追い込まれることになり，前述した平価切下げの効果とは全く異なる結果となります。

これらをまとめると表 8-1 のようになります。すなわち変動相場制では，財政政策には効果はなく，金融政策の効果が大きくなります。逆に固定相場制では財政政策には多大の効果がある一方で，金融政策の効果はありません。すなわち自律的な金融政策が採れないことになります。また，為替政策は多大の効果がある一方で，為替切下げが予想された場合には，景気に大きくマイナスの効果をもたらすことがわかります。

3 国際資本取引の自由度と政策変化

3.1 資本可動性と BP 曲線

以上みてきたモデルは，資本移動が自由で内外資産が完全代替であることを仮定していました。しかし，資本取引規制は国によってまちまちであり，国際資本移動が不完全であれば，金融政策や財政政策の効果も異なることになります。[*2]

そこで BP 曲線を導入してこのことを考えてみましょう。BP 曲線とは国際収支を均衡させる国民所得（Y）と金利（i）の組み合わせです。第 2 章でみた

[*2] これについては後述する「3.3 国際金融のトリレンマ」の項を参照のこと。

ように、国際収支の均衡式は以下のとおりになります。

$$TB(Y, e) + KA\left(i - \left(i^* + \frac{e^e_{t+1} - e_t}{e_t}\right)\right) = \Delta R$$

前節の仮定であるように、経常収支がゼロであるとすると、資本収支（KA）を考えず貿易収支（TB）だけを考えれば国際収支（BP）はゼロとなり1950年代の世界経済と近いものとなります。しかし、第11章でみるように、戦後資本取引規制が自由化され、資本取引は莫大なものになりました。一方で資本取引をいまだに制限している国もあります。すなわち、経常収支が均衡していても国内金利水準によって資本還流流出の量は異なり、必ずしも経常収支と資本収支を加えたものが均衡する（ゼロになる）とは限りません。ここで国際収支（BP）を貿易収支（TB）と資本収支（KA）に分けて考えてみましょう。第2章でみたように、両者の和はゼロとなります。

$$BP = TB + KA = 0$$

ここではケインズ的小国モデル[*3]（価格は一定）を考えます。輸入は所得に依存するので、限界輸入性向を m とすると、

$$M = \bar{M} + mY$$

と表すことができます。一方輸出は、外国の需要（海外所得 Y^*）と相対価格（為替レート E）の関数になるので、

$$X = X_d(E, Y^*)$$

と表すことができます。ケインズ的小国モデルでは海外所得は外生変数なので、X は定数項となります。したがって貿易収支は $TB = X - M - mY$ となります（m は輸入性向）。

一方資本収支（KA）は、自国通貨資産の収益率（i）から外貨建て資産の収益率を差し引いた超過収益率の増加関数となります（本節では固定相場制を想定しているため予想為替変化率は考えないので金利差だけになります）。

$$KA = \overline{KA} + k(i - i^*)$$

k は係数となりますが、資本可動性がない場合（資本取引規制）には k はゼロとなり、係数 k が大きくなればなるほど資本可動性が高いことになります。

経常収支と資本収支を加えたものが国際収支なので、次式が成立します。

$$BP = (\bar{X} - \bar{M} - mY) + (\overline{KA} + k(i - i^*)) = 0$$

3 国際資本取引の自由度と政策変化 173

図 8-10 資本可動性とマクロ経済均衡

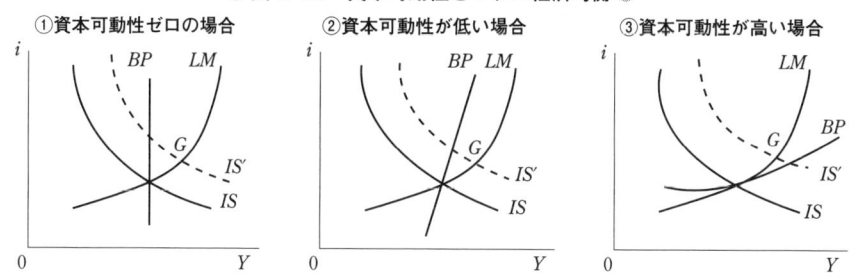

①資本可動性ゼロの場合　②資本可動性が低い場合　③資本可動性が高い場合

これを書き換えると次式となります。

$$i - i^* = -(1/k)(\bar{X} - \bar{M} + \overline{KA}) + (m/k)Y$$

これは所得（Y）と金利（i）の関係を示すもので，国際収支を均衡させる，すべてのiとYの組み合わせが BP 曲線となります。BP 曲線の傾きは資本可動性（k）の水準で異なります。資本可動性がまったくない場合（$k = 0$）には（すなわち図8-10の①），BP 曲線は垂直になり，いくら金利を引き上げても資本は流入しないので，所得（Y）は変わりません。資本可動性（k）が増大するにつれ（①，②，③と可動性が高くなる），BP 曲線は横に寝る形状となります。いずれの場合も BP 曲線は国際収支が均衡しているすべての金利と所得の組み合わせを示しています。BP 曲線の右側は総合収支は赤字，左側では総合収支は黒字となります。

3.2　資本可動性とマクロ経済政策の効果

ここで，資本可動性がゼロ，低い場合，高い場合の3つのケースで，固定相場制下での財政政策および金融政策の効果を考えてみましょう。図8-10にあるように拡張的財政政策を採ると IS 曲線は右上にシフトし新たな均衡点は G となり，金利は上昇し，所得は増大します。①の資本可動性がゼロの場合（BP 曲線が垂直），G 点は BP 曲線の右側になり，資本収支がゼロなので，経常収支は悪化することになります。②の資本可動性が低い場合も BP 曲線より右側なので①と同様総合収支は赤字となり，金利上昇により資本が流入するので貿易

---

*3　第7章でみた国際収支のマネタリー・モデルでは，価格が伸縮的であるということを仮定しています。

図 8-11 国際金融のトリレンマ

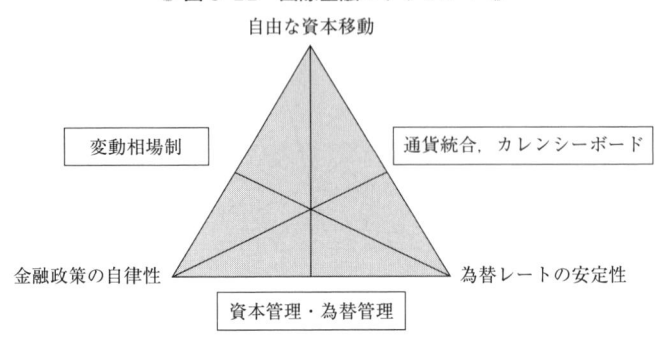

（図：三角形。頂点に「自由な資本移動」「金融政策の自律性」「為替レートの安定性」。辺に沿って「変動相場制」「通貨統合，カレンシーボード」「資本管理・為替管理」）

赤字を一部相殺して国際収支赤字は①の場合よりも小さくなります。③の資本可動性が高い場合には，新たな均衡点 G は BP 曲線の左側となり，所得 Y の上昇にともなう輸入増大分を超える規模で金利 i の上昇が資本流入をもたらすので，総合収支は黒字となります。固定相場制の場合は，外貨準備が増大するという好ましい結果となります。

一方，金融政策緩和を考えると，LM 曲線が右下にシフトし所得の増大と金利の低下がもたらされます。①の資本取引がまったくない場合には，所得の増大が貿易収支の悪化をもたらすことになります。②の資本可動性が低い場合には，貿易収支の悪化と金利低下にともなう資本流出から，総合収支はさらに悪化し，外貨準備が流出します。③の資本可動性が高い場合は，さらに準備流出のスピードが速くなります。いずれの場合も外貨準備が流出し，国際収支のマネタリー・アプローチの仮定を採用すれば，マネーサプライは減少することになって，LM 曲線は元の水準に戻ることになります。資本可動性の違いは元の均衡点に戻るスピードの違いに現れることになります。

3.3 国際金融のトリレンマ

以上を総合すれば，いわゆる**国際金融のトリレンマ**が成立することが示されます（図8-11）。すなわち，「自由な資本移動」「金融政策の自律性」，および「為替レートの安定性」を同時に成立することはできないということになります。すなわち自由な資本移動のもとで，自律的な金融政策を採用するためには，変動相場制を採らざるをえないことになります。また固定相場制下では自律的

な金融政策を採用することはできません。もし固定相場制下で自律的な金融政策を採る場合には、資本移動に規制をかけなければならなくなります。

国際金融のトリレンマは、第14章で検討する、エマージング諸国での為替レジームの選択において、再び検討することにしましょう。

4　マクロ経済の政策手段

マクロ経済政策として、財政政策と金融政策の組み合わせがありますが、本節では、マクロ経済政策をどのような組み合わせで使うべきか（ポリシーミックス）について考えてみましょう。

マクロ経済政策の目的としては2つ挙げることができます。第1は国内均衡で、完全雇用が達成されること（インフレなき安定成長）です（$Y = Y^f$）。第2は対外均衡で、これは経常収支の均衡を意味します（$CA = 0$）。2つの目標を同時に達成させるには、少なくとも2つの独立した政策手段が必要となります。これを図8-12を用いて考えてみましょう。

まず変動相場制では、財政政策と金融政策の2つの政策手段があります。縦軸に通貨供給量（M）をとり横軸に政府支出（G）をとります。縦軸は上に行けば行くほど金融緩和となり、横軸は右に行けば行くほど財政政策の拡張を示します。図8-12には国内均衡を表す$Y = Y^f$線、対外均衡を表す$CA = 0$線が引かれていますが、その交点のE点が両者の均衡を満たす点になります。国内均衡の線が右下がりなのは、金融引締めが行われたときに産出量を完全雇用状態に保つためには財政拡大が行われなければならないからです。ただし、前に学んだように変動相場制下での財政政策の効果は弱いので、その傾きは緩いものとなります。一方で、対外均衡の線については、金融緩和政策により経常収支が改善させる場合と悪化させる場合があり、傾きについては2通りが考えられますが、ここでは経常収支を改善させる場合を考えます。

$CA = 0$線の右側は経常収支赤字、左側は経常収支黒字、$Y = Y^f$線の上側は過大雇用、下側は過小雇用（失業状態）となり、この2つの曲線で分けられる4つのゾーンは、図にあるような組み合わせのゾーンとなります。

たとえば経済が現在A点にあるとします。A点はゾーンIVなので、過小雇

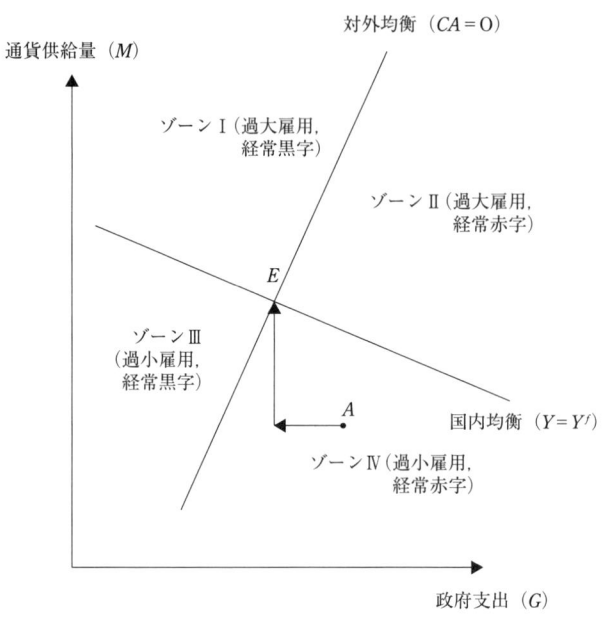

● **図 8-12　マクロ経済政策のポリシーミックス** ●

用（失業），経常収支赤字の状態です。国内均衡と対外均衡を同時に達成するためには，2つの独立した政策手段が必要となります。なぜなら，均衡点 E 点に達するためには，金融政策（縦の動き）だけでは不十分で財政政策（横の動き）も必要になるからです。このように，「複数の政策目標を同時に達成するには，少なくとも目標と同数の独立した政策手段が必要である」という**ティンバーゲンの定理**が導かれます。

　また，A 点でまず経常収支を改善するために金融引締めを行い，雇用を改善するために財政政策の拡張を行ったとします。すると，経済は E 点に近づくどころか，逆に E 点から遠ざかってしまいます。しかしまず経常収支を改善するために財政緊縮を行い，雇用を改善するために金融政策緩和を行うと E 点に収斂していきます。なぜなら，金融政策は国内目標に対する効果が相対的に強く，財政政策は対外目標を達成する効果が相対的に強いためです。すなわち，「目標達成に比較優位がある政策手段を割り当てることが望ましい」というマンデルの**政策割当原理**が導かれます。

Column ⑰ ●● **G7 サミットから G20 サミットへ**

　第1回サミットは1975年11月パリ郊外のランブイエ城で行われました。70年代のオイル・ショックで先進国経済がスタグフレーションとなるなか，民主主義，市場主義を標榜する先進国6カ国を，当時の仏大統領バレリー・ジスカールデスタンが招待したことにさかのぼります。翌76年のサンファン・サミットで米大統領フォードがカナダを招待し，G7サミットとなり，翌77年のロンドン・サミットでEUが加わることになりました。また，東西冷戦終結後，94年のナポリ・サミットからロシア大統領が政治討議に参加するようになり，98年のバーミンガム・サミットからG8という呼称が使われるようになりました。首脳のほか，国連事務総長，EUの欧州委員会委員長，EU理事会議長も参加します。議長国は持ち回りで担当し，一連の閣僚会議を開催します。

　グローバル化が一段と進展しエマージング諸国の存在感が一際高くなるなか，1999年からすでに20カ国・地域財務大臣・中央銀行総裁会議（G20 Finance Ministers and Central Bank Governors）が開催されていましたが，2008年9月のリーマン・ショックに端を発する世界金融危機の深刻化を受けて，G8ではなくG20のサミットで国際協調を図るべきだとの提案がイギリスのブラウン首相（当時）とフランスのサルコジ大統領からなされました。G20のメンバーはG8とEU，およびエマージング諸国11カ国からなります（詳細は第15章）。

　第1回のG20サミットは2008年11月にワシントンで開催され，09年アメリカのピッツバーグで開催されたG20で「G20を国際経済協力の第一の協議体」とすることが決まりました（第15章表15-1）。もっとも先進国7大国からなるG7も実効性，決断性，および価値の共有の面で優れている協議体であり，引き続きその存在価値も認識されています。

4.1　相互依存と政策協調

　グローバル化が進んだ世界では，一国の金融政策，財政政策は他国にも影響を与えることになります。また，大国が他国にダメージを与えるような政策を施すことは世界経済にとってマイナスとなります。このように現代の国際経済では相互依存の度合いがますます強まっており，こうした状況では，政策協調のあり方が非常に重要となっています。

　マクロ経済の国際協調のための国際機関としてはIMF（国際通貨基金）やOECD（経済協力開発機構）などがありますが，前者は債務国である途上国の監視が，後者は先進諸国の経済政策の監視が主な業務となっています。ミクロ

の金融システムの監視については，BIS（国際決済銀行）が重要な役割を担っています。

政治的に重要な役割を担っているのが，サミットなどの各国首脳のコミュニケーションです。1980年代の先進諸国のスタグフレーションの時代には旧西ドイツや日本が世界の機関車として成長を先導すべきといった「機関車論」が声高に叫ばれました。東西冷戦が終結した90年代にG7がG8となり，BRICsを含むエマージング諸国の世界経済に占める影響度が高まる傾向にあるなか，現在はG20が政策協調の主体となっています（Column ⑰参照）。グローバル化が一段と進むなかで，途上国も含めた世界的な経済政策協調がますます重要な課題となっているのです。マクロ経済政策協調による利益が世界の経済厚生を高めることについて理論的に解明した研究としては，ナッシュ均衡，反応曲線などゲーム理論の枠組みを用いた研究も数多くあります（Canzoneri, 1985; Hamada, 1985など）。

4.2　マンデル＝フレミング・モデルの新潮流

本章で検討したマンデル＝フレミング・モデルは，1960年代後半，とりわけカナダとアメリカの開放的関係のもとでのマクロ経済政策のメカニズムを考えたものでした。IS-LM分析を開放経済に拡張した，静態的なモデルと言えます。近年では，ケインズ経済学の価格の硬直性や独占的競争を勘案した，動学的一般均衡モデルに関心が移っており，マンデル＝フレミング・モデルにおいても新たな潮流が見られます（大谷, 2001）。新たな開放マクロ経済学は，消費者の効用最大化や企業の利潤最大化など，ミクロ経済学に基礎をおくマクロ経済学で，その代表的なものに，2000年のオブストフェルトとロゴフの論文などがあります（Obstfeld and Rogoff, 2000）。輸入業者のPTM行動やパススルーをモデルに組み込んだ研究もあります（Devereux and Engel, 2001; Corsetti and Pesenti, 2001など）。

このモデルは以下の3つの特徴をもちます。第1は，財市場において各国の企業は競争状態にあって，自国および外国の市場双方が消費者に財を提供するというものです。マンデル＝フレミング・モデルでは価格は長期では一定とされていますが，短期においても購買力平価の関係が成立することになります。

第2に，より動学的な枠組みとなっていることで，当期の財の価格は一期前に決定されており，すなわち，独占的競争市場の存在のために，短期的に財価格は硬直的であるものの，長期的には財価格が変動することになります。第3に，消費者が自由に国際資本市場からの借入れ・貸出しが可能である点です。この仮定では，消費者が現在から将来にかけて最適な消費経路を選択することができることになります。

従来のマンデル＝フレミング・モデルは国際マクロ経済の基本的枠組みを理解するためには依然として有用であると考えられますが，静学的であること，価格が硬直的であること，企業間の競争を考慮していないことなど，さまざまな問題があります。最近のマクロ経済学の潮流はミクロ経済理論の基礎が重要となっており，今後開放マクロ経済学の枠組みの新たなモデル構築がますます重要になっていると言えるでしょう。

例　題

1　変動相場制下の永続的な金融政策緩和のマクロ経済的効果を，財市場，通貨市場，資産市場それぞれの均衡条件を示してから，図を用いて簡潔に説明しなさい。
2　固定相場制下の永続的な財政拡張政策のマクロ経済的効果を，図を用いて簡潔に説明しなさい。
3　国際金融のトリレンマについて，理論的に説明しなさい。
4　マクロ経済政策の観点から，国際資本移動が活発なもとでの新興諸国の用いるべき為替制度について論じなさい。
5　中国人民元の為替制度のあり方について，マクロ経済政策の観点から論じなさい。

第9章 国際通貨制度の歴史

> **Keywords**
>
> ブレトンウッズ体制　オイル・ショック　国際金本位制　ピール条例　ラテン貨幣同盟　新貨条例　複本位制　裁定取引　グレシャムの法則　プライス・スピーシー・フロー・メカニズム　ベルサイユ条約　ジェノア会議　再建金本位制　スムート・ホーリー関税法　近隣窮乏化政策　ヤング案　EPU　金融安定理事会　保険監督者国際機構　貨幣法　ブレトンウッズ協定　ケインズ案　ホワイト案　国際復興開発銀行　WTO　ドッジ・ライン　IMF8条国　マーシャル・プラン　国際収支の天井　GATT　COMECON　金プール制　SDR　クオータ　ニクソン・ショック　スミソニアン体制　キングストン合意　カーター・ショック　プラザ合意　4条コンサルテーション　コンディショナリティ　世界銀行

◆ はじめに

　各国の金融制度・通貨制度が歴史的に大きく変貌したように，国際通貨制度も時代によって大きく変貌してきました。第一次世界大戦前まではポンドを中心とした国際金本位制でしたが，20世紀の2つの戦争を経て，第二次世界大戦後はドルを中心とした国際通貨制度に大きく変貌しました。**ブレトンウッズ体制**では金ドル本位制でしたが，ドルの信認低下を背景に1973年に先進諸国は変動相場制に移行しました。この時変動相場制に移行していたがゆえに，70年代の2回の**オイル・ショック**を先進諸国はうまく乗り切れたとも言えます。

　一方でドル体制からの離脱を図るべく，欧州諸国では1979年にEMS（ヨーロッパ通貨制度）が発足しました。80年代には市場統合と金融統合が進み，99年についに単一通貨ユーロが導入されました。戦後一貫して続いてきたドルを中心とした通貨制度は，ユーロの導入により大きく変わりました。この間，円

ドル・レートは大きくスイングし，80年代以降円高が急速に進みました。東西冷戦が終結した90年以降は世界経済のグローバル化が進み資本移動がさらに活発になる状況で，途上国，とりわけエマージング（新興）諸国の通貨制度は急速に柔軟性が増しています（第14章参照）。

このように国際通貨制度は歴史とともに大きく変貌しています。本章では，国際通貨制度の歴史を概観するとともに，どういった要因がそれを促したかについて検討します。世界の通貨制度の変遷と，日本の通貨制度の変遷についても概観してみましょう。

1　第一次世界大戦以前のシステム——国際金本位制の確立

まず国際通貨制度の歴史を振り返ってみましょう。通貨制度はそれぞれの国，地域で発達してきましたが[*1]，国際通貨制度については産業革命が起きたイギリスが中心となって発展してきたと言えます。国際貿易は古くから行われていましたが，**国際金本位制**が確立したのは19世紀と新しく，中心はイギリスでした。

イギリスでは，ナポレオン戦争終結直後の1816年に貨幣法が制定され，それまでの金銀複本位制の廃止と金平価の法定化がなされ，1844年の**ピール条例**でイングランド銀行に銀行券発券業務が集中することになりました。銀行券には金兌換が保証され，銀行券発行高は金準備量で制限されることになり，ここにイギリスは名実ともに金本位制に移行しました[*2]。ちなみに，イングランド銀行は1694年に王室特許状によって設立されたもともとは民間銀行です。他の銀行も発券業務を行っていましたが，次第にイングランド銀行に集中するようになり，ピール条例で正式に発券が独占されることになりました。そして戦後国営化され現在に至っています。

産業革命に大きく出遅れたドイツでしたが，1871年，統一後のドイツ帝国は，普仏戦争での賠償金をもとに銀本位制から金本位制に移行し，1876年にプロイセン王国銀行を改組する形で中央銀行としてライヒスバンクが創設されました。ドイツと貿易上密接な関係のあったオランダ，北欧も銀本位制から金本位制に移行し，1873年にスカンジナビア貨幣同盟が設立されました。フランスでは，1803年に銀本位制が導入されましたが，実質的には金銀複本位制で，

1865年に4カ国で創設した**ラテン貨幣同盟**（フランス，イタリア，ベルギー，スイス）が1878年に金本位制となると，欧州大陸だけでなく，仏領インドシナ，アフリカ，ロシアなどに影響力を強め，ロシアでも1871年に金本位制となりました。アメリカは国際複本位制を提唱していましたが，南北戦争中停止していた金兌換を1879年に再開し，1900年の金本位法により正式に金本位制となりました。日本では1871年の**新貨条例**で名目上金本位制（実態的には金銀複本位制）となり，1897年の貨幣法により正式に金本位制となりました。ここで世界は，金本位制がグローバルスタンダードとなったわけです。

ラテンアメリカやアジアも金本位制となりましたが，これら途上国の動機としては，①先進国との貿易拡大（イギリスを中心とした多角的貿易体制），②資本輸入（対内投資）の前提条件の整備，③国際決済におけるロンドン金融市場との連携強化，などが指摘できます。英マーチャントバンクを中心とした国際金融ネットワークが国際金本位制を支え，国際資本移動は活発化し，支払い決済はロンドン市場，決済通貨はポンドとなり，イギリスは「世界の手形交換所」「世界の銀行」として君臨することになりました。金本位制時代はイギリス・ポンドが世界の基軸通貨であったのです。

2　金本位制のメカニズム

ここではまず商品本位制について考えてみましょう。そして金本位制のメカニズムについて検討してみましょう。

2.1　複本位制のメカニズム

歴史的に商品本位制が採られた例としては，金本位制，銀本位制，金銀**複本位制**などがあります。まず日米両国が金本位制を採っていると仮定しましょう。

---

*1　古代には，石や高価な宝石が貨幣の役割を果たしてきましたが，近代になると，紙幣が「法定通貨」として貨幣の役割を果たすようになりました。貨幣の3つの機能，すなわち計算単位，価値の貯蔵手段，決済手段の3つを備えたものはどのようなものでも貨幣として機能します（たとえば戦時中の収容所でのタバコなども貨幣として機能）。

*2　法的には，兌換再開条例で固定レートで金と交換する義務がイングランド銀行に付与された1819年とされています。

日本で金1グラムが100円，一方アメリカでは金1グラムが1ドルという公定レートを採用していたとします。このとき，日米の為替レートは1ドル＝100円で固定されます。もし日本で銀本位制（銀1グラム＝1円），アメリカが金本位制（金1グラム＝1ドル）であったとしても，金銀の相対価格がたとえば金1グラム＝銀100グラムであれば，円ドル・レートは1ドル＝100円に固定されることになります。

　ここで日本が金銀複本位制を採用していると仮定しましょう。すなわち，1円＝金1グラム＝銀10グラム（法定交換比率）であるとします。このとき大規模な銀鉱山が発見されるなどして銀の供給量が増大すれば，供給過剰となって銀の市場価格は金に対して下落します（たとえば金1グラム＝銀15グラム）。一方，法定交換比率は変わらないので（金1グラム＝銀10グラム），法定価格と市場金利を用いた**裁定取引**（安いところで買い高いところで売ること）が活発化します。当局に銀10グラムをもっていけば金1グラムと交換できるので，入手した金を市場で売却すれば（銀15グラムを獲得でき）確実に差益を得ることができます。

　これは江戸末期から明治初期にかけて実際に起きたことでした。当時貿易で得た銀を日本で金に交換して，それを外国で売れば差益を得ることができたのです。この結果，江戸末期から明治初期にかけて金が日本から流出するという事態に見舞われました。[*3] このような「悪貨（公的価値の低い貨幣）が良貨（公的価値の高い貨幣）を駆逐する」ことを，**グレシャムの法則**と呼びます。このように，複本位制はそもそも非常に不安定なものです。後述するブレトンウッズ体制が崩壊したのも，複本位制であったためと言えます。

2.2　金本位制のメカニズム

　次に金本位制のメカニズムを検討しておきましょう。日米が金本位制であると，貿易を行うには日本がアメリカから輸入する際にはドルが必要となり，一方輸出する際には獲得したドルを円に換えなければなりません。アメリカから財を輸入する場合，ドルを入手するには次の2つの方法があります。第1に，日本で円を公定レートで金に交換しアメリカに現物を輸送して，その金をアメリカの当局でドルに換えてもらうことです。第2の方法は，外国為替市場で直

2 金本位制のメカニズム

● 図9-1 金本位制度下の外国為替市場(1) ●　● 図9-2 金本位制度下の外国為替市場(2) ●

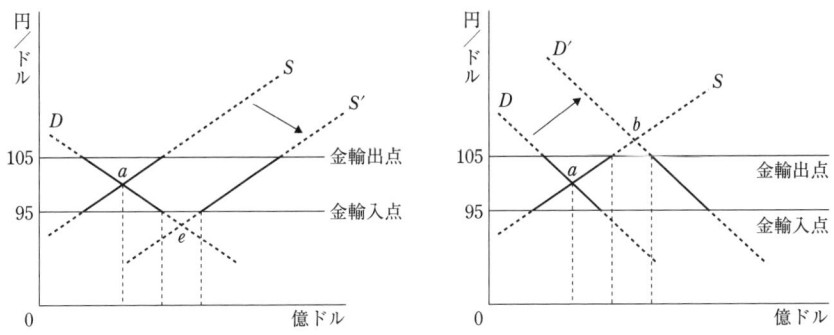

(出所) 髙木信二『入門 国際金融』第3版，日本評論社，2006年，を一部修正．

接ドルを入手することです．

　ここで公定レートが1ドル＝金1グラム＝100円，金の輸送コストは金1グラム当たり5円であるとします．輸入するためドルを買う第1の方法は，当局で100円で金1グラムを入手し，金をアメリカに輸送して当局で（公定レートで）ドルと換えることです．この場合，輸送コスト5円を足した105円のコストでドルを手に入れることができます．したがって，もし外国為替市場でドル需要が増大し，為替レートが105円を上回る値（たとえば110円）になると（図9-2 b 点），市場でのドルの買い手はいません．

　一方，輸出の際に得たドルを円に換えるには，やはり2つの方法があります．第1は，1ドルを日本に輸送して日本の公定レートで円に換えること，第2は外国為替市場で売ることです．第1の方法でドルを円に換えるには，日本への輸送量5円を引いた95円のコストで売れます．したがって外国為替市場でドルの供給が増え相場が95円を下回ると，ドルの売り手はいません（図9-1 e 点）．このように金本位制では，公定レート±輸送コストの水準に為替レートは固定されることになります（図9-1および図9-2）．

---

*3　江戸時代の日本の貨幣制度は，金貨，銀貨，銭（銅）貨の三貨制度であり，各貨幣相互間の交換は，その時々の交換レートでなされていました．金銀の相対価格については，鎖国や幕府による金銀の一元的管理のもと，江戸時代末期には1対5と国際レート（1対15）から大きく乖離していました．安政5年（1858年）に締結された日米修好通商条約により，開港と同時に「外国の諸貨幣は，日本貨幣同種類の同量を以て通用すへし（第5条）」とされ，激しい金貨投機が起きて大量の金貨が海外に流出したとされています．これに気づいた幕府は金の含有量を3分の1とした万延小判を鋳造しますが，金貨悪鋳はインフレを招来し，これが幕末の騒乱に結び付いたとも言われています．

2.3 ヒュームのプライス・スピーシー・フロー・メカニズム

金本位制は貿易収支調整機能があるとされていましたが，そのメカニズムは以下のようなものです．両国で貿易収支不均衡が生じると，赤字国から黒字国へ金が移動します．金準備はベースマネーと連動するので，赤字国ではマネーサプライが減少し，黒字国では逆に増大します．このため赤字国では物価水準が下落し，黒字国では物価水準が上昇することになります．両国でインフレ格差が生じるので，赤字国の価格競争力は増大し，黒字国のそれは低下します．これは結果として貿易収支不均衡を是正させます．このようなメカニズムを**プライス・スピーシー・フロー（価格正貨移動）メカニズム**と呼びます．

金本位制では，このような国際収支調整機能があると信じられていました．しかし現実には，金準備の流入に対しては不胎化を行うなど，ゲームのルールに従って動く国はほとんどありませんでした（Nurkse, 1944）．また，金本位制は国内均衡ではなく，対外均衡を達成するものであり，金本位制下の方が失業率は一般に高く，また金ストックの増減によって景気が左右される傾向が強くなるなどの弊害もありました．国際資本取引が活発だったこともあり，貿易収支不均衡是正についても，想定されたほどの効果はなかったと言われています．カレンシー・ボード制と同様に金本位制はデフレ・ショックに弱く，1920年代半ばに金本位制が再建されたものの，29年に世界大恐慌が起きると，以下に述べるように，各国は金本位制からの離脱を余儀なくされたのです．

3 金本位制の崩壊と大戦間期の通貨制度

前述したように19世紀には国際的な金本位制が確立していましたが，その崩壊の直接的きっかけは第一次世界大戦の勃発でした．1914年にサラエボ事件が起きてオーストリア＝ハンガリー帝国がセルビアに対して宣戦布告を行うと，ロンドン市場は大混乱し，流動性確保のためロンドンに巨額の金が移動しました．このため各国政府は事実上の金輸出禁止や金兌換停止措置を採らざるをえず，国際金本位制は崩壊しました（英は1914年，日米は1917年）．

1918年に休戦合意がなされ翌19年6月に**ベルサイユ条約**が締結されると，各国間の債権債務問題の処理と，巨額のドイツの賠償金問題の2つが，世界経

済の大きな問題となりました．まず，支払い能力を大きく上回る巨額の賠償金は，膨大な軍事支出と相まってドイツにハイパーインフレーションをもたらしました．1919年1月から23年12月に物価は5000億倍になり（第6章119ページ注3参照），天文学的なインフレ率となりました（こうした経済危機がナチスの台頭を生んだと言われます）．また，アメリカが新興大国として台頭するなかでイギリスからアメリカへと経済覇権がシフトし，ニューヨーク市場での取引が活発化して，世界はポンド体制からドル・ポンドの2通貨体制となりました．各国利害が激しく対立するなかで金本位制再建努力がなされ，まずアメリカが19年に金本位制に復帰しました．一方欧州経済は，財政赤字，インフレなどの混乱があり変動相場制のままでしたが，22年に開催されたジェノア会議（イギリス，フランス，イタリア，日本が参加）において，国際金本位制への復帰，および国内・対外目標達成のための金融協調で主要国は合意しました．しかしながら金貨流通の必要性は否定され，金準備の代わりに外貨での準備保有を可能とした新しい金本位制（**再建金本位制**）となりました．

　かかる状況で，イギリスが1925年に（ドイツは24年）金本位制に復帰し，日本も30年にグローバル・スタンダードに復帰すべく井上準之助蔵相（当時）が金輸出解禁を断行しました．しかしながら両国とも旧平価で復帰したため輸出に大きな打撃となり，さらに29年のニューヨーク株価暴落と金融恐慌で世界経済はデフレ・ショックに見舞われ，国際的に伝播しました．31年9月にはイギリスが金本位制を離脱して金利を大幅に引き下げ，33年にアメリカ，36年にはフランスが離脱しました．日本では，31年12月に金輸出再禁止措置が採られ，国際金為替本位制はついに崩壊することになります．

　一方各国は自国経済を立て直すため保護主義へと傾斜し，1930年にはアメリカで**スムート・ホーリー関税法**が施行されました．さらに為替切下げ競争などの**近隣窮乏化政策**（Beggar-thy-neighbor policies）が採られました．このように

＊4　カレンシー・ボード制とはベースマネーを外貨準備の増減と同額変化させる通貨制度であり，金本位制で金準備の増減と同額変化させるのと同様の制度でした．すなわちこれら強固な固定相場制は，金融政策の自由度を完全に放棄する制度であったと言えます（第14章，Column ㉛参照）．
＊5　それまで主要国間では巨額の債権債務がありましたが，1917年にロシア革命が起きると対露債権がほぼ全額回収不能となったため，とりわけフランスとイギリスが大きな打撃を受けました．ドイツに対する賠償金問題がこの対露債権問題と結び付けられるようになりました．

> **Column ⑱ ●● BIS（国際決済銀行）の成り立ち**
>
> 　1930年にスイスのバーゼルに設立された，国際金融システムの安定のために中央銀行間の情報交換，協力体制を促進することを目的とする，現存するなかで最も古い国際金融機関です。第一次世界大戦後のベルサイユ条約で決定されたドイツの賠償問題処理に関し，30年1月に成立した**ヤング案**に基づき，ドイツの賠償金決済のための受託者，代理機関としての機能を遂行すること，また中央銀行間の協力を促進することを目的として，同年5月に設立されました（当初の出資国は，イギリス，フランス，ドイツ，イタリア，ベルギー，および日本）。もっとも，設立翌年のフーヴァー・モラトリアムによる賠償支払い停止により当初の職務を失い，また大戦間期の世界経済の疲弊や国際経済政策協調体制の崩壊により，その後活動は休眠状態に陥りました。戦後の国際通貨貿易制度の土台となったブレトンウッズ会議で，IMFや世界銀行といった国際金融機関が誕生したため，その清算がいったん決議されたものの，結局戦後も存続することとなりました。
>
> 　第二次世界大戦後，マーシャル・プランにおいてECの支払い代理人として活動を再開し，1947年から58年まではEPU（欧州決済同盟）の運営においても大きな役割を果たしました。また61年から68年までG10が創設した金プール制の運営にも携わりました。EU諸国中央銀行の便益のための特別な職務も行っており，73年以降はEMCF（欧州金融協力基金）の代理人として活

　30年代は為替切下げ競争や保護主義のもと，ブロック経済主義が台頭して国際貿易は大きく減退しました。為替レートが不安定となるなか資本取引規制，為替管理は厳格となり，世界貿易が大きく縮小して世界経済が停滞し，第二次世界大戦へと突入することになるのです。

4　円の通貨史

　ここで日本の円の歴史について検討しておきましょう。江戸時代幕藩体制の通貨制度は金，銀，銭（銅）の三貨制度でしたが，1859年の開港と同時に外国通貨は同量の日本貨幣をもって通用することになりました（日米修好通商条約）。明治政府が成立すると1871年5月に「新貨条例」が公布され，1円金貨＝1.5グラムの金＝1米ドルという金本位制が成立しました。しかし当時政府は金兌換を保証するのに十分な金準備がなかったこと，当時アジア貿易は銀貨で行わ

動し、またユーロの前身であるECU（欧州通貨単位）の決済機能も代行するなど、欧州の影響力が強い国際金融機関であると言えます。

　主な職務は、①定例会議など中央銀行間の情報交換、②国際協調のフレームワークのもとでのリサーチ機能、国際金融統計の公表、③中央銀行および国際機関拠出の準備管理および金取引、④国際通貨システム支援のための緊急融資（1960年代のポンド危機から98年のブラジル危機など多数実施）、などです。G10と呼ばれる主要国の中央銀行総裁が参加する会合を定期的に開催すると同時に、さまざまな国際委員会の常設委員会も置かれています。主なものに、バーゼル銀行監督委員会、支払・決済システム委員会、グローバル金融システム委員会があります。国際金融取引が急激に増大し、国際金融システム不安も顕在化するなか、**金融安定理事会**（FSB）、**保険監督者国際機構**（IAIS）、および預金保険国際機構（IADI）の事務局も置かれています。バーゼル銀行監督委員会とともに金融安定機構（Financial Stability Institute: FSI）を運営し、IMFなど他の国際金融機関との連携なども強化しています。

　日本は、1951年に出資に関するすべての権利を放棄しましたが、70年の増資の際、日本銀行が出資して再びメンバーとなりました。2020年現在62の国と地域の中央銀行（通貨当局）がBISに加盟しており、それぞれが出資国であると同時に定例会議の議決権を有しています。

れており貿易港に限り円貨使用が認められていたなど、実態的には金銀複本位制でした。そこで1878年に政府は貿易銀の流通を認め、事実上の金銀複本位制になりました。

　一方、1876年8月の国立銀行条例の改正により、金銀と兌換しない不換紙幣が国内通貨として流通するようになりました。同時期に起きた西南戦争の戦費調達のための多量の不換紙幣の発行を背景に、紙幣は銀貨に対して大幅にディスカウントされました（図9-3）。このため、1881年に緊縮政策と輸出振興策により紙幣の流通量を減らし、銀準備を増額するいわゆる松方デフレ策が採られたのです。1882年に日本銀行が設立され、銀兌換保証付きの銀行券が発券されることになりました（1986年11月銀兌換日銀券発行開始）。

---

*6　明治政府は当初オリエンタル・バンク支配人等の助言を受け入れ、銀本位制を採用しようとしていましたが、渡米中の伊藤博文が金本位制に強くこだわり、一転して金本位制を採用したと言われます（浅井、2007, p.252）。

● 図9-3　第2次世界大戦前の円相場 ●

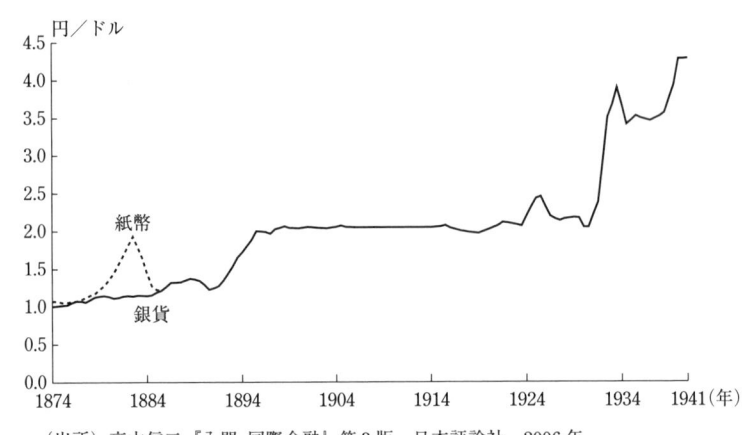

（出所）高木信二『入門 国際金融』第3版，日本評論社，2006年。
（原資料）日本銀行『日本銀行百年史 資料編』，内閣統計局『帝国統計年鑑』。

　明治時代に銀本位制が維持されたことには，多くのメリットがありました。すなわち金に対する銀の価値はこの間相対的に下落したため銀にリンクしていた円相場は円安となって，明治時代の輸出主導型経済発展に大きく寄与したと言われます。

　一方，前述したようにこの間西洋列強は国際金本位制が標準となりつつあり，日本も金本位制採用が検討されるようになりました。おりしも日清戦争後の1895年の下関条約により賠償金3億5000万円（2億3000万両）を中国から受け取ることになり，金準備が増大しました。この結果，1897年10月に「貨幣法」を制定し金本位制に移行しました。貨幣法では1円金貨＝750ミリグラムの純金（1米ドル当たり約2円）となり，日本も金本位圏の一員になったのです（新貨条例の平価1円＝1500ミリグラムに比べて円の価値は半減）。

　第一次世界大戦勃発直後の1914年に欧州諸国は金本位制から離脱し，17年に日米も金輸出を禁止しました。しかし欧州主要国が金本位に復帰すると，旧平価（100円当たり50ドル）で金本位に復帰することが議論されました。結局，1929年11月井上準之助が金解禁を発表し，翌年実施されましたが，世界恐慌直後という最悪のタイミングでなされたため，日本に強烈なデフレ圧力が生じました。このため1931年12月に高橋是清が犬養内閣の蔵相に就任すると直ち

に金輸出再禁止を行いました。その後円は暴落し，32年には「資本逃避防止法」，33年には「外国為替管理法」が制定され（Column㉒参照），その後経済体制は統制が強められることになります。[*7]

5 戦後IMF体制とブレトンウッズ体制

5.1 ブレトンウッズ協定

前述したような2つの世界大戦間期に世界貿易は大きく縮小し，世界経済は大きく疲弊しました。戦後体制を構築すべく，連合国側は1944年7月に避暑地であるアメリカ・ニューハンプシャー州ブレトンウッズのマウントワシントン・ホテルでブレトンウッズ会議（連合国側45カ国の代表参加）を開催しました。そこで合意されたのが「**ブレトンウッズ協定**」です。戦間期の①金本位制の硬直的かつデフレ的側面，②為替レートの競争的切下げ，③資本取引規制と保護貿易主義，といった苦い経験に鑑み，ブレトンウッズ会議では①為替の安定，②秩序ある為替取決め，③競争的為切下げの回避，④自由で多角的な国際決済，という行動規範が採択されました。

新たな体制構築に当たっては，イギリスの**ケインズ案**とアメリカの**ホワイト案**が真っ向から対立しました。ケインズは国際決済同盟を作り，バンコールという国際通貨で貿易決済を行うことを主張しました。また世界中央銀行を設立し，それに信用創造機能を付与することを主張しました。これに対しホワイトは，国際安定化基金構想を提示し，現在のIMFと似た機関を創設することを主張したのです。結局，戦後覇権国となるアメリカの主張が通り，国際通貨基金（International Monetary Fund: IMF．1945年12月設置，47年3月業務開始），世界銀行（**国際復興開発銀行**；International Bank for Restructuring and Development）および国際貿易機構（International Trade Organization: ITO）の3つの国際機関を設立することが決まりました。もっとも自由貿易体制を構築するためのITO

[*7] 1937年の日中戦争から始まる戦時体制が戦後日本の経済制度を決定付けたという議論があります。大正時代までの経済はむしろ自由化が進んでいましたが，昭和恐慌を経て規制が強められ，40年の税制改正（源泉徴収税の導入等）や地方交付税導入で税財源が中央集権化し，統制型システムになったとされています。この「1940年体制」が，戦後日本システムの基盤になったという議論です（野口，1995）。

については、アメリカが批准せず、設立されませんでした。その代わりにGATT（関税および貿易に関する一般協定）が締結され、1995年に**WTO**（世界貿易機関）が設立されることになります。

新たな通貨制度は金ドル複本位制となり、加盟各国の平価（par value）は、「共通尺度たる金により、または合衆国ドル（純金1オンス＝35ドル）により表示する…」（協定第4条）ことになりました。また、自由で多角的な国際決済がうたわれ、経常取引について為替制限をしてはならない（協定第8条）旨が規定されました。米ドルを介入通貨とし、米ドルに対してのみ固定相場が維持され、変動許容幅はIMF平価±1％に制限され、「調整可能な釘付け制度」（adjustable peg）となったのです。

日本では、1949年4月25日よりドッジ・ライン[*8]の経済安定化政策のもと、1ドル360円に設定され、71年までこの平価は動きませんでした（ジョゼフ・ドッジはデトロイト銀行頭取でGHQ経済顧問）。これに対し、イギリス・ポンド、フランス・フランは切下げを繰り返し、一方旧西ドイツ・マルクは切上げを経験することになり、域内通貨の不安定性が単一通貨導入の動機となりました。

5.2　ブレトンウッズ体制の特徴

ブレトンウッズ体制の特徴として以下の3つが指摘できます。

◆ 通貨の交換性の確保

第1は通貨の交換性の維持です。大戦間期の各国の資本取引規制の導入が世界貿易の縮小をもたらしたという認識のもと、多角的決済制度の確立が世界貿易の発展の条件であるとして、IMF協定第8条で加盟国は国際的支払いでの通貨取引に何ら制限をしてはならないとされました。これを遵守する国を**IMF8条国**と呼びます。もっとも、為替規制を暫定的に行うことを選択した国はIMF14条国に分類され、速やかに8条国へ移行することが求められています。

欧州各国は戦後アメリカのマーシャル・プランによる巨額のドル資金をもとに欧州決済同盟（EPU）を創設し、1961年に欧州諸国はIMF8条国に移行しました。日本は1964年にIMF8条国に移行し、経常取引に関する為替管理を自由化しました。

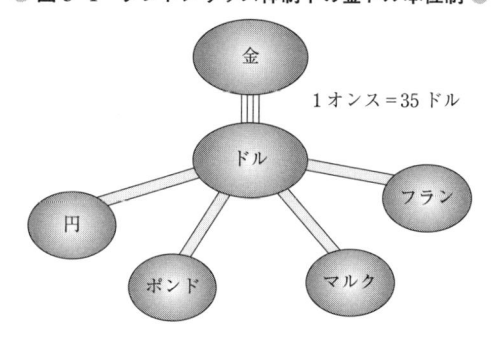

● 図9-4　ブレトンウッズ体制下の金ドル本位制 ●

(図：金 — ドル（1オンス＝35ドル）を中心に、円、ポンド、マルク、フランがドルに連結）

◆ IMFと固定相場制度

　大戦間期に為替切下げ競争があり，為替相場制度の不安定性が世界貿易をいっそう縮小したとの認識のもと，戦後の体制では為替相場制度の安定化が重要な課題となりました。そのためIMFには，①国際通貨問題の討議の場，②安定的かつ自由な為替制度を維持することを義務付ける監督機関，③国際収支調整のための融資をする機関，の3つの役割が付与されました（IMF協定で規定）。

　参加国通貨はそれぞれ金に対する平価を設け，原則として平価の上下各1％の変動幅に固定することが義務付けられていました。実態的には1ドル＝金35オンスの公定レートが設定され，ドルに対して各国通貨が上下各1％変動するように固定されました（図9-4）。米ドルを基軸通貨とする非対称的な制度であったため，「$n-1$問題」が引き起こされることになりました（第3章参照）。先進諸国が固定相場制になったことは，金融政策の自律性が喪失することを意味します。日本の場合，**国際収支の天井**[*9]という制約のもとで金融政策が行われることになりました。

[*8] 昭和10年代の高橋財政から始まる軍事費用調達のための国債乱発，日本銀行による引き受けにともなうハイパワードマネーの急増，および戦争による物資不足により，敗戦後は極度のハイパーインフレとなりました（1943年には1ドル5円前後であったものが，360円にまで急激に円安となったのはこのためです）。ドッジラインは，均衡予算，徴税システム，賃金安定化など経済安定9原則からなるインフレ抑制のための財政金融引締めの政策。

[*9] 「国際収支の天井」とは，戦後まもなくから1960年代初頭まで，日本には外貨準備が少なく，景気がよくなると輸入が増え外貨準備が減少することから，イギリスの「ストップ・アンド・ゴー」政策と同じように，景気拡大に制約があること，金融政策の自由度が少なかったことを言います。

◆ 自由貿易体制

　通貨の交換性が制約されていたことに加え，大戦間期に保護主義が台頭したこと，ブロック経済化したことが世界経済を停滞させたとの認識のもと，戦後体制では，多国間体制かつ自由貿易を堅持することが重要だと認識されました。前述した **GATT** はこうした国際的な自由貿易体制を維持する装置となりました。もっとも，東西冷戦の状況下では，旧ソ連を中心とする中央計画経済国においては，**COMECON**（経済相互援助会議）を中心としたバーター型貿易システムが構築されており，自由貿易体制はあくまで西側諸国でのシステムでした。とはいっても，各国の利害が対立するなか，ケネディ・ラウンド，ウルグアイ・ラウンドなど，各国間の対話のなかで，財のみならずサービス貿易についてもルールが明確化されました。もっとも 1995 年に WTO が誕生してからは，加盟国が増えすぎたこと，カバーする範囲も拡大したことから合意に達するのが容易ではなくなり，2 国間あるいは地域ベースの FTA（自由貿易協定）や EPA（経済連携協定）が増大する傾向にあります。

5.3　ブレトンウッズ体制の崩壊

◆ 金・ドル複本位制の脆弱性

　ブレトンウッズ体制は戦後 20 年ほどは非常にうまく機能し，世界経済の復興に大きく寄与しました。しかし本源的に内在する問題，すなわち複本位制であることの問題が徐々に露呈するようになりました。複本位制は前にみたように非常に脆弱なシステムであり，ブレトンウッズ体制でも金とドルが中心価値であることがその崩壊につながっていきます。

　ドルの公的金価格（金 1 オンス = 35 ドル）を維持すること，金取付けを防ぐことを目的に 1961 年 G10 で**金プール制**が制定され，ロンドン金市場で平価維持のために介入がなされるようになりました。65 年以降アメリカがベトナム戦争への介入を強めていくと，軍事費膨張のなかでアメリカの財政赤字と経常収支赤字が拡大しました。ドルの信認が低下し，金への取付けが起きると，68 年には金の二重価格制度（公定レート）が導入されました。しかし，ゴールドラッシュと言われる金への投機的取付けは収まることはありませんでした。

◆ 国際流動性問題とSDRの誕生

　国際流動性とは国際取引に必要な国際通貨の供給量のことを言います。1960年代後半にトリフィンは，国際取引を円滑に行うには国際通貨の十分な供給が必要だが，それはアメリカのドル供給（経常収支赤字）に依存しており，仮に国際流動性を十分に供給すると，ドルの信認が低下し，金との交換性維持が危うくなるという「流動性のジレンマ」を主張しました。その解決策として，IMFが独自の通貨を発行し世界の中央銀行になることをトリフィンは提案したのです。

　これに基づきIMFは，国際流動性を供給することを目的に，1969年7月，人為的準備資産であるバスケット通貨**SDR**（Special Drawing Rights; 特別引出権）を創出しました。IMFの通常基金とは別の特別勘定（SDR勘定）を通して加盟国に**クオータ**（quota: 割当額）に応じて比例配分するというものでした。当初の目論見とは異なり，SDRは国際通貨として機能することはありませんでした。ただ現在でも計算単位としては使用されており，2016年10月からドル，ユーロ，人民元，円，ポンドの5通貨の正午の相場をもとに毎日相場が公表されています。

◆ ニクソン・ショック

　ドルへの信認が低下するなか，市場では金がドルに対して大きく増価し，公定レートを維持することが困難になっていきました。こうしたなかで1971年8月15日，ニクソン大統領（当時）は突然ドルの金兌換停止を含む経済安定化政策を発表しました。これを**ニクソン・ショック**と呼びます。ここに戦後構築されたいわゆるブレトンウッズ体制は崩壊することになりました。

　1971年12月には主要先進国蔵相が暫定的に固定相場制に戻る合意をスミソニアンで締結しました。これを**スミソニアン体制**と呼びます（日本は1ドル360円から308円へ切上げ）。しかし，暫定的に固定相場に戻ったものの，相場の安定は維持できず，73年には主要国は変動相場制に移行しました。76年1月に

───────────────

＊10　経済安定化政策は，①減税・歳出削減，②雇用促進策，③価格政策，④金ドル交換停止，⑤10%の輸入課徴金導入からなります。各国は外国為替市場を閉鎖したのに対し，日本は巨額の円売りドル買い介入を行ったためベースマネーが急増し，その後のインフレ昂進の一因になったと言われています。

＊11　ニクソン・ショックには2つあると言われます。1つは経済面のニクソン・ショックで1971年8月に発表された金ドル兌換停止策。もう1つは日本の頭越しに突然発表された中国訪問（71年7月15日発表，72年2月の北京訪問）で，その後アメリカは中華人民共和国と国交を樹立しました。

ジャマイカのキングストンで IMF 暫定委員会が開催され，変動相場制が正式に承認されました（**キングストン合意**。78 年 4 月 1 日発効）。それにともない，為替相場制度を自由に選択できる条項を含む IMF 第 2 次協定改正がなされました。

5.4 変動相場制移行と政策協調

その後 1979 年の**カーター・ショック**で円は大きく円高に振れました。80 年にレーガンがアメリカ大統領になると，「強いアメリカ」を標榜して，減税などサプライサイド経済学に基づく経済刺激策を推し進め，財政赤字が増大し，ドル高のもとで経常収支悪化が顕著となりました。80 年代前半にはアメリカの経常収支赤字は一段と拡大し，85 年のニューヨークのプラザホテルで行われた G5 の会合でドル高是正，日独の内需の拡大で合意に達しました。これを**プラザ合意**と呼びます。その後急激な円高となり，円高不況への対応もあって，金融政策は超金融緩和となり，86 年以降日本経済はバブル経済の様相を強めました。円，ドル，マルク間の相場が不安定となるなか 87 年にはルーブル合意がなされ，ターゲットゾーンを目指し，為替安定のために三極が協力することになりました。

現在，円，ドル，ユーロの為替相場は大きくスイングするようになっています。各国の景気循環が異なるなか，金融政策の自由度は重要であり，経済安定化のためには変動相場制が先進国では最適な制度であることがわかります。しかし市場にすべてを委ねる変動相場制は時としてミスアラインメントを引き起こすこともあり，東西冷戦の終焉でグローバル化が一段と進行するなか，マクロ経済政策の政策協調がいっそう重要となっています。

6　IMF と世界銀行

6.1　IMF とは何か

ブレトンウッズ会議で設立された国際機関で，ワシントンに本部がおかれ，加盟国数は 2011 年 8 月現在 187 カ国に上ります。前述したように，IMF 協定によれば，IMF には①国際通貨問題の討議の場，②安定的かつ自由な為替制

表 9-1 IMF の基礎データ

加盟国数	189（2020 年 3 月末現在）
スタッフ	150 カ国から約 2,700 人
クオータ総額	6,610 億ドル（2019 年末現在）。その他貸付可能額 6,930 億ドル
融資残高	2,100 億ドル（うち 1,330 億ドル未実行，2019 年末現在）
最大借入れ国	アルゼンチン，ウクライナ，ギリシャ，エジプト
サーベイランス実施国	2014 年 132 カ国，2015 年 124 カ国，2016 年 132 カ国
主要目的（IMF 条約第 1 条）	①国際金融協力の推進，②国際貿易の拡大，③為替レートの安定，④多国間支払システム確立の支援，⑤国際収支危機国への融資

（出所）IMF ファクトシートをもとに作成。

度を維持することを義務付ける監督機関，③国際収支調整のための融資をする機関，の 3 つの役割が付与されています。IMF は，為替レートの安定，競争的切下げの回避，国際収支問題の秩序ある是正など，世界貿易のバランスのとれた拡大促進による世界経済の発展を目的に設立されました。IMF の主要な機能の第 1 はモニター機能です。加盟国の経済金融情勢，経済政策のモニターを行うと同時に，政策アドバイスを行うもので，加盟国を対象とした**4 条コンサルテーション**が毎年行われています。第 2 に融資機能で，国際収支危機に陥った加盟国に対する融資です。調整プログラムを講じ，構造改革など**コンディショナリティ**を賦課して被援助国の経済安定化を促進させます。第 3 に技術協力で，加盟国政府・中央銀行に対する技術協力や専門性向上を目指しています（表 9-1）。

IMF のガバナンス構造をみると，最高責任者は専務理事（慣習として欧州から選出）で，意思決定は理事会でなされます。2019 年 10 月 1 日からブルガリアのクリスタリナ・ゲオルギエバ元世界銀行 CEO が専務理事に就いています（任期 5 年）。

IMF の議決権は IMF への各国出資額であるクオータに依存します。クオータは当該国の GDP や貿易量に基づいて決定されるもので，10 大クオータ拠出国は 2010 年の見直し後はアメリカ 17.41％，日本 6.46％，中国 6.39％などとなっています（第 15 章表 15-7 参照）。クオータはファンド拠出額であると同時に，融資額と議決権を決定付けるものとなっています。日本は 1952 年の加盟

● 図 9-5　IMF 融資額の推移 ●

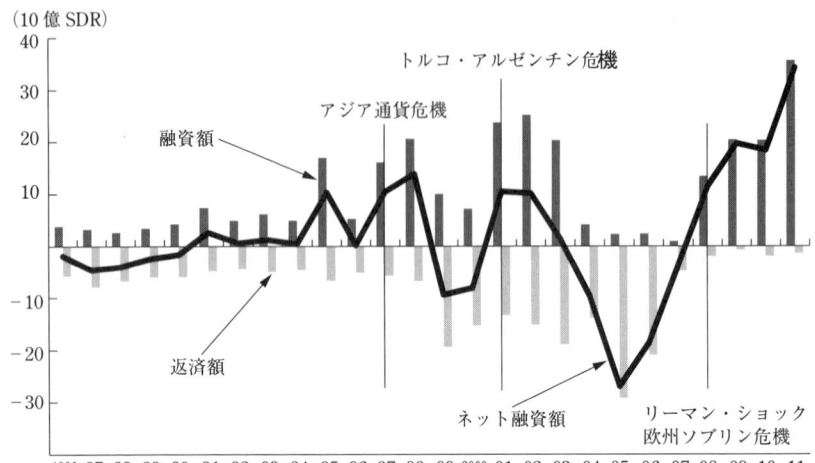

(注) 2011 年は，2011 年 7 月末現在までの数値を年率換算。
(出所) IMF データベース。

時には総出資額の 2.86％で 9 位でしたが，98 年には 2 位（同 6.28％）に躍進しました。アメリカは現在 17.4％のクオータを有しており，重要な議題は 85％以上の議決権で決まるので，事実上拒否権をもっていることになります。また，先進諸国のクオータも 7 割近くであり，債権国の主張が強い制度となっています。もっとも近年ではエマージング諸国やアジア諸国の経済プレゼンスの高まりとともに，出資額の見直しが行われています（第 15 章参照）。

IMF の融資制度では，クオータの 100％までは無条件でなされ（リザーブ・トランシュ），それを超える融資については条件付き融資となっています（クレジット・トランシュ）。IMF の融資制度は 1970 年代のオイル・ショック，80 年代の債務危機，90 年代の通貨危機などで頻繁に活用されてきました。譲許的融資（貧困削減・成長ファシリティ；PRGF）と非譲許融資があり，後者にはスタンドバイ取極（SBA），拡大信用供与ファシリティ（EFF）などに加え，最近ではフレキシブル・クレジットライン（FCL）や予防的信用枠（PCL）などのファシリティが新設されました（第 15 章参照）。エマージング諸国に巨額の民間資金が流入している現状で，融資額は 2003 年以降急激に減少し同時に IMF の収益も急減して，IMF の構造改革の必要性も取り沙汰されました。しかし，

2008年の金融危機以降再び融資残高は急増しています（図9-5）。

6.2 世界銀行とは何か

世界銀行（世銀）の目的は，インフラ関連プロジェクトの促進などによる長期的経済成長の達成です。世界銀行と一口に言いますが，それは世銀グループ（国際復興開発銀行〔IBRD〕，国際開発協会〔IDA〕，国際金融公社〔IFC〕，多国間投資保証機関〔MIGA〕，投資紛争解決国際センター〔ICSID〕）を総称したものです。

このうち，IBRD は 1944 年に創設され，主に中所得国に市場金利ベースで融資を行うものです。投資融資や構造調整融資もありますが，基本的にはプロジェクト型融資となります。職員は約 1 万人で，世界 100 カ所にオフィスがあり，融資資金は，市場からの資金調達によります（世銀債など）。総裁は 2019 年 2 月からデイビッド・マルパス元米財務次官が務め，代々アメリカ人が就くことが慣行になっています。IDA は低所得国に譲許的融資を行うもので，1960 年に設立されました。

世銀は世界の貧困に注目しています。2005 年現在 14 億人が 1 日当たり 1.25 ドル未満の生活をしており貧困率は 27％ と言われます。サブサハラ地域ではそれぞれ 10 億人，52％ と言われています。ミレニアム開発目標（MDGs）とは 2015 年までに世界の貧困を半減させるというもので（モントレー合意），このほか，教育，ジェンダー，AIDS・マラリア，上下水，衛生・健康分野の強化などがうたわれています。IMF と世銀は 1999 年に PRSP（貧困削減戦略文書）と呼ばれる仕組みを導入しました。これは，参加型プロセスを通じて途上国自身が作成する貧困削減を具体的に実現させるための包括的長期的戦略・政策のことで，PRSP に基づく政策を推進する国に対し貧困削減戦略融資（PRSCs）を提供しています。

また，借入れ国のビジネスモデルの促進に注力しており，包括的な開発フレームワーク（CDF）を推進しています。なぜ開発援助が限られた成果しか上げられていないかとの反省のもと，①司法制度や金融制度など構造的側面，②教育制度，保健など人間的側面，③上下水道，道路など物理的側面，④都市部開発など個別テーマ，といったフレームワークを重視し，参加型オーナーシップ（主体性），パートナーシップというアプローチをとっています。最近では

制度・社会構造を重視した新しい開発パラダイムが掲げられています。もともと世銀は欧州と日本の戦後復興のためのものでした。日本も現在では世銀の主要なドナーですが，戦後のダム建設，東海道新幹線や名神高速道路建設は世銀からの借入れで行われました（完済したのは1990年）。

IMFと世銀は協調と競争のスタンスをとっており，貧困撲滅の面では協調体制を強化しています。IMFは国際金融システムの安定性確保，世銀は長期的経済発展と貧困撲滅と，役割分担もなされています。

6.3 国際開発金融機関と援助政策の変化

国際開発金融機関（MDBs）には世銀をはじめ欧州復興開発銀行（東欧諸国の市場経済化支援のため1991年創設），アジア開発銀行などさまざまあります。MDBsの長所としては，豊富な専門的技術能力や情報網を活用して効果的援助ができること，客観的立場から，2国間援助ではできない政策対話・アドバイスができること，協調融資・保証を通じた触媒機能発揮により途上国への民間資金の流れを促進，比較的規模の大きいプロジェクトや地域的広がりのある援助に対応可能などの利点があります。また日本は，アジア開発銀行などMDBsの主要な出資者となることで，貸付・投資業務，政策運営について理事会等を通じ自国の援助方針を反映させることができます。近年こうした国際開発機関で働く日本人職員も増大しています。

冷戦が終結すると「南」（被援助国）の戦略的価値は大きく低下し，ドナー国の戦略的援助の意義も低下しました。また，民間セクターやNGOが台頭したこと，先進諸国の財政難を背景とした援助予算の縮小など，援助政策戦略は大きく変化しています。援助疲れが強調されるなか新しい枠組みが模索されており，開発援助政策の再評価が重要となっています。

例 題

1　金本位制のメカニズムについて，金の輸送コスト，外国為替市場，公定レートを用い，グラフを描いて説明しなさい。
2　金本位制下で，プライス・スピーシー・フロー・メカニズムが実際には機

能しなかった理由について，どういった要因が考えられるか，述べなさい。

3 日本円は戦前の1ドル5円程度から，1949年には1ドル360円に固定されました。円がここまで減価した理由について，戦前のマクロ経済政策をもとに論じなさい。また，新円切り替えがどのような意味があったかについても述べなさい。

第10章 ユーロと欧州の金融・財政政策

Keywords

ローマ条約　マーシャル・プラン　EPU　ECSC　EC　EC共通農業政策　域内市場白書　単一欧州議定書　ドロール報告　チェッキーニ報告　欧州モデル　ウェルナー報告　ECスネーク制　共同フロート制　EMS　ECU　ERM　短期信用制度　EMU　欧州中央銀行制度（ESCB）　マーストリヒト条約　opt-out条項　経済収斂条件　ヘッジファンド　最適通貨圏の理論　財政安定化協定　欧州中央銀行（ECB）　ユーロシステム　TARGET　政策理事会　公開市場操作　最低預金準備制度　主要リファイナンス・オペ　即時グロス決済　最後の貸し手機能　欧州銀行監督機構　コペンハーゲン基準

◆はじめに

　EU誕生の法的根拠となった**ローマ条約**が調印されてから2007年で50周年を迎えました。欧州統合は，経済・通貨統合にとどまらず，政治統合へと深化する様相をみせており，また，加盟国も18年2月現在28カ国と当初の6カ国から大幅に増大しました。ユーロを導入している国も18年2月現在19カ国にのぼり，欧州中央銀行制度（ESCB）のもとで，共通の金融政策が採択されています。欧州の経験は，経済統合が進む他の地域に照らしても注目されており，とりわけアジアの経済統合の行方にも多くの示唆を与えています。さらに，国際通貨制度の将来展望を考えるうえでもユーロのプレゼンスはますます重要となっています。

　本章では，欧州統合の歴史，欧州中央銀行（ECB）の金融政策および財政政策，そして欧州拡大について検討しましょう。ECBの金融政策の分析は，アメリカ，日本，イギリスなど「大国」での金融政策を考えるうえでも重要です。金融政策だけでなく，各国に主権が残っている財政政策についても検討します。

また，拡大 EU がどのような展望になるのか，拡大 EU のユーロ化についても考えてみましょう。

1 EU の歴史――ローマ条約から EU へ

1.1 ローマ条約締結まで

第一次世界大戦後，オーストリア（旧オーストリア・ハンガリー帝国）のクーデンホーフ＝カレルギー伯は 1923 年に「汎欧州運動」（パン・ヨーロッパ運動）を提唱しました。これは，①繰り返される独仏間の争いのなかでの独仏の和解，②ロシア革命を経た共産主義国家ソ連の欧州征服の阻止，③台頭するアメリカ経済に対抗できる共同市場設立による経済圏の創設を目的としていました（田中・河野・長友，1994）。とりわけアメリカやソ連といった大国に挟まれた欧州が経済的・文化的に圧倒的な地位を失う危機感が背景にありました。

第二次世界大戦後，イギリスのチャーチルが「欧州合衆国構想」を打ち出しましたが，米ソ 2 大国の狭間にあったイギリスが，自国の存在価値を高めるべく，米ソの仲介者として世界的役割を果たすことがその目的でした。チャーチルが提唱した欧州統合運動は 1948 年のハーグ会議で議論され，大陸欧州のロベール・シューマン（フランス），ジャン・モネ（フランス），コンラート・アデナウアー（旧西ドイツ）などの有力政治家もこれに賛同して 1949 年に欧州評議会（Council of Europe）が創設されたのです。しかし，イギリスは戦前の英連邦第一主義を引きずっており大陸欧州とは一線を画した姿勢を保っており，大陸欧州主要国とイギリスは後にインナーシックス（創設メンバー 6 ヵ国）とアウターセブン（EFTA 7 ヵ国）に分かれることになりました。

一方東西冷戦が深刻となるなか，戦後覇権国となったアメリカも，戦争で荒廃した大陸欧州の復興において多大な影響力を保持していました。とりわけ 1947 年に実施されたアメリカのマーシャル・プランは，ソ連共産主義に対峙するため，欧州の関税同盟実現，域内為替自由化による経済復興が目指され，西側の同盟強化がその政治目的であったと言えます。マーシャル・プランの受入れ機関として OEEC（後の OECD〔経済協力開発機構〕の母体）が設立され，50 年には **EPU**（欧州決済同盟）[*1] が設立されるに至りました。アメリカからの援助

● 表10-1　バラッサによる経済統合の深化 ●

	自由貿易地域	関税同盟	共同市場	経済同盟	完全なる経済統合
域内関税・数量制限の撤廃	○	○	○	○	○
域外に対する共通関税	×	○	○	○	○
生産要素移動の自由化	×	×	○	○	○
経済政策の協調・一元化	×	×	×	○	○
経済政策の完全一元化・政治統合	×	×	×	×	○

は，後述するECSC，EURATOM，EEC設立にも大きく寄与したと言われます。1950年5月にフランスのシューマン外相が独仏の石炭・鉄鋼の生産管理などを内容とする「シューマン・プラン」[*2]を発表し，フランスがイニシアティブをとり統合がいっそう推進されることになりました。

1.2　段階的統合

　国際経済学者のバラッサは，表10-1にあるように経済統合を5段階に分類しました。第1段階は「自由貿易地域」で，域内の関税や数量制限を撤廃するものです。北米のNAFTA（北米自由貿易協定），ASEANのAFTA（ASEAN自由貿易地域），および現在活発化しているFTA（Free Trade Agreement）がこれに当たります。第2段階は「関税同盟」で，域外に対して関税を均一化し，加盟国間の商品移動に関する差別待遇を除去するものです。第3段階は「共同市場」で，財だけでなく，労働力，資本など生産要素の移動を自由化し，基準や慣行の調和を図るものです。第4段階は「経済同盟」で共同市場の条件に加え，各国の経済政策の一元化，法制度，社会制度の調和が達成されます。最終段階が「完全なる経済統合」で，超国家的機関の設立など政治統合が達成されます。EUは1992年の共同市場，99年の経済通貨同盟を経て第5段階を目指しています。ただ後述するように，欧州憲法や，欧州連合大統領などについては反発も強く，政治統合にはさらに時間がかかると見込まれています。

---

*1　ドルを中心とした決済同盟で，当初はドル依存体制。
*2　もともとの発案者はフランスのジャン・モネ（「欧州連合の父」と呼ばれます）。ECSCがEUの母体となったという意味で，フランスのシューマンとジャン・モネが，EU創設者と考えることができます。

1.3 EU 統合の経緯――拡大と深化

　1951 年に欧州石炭鉄鋼共同体（ECSC）条約が 6 カ国で調印され（パリ条約），翌 52 年 7 月に発効しました。従来から紛争のもとであったドイツのザール地方とフランスのアルザス・ロレーヌ地方の石炭，鉄鋼石の共同管理を目的としたもので，これが欧州統合の第一歩となりました。58 年には欧州再生を期して欧州経済共同体（EEC）と欧州原子力共同体（EURATOM）条約が ECSC 加盟国によって設立され，同時に欧州憲法とも呼ばれるローマ条約が発効しました。67 年には EEC，ECSC，EURATOM の 3 組織が統合され，これらを総称して EC（欧州共同体）とされました。73 年にはイギリス[*3]，デンマーク，アイルランドが EC に参加して 9 カ国となり，80 年代には南への拡大でさらに 3 カ国増えて 12 カ国になりました。93 年に EU となってからは，95 年にさらに 3 カ国増えて 15 カ国に，2004 年 5 月には 10 カ国，07 年に 2 カ国，13 年に 1 カ国が加盟して現在 EU は 28 カ国で構成されています（図 10-1 参照）。

　EC 発足と同時に 1968 年に EC 関税同盟が発足し，域外に対する関税が統一されました。さらに **EC 共通農業政策**（Common Agricultural Policy: CAP）が 60 年代後半から導入され，EC 財政に大きな影響力をもつようになりました。70 年代に入ると 2 度のオイル・ショックとニクソン・ショックにより欧州経済は停滞を余儀なくされ，一方アメリカ，日本，アジア NIEs 諸国が産業，高度先端技術開発などで勃興し，「ユーロペシミズム」が蔓延するようになりました。こうした危機感の高まりのなかで，85 年ドロール EC 委員会委員長（元フランス蔵相）は域内市場統合の必要性を強調し，同年 EC 委員会で **域内市場白書** が採択されました。87 年には **単一欧州議定書**（1992 年 12 月 31 日までに域内市場は，物，人，サービスおよび資本の自由移動が確保された，域内に境界のない領域で構成される）が発効し，共通市場「One Market」の素地ができたのです。

　単一欧州議定書は，282 項目にわたる物理的（域内国境の諸規制など），技術的（基準・規格認証，金融サービス，会社法，資本・労働の自由など），および財政的（付加価値税，消費税など）障壁を撤廃するための法令（directive）の採択を目指すもので，EU レベルの法令を各国が批准することで市場統合が進行することになりました。また，通貨統合については，1989 年に **ドロール報告** が公表され，「One Market, One Money」（European Commission, 1990）を目標に通

1 EUの歴史　207

● 図10-1　EU加盟国 ●

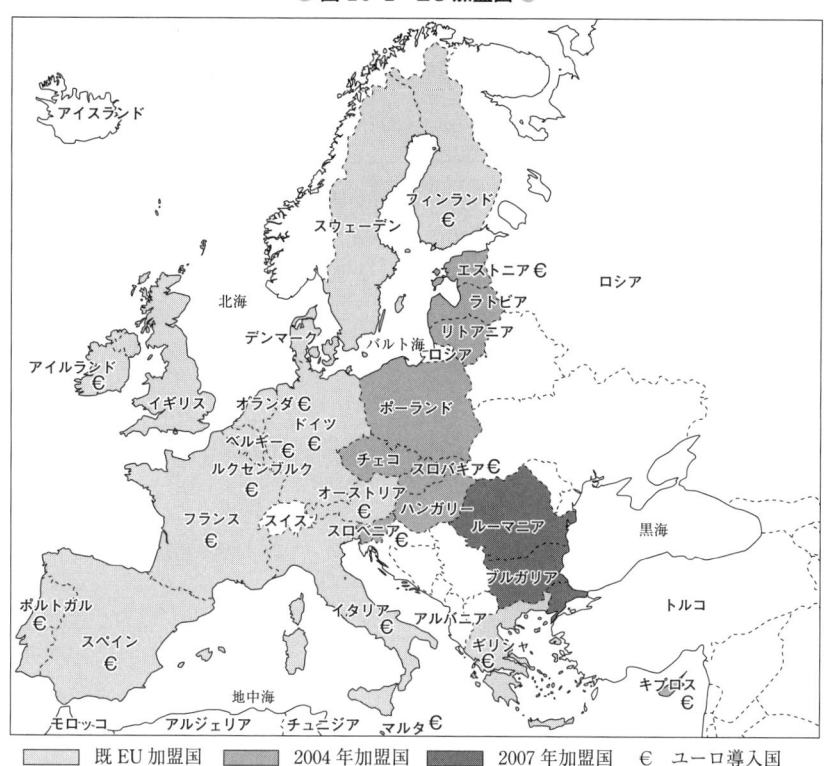

　　　　既EU加盟国　　　2004年加盟国　　　2007年加盟国　　€　ユーロ導入国

① 1951年　ベルギー，ドイツ，フランス，イタリア，ルクセンブルク，オランダ
② 1973年　デンマーク，アイルランド，イギリスが加盟
③ 1981年　ギリシャが加盟
④ 1986年　スペイン，ポルトガルが加盟
⑤ 1995年　オーストリア，フィンランド，スウェーデンが加盟（1990年には東西ドイツ再統一により，東ドイツが編入）
⑥ 2004年　チェコ，エストニア，キプロス，ラトビア，リトアニア，ハンガリー，マルタ，ポーランド，スロベニア，スロバキアの計10カ国が加盟
⑦ 2007年　ブルガリア，ルーマニアが加盟
⑧ 2013年　クロアチアが加盟

（出所）　田中ほか（2006），p.xviiiを加筆修正。

*3　イギリスの加盟が遅れたのは，フランスがド・ゴール大統領の「強いフラン政策」（franc fort）のもとで「イギリスはトロイの木馬である」と言い，イギリスとその背後のアメリカの影響力増大がフランスの地位をおびやかすとして，イギリスの加盟交渉を1963年，67年と拒否したことによります（田中・河野・長友，1994参照）。

● 表10-2　欧州年表 ●

1952年 7月	欧州石炭鉄鋼共同体（ECSC）発足
58年 1月	ローマ条約発効，欧州経済共同体（EEC），欧州原子力共同体（EURATOM）発足
60年 1月	欧州自由貿易連合（EFTA）発足
67年 7月	EEC, ECSC, EURATOM の三共同体執行機関を統合，欧州共同体（EC）発足
68年 7月	EC関税同盟完成
70年 10月	ウェルナー報告公表
71年 8月	ニクソン・ショック，ブレトンウッズ体制崩壊
72年 4月	スネーク制導入（「トンネルの中の蛇」）
73年 1月	イギリス，デンマーク，アイルランドEC加盟
73年 3月	共同フロート制導入（「トンネルから出た蛇」）
74年 4月	共同フロート，フランス・フランの離脱。事実上機能停止
79年 3月	欧州通貨制度（EMS）発足（参加国は西ドイツ，フランス，イタリア，ベネルクス，デンマーク）
81年 1月	ギリシャEC加盟
85年 6月	域内市場白書発表
86年 1月	スペイン，ポルトガルEC加盟
87年 7月	単一欧州議定書発効
89年 4月	ドロール報告公表
89年 6月	スペイン，為替レート・メカニズム（ERM）に参加（上下変動幅6%）
89年 11月	ベルリンの壁崩壊
90年 1月	イタリア，上下変動幅の縮小（6%→2.25%）
90年 6月	第二次シェンゲン協定調印
90年 7月	経済通貨統合（EMU）第1段階開始，資本移動自由化指令発効
	東西ドイツ通貨統合
90年 10月	イギリス，ERMに加盟（上下変動幅6%）
91年 12月	マーストリヒト条約合意
92年 2月	マーストリヒト条約調印
92年 4月	ポルトガル，ERMに参加（上下変動幅6%）
92年 6月	デンマーク，マーストリヒト条約批准を国民投票で否決
92年 9月	ERM通貨危機発生。イギリス，イタリア，ERM離脱
93年 1月	EC市場統合開始
93年 6月	コペンハーゲン欧州理事会で，コペンハーゲン基準決定
93年 8月	ERM通貨危機再発。マルク=ギルダー間を除きERM変動幅を上下15%に拡大
93年 11月	マーストリヒト条約発効（EU発足，ECU構成比凍結）
94年 1月	EMU第2段階開始，欧州通貨機構（EMI）設立
95年 1月	オーストリア，フィンランド，スウェーデンEU加盟。オーストリアERM参加
95年 12月	マドリッド欧州理事会で，「ユーロ」の名称決定。新スケジュールで合意
96年 10月	フィンランド，ERM参加。イタリアERM復帰
97年 6月	アムステルダム欧州理事会，財政安定成長協定，ERM IIに関する合意
98年 5月	特別EU首脳会議でユーロ参加11カ国を決定
98年 6月	欧州中央銀行（ECB），ドイツのフランクフルトに設立
99年 1月	EMU第3段階開始。11カ国でユーロ導入
99年 5月	アムステルダム条約発効

2001年	1月	ギリシャ，ユーロ導入
02年	1月	ユーロ，紙幣およびコインの流通
04年	5月	10カ国がEUに新規加盟
07年	1月	ルーマニア，ブルガリア，EU加盟。スロベニアでユーロ導入
07年	10月	リスボン欧州理事会で，リスボン条約合意（2009年12月1日発効）
08年	1月	キプロス，マルタ，ユーロ導入
09年	1月	スロバキア，ユーロ導入
11年	1月	エストニア，ユーロ導入
14年	1月	ラトビア，ユーロ導入
15年	1月	リトアニア，ユーロ導入

貨統合が最終目標であることが明記されたのです。

1.4 欧州統合の背景

このような他の地域にはみられない経済統合が欧州で推進された背景は何だったのでしょうか。直接的な理由は，**チェッキーニ報告**[*4]でも指摘されたように，為替コストや取引コストを軽減し，域内の生産要素価格を透明化して資源配分をより効率化し，経済効率を高めることでした。しかしより根源的な理由として，以下の3つを挙げることができます。

第1に，安全保障の推進が挙げられます。ドイツのザール地方とフランスのアルザス・ロレーヌ地方には石炭や鉄鉱石が偏在しており，これらの覇権をめぐって独仏間でしばしば戦争が起きていました。20世紀の2つの大戦は欧州を舞台にしており，欧州経済は新興勢力であったアメリカ経済に完全に覇権を握られることになりました。前述した1952年に締結されたECSCの設立はこれらの天然資源を共同管理しようとするもので，安全保障問題および平和維持に大きくかかわっていたのです。

第2に，欧州型福祉国家（**欧州モデル**）の改革が挙げられます。戦後欧州では「社会民主主義」が掲げられ，各国で国営企業化，高水準の福祉，手厚い社会保障などが実施されました。労働組合の交渉力の強さを背景とした高い賃金水準に加え，失業手当，医療保険，年金等を含む社会保障の企業負担は大きく，

[*4] チェッキーニ報告とは，イタリアの経済学者チェッキーニを中心に組織された委員会が1988年3月に発表した報告書で，92年の市場統合の効果について，①国境統制の廃止，②技術的障壁の撤廃，③規模の経済と競争力増大により，GDP増大および雇用創出について定量的に分析したものです。

Column ⑲ ●● EU理事会とEU法

EUの立法手続きには，欧州理事会（Council of European Union），欧州議会（European Parliament），および欧州委員会（European Commission）がかかわっています（図）。

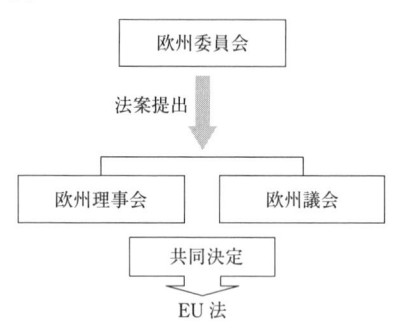

```
           ┌─────────┐
           │ 欧州委員会 │
           └─────────┘
        法案提出  ↓
    ┌─────────┐   ┌─────────┐
    │ 欧州理事会 │   │ 欧州議会 │
    └─────────┘   └─────────┘
          共同決定
            ↓
           EU法
```

欧州委員会は，1951年に設立された行政・執行機関で，法案の提出，決定事項の実施，基本条約の支持，日常の連合の運営などを担っています。委員は自らの出身国よりも欧州連合全体の利益を代表することが求められ，委員長は欧州理事会が任命し，欧州議会の承認を受けます（任期5年）。2019年12月からはフォン・デア・ライエン（前ドイツ国防相）が就任しています。

一方，欧州理事会は1974年に設置され，2009年12月1日のリスボン条約発効をもって，EUの正式な機関となりました。欧州理事会は，加盟国の国家元首または政府首脳，および欧州理事会議長と欧州委員会委員長で構成され，欧州連合（EU）の全体的な政治指針と優先課題を決定します。

欧州理事会議長国は，欧州連合加盟国がアルファベット順で半年ごとに担当していましたが，2007年10月に合意されたリスボン条約で，常任議長を創設することが盛り込まれました。その選任と解任は欧州理事会の特定多数決で決定され，19年12月1日にシャルル・ミシェル（前ベルギー首相）が欧州理事会議長（President of European Council）に就任しています（任期2年半）。

EU法の制定については従来，欧州理事会が最終的決定権限を有し，欧州議会が諮問するにとどまっている分野と，共同決定する分野に分かれていました。これがリスボン条約により，欧州議会と閣僚理事会による共同決定手続き（co-decision procedure）が「通常立法手続き」（ordinary legislative procedure）となりました。理事会の決定方式は各国加重配分の多数決方式が廃止され，加盟国数55％以上，EU総人口の65％以上の賛成を得て成立する「二重多数決方式」に改められました。さらに欧州議会の権限が民主主義の観点から大きく強化され，加盟国議会の権限強化もはかられています。

また国家予算の歳出も膨大でした。後述するように，EMU（経済通貨同盟）の条件に財政赤字削減がうたわれていますが，こうした構造問題の解決も欧州統合推進の理由のひとつであったと言えます。

　第3に東西冷戦の終結が挙げられます。そもそもEC統合という政治的意図は東西冷戦の最中での西側の結束という意味合いが強いものでした。ベルリンの壁崩壊後，逆にEC統合の理念が揺らぎ，東西ドイツ統合のもとでの「ドイツ封じ込め」や，政治的混乱のなかでのECの政治的結束の確保が必要となったのです。また，東西冷戦の終結で，旧ソ連，旧東欧地域は中央計画経済から市場経済への移行を余儀なくされ，EU加盟により市場経済移行の道筋を確かなものとすることや，政治力の強化も意図されていたと考えられます。

2　通貨統合の進展――EMSのメカニズムとEMU

2.1　共同フロートとその崩壊

　以上のように1950年代以降欧州統合は急速に進みましたが，通貨の統合が進んだのは，60年代末以降でした。これは，ブレトンウッズ体制の崩壊と大きく結び付いています。すなわち金ドル本位制の中心通貨であるドルへの信認低下のなかで，「ドル支配からの脱却」が志向された結果と言えます。小国ルクセンブルク蔵相のウェルナーは，域内通貨変動幅の縮小計画（「**ウェルナー報告**[*5]」）を70年10月に公表しましたが，まさにドル体制からの離脱と域内通貨の安定が目的でした。同報告は，72年4月に**ECスネーク制**（「トンネルの中の蛇」）として実現しました。主要国が変動相場制へ移行した73年3月に**共同フロート制**（「トンネルから出た蛇」）となりましたが，70年代の2回のオイル・ショックにともなうインフレ激化のなかで離脱する国が増大し，結局はマルク圏（ドイツ，ベネルクス，デンマーク）のみに縮小するなど，欧州通貨統合の最初の試みは頓挫します。

　1970年代に欧州経済は停滞し，これが78年に再び欧州通貨制度（European

───────
＊5　ウェルナー報告はEMUの原型でもあり，①共同体の経済政策のサーベイランスを行う，②域内為替変動幅をゼロとする，③資本移動の完全な自由化を図る，④最終段階でアメリカの連邦準備制度を模した中央銀行制度を創設する，などの提言を行っています。同報告には為替変動相場縮小計画を提示した「アンショー報告」が付属文書として付与されました。

Monetary System: **EMS**）創設が再燃する背景となります。78年9月のEC理事会でEMS創設が決定され，79年3月に始動しました。EMS誕生には，当時のドイツのヘルムート・シュミット首相とフランスのヴァレリー・ジスカールデスタン大統領の親密な関係が大きく作用したと言われています。

2.2 EMSの試み

　EMSは3つの柱からなっています。第1は，欧州通貨単位（European Currency Unit: **ECU**）の創設です。ECUは，SDR（特別引出権）と同じようなバスケット通貨です。ECUには，①為替レート・メカニズム（Exchange Rate Mechanism: **ERM**）の中心相場を決めるためのニューメレール，②乖離指標決定のための基準，③介入および信用メカニズムにおける計算単位，④準備通貨としての機能，といった4つの機能が期待されました。すなわちECUはブレトンウッズ体制での金と同じ役割が求められており，対称的な通貨制度が志向されていたことがわかります。ECUの通貨バスケットは，EMS参加国のGDPや貿易量などからウェイトが算出され，バスケット・ウェイトは5年ごとに見直しが行われていました。加盟国は自国の金準備および外貨準備の20％を欧州通貨協力基金（Fonds européen de coopération monétaire: FECOM）に預託し3カ月ごとのスワップでECUを取得します。ECUは加盟国中央銀行間の決済に使用されていました。

　第2は，ERMです。ERMは，加盟通貨間でバイラテラルに中心レートを定め，上下2.25％幅の上下限レートが設定されて（イタリア・リラなどは6％），その間で為替レートが変動する準固定相場とも言うべき仕組みでした。2国間のレートを決める表が格子状になっているので，パリティ・グリッドとも呼ばれます。上下限レートに近づいた場合，当該国は，①相手国通貨での無制限の介入を行い，それでも圧力をかわしきれない場合には，②両国が金融政策などを変更し，最終的には③平価調整，といった選択に迫られました。介入通貨はECUが使用されることが目論まれていましたが，実態的にはドルが使用されていました。政策変更の負担はEMSでの基軸通貨マルクを有するドイツ以外の国が負うことになり，ドルとその他世界に非対称性があったブレトンウッズ体制と同様，EMSもドイツ・マルクと他の欧州通貨との間に「$n-1$問題」

がある，非対照的な制度であったとも言えます。

第3は，**短期信用制度**です。EMSには，短期通貨支援（3カ月），中期金融援助（2～5年），超短期ファイナンス（75日）からなる信用制度があります。通貨が上下限に張り付いた場合は自国の外貨準備だけでは制約があるため，こうした信用制度により準備を調達し市場介入を行います。中央銀行間の債権・債務はFECOMを通じて決済されます。当初はドルが中心的に使用されていましたが，1987年のバーゼル・ニボー協定以降はECUが使用されるようになりました。

2.3 EMSからEMUへ

1989年4月に公表されたドロール報告[6]で，3段階に分けて経済通貨同盟（Economic Monetary Union: **EMU**）を推進するタイムスケジュールが明示されました。第1段階では，資本移動自由化による単一金融地域の実現，中央銀行総裁会議の機能強化，経済金融協調の強化などがうたわれ，90年7月に開始されました。第2段階は94年1月に開始され，最終段階への移行期間と位置付けられました。**欧州中央銀行制度（ESCB）**の前身となる欧州通貨機構（EMI）の設立，ECUバスケットの比重固定化，マクロ経済政策協調強化などが実現しました。最終段階でESCBが創設され，各国相場の対ECU相場を固定する形でユーロを導入し，1つの金融政策が施行されることになりました。しかし，第2段階と第3段階の間には高いハードルがあり，とりわけドイツやオランダなどは経済収斂が進まないうちに統合を急ぐのは危険だとして，通貨統合を先行させたいとするフランスやイタリアと意見が対立したのです。

これらEMUの条項を含むローマ条約を改定する新条約が1991年12月のマーストリヒトEC首脳会議で合意されました。これを**マーストリヒト条約**（Treaty on European Union，ローマ条約の大幅改正）と呼びます。新条約では，従来の欧州共同体（EC）が欧州連合（EU）となったため，それ以降「EU」と呼称されるようになりました。マーストリヒト条約は各国で批准する手続きが採ら

---

[6] 欧州理事会が当時の欧州委員会委員長ジャック・ドロールを座長として，12カ国の中央銀行総裁，学者，実務家が参加して，委員会を設置しました。その報告書が「経済通貨同盟（Economic and Monetary Union: EMU）に関する委員会報告」で，通称「ドロール報告」と言われています。

れましたが、92年6月のデンマークでの国民投票では否決され、またイギリスも当初から通貨統合参加義務を負わない **opt-out条項** が認められました。

EMUの最終段階に移行する（すなわちユーロ導入）には、以下の4つの**経済収斂条件**（クライテリア）が設けられました。すなわち、①インフレ率（過去1年間の消費者物価指数が最も低い3カ国平均+1.5%以下）、②財政赤字（一般政府財政赤字がGDP比3%未満、一般政府債務残高がGDP比60%以下）、③為替相場の安定（過去2年間ERM内で平価調整なし）、④長期金利（長期国債金利が最もインフレ率が低い3カ国平均+2%以下）の4つの条件です。実際にはこれらの条件が整っていない国も多く、たとえばイタリアは国策上ユーロ導入を推進すべく、「ユーロ税」を一時的に導入して財政赤字削減に努めるなどの動きがみられました。[*7] 結局のところ当時のEU15カ国のうち、opt-out条項を選択したイギリス、デンマーク、国民世論の強い反対を背景としたスウェーデン、インフレ等基準を達成できなかったギリシャを除いた11カ国で1999年ユーロはスタートしました。[*8]

後述するような1992〜93年のERMの混乱や、前述したデンマーク・ショックにもかかわらずこの時期にEMU統合が急速に進展したのは東西冷戦終結によるものでした。欧州に新たな秩序を構築し安全保障を強化するには統合強化が必要と認識されたことや、巨大なドイツをEUに封じ込めるといった狙いから統合を急ぐべきだという政治的意思が強くなったためです。統合の深化は結果として国際社会におけるEUの発言力を高めることになりました。

2.4 東西冷戦終結とドイツ統合

1980年代前半は、フランスで誕生した社会党政権の財政拡張政策などを背景にフランス・フラン、イタリア・リラ、ベルギー・フランなどの「弱い通貨」が「強い」マルクに対し頻繁に切り下げられるなど、ERMではしばしば平価調整がなされ不安定でした。しかし80年代後半以降は各国の安定化政策のもとでインフレ率も低下し経済ファンダメンタルズも収斂しました。[*9] 93年の市場統合への期待から外国資本の流入が続いたこともあり、欧州経済は安定を取り戻しました。しかし、89年11月の「ベルリンの壁」の崩壊、その後の旧東欧諸国の民主化への移行、ソ連崩壊など、東西冷戦の終結のもとで再び

ERM は危機にさらされます。

　1990年7月1日に東西ドイツは早くも通貨統合を実施し，同年10月3日には政治統合が実現しました。中央計画経済であった旧東独と旧西独の経済格差は大きく，東西マルクを1対1で早急に統合したことはさまざまな影響をドイツ経済にもたらしました。東西ドイツ統合がもたらしたマクロ経済上の影響は，統一特需と統一コストに分けられます。経済格差が大きいなかで，東西マルクが等価で統合されたことは，旧東独市民の所得が増大することを意味します。さらにインフラ面で劣後していた旧東独での投資需要も大きく，内需が急増して輸入が増大しました（「統一特需」）。しかし，統一特需のプラスの効果は，統一コストといったマイナスの効果にとって代わることになります。

　旧東独地域でのインフラ整備は，旧西独の財政や旧西独の政府系金融機関の融資で賄われることになり，旧西独では財政赤字の拡大やマネーサプライの急増がみられました。さらに，東西マルクが等価で統一されたことで旧東独の産業の国際競争力は一気に失われ，旧東独地域の供給力は低下し，企業の倒産，失業の増大が起きました。これらに対する失業保険拠出の増大や旧東独地域でのインフラ整備は旧西独の財政をいっそう悪化させ，このため所得税や法人税の一時的増税，付加価値税増税などが実施されます。これらは国民の可処分所得を低下させたため，旧西独では賃金上昇圧力が増大しました。財政赤字の拡大，旧東独地域の供給力低下，賃金上昇圧力の増大のもとでインフレ圧力が増し，インフレファイターとして定評あるブンデスバンクは急激な金利の引上げでこれに対応しました。

　マルク金利の急激な上昇は準固定相場制である ERM の緊張を高めました。

---

*7　イタリアは財政赤字基準を達成できなかったものの，「実質的かつ継続的に単年度財政赤字が縮小し」「政府債務残高が十分な速度で対 GDP 比60％に向かって縮小」しているとして，「弾力解釈条項」（ループホール条項）でコンバージェンス・クライテリアをクリアしました。スペインやポルトガルでも，実質賃金抑制，財政赤字削減のための年金改革，国営企業の民営化を断行し，「二流国」にならないようユーロ導入が政治的に図られたとされています。

*8　その後，2001年にギリシャが参加，07年にはスロベニア，08年マルタとキプロス，09年スロバキア，11年から15年にバルト三国が参加して，現在19カ国がユーロを導入しています（表10-4）。デンマークは当面ユーロを導入しないとみられています。

*9　ドイツのブンデスバンクは従来よりインフレファイターとして一定の評価がされており，為替市場での緊張が高まると周辺諸国は引締め政策を採るため，結果としてブンデスバンクのインフレ抑制を重視した金融政策が他国に「輸出」される形でインフレが収斂しました。

すなわち，金利平価式からも明らかなように高金利通貨であるマルクへの投資が増大し，マルク高となったのです。ERM の枠組みでは，為替市場が緊張した場合には，介入，金融政策の変更，平価調整などを採る必要がありますが，ユーロ導入を意図する国は平価調整を嫌ったため（マーストリヒト条約でのユーロ導入の条件の1つは，ERM での平価変更が過去2年間ないこと），選択されるのは，介入，あるいは金利の引上げでした。しかしながら，失業の水準が高い国，とりわけイギリスやイタリアは金利引上げには消極的であるなどの「欧州のジレンマ」（景気拡大と通貨防衛〔金利引上げ〕の2つを両立できないこと）といった現象もみられました。

　ここに目をつけたのが，ヘッジファンドです。なかでも投機家ジョージ・ソロスは，景気停滞が懸念されていたイギリスとイタリアは金利引上げを望まず，早晩為替切下げがある，とにらんでいました。大量の空売りを仕掛け，当局の介入だけでは準固定相場を支えきれず，結局，1992 年にイギリス・ポンドとイタリア・リラは ERM から離脱します（ジョージ・ソロスはこの取引で 10 億から 20 億ドルも稼いだと言われています）。翌 93 年には，スペイン・ペセタ，フランス・フランの変動幅が 15％へと大幅に拡大し，この時点で ERM は空中分解し，ユーロ導入は 20 世紀中には無理だと考えられるようになりました。

2.5　最適通貨圏の理論（Optimal Currency Area）と EMU

　ここで，EMU 推進の理論的バックボーンである**最適通貨圏の理論**について整理しておきましょう。これは，1つの通貨がどの範囲の経済圏で流通するのが最適かを検討するもので，その代表的な文献に Mundell（1961）と McKinnon（1963）があります。フリードマンは，価格や賃金が柔軟でない経済では，国内均衡と対外均衡を達成させるには変動相場制が必要だと指摘しました（Friedman, 1953）。変動相場制であれば交易条件や実質賃金が変動でき，ショックへの調整が可能だからです。最適通貨圏の理論はこれを広げ，ある国が他国と金融取引や生産要素の可動性の面で統合されている場合には，固定相場制の方が国内均衡と対外均衡を同時に調整できる，と主張しました。域内では物価・賃金が十分伸縮的で，域外通貨に対して通貨が変動すれば，対外均衡と対内均衡が維持できることになります。こうした経済圏が成立するには以下の条

件が必要となります。

　第1は，労働・資本などの生産要素の可動性です（マンデル基準）。たとえばある国で何らかのショックが起きて不況になり失業が増えたとしても，他国への労働力の移動が可能であれば，為替相場変動による調整がなくても，対外均衡，国内均衡が達成されることになります。第2は，経済の開放性（マッキノン基準）です。すなわち経済の開放度が高い経済では，共通通貨導入により国内物価を安定させ実質賃金や公益条件に有益となり，また取引費用の削減が可能となります。とりわけ経済開放度の高い小国では，貿易関係依存度の高い大国の経済圏に入ることが（大国の通貨を導入）望ましいことになります。

　さらに Ingram（1962）が指摘する金融市場の統合や Kenen（1969）が指摘する産業構造の同質性も，最適通貨圏の条件となります。資本移動の自由化が経済ショックの緩衝材として働くこと，また経済ショックが対象的に作用するためです。また，通貨が1つになるとは金融政策が統合されることなので，財政政策の協調や税徴収制度の収斂も条件とされています。地域や国による生産性の差異は単位労働コストの地域的格差を生じさせますが，労働力の移動がなくても，財政による所得移転システムで地域格差を均衡させることができます。アメリカでは，累進的な連邦税で州の間の調整がなされますが，EUにおいてはこうした財政面での所得移転システムはありません。

　ユーロ地域で上記のような最適通貨圏の条件がすべて満たされているとは言えません。しかし共通通貨を導入することで，経済格差が収斂したことも指摘できます。また，ユーロ導入の経済収斂条件が一種の外圧として各国の構造問題の解決に役立っていること，後述するような財政赤字削減義務が課されていることなど，長期的には単一通貨の導入が長期的な便益をもたらすことが期待されています。

2.6　経済安定化協定（財政赤字削減）

　マーストリヒト基準では財政赤字削減がユーロ導入の条件でした。しかしいったんユーロを導入しても各国の財政政策に規律がなかった場合には，結局はユーロへの信認が低下することになります。そこでユーロ導入後の各国の財政を規律付けるために**財政安定化協定**（The Stability and Growth Pact）が制定さ

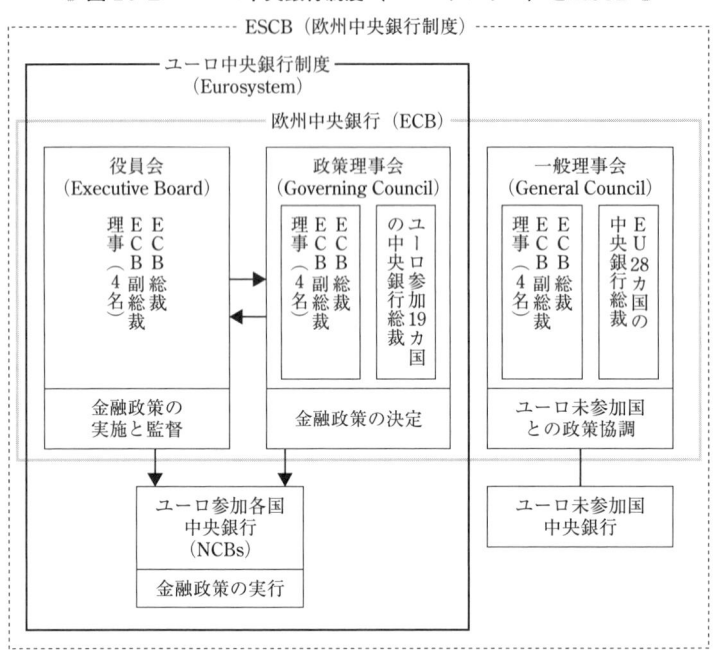

図10-2 ユーロ中央銀行制度（ユーロシステム）とESCB

```
ESCB（欧州中央銀行制度）
  ユーロ中央銀行制度
  （Eurosystem）
    欧州中央銀行（ECB）
    ┌──────────────┬──────────────┐    ┌──────────────┐
    │  役員会       │  政策理事会    │    │  一般理事会    │
    │ (Executive    │ (Governing    │    │ (General      │
    │  Board)       │  Council)     │    │  Council)     │
    │ 理事ECB       │ 理事ECB  ユーロ │    │ 理事ECB  EU28 │
    │ （4名）副総裁 │ （4名）副総裁  参加19│    │ （4名）副総裁  カ国の│
    │       総裁    │       総裁   中央銀行│    │       総裁   中央銀行│
    │               │              総裁カ国│    │               総裁   │
    ├──────────────┼──────────────┤    ├──────────────┤
    │ 金融政策の     │ 金融政策の決定 │    │ ユーロ未参加国 │
    │ 実施と監督     │               │    │ との政策協調   │
    └──────┬───────┴───────────────┘    └──────────────┘
           ↓                                       │
    ┌──────────────┐                        ┌──────────────┐
    │ ユーロ参加各国 │                        │ ユーロ未参加国 │
    │  中央銀行     │                        │  中央銀行     │
    │  （NCBs）     │                        │               │
    ├──────────────┤                        └──────────────┘
    │ 金融政策の実行 │
    └──────────────┘
```

（注）ECB役員会メンバー
　　　総　　裁：クリスティーヌ・ラガルド（前IMF専務理事），2019年11月就任
　　　副 総 裁：ルイス・デ・ギンドス（元スペイン経済相）
　　　専任理事：ファビオ・パネッタ（前イタリア中銀副総裁）
　　　　　　　　イブ・メルシュ（元ルクセンブルク中銀総裁）
　　　　　　　　イザベル・シュナーベル（ボン大学教授）
　　　　　　　　フィリップ・レーン（前アイルランド中銀総裁）

（出所）田中ほか（2006），135ページに修正。

れました。同協定では，参加国の財政赤字がGDP比3％を超過した場合には，GDP比0.5％を上限にEUが制裁金を課す（無利子の積立），というもので，2年以内に赤字が減らない場合には，没収されてEUの財源になるというものです[*10]。ただし，自然災害，戦争などの特殊な事情や，GDPがマイナス2％にまで落ち込んだ場合には制裁金は課されない，とされています。

3 ユーロシステムの金融政策——制度と課題

3.1 ユーロシステムとは何か

　通貨が統合されれば，中央銀行も一元化されます。ユーロ導入の半年前の1998年6月にマーストリヒト条約に基づき**欧州中央銀行（ECB）**が発足しました。欧州中央銀行は国際金融センターの1つであるフランクフルトに設立され，ECBとEU各国の中央銀行から構成される欧州中央銀行制度（ESCB）が誕生しました（図10-2）。ESCBはECBとEU参加各国中央銀行（NCBs）からなり，ユーロ導入国の中央銀行とECBからなる**ユーロシステム**（ユーロ中央銀行制度）とは区別されています。

　ESCBの基本的業務には，①EUの金融政策の策定と実施，②外国為替介入，③加盟国の外貨準備の保有と運用，④決済システム（**TARGET**）の円滑な運営促進，などがあります。ESCBの執行機関は役員会（Executive Board）であり，総裁，副総裁，理事4名の6名で構成されます。それぞれ任期は8年であり，初代総裁はオランダ人のドイセンベルク，2011年11月から現イタリア中央銀行総裁のマリオ・ドラギが就きます。ユーロシステムの意思決定は，最高機関である**政策理事会**（Governing Council）でなされます。政策理事会のメンバーは役員会を構成する6名とユーロ導入国中央銀行総裁19名の計25名からなります（図10-2参照）。ユーロに加盟していない国も含めた中央銀行総裁と役員会で構成される一般理事会（General Council）は，ユーロ未参加の国の金融政策やERM IIについて協議しています。

　政策理事会は，隔週木曜日に開催され，ECBの金融政策を決定します。議決は単純多数決で行われ，その決定をもとに各国中央銀行（NCBs）が自国のインフラを使って金融政策を実施します。ESCBの金融政策の主要な目的は「物価の安定」（欧州連合運営条約第127条）です。

---

*10　2003年のドイツとフランスでGDP比3％を超える財政赤字が計上されたことがありましたが，「大国」主導であるEUでは，結局制裁金は課されませんでした。

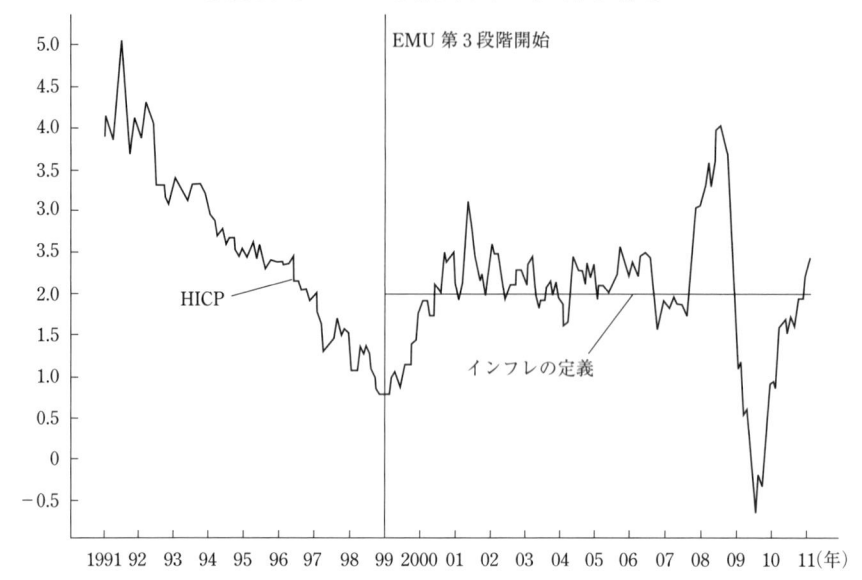

● 図 10-3　ユーロ地域のインフレ率（年平均）●

(注)　1996年以前の HICP のデータは各国 CPI を加重平均したもの。
(出所)　Eurostat.

3.2　ECB の金融政策の 2 つの柱（Two Pillars）

　ここで，ECB の金融政策がどのような原則で決定されているかを検討しておきましょう。まず一般的な貨幣数量式を考えてみましょう。$M = kPY$ を伸び率にすると下式が成立します（M はマネーサプライ，k はマーシャルの k，P は物価，Y は所得）。

$$\frac{\Delta M}{M} = \frac{\Delta k}{k} + \frac{\Delta P}{P} + \frac{\Delta Y}{Y}$$

　すなわち，マネーサプライの伸び率は，①マーシャルの k の趨勢的変化率と，②インフレ率，および③潜在成長率の合計に等しくなります。ここで，潜在成長率を 2〜2.5%，マーシャルの k の趨勢的変化率を 0.5〜1.0% の低下（ECB の推計）とすると，ECB のインフレの定義が 2% なので，マネーサプライの望まれる伸び率は 4.5% から 5.5% の間となります。ECB は M3 の参照値（reference value）を現在 4.5% としていますが，これはこの式をベースに導かれたものです。参照値は毎年 12 月に改定されますが，ユーロ導入後一貫して 4.5% の水準

Column ⑳ テイラー・ルール

テイラー・ルールは金融政策遂行の基盤とされる政策金利決定ルールの1つで，FRBや他の中央銀行が利用していると言われます（Asso, Kahn, and Leeson, 2007）。1980年代半ば以降FRBの金融政策はこのルールのもとに遂行されているとされ，Taylor（1998）によれば，この単純なルールには以下の利点があると指摘しています。第1に，同ルールは政策担当者が経済循環の変化にどのように対応したかを示していること，第2に，長期的に政策担当者はインフレの安定にコミットしていること，第3に，政策担当者がデータに基づいたその政策決定についてより合理的な説明ができること，第4に，短期的な政策変更が長期的な目的に整合していることが確かめられること，第5に，政策金利決定における不確実性を減じることができること，第6に，政策担当者の国民に対するアカウンタビリティに役立つことです。

もっとも，現実の政策金利はテイラー・ルールで求められる水準から大きく乖離する場合もあります。その理由としては，とくに2008年以降の流動性危機にともなう巨額の流動性供与などが指摘されています。一方その乖離は，一般物価水準にも影響を与えることになります。テイラー・ルールは以下の公式で示されます。さまざまな研究者により，多様なバリエーションがあります。

$$i_t = rr^* + \pi_t + \beta(\pi_t - \pi^*) + \gamma(y_t - y_t^*)$$

（iは政策金利，rr^*は均衡実質金利，$(\pi_t - \pi^*)$はインフレ率(π_t)と長期インフレ目標値(π^*)との乖離，$(y_t - y_t^*)$は需給ギャップを示す）

に保たれています。インフレ率としては統合消費者物価指数（Harmonized Index of Consumer Prices: HICP, ユーロ参加国のインフレ率の加重平均）が使われています。

ユーロシステムの金融政策には2つの柱（Two Pillars）があり，1つがインフレ率（HICP）で，もう1つがマネーサプライ（M3）参照値です。この2つの指標などから総合的に判断してECBの金融政策が遂行されているので，厳密に言うとインフレ・ターゲットではありません。なおM3を重視しているのは，ブンデスバンクの手法を踏襲したものと言われています。

3.3 ECBの金融政策の手段

ECBの主要な金融政策手段は，**公開市場操作**（open market operation），**常設ファシリティ**（standing facilities），および**最低預金準備制度**（minimum reserve

● 表 10-3　ESCB の金融政策手段 ●

金融政策手段		取引手段		満期	頻度	取引方式	実施主体	適格証券
		資金供給手段	資金吸収手段					
公開市場操作	主要オペ	レポ		1週間	週1回	標準入札	NCB	Tier 1, 2
	長期オペ	レポ		3カ月	月1回	標準入札	NCB	Tier 1, 2
	微調整オペ	レポ 為替スワップ	レポ 為替スワップ 中銀定期預金	不定型	不定期	即時入札 相対取引	NCB (ECBも可)	Tier 1, 2
		買切りオペ	売切りオペ		不定期	相対取引	NCB (ECBも可)	Tier 1
	構造的オペ	レポ	中銀債務証書発行	定型 不定型	定期 不定期	標準入札	NCB	Tier 1, 2
		買切りオペ	売切りオペ		不定期	相対取引	NCB	Tier 1
常設ファシリティ	限界貸出 (上限金利)	レポ		翌日物	対象先の要請		NCB	Tier 1, 2
	中央銀行預金 (下限金利)		中銀預金	翌日物	対象先の要請		NCB	—

(資料)　ECB (2006), *European Central Bank: History, Role, and Functions*, p.86.

ratio) からなります (表 10-3)。

　常設ファシリティは, 限界貸出ファシリティ (marginal lending rate) と中央銀行預金ファシリティ (deposit facility) からなり, 前者は銀行が中央銀行から適格証券[11]を見合いにオーバーナイトの流動性を入手するためのもので, 後者は中央銀行に対するオーバーナイトの預金です。それぞれの常設手段の公定金利 (上限金利と下限金利) を操作し, 上下限金利の間で資金市場のオーバーナイト金利が変動する形 (ドイツ・ブンデスバンクのオペレーションに近い) となっています。

　ECB の公開市場操作は, 金利の調節, 流動性管理, 金融政策のシグナル発信が目的で, 主要なものが毎週実施する**主要リファイナンス・オペ** (main refinance operation) です。この金利が政策金利として機能しています。

　また, 金融政策の効果を高めるため, ECB は最低預金準備制度を導入しています。ユーロ域内の銀行は満期2年までの預金残高に対し2.0%の預金準備を中央銀行に積むことが義務付けられています。

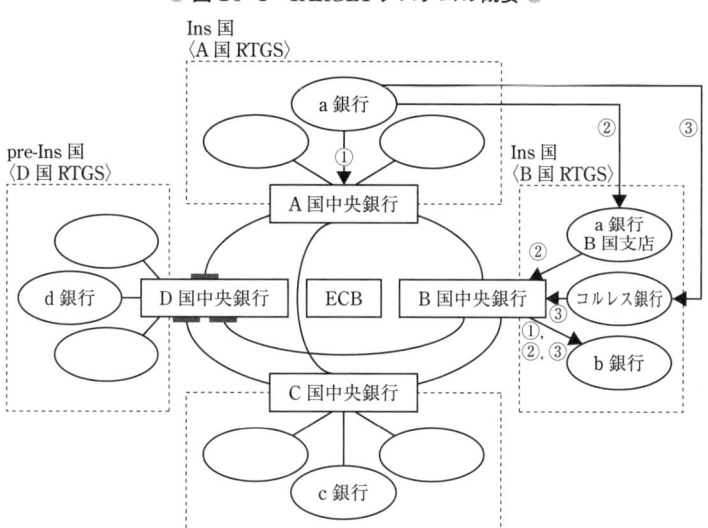

3 ユーロシステムの金融政策 223

● 図 10-4　TARGET システムの概要 ●

```
       Ins 国
      〈A 国 RTGS〉
         a 銀行
          │①              ②   ③
          ▼                Ins 国
      A 国中央銀行         〈B 国 RTGS〉
                            a 銀行
 pre-Ins 国                  B 国支店
〈D 国 RTGS〉                    ②
                          コルレス銀行
  d 銀行  D 国中央銀行  ECB  B 国中央銀行   ③
                          ①,
                          ②,③
                           b 銀行
      C 国中央銀行
         c 銀行
       Ins 国              Ins：ユーロ参加
      〈C 国 RTGS〉        pre-Ins：ユーロ未参加
```

(注) (1) TARGET システム稼働後の域内資金移動パターン——A 国内 a 銀行より，B 国内 b 銀行への国際送金の例（上図参照）。下記①が TARGET システム稼働によって新たに可能となるルート。②，③は，既存のルート。
① a 銀行は，A 国中央銀行経由で TARGET を使用して，b 銀行へ送金。
② a 銀行は，B 国内支店経由で B 国 RTGS を使用して，b 銀行へ送金。
③ a 銀行は，B 国所在のコルレス銀行経由で B 国 RTGS を使用して，b 銀行へ送金。
(2) ユーロ未参加の D 国はユーロが自国通貨でないため，TARGET に入るための接続装置を必要とする（イギリスでは CHAPS Euro）。
(出所) 田中ほか（2006），137 ページの図に加筆。

　一方，ユーロの資金のやりとりはすべて汎欧州自動即時グロス決済システム（TARGET）を通じてなされます。資金決済にはネット決済と**即時グロス決済**（Real-Time Gross Settlement: RTGS）とがありますが，システミック・リスク回避と金融システムの安定性が重視され，RTGS が国際標準となっています。[12] 欧州では，従来は通貨ごとに決済システムがありましたが，現在では各国中央銀行間でのネットワークにより，ユーロ参加国の決済システムは統合されていま

---

*11　適格証券には Tier 1 と Tier 2 があり，それぞれ細かく規定されています。

Column ㉑ ヨーロッパ・デー，欧州旗

　超国家機関であるEUには，記念日と欧州旗があります。記念日は，欧州統合の起源である，欧州石炭鉄鋼共同体（ECSC）誕生に大きな功績を残したロベルト・シューマンに敬意を表し「ヨーロッパ・デー」と呼ばれます。ヨーロッパ・デーは，1950年5月9日のフランスと西ドイツの石炭と鉄鋼の共同管理をうたったシューマン宣言の日であり，85年のミラノ欧州理事会で正式に決定されました。

　一方，欧州旗とは，1955年12月の欧州評議会で，アイルランド首席紋章官のジェラルド・スレヴィンの案が採用されたもので，同じく85年のミラノ欧州理事会で，公式の欧州の旗となりました。青い色は青空を表し，丸く連なる12の星はヨーロッパの人々の連帯を表します。12個という数は「完璧」と「充実」とを表すもので，国の数ではなく，今後も増減はしません。

　また欧州国歌として，ベートーベン交響曲第9番「歓喜の歌」が採択されました。これは自由，平和，連帯を表します。またモットーとして「United in diversity」を掲げていますが，これらは，あくまでシンボルにとどまっており，リスボン条約でも国家を想起させるEU旗やEU国家の規定は削除され，法的拘束力を持たないものとなりました。

す（図10-4）。

　なお，通常金融政策が有効に機能するには，金融システムの安定性が重要であり，システミック・リスクが顕在化した場合には中央銀行の**最後の貸し手機能**（LoLR）で対応されます。EUの場合，金融政策はECBに一元化されていますが，信用秩序維持政策（プルーデンス規制）は国際標準としては母国の監督当局に一義的な責任があり，各国金融監督当局が担っています。しかし2008年以降欧州債務危機が顕在化し欧州の金融システムが不安定となったため，11年1月に**欧州銀行監督機構（EBA）**が発足しています。

　一方，ESCBの独立性と説明責任（accountability）については，まずECBの政策が信認されるには，独立性の確保が必要条件です。ECBの定款において「……加盟国の政府またはその他の機関からの指示も求めず，また受けない」（欧州連合運営条約第130条）とされました。理事や総裁の任期が8年という長期なのも独立性を確保するためです。一方，説明責任については，金融政策の遂行について一般市民に合理的説明を行う規定が設定されており，欧州議会で

の総裁の報告や，月報，年報などによる定期刊行物での公開が義務付けられています。

4　EUの拡大とユーロの将来展望

4.1　旧東欧諸国の市場経済移行とEU拡大

1990年代の東西冷戦の終結を経て，旧東欧諸国は市場経済システムに移行しました。こうした動きを確かなものとするために，EUは93年6月のコペンハーゲン欧州理事会で中・東欧諸国のEU加盟条件を明確化しました。加盟の条件として，①民主主義，人権擁護が確立しているか（政治的要件），②EU市場での競争に耐えうるような市場経済システムが確立しているか（経済的要件），および③EUの法制度や共通政策を受け入れる十分な能力があるか（Aquis Communautaire）などが確認されました[13]（コペンハーゲン基準）。これらの条件をクリアする形で，2004年に中・東欧諸国を中心に新たに10カ国がEUに加盟して25カ国となり，さらに07年1月にはブルガリアとルーマニア，13年7月にはクロアチアが加盟して18年現在EUは28カ国となっています。

新規加盟候補国としては，トルコ，モンテネグロ（2012年6月加盟交渉開始），マケドニア（05年12月加盟候補国に決定）等があります。なかでもトルコについては，加盟申請を行ったのが1987年4月と20年以上前にさかのぼりますが，いまだに実現していません。これは，キプロス内ギリシャ系とトルコ系の対立にともなう政治的問題，移民・農業問題など経済的問題，イスラム国家である

---

[12] 一般に資金決済は時点ネット決済と即時グロス決済の2つに大別できます。時点ネット決済とは，支払指図をすぐに実効せずに特定時点で総受取額と総支払額の受払尻（ネット分）のみを決済する方法です。そのメリットは，日中流動性（支払いのための資金）を手当てする必要がなく，また資金決済必要額が少ないので資金効率がよいことが挙げられます。一方，参加金融機関が破綻するなどの理由で決済時点における支払義務が不履行となると，当該時点のすべての決済が実行不可能となることから，システミック・リスクは相対的に高くなります。他方，RTGSは，支払指図が発生するたびに決済する方法で，支払発生の時点でその資金（日中流動性）を全額用意しなければならないなど資金効率が悪い一方で，未決済残高が蓄積しないため，ある参加者が支払不履行となってもシステミック・リスクは発生しません。

[13] 加盟条件については，EU条約第49条で，地理的要件としてヨーロッパの国であること，政治的・法的要件として，EU条約第6条に掲げられる諸原則（自由，民主主義，人権および基本的自由の尊重，法治国家）が達成されていることが挙げられています。コペンハーゲン・サミットではこれらを基本として新たな要件が設定されました。

表10-4 新規EU加盟国の通貨制度

	形態	通貨の名称	備考
エストニア	2011年ユーロ導入	Euro (Estonian kroon)	1992年からカレンシー・ボード制（ユーロ）導入。2004年6月よりERM II加盟。11年1月よりユーロ導入
リトアニア	カレンシー・ボード（ユーロ）2015年ユーロ導入	Euro (Lithuanian litas)	1994年からカレンシー・ボード制導入。2002年2月アンカー通貨ドルからユーロへ。04年6月よりERM II加盟。15年ユーロ導入
ラトビア	2014年ユーロ導入	Euro (Latovian lat)	SDRペッグ（ユーロ・ウェイト35%）であったが、2005年よりユーロ・ペッグ（変動バンド±1%）。14年ユーロ導入
ハンガリー	自由フロート	Hungarian forint	2008年2月26日より、参照レートであったユーロに対し自由フロートに（それまでは対ユーロ±15%）。01年6月よりインフレターゲット導入。05年8月以降中期の目標値3%
チェコ	管理フロート	Czech koruna	1998年よりインフレターゲット導入。ターゲットバンド制なども採られたが、2010年1月よりインフレターゲットは2%に設定
ポーランド	自由フロート	Polish zloty	2000年4月より自由フロート。将来的にユーロ導入を目指していることから、ERM IIに参加予定。2003年以降のインフレターゲットは2.5%±1%
スロバキア	2009年ユーロ導入	Euro (Slovak koruna)	管理フロート（ユーロ）インフレ・ターゲット
スロベニア	2007年ユーロ導入	Euro (Slovenian tolar)	クローリング・バンド（ユーロ）
キプロス	2008年ユーロ導入	Euro (Cyprus pound)	ユーロ・ペッグ±15% 事実上のERM II
マルタ	2008年ユーロ導入	Euro (Maltrese lira)	バスケット・ペッグ（ユーロ70%、ドル、英ポンド）
ブルガリア	カレンシー・ボード（ユーロ）	Burgalian ref	1997年7月からユーロを準備通貨とするカレンシー・ボード制（1ユーロ＝1.95583レフ）
ルーマニア	管理フロート	Roumanian ron	1999年からドルおよびユーロを参考とする管理フロート。2005年7月デノミ実施。レイ (rol) からレウ (ron) に

(注) 通貨の種類のカッコ内は旧通貨名。

● 表 10-5　ユーロ導入国 ●

1999 年	11 カ国
2001 年	ギリシャ
07 年	スロベニア
08 年	マルタ，キプロス
09 年	スロバキア
10,14,15 年	エストニア，ラトビア，リトアニア

などの宗教的問題によるものとされています。

　ユーロ導入状況については，2007年スロベニア，08年にキプロスとマルタ，09年にスロバキア，10年から15年にバルト三国がユーロを導入し，導入国は19カ国になりました（表10-5）。ユーロを導入するにはユーロに対し安定した為替レートを維持することが義務付けられており[*14]，新規加盟国のうち大国3国とスロベニアを除いて04年以降ERM IIに参加しレジーム・チェンジがなされています。小国の場合は比較的早くユーロを導入する可能性がありますが，中欧3国（ポーランド，チェコ，ハンガリー）のような規模の大きな国では時間がかかることが見込まれています（勝，2005参照）。

　なお，2008年以降の世界的な金融危機において，とくにこれら小国の市場経済移行国（transition economy）が大きなダメージを受けており，これら諸国での今後のユーロ採択にも影響を与えるとみられています（第15章参照）。

4.2　政治統合の可能性と今後の展望

　一方，冒頭で検討したように，経済統合の段階で政治統合は最終段階に位置付けられています。EUは，さらなる政治統合を目指し，欧州憲法条約の設定を行おうとしましたが，2005年にこの批准に失敗しました。その代わりにリスボン条約が，07年10月に開催された欧州理事会で合意されました（正式名称は，「欧州連合条約および欧州共同体設立条約を修正するリスボン条約」。09年12月1日発効）。

　リスボン条約では，欧州憲法条約で合意されていた，常任の欧州理事会議長やEU外交・安全保障政策上級代表（外相），欧州委員会委員の削減，機構改

[*14] ユーロに加盟するには，少なくとも2年間，対ユーロ為替レートで上下15％の幅で変動することが義務付けられています。

革に関する規定の多くが継承されました。しかし政治統合の象徴である首脳としての欧州大統領は導入されず，欧州理事会議長（President of the European Council）が各国首脳の特定多数決で選ばれることになりました（従来は半年のもち回り）。任期は2年半で，初代の常任議長にベルギー首相のヘルマン・ファン・ロンパイ氏が任命されました（Column ⑲参照）。

このように，EU 統合については政治統合の道は遠いものとなりました。また，移民の増大，単純労働者流入に対する市民の反発など，市民レベルと EU 官僚レベルの間には引き続き大きな溝が存在しています。

EU 各国の国際社会における発言力は増し，ユーロもドルに対峙する国際通貨として台頭するなどのプラスの側面はあるものの，移民問題や拠出金問題を背景に，イギリスでは 2016 年 6 月 23 日の国民投票で EU 離脱（Brexit）を選択し，2020 年 1 月末に離脱するなど，さらなる EU 統合深化についてはその勢いは失われつつあると言ってよいでしょう。

例　題

1　カッコのなかに適切な言葉を入れなさい。
　(1)　現在 EU は（　　）カ国からなる。ユーロシステムとはユーロを導入している（　　）カ国の中央銀行と ECB からなる。
　(2)　EU 通貨統合の歴史をみると，1973 年には（　　）が，79 年には（　　）が発足して通貨統合に弾みがつき，市場統合実効後 92 年に（　　）が調印され，99 年のユーロ導入に至った。
　(3)　戦後ブレトンウッズ体制では，多角的決済制度の確立が世界貿易拡大の条件であるとして，IMF は加盟国に対し，（　　）取引について為替制限をしてはならないという協定を遵守することを求めた。この条項を受け入れた国を IMF（　　）条国という。
2　EU 加盟国が共通通貨を導入する是非について，最適通貨圏の理論から，述べなさい。
3　拡大 EU 諸国がユーロ導入を行うことについて，市場経済移行国を大国と小国に分けて論じなさい。

第11章 金融のグローバル化と国際金融システム

> **Keywords**
>
> IMF協定第8条　IMF協定第4条　BIS　国際資金取引統計　国際与信統計　国際資本市場　国際証券市場　デリバティブ取引　吉国委員会統計　エマージング市場　キャリートレード　GATT体制　クロスボーダーM&A　生産可能性曲線　効用曲線　国際金融仲介　有効フロンティア　アジア通貨危機　資本取引規制　通貨の交換性　IMF協定第14条　経常勘定の通貨の交換性　資本勘定の通貨の交換性　資本流入規制　プルーデンス政策　ユーロ・カレンシー市場　金利平衡税　レギュレーションQ　ロンドン市場　オフショア市場　内外一体型　タックスヘイブン型　金融安定化フォーラム（FSF）　高レバレッジ金融機関（HLIs）　金融活動作業部会（FATF）　イギリスのビッグバン　マクファーデン法　グラス＝スティーガル法　ユニバーサル・バンク　証券取引法第65条　外為法改正

◆ はじめに

現代の世界は，グローバル化が大きく進み，財・サービス，資本，人，情報などさまざまな要素の，国境を越える取引が急増しています。財・サービスの国際取引，すなわち貿易は，第二次世界大戦後一貫して増大してきましたが，1990年代以降，その勢いを大きく上回って増大しているのが国際資本取引です。「ベルリンの壁」の崩壊から始まる東西冷戦の終結により，旧ソ連や旧東欧諸国などの中央計画経済国が世界市場と一体化したこと，中南米諸国の構造改革が進んだこと，アジア諸国において輸出主導型経済成長が目指され資本取引の自由化がいっそう進展したことなどにより，世界で金融市場の一体化がさらに

進みました。

本章では，金融のグローバル化と金融システムの変貌について，銀行の機能を考察しながら考えてみましょう。金融グローバル化の功罪や，そのプロセスにおける国際金融市場（ユーロ市場）の役割，そして金融グローバル化が各国金融システムにどのような影響を与えたかについて検討しましょう。

1　金融のグローバル化

1.1　金融の国際化とグローバル化の違い

「金融の国際化」と「金融のグローバル化」の違いは何でしょうか。両者の定義に明確なものはありませんが，一般に金融の国際化とは，居住者の外貨建て金融取引や，非居住者の円建て金融取引，オフショア市場での金融取引など，国際間の金融取引が増大する状態を指します。加えて，金融機関の相互乗り入れの活発化といった金融機関の活動自体が国際化していくことも含まれます。これがさらに進展すると，各国それぞれ固有の金融市場が国境で分断されるのではなく，世界全体で1つの金融市場が存在するかのようになります。このように金融の国際化が深化した状態が金融のグローバル化です。この意味で，EUの金融市場統合も地域での「グローバル化」と言うことができます。

1.2　金融グローバル化の進展

金融のグローバル化は最近の現象に限ったものではありません。たとえば第一次世界大戦以前は基軸通貨国イギリスを中心として国際資金移動は活発でした。日本も日露戦争で巨額の戦争費用が必要となったときロンドン市場で外債を発行し，資金を賄いました。また南アフリカなどイギリスの植民地であった国ではインフラ整備のため本国から巨額の資金が投下されました。こうした自由な資金移動を遮断したのが第一次世界大戦と，それにともなう金本位制の崩壊，および中期的な為替レートの不安定化でした。1929年の世界大恐慌でデフレが世界的現象に拡張するなか，自国経済の建て直しを目的に関税障壁などの経済のブロック化が進むと同時に，為替レートの切下げ競争が生じて（近隣窮乏化政策），資本移動は大きく制限されました。これらは財・サービス，資

本の自由な移動を制約し，世界貿易は収縮して世界経済は大きく縮小しました。

　こうした負の経験があったからこそ，第二次世界大戦後の世界の貿易・通貨体制は大きく変わったのです。ブレトンウッズ体制のもとで，貿易自由化や為替の安定，そして通貨の交換性の回復が世界経済の持続的発展のために必要不可欠だと認識されました。後述するように **IMF協定第8条** で通貨の交換性がうたわれたのはこのためです。もっとも為替の安定のためには資本移動の規制は重要であるとの認識のもと，**IMF協定第4条** では，為替規制の必要性も示されています。

　戦後の金融グローバル化のプロセスについて整理しておきましょう。第1に，1970年代に2回起きたオイル・ショックや80年代のアメリカ財政赤字の膨張などにより，各国間の経常収支の不均衡が大きく拡大したことが挙げられます。第2章で学んだように，各国の経常収支と広義の資本収支を足せばゼロになるわけですから，フローの経常収支不均衡が拡大すれば各国間のネットの資金フローも増大することになります。第2に，先進諸国において対外取引規制が急速に緩和されたことが挙げられます。とくに70年代以降この動きが加速しました。これは73年に主要国通貨が変動相場制に移行したことに加え，多国籍企業の活動が活発になり，企業活動の国際化が資本取引規制を要請したからです。第3に，情報通信技術の飛躍的発展や80年代の金融工学の発達によりさまざまな金融商品が誕生し，またIT革命等により決済がより円滑になされるようになったという技術的要因が，グロスの資金フローを増大させる原動力となりました。第4に，世界的な金融規制緩和の動きです。金融システムの安定化を目的としたさまざまな金融規制は，企業や家計の経済行動を制約するように働きました。このため80年代以降各国で金融規制緩和の動きが加速し，アメリカ，欧州，日本などで金融規制のディレギュレーション（緩和）が大きく進みました。

　ある国で金融規制が緩和されると取引コストが減少し，国際資本移動が自由であるもとでは多くの取引が当該市場にシフトすることになります。規制された市場では取引コストが大きいので，規制が緩い国へ移動し，規制緩和で資本を戻そうとします（これを「規制裁定〔regulatory arbitrage〕」と呼びます）。このような制度的な競争要因が強まったことが，金融規制緩和が各国で起きた理由

と言えます。この意味で，各国の金融規制緩和と国際資本取引の自由化は，表裏一体の動きであると言えます。

1.3 BIS 統計でみる金融のグローバル化

　金融のグローバル化がいっそう進展するなかで，国際資金フローおよび国際的リスクの移転を把握することは非常に重要になっており，BIS 統計の役割は増しています。国際決済銀行（**BIS**）の国際金融統計の主要なものとして，以下の4種類があります。「**国際資金取引統計**」（*Locational Banking Statistics*），「**国際与信統計**」（*Consolidated Banking Statistics*），「外国為替デリバティブ・サーベイ」（*Triennial Central Bank Survey of Foreign Exchange and Derivatives Market Activity*），および「デリバティブ取引に関する定例市場報告」（*Regular Derivatives Market Statistics*，いわゆる吉国委員会統計）です。

　このうち，銀行取引統計として，国際資金取引統計と国際与信統計があります。前者は所在地ベース（本支店勘定を含む），後者は連結ベース（本支店勘定を含まない）で計上され，それぞれ4半期ごとに公表されています（国際与信統計は2000年3月以降。それまでは半期統計）。国際資金取引統計（LBS）は本支店間取引が含まれているのに対し，国際与信統計（CBS）は本店だけでなく海外に所在する支店や現地法人も含めて当該国の与信とするものです（報告銀行の本店が所在する国がベースで，本支店取引はネットアウト）。たとえば所在地ベースでは邦銀ロンドン支店がブラジルにある銀行（あるいは企業）に融資した場合はイギリスの与信とされるのに対し（図11-1），連結ベースでは日本の与信とされます（図11-2）。

　国際資金取引統計は，報告国に所在する銀行がどの国・地域に向けて資金を供給し，どの国・地域から資金を受け入れているかといった地理的な二国間の資金の流れを把握するものです。1970年代にカリブ海オフショア・センターを中心とした国際金融取引が増大し，オフショア勘定も含めた資金ポジションを把握する必要性が増したことから集計されることになりました。主な目的は，国際資金フローにおける銀行と金融センターの役割についての情報を提供することでした。報告銀行の所在する国籍で計上するので，国際収支統計や国民所得統計と整合性があることもその特徴です（ただしカバー範囲は国際収支よりも

図11-1 国際資金取引統計での与信：所在地ベース（locational）

```
 日本              イギリス
A行本店           A行ロンドン支店
   \                  /
日本のブラジル    イギリスのブラジル
   向け与信          向け与信
     ↓                ↓(破線)
       ブラジル
      B行（C行）
```

図11-2 国際与信統計での与信：連結ベース（consolidated）

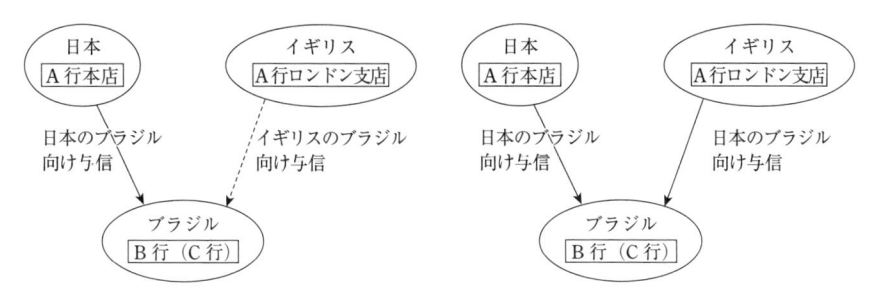

```
 日本              イギリス
A行本店           A行ロンドン支店
   \                  /
日本のブラジル    日本のブラジル
   向け与信          向け与信
     ↓                ↓
       ブラジル
      B行（C行）
```

表11-1 国際銀行統計の比較

	国際資金取引統計（locational）	国際与信統計（consolidated）
報告ベース	居住地（ホスト国）ベース	国籍（母国）ベース
報告国数	47	48
頻度	1977年当初より四半期ごと	2000年3月以降四半期ごと
報告データ	クロスボーダー債権債務	連結ベースの総債権債務
本支店間ネットアウト	×	○
取引相手	直接債務者	直接および最終債務者
入手可能データ		
借入国別	○	○
建値通貨別	○	×
金融商品別	○（ローン，預金，証券）	×
満期別	×	○
部門別	○（銀行，ノンバンク）	○（銀行，ノンバンク，公共部門）

（出所）　*BIS Quarterly Review*, March 2011.

狭い)。取引相手国別，取引商品別，通貨別，部門別，銀行の国籍別の5つで国際資金フローを把握できるため，銀行を通じた資金フローの把握，国際銀行取引における各通貨の利用状況の分析や，国際収支統計と組み合わせた分析を行うのに有用です（BIS, 2009; 表11-1）。

　国際与信統計は，1980年代の中南米債務危機を契機に各国の銀行システムが抱えるカントリー・リスクを包括的に把握する必要性から導入されました。本店所在国をベースとして本支店間取引も含まれているため，銀行の特定の国・地域へのエクスポージャー（与信リスク）を監視，管理することが目的です。国際与信統計は90年代以降大きく内容が変わっています（BIS, 2009,

● 図11-3　国際金融取引の概念図 ●

	自国通貨建て	外貨建て
クロスボーダー取引	①	②
外国銀行国内取引	③	④

（注）　シャドー部分が国際債権。

pp.73-86）。もともと主要国報告銀行の途上国向け国際金融取引を地域，満期期間別に収集し半期ごとに公表していましたが，97年のアジア通貨危機を契機にエマージング諸国向け資金フローを把握する必要性がさらに強まったことから，以下のように変更されました（統計上は2000年から）。①それまで半期であった統計が四半期ベースとなって適時性が増したこと，②香港およびシンガポールが加わったこと，③途上国だけでなく先進国も含めるなど地理的にカバー範囲が増したこと，などです。

さらに2005年には，与信相手先の国籍の分類が所在地ベースから最終リスク・ベースへと変更され，外国銀行の現地通貨建ての与信も計数に含まれるようになり，またデリバティブ取引による与信も集計されるようになりました。すなわち図11-3の国際金融取引の概念図にある③も統計に含まれることになり，報告銀行の与信行動とリスクをより多角的にとらえることができるようになったのです。

国際与信統計では，対外エクスポージャーは以下のように分類されます。まず外国債権（foreign claims）とはクロスボーダー債権と外国銀行国内債権の総計です（①＋②＋③＋④）。外国銀行国内債権のうちの外貨建て部分（④）と外貨および自国通貨双方のクロスボーダー債権（①＋②）を合わせたものが国際債権（international claims）と定義されます（図11-3参照）。近年では，外国債権のうち，自国通貨建て国内債権（③）の比率が増大しています。これは外国銀行の国内銀行M&Aが活発化して，外国銀行の対内直接投資が増大していることを示すものです。

国際資本市場の一部である**国際証券市場**は，ユーロ債，外債などの国際証券と，中期資金調達手段であるユーロノートからなり，国際的に取引される株式市場，

デリバティブ（金融派生商品）市場も含まれます。1980年代前半までは，国際金融市場の中心は国際銀行市場でしたが，BIS自己資本比率規制の導入もあって80年代後半以降は国際証券市場が急激に拡大しています。また資産価格の変動が大きくなるなか，**デリバティブ取引**の拡大も顕著です。

　1990年代以降のデリバティブ取引の急増に鑑み，BISは，グローバル・ベースのデリバティブ取引のデータを94年から公表することになりました。デリバティブ市場の透明性確保と，マクロ・プルーデンス上のモニタリングの強化を目的として，①主要先進国のディーラー（G10で59，日本で18の金融機関）だけを対象とした半期に1度作成される残高統計「デリバティブ取引に関する定例市場報告」（**吉国委員会統計**。98年6月末より作成開始）と，②広範なディーラー（全世界で約1300，日本から45社）を対象とした3年に1度作成される取引高および残高の統計「外国為替デリバディブ・サーベイ」といった，2種類のグローバル・ベースでのデリバティブ市場のデータが公表されています。2010年6月末からはクレジット・デフォルト・スワップ（CDS）のより精緻な統計も公表されています。

1.4　エマージング市場の国際金融市場への統合度の高まり

　1990年代に「金融のグローバリゼーション」がキーワードの1つとなりましたが，これは以下のようなさまざまな要因が重なった結果と考えられています。第1に，東西冷戦が終結し，世界的にディスインフレと金利の低下が起きたことです。旧中央計画経済諸国が西側諸国に組み込まれ，世界的に供給基盤が拡大し，国際的に競争が激化して（メガコンペティション），物価が全般に低下しました。第2に，先進諸国では経済の成熟化，高齢化の進展のなかで年金基金や生命保険など機関投資家の金融仲介における役割が増大し，これら機関投資家の国際分散投資が進んだことです。とりわけ，先進諸国の資本の収益率に比べ，潜在成長率の高い**エマージング市場**[*1]の収益率が高かったことからこれら諸国への投資が増大しました。第3に，アメリカを中心とした世界的な資金

---

*1　エマージング市場の定義は曖昧ですが，一般には潜在成長力が高く，国際金融市場にアクセスしている国をエマージング市場と呼んでいます。さまざまな定義がありますが，モルガン・スタンレーが公表するMSCIに含まれる国をエマージング市場と分類することもあります。

フローが活発になったことです。経常収支赤字国は資本収支が黒字（流入）になりますが，アメリカでは，経常収支赤字を大きく上回る外国資金が還流し，巨額の資金が海外に流れる形となり，世界の資金フローに大きな影響を与えました。第4に，市場化が進展するなかで，市場が質，量ともに大きく変貌したことです。すなわち，デリバティブ取引やキャリートレードなどにより市場相互の連動性が著しく増し，株式市場や為替市場の規模が爆発的に拡大したことです。

　こうしたもとで，途上国を取り巻く資金フローは大きく変化しています。そもそも，戦後 **GATT 体制**のもとで貿易自由化が推進され各国の経済開放度は増大し（対 GDP 比輸出比率の上昇），また製造業比率の増大や，域内貿易（intra-regional trade）比率が増大するなど貿易構造は大きく変化しました。一方，途上国には外国資本導入を経済成長のテコとして利用する誘因があり，IMF 8 条国への移行，および資本取引規制緩和やオフショア市場の創設などで，外国資本を取り込みました。これが先進諸国の機関化現象とポートフォリオの国際分散投資と相まって，途上国に民間資金の多くが還流するようになったのです。

　途上国への資本フローの形態別推移をみると，1980 年代までは公的資本の還流が主であったものが，90 年代以降は明らかに巨額の民間資本が途上国への資金流入の主体となっています（たとえば 45 ページ図 2-3 参照）。民間資本の中身をみると，直接投資は安定的に還流する一方で，ポートフォリオ投資やその他資本（銀行仲介）投資はその時々の金融情勢を反映する形で大きく変動しています。近年，直接投資形態の資金フローも増大していますが，その多くは**クロスボーダー M&A** によるものです（UNCTAD『世界投資白書』）。

1.5　国際資本移動の効用

　国際資金フローとは，最終的貸し手から最終的借り手へ国際的に資金が移転することです。国際金融仲介には，銀行を通じたものや市場を通じたものなどさまざまなものがありますが，国際的な資源配分の効率化，情報の蓄積，経済主体の資金調達，運用の自由度の増大等を通じて，世界経済全体の厚生を増大させる機能を有しています。

　国際資本移動は異時点間での財の交換を意味します。その経済的効果は，現

図 11-4　国際資本移動の効用

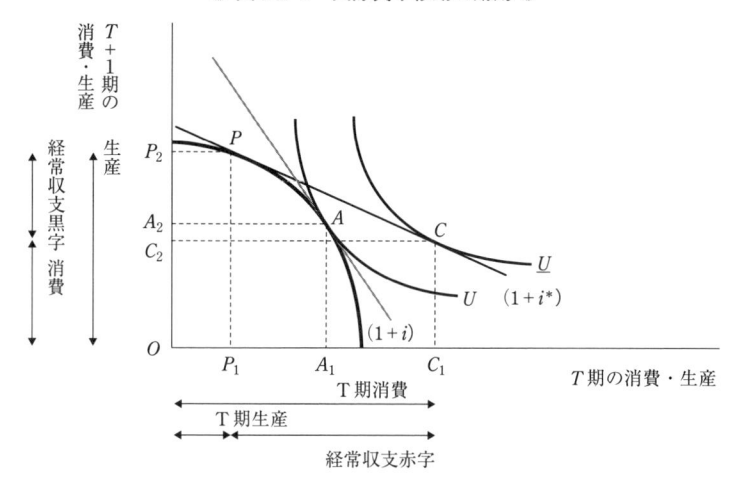

在の消費財と将来の消費財との**生産可能性曲線**，および無差別曲線で説明することができます。図 11-4 には，縦軸に $T+1$ 期の，横軸に T 期の消費および生産が示され，生産可能性曲線と無差別曲線（U）が示されています。

国際金融仲介がない世界では，両者の接点（A 点）で現在の消費と生産，将来の消費と生産が決まります。**効用曲線**は U となり，国民経済は U の経済厚生を享受することになります。消費と生産は一致するので現在および将来とも経常収支は均衡します。

それでは**国際金融仲介**があった場合にはどうなるでしょうか。自由に海外から借入れができれば，T 期には P_1 生産し，C_1 消費するので，$P_1 - C_1$ が経常収支赤字になります。しかし $T+1$ 期では，P_2 生産し，C_2 消費するので，経常収支は $P_2 - C_2$ の黒字となります。経常収支の不均衡が生じ，1 期，2 期それぞれで資本流入（借入：$P_1 - C_1$）と資本流出（返済：$P_2 - C_2$）が生じます（経常収支の動きと整合）。この場合の借入金利は ρ であり，これは効用曲線 $\underline{U}$ に接する予算制約線の角度（$1 + i^*$）に相当します。この場合借入金利（世界金利 i^*）は国内金利（i）よりも低いものとなります。経済の厚生は U から $\underline{U}$ に上にシフトし，より高い効用を持つ無差別曲線上での組み合わせが可能となり，経済厚生を増大させます。

図 11-5　有効フロンティア曲線

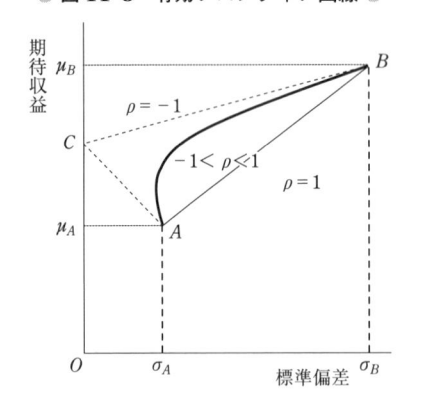

図 11-6　国際分散投資の効用

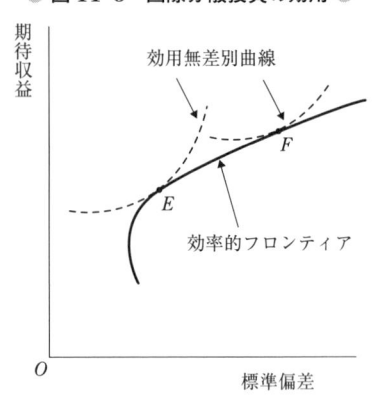

1.6　国際分散投資

投資家はさまざまな資産に投資しますが，将来は不確実なので，資産が生み出す将来収益を完全に予想することはできません。そこで投資家は資産保有が生み出す「収益性」（リターン）と損失の可能性である「リスク」を同時に評価する必要があります。将来の収益は確率的に予想されるもので，期待収益は将来のさまざまな事態から想定される収益の確率分布の平均（確率平均）であり，リスクは変動幅の確率平均（分散，標準偏差）となります。

危険回避者（*risk averter*）は，期待収益が同じであればリスクの小さい資産を選択します。これに対し危険愛好者（*risk lover*）は，期待収益が同じであればリスクの大きい資産を選択します。危険中立者（*risk neutral*）は，リスク水準を無視し，期待収益の高さだけで資産を選択します。

ここで，リスクと期待収益が（σ_A, μ_A），（σ_B, μ_B）である 2 つの資産を考えてみましょう（図 11-5）。この 2 つの資産のウェイトを変えて組み合わせればさまざまなポートフォリオを組むことができます。将来の期待収益が両資産で完全に相関した場合（$\rho = 1$）の達成可能なポートフォリオの期待収益とリスクは，直線 AB で示されます。完全に不相関の場合（$\rho = -1$）には破線 ACB で示される組合せとなります。点 C ではリスクは完全に消去できます。実際には，両資産の将来収益の相関は完全な正あるいは負ではない中間（$-1 < \rho < 1$）にあると考えられ，達成可能ポートフォリオは凸型で示される曲線

になります。この曲線（AB）がポートフォリオ選択の対象となる組合せ，すなわち**有効フロンティア**と呼ばれるものです。

リスク回避型投資家にとって最適な選択は，この有効フロンティアと効用無差別曲線（点線）の接点にある組合せとなります。この組合せは，無差別曲線の形状によって異なりますが，リスク回避の度合いが強い投資家はよりリスクの小さい E 点での組合せを選択することが最適な選択となります。

国内資産だけで最適ポートフォリオを組めば国全体のリスクが残ります。しかし国際分散投資でこのリスクを小さくするような最適投資を行えば国際分散投資を行って最適ポートフォリオを組むことが合理的となります。

国際分散投資は機関投資家の投資手法として一般的となっています。たとえば，2011年3月末現在残高116兆円の世界最大の公的年金を運用する年金積立金管理運用独立行政法人（GPIF）は，国際分散投資を基本とし，長期的な観点からの資産構成割合（「基本ポートフォリオ」）に基づいて運用を行っています。11年度のそれは，国内債券67％，国内株式11％，海外債券8％，海外株式9％などでした。

2　資本取引規制をどう考えるか

このように，基本的には国際金融仲介は世界経済の効用を高めることになります。しかし**アジア通貨危機**などでもみられたように，急激で短期的なホットマネーの動きは実物経済の攪乱要因となる懸念もあります。短期的な資金の動きは，当該国の通貨の需給に影響を与えるので為替レートに影響を与え，通貨危機を引き起こすことにもなりかねません。マレーシアが通貨危機後の1998年に**資本取引規制**を導入して固定相場制に復帰しましたが，これはホットマネーが危機を起こしたという認識のもと，内外資金フローを一時的に遮断し，国内経済の安定化を狙ったものでした。このような資本取引規制についてはどのように考えるべきでしょうか。これを理解するために，まず**通貨の交換性**（currency convertibility）について整理しておきましょう。

Column ㉒ ●● 日本の為替管理の歴史

戦後，外為法は 1949（昭和 24）年に「外国為替及び外国貿易管理法」として制定されました。外国為替管理が厳格になったのはそれをさかのぼる 31 年 12 月の金再輸出禁止がきっかけであり（金解禁の議論），これにともなって資本流出が加速し円相場が急落したためです。当時は先進主要国で金本位制が崩壊した時期であり，各国とも資本流出入が活発化し為替レートは不安定でした。このため主要国は資本管理を厳格にし，日本も金本位制離脱後の 32 年 6 月に「資本逃避防止法」を制定しました。翌 33 年には「外国為替管理法」を施行し，為替取引と貿易取引を政府が管理する権限を握り，戦中の統制経済へと移行したのです。戦後の金融システムの基盤はこの時期に形成され，内外取引の原則禁止，長短金融分離，証券銀行業務分離，信託・銀行業務の分離などさまざまな金融業態規制で特徴付けられることになりました。

戦後は外貨準備不足を背景に，外貨管理は厳格となり，1949 年に「外国為替及び外国貿易管理法」（昭和 24 年 12 月 1 日法律第 224 号，以下外為法）が，翌 50 年には「外資に関する法律」（外資法）が制定され，事実上外国為替取引は原則禁止とされました。しかし 64 年に IMF 8 条国に移行し，OECD への加盟も果たすと，その後は対外・対内直接投資，間接投資規制の緩和など，資本移動の自由化が徐々に進展しました。

高度成長期を経て日本企業が成熟し，国際化がいっそう進展すると，1980 年に，外為法は対外取引の原則禁止から原則自由へと 180 度転換した法体系に改められました。日米貿易摩擦が激化した 83 年 12 月には日本の金融サービス市場の対外開放を求める「日米円ドル委員会」が設置され，日本の金融の自由化も進みました。

1998 年には日本版ビッグバンの先駆けとして外為法が改正され（Column ⑤ 参照），2001 年 9 月の米同時多発テロ事件の発生を受けテロ対策として 02 年に改定，また日本を取り巻く国際情勢の変化から 04 年にも改定されました（表 11-2 参照）。日本版ビッグバンで金融規制が大幅に緩和されると，投資関連法規も整理され，従来の証券取引法から金融商品取引法（69 ページ参照）へと，横断的規制に体系が大きく変わりました。

2.1 通貨の交換性と資本取引規制

IMF 協定第 8 条では，「加盟国は基金の承認なしに経常的国際取引のための支払いおよび資金移動に制限を課してはならない」とされ，IMF 加盟国が経

● 表 11-2 外為法をめぐる変遷 ●

年	
1931年	金輸出再禁止（金本位制停止），金兌換停止
32	資本逃避防止法制定
33	外国為替管理法制定（「外国為替銀行制度」）の導入）
36	大蔵省令により貿易為替管理を開始
41	外国為替管理法改正（戦時体制へ移行）
45	GHQ の全面管理
47	民間貿易の一部再開
49	単一為替レートの設定（1ドル＝360円），「外国為替及び外国貿易管理法」（外為法）の制定，外貨管理権が GHQ から委譲，外国為替特別会計を創設
50	「外資に関する法律」（外資法）の制定
52	IMF（国際通貨基金），世界銀行へ加盟，外国為替管理委員会の廃止，外国為替等審議会の設置
54	外国為替銀行法の制定にともない，外国為替銀行を外国為替公認銀行に改正
64	外国為替予算制度の廃止，IMF 8条国への移行，OECD に加盟
71	為替レートの変更　1ドル＝308円（スミソニアン体制）
72	外貨集中制度の廃止
73	変動相場制への移行（3月）。対内直接投資，例外業種を除き原則自由化
80	外為法を原則自由の法体系に改正，外資法廃止
83	円ドル委員会設置
84	先物外国為替取引に関する実需原則撤廃
86	東京オフショア市場の創設
87	ココム規制違反行為に係る罰則・制裁の強化に伴う外為法の一部改正
89	金融先物市場の創設
92	対内直接投資等，事前届出制から原則事後報告制へ移行
98	内外資本取引等の自由化，外国為替業務の完全自由化への移行に伴う外為法の一部改正（題名から「管理」を削除し，「外国為替及び外国貿易法」に）
99	有価証券取引税の廃止。TB，FB の償還差益に係る源泉徴収税の免除
2000	内閣府の外局として金融庁発足
01	1月6日の中央省庁再編で大蔵省の廃止，財務省の設置
02	米国同時多発テロ事件を受け，テロ資金対策強化のため，本人確認強化。関係省庁等による情報提供等の根拠となる規定の整備等，外為法一部改正
04	平和及び安全の維持のため特に必要があるときは，閣議決定に基づき，資本取引などに対する規制発動を可能とする外為法の一部改正
07	金融商品取引法の施行（9月）。新 BIS 規制（バーゼルⅡ）の実施（3月末）

（出所）　財務省ホームページに加筆。

常取引にかかわる外国為替制限を行うことは禁じられています。これは多角的貿易決済が阻害されないような外貨制度を構築することが IMF の目標だからです。もっとも，**IMF 協定第 14 条**では，「加盟国は経常的国際取引のための支

払いおよび資金移動に対する制限を存続できる」として，後述するような**経常勘定の通貨の交換性**を達成できる条件を整えていない途上国については，IMF 14 条国として過渡的措置を認めています。

　欧州諸国は 1961 年に IMF 8 条国に移行し（通貨の交換性回復は 58 年），日本も 64 年に IMF 8 条国に移行し，先進諸国の 8 条国への移行は世界貿易の増大に大きく貢献しました。エマージング諸国では，マレーシアやシンガポールなどは 60 年代と早く，タイは 99 年，フィリピンは 95 年，また旧東欧諸国などの中央計画経済諸国は 90 年代に市場経済移行の過程で IMF 8 条国に移行しました。中国も 96 年に移行しています。

　通貨の交換性は，経常勘定と資本勘定に分けて考えることができます。経常勘定の通貨の交換性とは，経常取引（財・サービスの貿易取引）を行うに当たり外貨と自国通貨が市場レートで自由に売買される状態を指します。経常勘定の通貨の交換性が達成されれば，国際貿易が活発化し，質，価格両面で消費者の選択の幅が広がります。また，比較優位の財・サービスの生産・投資が促進されるので，効率性が増大し，経済発展が促進されます。しかし一方で，海外から競争力のある財・サービスが流入するので，非効率的な自国企業は淘汰され，失業の増大や，実質賃金の低下などのデメリットもあります。また市場規律が働いていない経済，たとえば国内価格規制が残っている経済などでは，低価格に設定された生活必需品や工業原材料が輸出され，高価格の自動車や家電製品などが輸入されるなど，歪んだ，望ましくない国際貿易パターンが作り出される恐れもあります。資本取引が規制されていたとしても，経常勘定で通貨の交換性が達成されれば，貿易信用のリーズ・アンド・ラグズ（外貨建て輸出入代金の支払い期限の操作）が起こり為替投機も起こります。国内で財政政策や金融政策の面で健全なマクロ経済政策が採られていない場合には，資本逃避のリスクがあることにも留意しなければなりません。

　このように，経常勘定の通貨の交換性はメリットがある反面，その条件が整っていなければ，国内経済を悪化させる懸念もあります。IMF 協定で過渡的措置が認められているのも（前述の IMF 協定第 14 条），こうしたリスクが認識されているからです。経常勘定の通貨の交換性を達成するには，市場規律がうまく働くように価格の自由化や企業の経営が適切になされているかなど，市

場経済の基本的枠組みの形成といった前提条件が重要となります。また，旧中央計画経済諸国などでは為替レートが従来の機能を果たさずに，複数の公定為替レートが採用されたり，あるいは輸出入や外貨がすべて政府の管理下にあるなどのケースが少なくありません。すなわち，単一の為替レートであるかどうか，輸出入が自由化されているかどうかも通貨の交換性の条件となります。さらに為替投機に耐えうるよう外貨準備が豊富であるかどうか，適切なマクロ経済政策が採られているかなどもその条件です[*2]。一方，通貨の交換性がいったん実現すれば世界経済との統合や市場経済の移行がさらに進むことになります。

2.2　資本自由化の順序付け（sequencing）

資本勘定の通貨の交換性とは，資本取引について通貨の交換性に制限を設けないことです。内外資本取引が活発化すると，前述したように，異時点間，異状態間の資源配分が効率化し，自国経済の効用を大きく増大させます。また満期変換や通貨変換を可能にするため，資産・負債構成を最適化することができます。また，直接投資などの海外からの長期資本を受け入れることができ，これは技術移転や経営ノウハウの導入などのメリットをもたらします。

　一方で，リスクも増大します。たとえば不適切な通貨レジームやマクロ経済政策が採られるなかで内外資本移動が自由化されれば，資本逃避が起きる懸念があります。第13章で検討するアジア通貨危機も不適切な通貨制度と金融政策の失敗が巨額の資本逃避を生み，ついには通貨暴落と金融危機が生じました。したがって，資本取引を自由化するには順序付け（sequencing）が重要となります。国内金融システムや資本市場が強化されていなければ資本取引自由化を急ぐべきではありません。商業銀行のリスク管理が適切であること，監督システムが適切であることなど金融システム自体が強化されて初めて資本勘定の通貨の交換性が達成されるべきでしょう。

　先進諸国の事例をみると，欧州および日本では，IMF 8条国への移行がそれぞれ1961年，64年と早かったわけですが，資本取引の自由化は日本では外為法が原則自由となった80年，欧州ではEMU第1段階の90年と，両者には大

[*2]　たとえば中国は1996年にIMF 8条国に移行しましたが，その際も上述の条件が整っているかどうかが検討されました。

きなタイムラグがあります。これに対し東アジア諸国では，金融システムが脆弱であるなかで性急に資本自由化を行い，これが結果的にアジア通貨危機を引き起こしました（第13章）。前提条件が満たされないなかで資本取引を自由化することには大きなリスクがあることに留意すべきでしょう。

2.3　エマージング市場における資本取引規制の類型

　資本取引規制には，資本流出規制，**資本流入規制**と，大きく分けて2つあります。アジア通貨危機後1998年にマレーシアが導入したのは資本流出規制で，危機に見舞われなかったチリが90年に導入したのが資本流入規制です。この2つを混同しないことが肝要です。資本流出規制は対症療法とも言うべきもので，マレーシアのような多民族国家で社会の安定が重要な国では必要かもしれませんが，一般には長期的に大きなコストをもたらし，効果も定量的に分析できません。一方資本流入規制は，国内金融システムが脆弱な場合，**プルーデンス政策**（第12章参照）の1つとして正当化できるものです。

　チリでは，資本流入に対して預金準備規制（無利子の中銀預託金）を課す形で資本流入規制を講じました。直接投資形態など，生産性や技術革新を高める資本の比率はゼロとし，短期資金の流入に対して高率の規制を課しました。チリが課した資本流入規制は，資本総額には大きな効果はもたらさなかったものの，その構成に大きな効果をもたらしたと言われます。短期資金の流出入がアジア通貨危機の要因であったことに鑑みると，とりわけ国内金融システムを強化する間の過渡的な期間において正当化されうるものと考えることができます。

3　ユーロ市場と金融のグローバル化

3.1　ユーロ市場とは何か

　金融の国際化を進展させた背景に，国際金融市場の発展があり，とりわけロンドン市場のユーロ市場の拡大は国際金融機能を大いに増大させました。ユーロ市場とは，①自国通貨以外の通貨建て銀行預金および信用供与などの国際銀行市場（**ユーロ・カレンシー市場**），②ユーロ・ボンドやユーロ中期債市場などのユーロ証券市場，③通貨オプション，通貨先物などのデリバティブ取引市場，

などに大別されます（ユーロ・カレンシー市場だけをユーロ市場と呼ぶこともあります）。ユーロ市場は，各国当局の規制，税制，市場慣行などから免れ，国際的なホールセール取引に特化した，多様な参加者を擁する，きわめて競争的，効率的な市場であると言えます。

　第二次世界大戦後，旧東欧およびソ連はアメリカ政府の資産凍結を危惧してアメリカ所在のコルレス銀行のドル預金勘定をロンドン所在の銀行にシフトさせ，これにより自然発生的にユーロ市場は誕生しました。ユーロ預金銀行は当初アメリカの財務省証券などに投資していましたが，1957年にイングランド銀行がポンド危機対策としてポンド建て貸出に規制をかけたことから，ロンドン所在銀行はドル建て貸出を積極的に行うようになり，ドル建て貸出市場が急拡大しました。58年に欧州通貨が交換性を回復し，欧州の経済主体が外貨建て取引を活発に行うようになったことも，ユーロ通貨[*3]市場拡大の一因となったとされます。

　一方，1963年にケネディ大統領がドル防衛策として**金利平衡税**（IET: Interest Equalization Tax，取得する外債に対して一定の税金を課すもの）を打ち出したこと，また65年にアメリカが海外直接投資への自主規制を課したことはユーロ債市場拡大の要因となりました。60年代後半以降アメリカでインフレが昂進すると，金利規制（**レギュレーションQ**）や準備預金などのない，ユーロ市場での資金運用ニーズが急増しました。とりわけ70年代に2回のオイル・ショックが起きると，OPEC諸国の巨額のドル建て石油収入にともなう経常収支の大幅黒字は，短期のドル運用のためロンドン市場に回され，巨額の預金がユーロ通貨市場に還流したのです。欧米銀行は当時潜在成長力の高い中南米諸国などの途上国に巨額の融資を行い（80年代に債務危機に変貌），ユーロ市場が国際的資金環流において重要な地位を占めることになりました。

　ユーロ銀行預金残高が最も大きいのは，国際金融センターを擁するイギリスです。これは，**ロンドン市場**が魅力的な条件，たとえば情報量の大きさ，伝統的な金融ノウハウや人材の蓄積，金融市場と併存する商品市場，保険市場，海運市場の発達などで，優位性を有していたことに加え，金融サービスを産業の

---

*3　当初はユーロダラーが取引のほとんどを占めていましたが，その後ユーロ・ポンド，ユーロ円，ユーロ・マルクなど通貨の多様化が進みました。現在ではユーロ・ユーロもあります。

Column㉓ 2004年外為法改正とTCIファンド

　2004年に外為法が改正され，同法第10条で「我が国の平和及び安全の維持のため特に必要があるときは，閣議において，対応措置を講ずべきことを決定することができる」とされました。この条項に基づき08年5月13日，財務大臣と経済産業大臣は，TCIファンド（ザ・チルドレンズ・インベストメント・マスターファンド）に対し，電源開発株式会社（Jパワー）の株式追加取得（9.9％保有であった株を20％まで買い増す計画）による対内直接投資を中止するよう命じました。「電気の安定供給や原子力政策に影響を及ぼす恐れがあると判断した」（経済産業省）ことから，外資保有が「公の秩序」を乱すものと認定され，日本で初めて外為法に基づく中止命令となったのです。公益事業の外資規制については，NTT法，放送法，航空法などの個別業法がありますが，Jパワーの場合は外為法で対応しました。

　アメリカでも同様の規定，エクソン・フロリオ条項があります。エクソン・フロリオ条項はアメリカの包括通商競争力法5021条に盛り込まれ，外国人による米企業買収・合併・取得が国家安全保障に脅威を与えると判断される場合に同条項が適用されるものです。対米外国投資委員会（CFIUS: committee on foreign investment in the United States）が諮問，大統領に報告し，大統領が可否を決定します。自由な投資は企業の経営効率の増大など経済効用を増大させますが，一方で国の安全保障や公の秩序への影響も考慮すべきことが示されます。

中心とすることに当局が積極的であったことが，その背景にあります。

　ユーロ・ドルとドルとの第1の相違点は，アメリカ本国の債務であるか否か，です。アメリカのドル預金を居住者が保有すれば国際的な債権債務関係は生じませんが，それを非居住者が保有すれば，それはアメリカの債務になります。しかしユーロ・ドル預金は，その預金が所在する国の債務であり，アメリカの債務ではありません。第2の相違点は，ユーロ・ドルは決済手段ではないことです。イギリスにはドルの手形交換所が存在しないので，ユーロ・ドルの決済はアメリカの銀行が介在しない限りできません。また，ユーロ預金銀行はユーロ預金（負債）に見合う額のみの貸出（資産）しかできません。ユーロ市場が国際的な過剰流動性を生じさせるのではないかという懸念が当初ありましたが，ユーロ預金銀行はドルの信用創造機能は有していないので，そうした懸念は杞憂に終わりました。

3.2 オフショア市場の類型

オフショア市場とは、非居住者の資金調達や資金運用を、税制、準備率を含む金融規制などの面で制約の少ない自由な取引として行わせるための市場で、上述したユーロ市場もオフショア市場の1つです。オフショア市場は設立の経緯や規制の程度等により以下の3つの類型に分類できます。第1は「**内外一体型**」で、ロンドン市場、香港市場がこれに該当します。金融インフラが十分発達していたことに加え、規制がほとんどなかったため、自然発生的に市場が大きくなったもので、外・外取引、外・内取引がともに活発化しています。

第2は非居住者の外・外取引の活発化を目的とした「特別の銀行勘定設置型」で、代表的なものがニューヨークのIBF（International Banking Facility）、シンガポールのACU勘定（Asian Currency Unit; アジアダラー）です。1986年に設立された東京オフショア市場や、93年に設立されたタイのBIBF（Bangkok International Banking Facilities）など近年設立されたアジアのオフショア市場もこのタイプに属します。ここでは、オフショア勘定であるOBU（Offshore Banking Unit）が設けられ、一般勘定と通常分別管理されるなど内外勘定が遮断されています。原則、参加金融機関が非居住者から調達した外貨を非居住者に対して運用するもので、取引は預金、コール取引、貸出、本支店勘定などの銀行取引ですが、租税の減免措置や、預金準備率が適用除外になるなどさまざまな優遇措置が採られています。

第3は「**タックスヘイブン（租税回避）型**」で、税制優遇や規制撤廃により、金融機関や企業を誘致するもので、多国籍企業の資金調達や運用に多く利用されています。

3.3 タックスヘイブンとは何か

タックスヘイブンとは、所得税、法人税、源泉徴収税等の租税減免の国（地域）を指します。これらの特典により企業を誘致し、雇用、国民所得の向上を図ろうとするもので、通常は為替管理が緩い、金融関連規制が緩い、銀行や企業の守秘義務がある、などの特徴があります。タックスヘイブンには、①租税体系自体が存在しない完全免税国・地域（バハマ、ケイマン諸島等）、②所得税はあるが外国に源泉を有する所得は非課税かきわめて低い税率である国・地域

（パナマ等），③租税条約締結による租税減免地（オランダ領アンティル等），④金融，海運など一定の業種等に限って課税特権を認める国（ルクセンブルク等）など，さまざまなタイプがあります。

　もともとアメリカで，1962年のケネディ税制改革にともない，アメリカ系多国籍企業がカリブ海諸国に大挙進出し，また69年にFRBが米銀のユーロダラー業務を認可したことから，カリブ海を中心に金融機関の進出が加速しました。タックスヘイブン側からみると，企業誘致，雇用促進といったメリットを享受することがその目的でしたが，現在では多くの問題も抱えています。

　その第1は，国際金融システム安定性からの要請です。98年のヘッジファンド危機など近年国際金融システムは不安定になりましたが，これらの多くはカリブ海などのオフショア・センターに設立拠点があり，規制・監督上の抜け穴があるというプルデンシャル（信用秩序）上の問題がありました。第2は，マネー・ローンダリング（資金洗浄）阻止の観点で，近年の資本移動の巨額化，決済技術の高度化のもとで，重大犯罪にともなう資金洗浄，大規模な脱税，テロ資金蓄財などの違法・不正な国際金融取引が急増しており，タックスヘイブンがその温床となっていたことです。第3は，先進諸国サイドの租税回避阻止の観点からです。

　1999年2月G7は，**金融安定化フォーラム（FSF）**設立を決定し，**高レバレッジ金融機関（HLIs）**，資本移動，オフショア・ファイナンシャル・センター（OFC）の3つの作業部会を設立しましたが，OFC部会では監督・規制，情報開示・協力など国際基準遵守のアセスメント，金融機関監督強化の提言等を行っています。またOECDでも**金融活動作業部会（FATF）**のもとで長年資金洗浄問題に取り組んでおり，問題があると認定された国・地域を認定しそのリストを公表して，こうした問題に対応しています。

　経済のグローバル化は，合法的なビジネスや金融に未曾有の好機を提供しますが，同時にテロリスト，薬物の不正取引者，組織的犯罪者集団および海外の腐敗した公務員を金融面で支える国際的な資金洗浄の可能性をも拡大させています。資金洗浄に効果的に対処するには，世界のすべての金融センターが適切な国際基準を遵守し，資金洗浄について実効的に協力する必要があります。FATFは非協力国・地域の特定を行いますが，これら非協力国との対話，技術

支援などもサミットなどの場で討議されています。FATFによる「マネー・ロンダリングに関する40の勧告」では，①金融機関の顧客の本人確認義務，②ウィーン条約に規定された資金洗浄を刑事犯罪とするための国内法制の対応，③当局間の司法・捜査協力，国際的情報交換，④不十分な国・地域への対応，などが指摘されています。各国はこれをもとに，資金洗浄に関する規制を金融機関に課すなど，対応が強化されています。

4 国際化の進展と各国金融システムの変化
―― 規制の競争と各国の規制緩和

　ユーロ市場の進展や金融の国際化にともなって，各国の金融システムは大きく変貌しました。ユーロ市場は，準備預金制度，金利規制もなく，また税制も優遇されているので，多くのドル建て取引はアメリカ本国からロンドン市場にシフトしました。これはアメリカ国内の規制緩和をもたらしました。国際資本取引が自由化されるもとで，競争的に各国の規制緩和や構造改革が促され，「規制裁定」（regulatoty arbitrage）により，結果として各国金融システムは大きく変貌したと言えます。

4.1　1986年のイギリスのビッグバンと日本の金融制度改革
　イギリスのビッグバンは，狭義には証券取引所の改革措置，広義には金融サービス法の制定も含む改革措置です。「ビッグバン」とはそもそも宇宙誕生時の大爆発のことですが，イギリスの金融証券市場の大改革は，その後の社会・経済の活性化と発展に大きく寄与したので，これを大爆発になぞらえて「ビッグバン」と呼称しています。具体的には，①証券売買手数料の自由化，②単一資格制の廃止，③競争的マーケット・メイカー制の導入，④証券取引所会員への外部資本出資制限の廃止，⑤SEAQ（Stock Exchange Automated Quotation System）インターナショナル（海外株式の取引市場。2004年秋に新システムITBBに移行）の稼動などスクリーン取引への移行，です。これらの措置の目的は，市場機能の向上，国際金融センターとしての地位確立，ロンドン証券取引所の閉鎖性の打開などでした。

ビッグバンにより歴史ある多くのマーチャント・バンクが外国銀行に買収されるなど金融再編成が加速し，機関化傾向が促進されました。一方で，仲介業者の競争力やシティの国際競争力は増大したと言われます。もともと仲介委託手数料の自由化は1975年5月1日にアメリカで実施されました。これはメーデーと呼ばれますが，株式取引の多くがアメリカに移ったと言われます。イギリスがビッグバンを導入したのは，地盤沈下したロンドン証券取引所を復活させることだと言われています。この証券取引所改革により大陸欧州の株取引がロンドン市場に流れたため，フランスのプチバン（パリ証券取引所改革）などの動きを誘発しました。

一方，日本版ビッグバンと呼ばれる1998年度に法制化された金融制度改革は，日本の金融システムを「フリー，フェア，グローバル」の原則のもとで，自由で透明性の高いものへと抜本的に改革し，東京市場をより便利で効率のよいものに変えていこうという構想です（96年11月公表）。イギリスが主に証券取引所改革であったのに対し，日本版ビッグバンは外為法改正，金融制度改革，証券制度改革，保険取引，金融派生商品などにかかわる幅広い分野の法律改正を含む包括的なものでした。その目的としては，①新商品の設計・開発が自由になる結果，いろいろなニーズに合わせたさまざまな商品が提供され選択肢が広がること，②内外金融機関の競争が活発になり経営が合理化・効率化されることで，各種手数料が低下するほか，資産運用力の強化にともない，より有利な金融商品が提供されること，③1つの金融機関でさまざまな金融商品を購入できるようになるなど，顧客にとっての利便性やサービスが向上すること，④東京金融市場を国際金融センターとしてさらに競争力を高めること，などがあります（Column ⑤㉒参照）。

4.2 主要国の金融制度と制度の競争

まず，各国における金融制度の大まかな特徴と規制緩和の動きをみておきましょう。まず，アメリカについては集中への嫌悪と強いものに惹かれるというアンビバレントな特徴があります。すなわち，金融システムは集中を排除するため，銀行創設は連邦と州いずれかの法律が根拠法になるという，二元銀行制となっていること，競争メカニズムを重視するため独占禁止法が厳しく適用さ

Column ㉔ ●●● インベストメント・バンクの歴史と規制緩和

　インベストメント・バンク（投資銀行）の起源は 16, 17 世紀のイギリスのマーチャント・バンクや引受商社（acceptance house）に遡ることができます。16 世紀以降植民地化や産業革命のなかで国際投資が活発化すると，それら機関は国際金融でも大きな役割を果たしました。またロスチャイルドなどのプライベート・バンクもマーチャント・バンク機能を果たし，ドイツに起源をもつモルガン・グレンフェルなどとともにロンドン金融センターで活躍しました。

　アメリカでは，南北戦争以前は大型資本調達は主にロンドン市場で行っていましたが，ニューヨークやフィラデルフィアでの鉄道建設などでは巨額資本を州際業務規制のある小規模銀行からは調達できず，主に社債発行など国内市場で調達することになりました。ここで活躍したのが投資銀行で，証券発行，引受け業務を活発に行いました。第一次世界大戦後 1920 年代に株ブームが起きると，銀行，投資銀行それぞれが株式業務を行い巨額の利益を得ました。しかし大恐慌後に金融機関が破綻しグラス＝スティーガル法が制定されると，モルガン銀行の幹部が投資銀行モルガン・スタンレーを設立するなどの動きがありました。

　戦後のユーロ債市場拡大に貢献したのも SG ウォーバーグを中心としたマーチャント・バンクでした。1990 年にはアメリカでドレクセル・バーナムなどインサイダー取引スキャンダルなども起きましたが，グローバル化，金融規制緩和のなかでビジネスは急激に拡大し，99 年のグラス＝スティーガル法撤廃（グラム＝リーチ＝ブライリー法制定）で，さらに資産規模が増大しました。一方投資銀行の監督機関である SEC（証券取引委員会）は，Net Capital Rule でレバレッジ比率を銀行とほぼ同じ自己資本の 12 倍までに規制していましたが，ユニバーサル・バンキングの欧州系投資銀行との競争上不利であるとして，投資銀行は規制緩和と自主管理（self-regulation）を求めました。これを強力に推し進めたのが当時のゴールドマン・サックス社長（1998〜2006 年）のポールソンでした（06 年から財務長官）。結局 04 年 4 月に SEC は，自己資本が 50 億ドル以上の投資銀行に限り，その規制をはずし自主管理に任せることになり，それ以降 SEC が投資銀行に検査に入ることはなくなったと言われます。

　2008 年の金融危機後 5 大投資銀行は，メリルリンチ破綻（バンク・オブ・アメリカに救済合併），ベア・スターンズ破綻（JP モルガンに救済合併），リーマン・ブラザーズ破綻（チャプター 11 申請），モルガン・スタンレーとゴールドマン・サックスは銀行持ち株会社に移行し，ついに投資銀行は銀行としての規制，監督を受けることになったのです。

れることです。また，経営と所有が明確に分離され，銀行の企業株式保有と株主の権利行使を制限する規制があります。国の関与を嫌うことから，中央銀行である連邦準備制度理事会（FRB）の創設は1913年と他の先進国に比べ著しく遅いものでした。

マクファーデン法（州際業務規制）で州をまたいだ活動が規制されていたため，銀行を経由した巨額資金の調達が非常に難しかったことが特徴です。このため，証券発行やインベストメント・バンク（投資銀行）の活動が活発化し，証券市場，資金市場の規模は他国に比し大きいという特徴があります（*Column* ㉔）。銀行業務は自由でしたが，29年に始まる株価クラッシュで多くの銀行が破綻し，それが大恐慌につながったという認識のもとで，**グラス＝スティーガル法**（33年銀行法）で銀行業と証券業が厳しく分離されました。またこの時期に，預金保険制度が世界で初めて制定されました。

戦後は前述したユーロ市場の登場もあって，アメリカ市場の金融自由化は急速に進みました。まず1975年5月1日に証券売買手数料の自由化が進み（メーデー），その後のロンドンのビッグバンを誘発することになりました。70年代後半以降はインフレ高進，ユーロ市場での規制のないドル預金の存在，および70年代半ばのMMMF（Money Market Mutual Fund）の登場にともなうディスインターミディエーションなどにより金利自由化が急速に進み，86年には完全に自由化されました。業務規制についても，EUでのユニバーサルバンク制度との競争からグラス＝スティーガル法の形骸化，新たな法制度の制定，州際業務の自由化など，業務規制の自由化も急速に進みました。1999年にはグラス＝スティーガル法が撤廃され新たな法律が制定されました（グラム＝リーチ＝ブライリー法）。

一方，ドイツのコーポレート・ガバナンスは，「共同決定法」のもとで，従業員の主権が強く，監査役会は株主代表と労働者代表が同数で，銀行代表者もメンバーとなっています。**ユニバーサル・バンク**のもとで銀行は幅広い範囲の業務を行うことができ，企業・公共部門とも銀行に大きく依存しているのが特徴です。金利自由化は1970年代に終了し，EU銀行指令によりユニバーサル・バンクがEUの規準となり，そのもとで自由に業務を行うことができます。

日本では，戦後**証券取引法第65条**により，銀行業と証券業は分離されてい

ました。また，この銀行・証券分離だけでなく，銀行・信託分離，長短金融分離，内外遮断が，長らく日本の金融システムの特徴でした。しかしながら，先進諸国で金融自由化が進んだ1980年代以降金利自由化が急速に進み，94年にはすべての預金金利，貸出金利が自由化されました。加えて，業務規制についても国際的な金融機関の競争が激しくなるなかで，92年には子会社を通じて銀行，証券，信託業務が可能となる金融制度改革が実施されました。また長短金融分離についても徐々に緩和され，90年代の金融危機のなかで長期信用銀行法に基づく3行は破綻・合併などで消滅しました。さらに80年および98年の**外為法改正**で国際化も一段と進みました。

日本型システムの特徴の1つであるメインバンク・システムも1990年代の金融危機とバブル崩壊後の特価暴落のなかで銀行が持ち合い解消を急いだことから大きく変貌し，コーポレート・ガバナンスも大きく変わりました。これは国際会計基準，金融規制の国際標準化，クロスボーダーM&Aの活発化のなかで，日本の企業のあり方が大きく変貌したことを示しており，産業における銀行の位置付けも大きく変わることになりました。

例題

1　国際化とグローバル化の違いについて論じなさい。
2　グローバル金融危機が起きた2008年以降について，BISデータを用いてアメリカ，EU，日本，新興諸国間の資金フローがどのように変わったか，論じなさい。
3　ロンドンの銀行に1000ドルのユーロドル預金を保有しているイギリス居住者が，そのうち500ドルをニューヨークにある銀行口座に送金したとします。このとき，アメリカ，イギリスの国際収支，およびアメリカ，イギリスのマネタリーベースにどのような影響を与えますか。
4　1990年代に導入されたチリ型資本取引規制と，マレーシアで98年に導入された資本取引規制の違いについて述べなさい。

第12章 プルーデンス政策と規制の国際標準化

> **Keywords**
>
> 銀行取付け　流動性リスク　信用創造機能　情報の非対称性　レモン問題　逆選択　信用割当　モラルハザード　モニタリング（監視）機能　ホールドアップ問題　プルーデンス政策　市場規律機能　誘因両立的規制　リスク管理　内部管理　バーゼルⅡ　オンサイト　オフサイト　最後の貸し手機能　預金保険制度　金融再生法　バーゼル銀行監督委員会　バーゼル・コンコーダット　支払い能力（ソルベンシー）　BIS自己資本比率規制　バーゼル・コア・プリンシプル　レベル・プレイング・フィールド　自己資本　連結ベース規制　OTCデリバティブ取引　BISマーケット・リスク規制　バリュー・アット・リスク　オペレーショナル・リスク　プロセス重視のアプローチ

◆はじめに

　1997年のアジア通貨危機では，通貨危機から金融危機へと危機が変質し，地域のマクロ経済に大きな影響を与えました。日本でも90年代半ばに深刻な金融危機が起きてマクロ経済は中期的に停滞を余儀なくされました。2008年9月に起きた世界金融危機はいまなお世界経済に大きなダメージを与えています。金融危機は歴史的・地理的にも広くみられる現象ですが，銀行システムが崩壊した場合のマクロ経済への影響が莫大なものになることは，さまざまな実証研究で裏付けられています。アジア通貨危機や日本の金融危機では，債務超過に陥った銀行は，公的資金の注入や国有化，不良債権のAMC（資産管理会社）への移管などにより安定を取り戻しました。民間事業会社とは異なり，なぜ銀行はこのように公的関与により救済されるのでしょうか。

　第11章でみたように，金融の国際化が進展するなか，各国の制度は収斂する傾向がみられます。金融規制についても同じような傾向がみられ，国際規制

が形作られるなかで各国規制も同質化しています。本章では，銀行の特殊性について議論し，また金融の国際化が進展するなかでの金融規制のあり方について検討してみましょう。

1 プルーデンス政策の必要性

1.1 銀行はなぜ特別か

　銀行の特性としては以下の点が挙げられます。第1に，すべての経済取引の裏側にはお金の取引があり，銀行は経済活動の中枢的役割を担っていることです。すなわち銀行は，①決済システムというビジネスインフラを担っていること，②多くの借り手にとって主なファイナンス手段であること（Bernanke, 1983）という2つの重要な役割を担っているのです。第2に，金融仲介機関の取引は規模の経済が働くために，取引コストが非常に廉価ですむことです。さらに，低いコストで流動性を供与でき，またリスク・シェアリングを通じ預金者のリスクを減じることができます。第3に，銀行のバランスシートが本源的に脆弱であることです。銀行のバランスシートの資産サイドには融資や有価証券がありますが，これらは契約上流動化しにくく，また価格付けも難しい資産です。これに対し，負債サイドの預金は価格は固定され，非常に流動性の高いものです。すなわち銀行は債務超過にならなくても風評が立って**銀行取付け**（bank run）が起きるだけで**流動性リスク**が高まって破綻する危険性があります。第4に，銀行取付けが生じた場合，決済システムが麻痺する可能性があることです。システミック・リスクが顕在化すれば，健全な借り手企業までもが破綻に追い込まれる危険性が高まり，経済活動や国民生活に大きなダメージを与えます。第5に，銀行の特性の1つに**信用創造機能**があることです。銀行が破綻した場合にはこの機能が麻痺し，マクロ経済に多大なダメージをもたらす懸念があります。金融政策の遂行も銀行の信用創造機能に依存しているので，銀行システムが健全であるかどうかは金融政策が有効に機能するための必要条件でもあります。

1.2 金融取引と情報の非対称性

金融取引には**情報の非対称性**が必ず存在します。「情報の非対称性」が存在することが，銀行が金融仲介において支配的な位置にある理由です。情報の非対称性を理解するために，中古車市場を考えてみましょう。アメリカでポンコツ車は俗語でレモンと呼ばれますが，情報の非対称性の問題はノーベル経済学賞をとったアカロフの論文から，**レモン問題**と呼ばれます（Akerlof, 1970）。

中古車にどの程度の性能があるかは買い手（バイヤー）にはまったくわかりません。非常に性能がいいかもしれないし，逆にポンコツ車（レモン）かもしれません。したがって買い手がつける価格は，性能がいい車とポンコツ車の，平均値となります。これに対し売り手はこの車の性能を知っています。もしこの車がレモンだとしたら，所有者は喜んで平均価格で売るでしょう。逆に非常に品質がいい車であれば，この価格よりも高い価格で売りたいと思うので，平均価格では市場に出しません。したがって市場はレモンだらけになってしまい，市場取引は成り立たなくなってしまいます。こうした現象を**逆選択**（adverse selection）と呼びます。

金融取引でもこのレモン問題が生じます。スティグリッツはワイスとの共同論文において，情報の非対称性にともなう逆選択および信用割当の問題を検討しました（Stiglits and Weiss, 1983）。資金の借り手側は，そのプロジェクトに採算があるかどうかわかっていますが，貸し手側にはわかりません。すなわち，中古車市場と同じように，金利が高ければ高リスクの借り手しか応じない，という「逆選択」が起きてしまうのです。この結果，借り手全体の平均コストが上昇し，貸し手の期待利潤は低下する懸念があります。

すなわち金融市場では，需給だけで決まる単純な市場均衡が最も効率的だとは言えません。情報の非対称性があるために資金の需給が均衡せず，借り手が必要とする資金を調達できない状態が生じる懸念があります。すなわち金利が適切な資源配分機能を果たさなくなる可能性があるのです。こうした状況では市場に満たされない需要があったとしても貸し手は金利を引き上げません。すなわち供給曲線が右下がりとなり，場合によっては需要曲線と交点を持たなくなる可能性もあります。こうした場合には**信用割当**（Credit Rationing）を行う必要があります（図12-1）。貸し手（銀行）は均衡点での貸出額より少ない額

を貸し出すことになります。これによって**モラルハザード**や**逆選択**を回避し、貸倒れリスクも減少させることができます。

1.3　情報の非対称性と銀行の役割

　レモン問題（情報の非対称性問題）を解消するにはどうしたらいいでしょうか。中古車市場では、レモン問題解消のため仲介ディーラーが査定、暗黙の保証や値付けをして逆選択やフリーライダー問題を回避しました。これとまったく同様に、金融市場では「銀行」が仲介して借り手の審査や値付けをすることでこの問題を解決できます。また、担保および純資産（株主資本）も重要となり、担保をとったり、自己資本を増強することで、デフォルトの際の損失を最小化することができるのです。

　こうした情報の非対称性のもとでは、モラルハザード[*1]の問題も生じます。まず株式形態の資金供与においては、企業の所有者（株主）と経営者の間にはモラルハザードがあり（プリンシパル＝エージェント問題）[*2]、これに付随するコストをエージェンシーコスト（モラルハザードによる企業価値の減少分）と呼びます。株主は経営者が何をしているか常に監視することはできません。入手した資金を生産的投資に使わず、リスクの高い投資をする可能性もあります。その場合には貸し手に対して債務不履行となる可能性も生じます。

　資本市場では、こうしたレモン問題を解消するため、民間の格付け会社やアナリストが債務者（企業や国）の状況を分析します。政府がこうした情報提供を行うことは政治的観点から問題があるため、SEC（証券取引委員会）や会計基準の設定などを通じて市場に「良い情報」を提供させたり、あるいは情報開示を法的に義務付けたり、不正について厳格な処罰を科すことで対応します。[*3]

　一方、融資で得た資金の場合には、銀行が**モニタリング（監視）機能**を発揮することで、企業の行動をチェックできます。銀行は、ダイアモンドとラジャンが指摘したように、信用創造機能（流動性供与）があるため**ホールドアップ問題**（債務者がより情報を持っていることにより交渉上優位に立つこと）を解消することもできます。また、銀行はすべての主体（個人、企業、政府）の経済活動の決済機能を担っており、情報の非対称性の問題を解決するためにも重要な役割を担っています。「市場化」が進むなかで1990年代に「銀行衰退論」が盛ん

1 プルーデンス政策の必要性　259

● 図 12-1　情報の非対称性と資金市場 ●

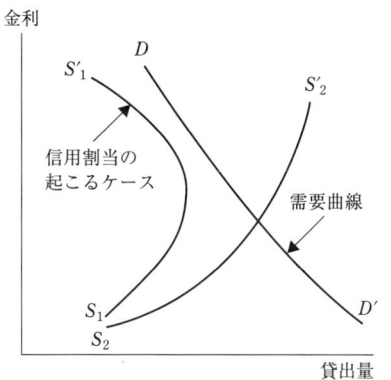

(図：縦軸 金利、横軸 貸出量。供給曲線 S'_1、S'_2、S_1、S_2 と需要曲線 D–D' を示す。信用割当の起こるケースでは需要曲線（D–D'）と供給曲線（S_1–S'_1）は交わらない)

に議論されましたが，こうした銀行の情報生産の機能自体がその存在意義を高めていると言えます。

　銀行と一般の預金者の間にも情報の非対称性があります。銀行は専門家である一方，一般の預金者には専門的知識がありません。また銀行には経営情報をあまり公開しない（あるいは隠そうとするインセンティブがある）ため，情報の非対称性はますます増大します。債務者と銀行あるいは預金者と銀行の間にこうした情報の非対称性がある場合，市場規律のみに頼ることは適切ではなく，銀行自体の行動を監視する規制当局の存在が重要となります。

---

*1　モラルハザードは，もともと保険業界の専門用語で，あるリスクに対して保険が準備されていることが被保険者のリスク回避行動を阻害し，リスクをいっそう促進させてしまうことを指します。
*2　エージェント（代理人）の行動について，プリンシパル（依頼人）が知りえない情報がある場合，エージェントは自分の利益を優先し，プリンシパルの利益に反する行動をとる可能性があるため，効率的な資源配分が妨げられる可能性があります（モラルハザード）。こうした現象を解明する理論をプリンシパル＝エージェント理論と呼びます。エージェンシーコストを減少させるにはどのようなインセンティブ（誘因）をエージェントに与えるかなどを検討するものです。
*3　ただし，2001年12月に不正経理が明らかになって倒産したエンロン事件や翌年破綻したワールドコムの件では，会計基準やSECの役割も万全ではないことが示されました。02年には会計監査制度充実と内部統制強化を目指すSOX法（企業改革法）が導入されました。

2 プルーデンス政策の類型

2.1 プルーデンス政策とは何か

銀行の破綻はマクロ経済に大きな影響を及ぼし，その社会的コストは甚大です。これは銀行の機能と大きく関係しています。すなわち，銀行はすべての経済活動の決済インフラを担っていること，また銀行には信用創造機能があることから，銀行の破綻は一国の経済に大きな影響を与えるのです。経済が国際化している現在，世界経済にも多大な影響を与えかねません。IMFがとりわけアジア通貨危機以降エマージング諸国を含む各国金融システム強化といったミクロ政策を重視しているのは，景気循環にともなう過剰債務が大きな経済損失をもたらすことを認識しているからです（たとえばFSAP[*4]）。

信用秩序維持を目的とした，銀行システムの安定性を維持するための政策を総称して**プルーデンス政策**（Prudential Regulations）と呼びます。近年規制緩和が国際的潮流となるなかで，競争制限的規制は狭まる傾向にあり，公的規制は，**市場規律機能**が最大限生かされるような，インセンティブ・コンパティブル規制（**誘因両立的規制**）が主流となっています。すなわち，当局の詳細な行動規範よりも，金融機関内部の**リスク管理**，**内部管理**に重点が置かれ，情報開示のもとで市場が金融機関経営をチェックするという形に変貌しています。また，金融技術高度化の状況で，リスク管理手法などについては民間優位になる傾向が顕著となっており，後述するBIS規制見直し（**バーゼルII**）でも内部モデルの併用が認められるなど，プルーデンス政策のあり方は近年大きく変貌しています。

2.2 事前的措置

表12-1は，プルーデンス政策の類型を示したもので，主体別に公的部門と，民間部門に，時間を軸に事前的措置，事後的措置に分類したものです。

公的部門による事前的規制には競争制限的規制，バランスシート規制および銀行検査・考査などがあります。

競争制限的規制は，金融機関業務への参入規制，店舗規制，業務分野規制，

● 表 12-1　プルーデンス政策の類型 ●

	公的部門	民間部門
事前的措置	競争制限的規制 バランスシート規制 銀行検査・考査 資金注入	市場規律（市場によるチェック） 業界の自主規制
事後的措置	中央銀行貸出（LoLR） 預金保険制度 公的当局による救済 （公的資金注入を含む）	相互援助制度 預金保険

　金利規制など広い範囲にわたるもので，銀行の収益を確保し，経営を不安定化させないことを目的としたものです。しかしながら，これは後述する世界的な金融規制緩和の潮流のなかで撤廃ないし大幅に緩和されています。

　バランスシート規制とは，銀行経営の健全性維持を目的に，バランスシート上の特定項目間の関係に一定の制約を課すことで金融機関が過度のリスクテイクをすることを防止するものです。主なものに BIS 規制がありますが，流動性資産比率規制や不動産融資規制もこの範疇に入ります。このほか大口信用供与規制（大口融資規制とも言われます。特定の企業や企業グループへ信用供与が集中することを抑制し，銀行資産のリスク分散を図るもの）や，後述する早期是正措置も含まれます。

　銀行検査・考査には，**オンサイト**，**オフサイト**のものがあり，オンサイトは金融機関に当局者が立ち入るもので，オフサイトとは立ち入りをともなわず，金融機関の経営実態や業務運営などの情報をもとに行われるものです。日本では，金融庁と日本銀行がこの任務にあたっていますが[5]，金融庁では検査局が民間金融機関などに対してオンサイトのモニタリングを行い，監督局がオフサイ

---

[4]　FSAP とは IMF と世銀が共同で構築した「金融セクター評価プログラム」（Financial Sector Assessment Program）のことで 1999 年に導入されました。FSAP は，バーゼル・コア・プリンシプル（2006 年 10 月改定）の 25 の原則をもとに各国の銀行規制・監督制度を評価するもので，現在では加盟国の 4 分の 3 が対象となっています。

[5]　日本銀行の立ち入りをともなう検査は「考査」と呼ばれています。この考査とオフサイト・モニタリングを組み合わせて，信用秩序維持が図られています。考査では一定期間金融機関に立ち寄り内部の経営資料や事務現場を実査するもので，オフサイト・モニタリングでは面談や電話などによるヒアリング，提出された各種資料で継続的に実態把握をしています。

Column㉕ ●● 日本の金融危機はなぜ長引いたのか

　日本では，1990年代半ば以降，大規模な金融危機が起きました。その背景としては，過度の金融緩和，金融自由化のもとでの銀行間競争の激化，および不動産融資への傾斜などから，86年以降バブル経済が造成され，89年からの急激な政策金利引上げおよび不動産融資規制のなかでハード・ランディング型のバブル崩壊となったことが挙げられます。91，92年ごろから不良債権問題は顕在化していましたが，2003年のりそな銀行への公的資金注入で不良債権処理に一応の目途がつくまで10年以上もの長い時間がかかりました。

　このように危機が長引き，日本経済が長期的にダメージを被った理由は何でしょうか。第1に金融当局および銀行経営者が地価がいずれ上昇すれば解消するといった甘い「先送り」スタンスで臨んだため，抜本的対策が遅れたことです。第2に，戦後の金融システムは護送船団方式で行政がなされ，「一行たりとも潰さない」方針であったため，情報開示，破綻スキームの法的枠組み，預金保険制度の対応など，すべての面で危機対応システムが整っていなかったことが挙げられます。第3に，社会的コストを最小化するには，迅速および大胆に公的資金を注入する必要がありましたが，政争の具にされるなど公的資金注入への国民の抵抗が強かったこと，最初の公的資金注入がノンバンク（住宅専門金融機関）であったことなど，本格的な公的資金注入が1998年まで遅れたことです。

　1997年11月には三洋証券破綻でコール市場でのデフォルトが史上初めて起きると北海道拓殖銀行破綻，山一證券破綻など大手金融機関の破綻が続き，98年10月に日本長期信用銀行も破綻しました。ここでようやく銀行再生法（破綻および公的資金注入の法律。大手都市銀行に7.5兆円注入）が98年10月に成立し，その後は5年間の預金全額保護による流動性危機回避，早期是正措置[*6]（PCA）の導入，税効果会計の導入などがなされました。PCAの導入は中小金融機関のクレジット・クランチを招来したためリレーションシップ・バンキング，地域金融の再編も推進されました。小泉政権のもとで金融再生プログラムが導入され（2002年10月），03年りそな銀行への公的資金注入で一応の区切りがつきました。

　銀行の不良債権は不動産，建設，サービス，小売の大手企業に集中していたため，資産買取りや企業再生のための法的基盤も整えられました。この間，大手銀行では合併が活発化し，都市銀行は危機前の11行から4行に再編が進みました。

トのモニタリングを行っています。

　一方，民間部門の事前的措置としては市場規律や各業界団体の自主規制があります。たとえば劣後債の発行により市場が経営をチェックすることなどで，経営規律が守られることになります。

　公的部門の事前的措置には危機を未然に防ぐための公的資金注入も含まれます。[7]

2.3　事後的措置

　経営の健全性確保を通じて金融機関の破綻を未然に防止しようとする施策が「事前的措置」で，金融危機を収拾するための措置・対応が「事後的措置」です。公的部門の事後的措置に，**最後の貸し手機能**（Lender of Last Resort: LoLR）があります。これは19世紀のイギリスの経済学者ウォルター・バジョットが提唱したもので，一時的に流動性危機に陥った銀行に対して，システム全体に連鎖的悪影響を与えると考えられる場合に中央銀行がペナルティレートで無制限に流動性を供与するというものです。日本では旧日銀法第25条で大蔵大臣の認可のもと信用秩序維持を目的にLoLRができるとされました。[8] 1998年4月の改正日本銀行法では第37条で緊急時に政策委員会の独自の判断で，また第38条では内閣総理大臣，財務大臣の要請があった場合に可能である，とされています。LoLRは4つの原則（システミック・リスクの顕在化，必要不可欠と判断されること，モラルハザード防止，日銀自身の財務健全性）に基づいて実施さ

---

[6] 日本では1998年4月に早期是正措置が施行されました。アメリカでS&L危機に対応して91年に導入されたPCA（Prompt Corrective Action）がもとになっています。金融機関の経営悪化に対して監督当局が破綻防止のため早期に対応する制度で，その発動の基準として自己資本比率が用いられています。基準値（8％および4％）を下回れば，監督当局である金融庁が業務改善計画の提出や業務の制限などで是正します。銀行経営への事前警告，透明な明示型指導などが目的です。

[7] たとえば信金業界の中央機関である信金中央金庫は，自己資本比率が低下した信金に，劣後ローンや優先出資証券を引き受ける形で資本増強する制度がありますが，これも危機を未然に防ぐための措置です。一方，債務超過ではないものの自己資本比率の低い金融機関に対して公的資金で資本増強（劣後ローン，優先株式など）する枠組みもあります。従来の法制度（預金保険法第102条）を利用したもの（りそな銀行救済のケース）と，金融機関の申請に基づいて行うもの（2004年8月施行の「金融機能の強化のための特別措置に関する法律（金融機能強化法）」）があります（後者を利用したものに，06年の紀陽HD，改正金融機能法での09年北洋銀行への資本増強など）。

[8] 1965年の山一證券，95年の東京共同銀行出資，コスモ信金，木津信金，兵庫銀行に特別融資がなされました。さらに97年11月の金融システム動揺時にも日銀特融が実施されました。

れています。

　事後的措置として**預金保険制度**があります。もともとこの制度は大恐慌後アメリカで連邦預金保険公社（FDIC）として設立されましたが（1933年銀行法），日本および欧州諸国でも1971年に設立されました。全銀行が保険料を拠出して1つの保険機構を作り，加盟銀行が破綻した場合に一定限度内での預金を払い戻す[*9]（いわゆるペイオフ）というものです。ペイオフ以外にも，流動性危機を防止することを目的に，破綻銀行の再建，合併のための資金援助もできます。日本では戦後銀行破綻が起きない制度設計（銀行の許認可制度など，いわゆる「護送船団行政」）であったため預金保険制度は実質的には機能していませんでしたが，90年代の金融危機では大いに機能しました。また2000年5月に預金保険法が改正され，協同組織金融機関も預金保険対象機関となりました。業界の相互援助制度としては，証券会社の「投資者保護基金」，保険会社の「保険契約者保護機構」[*10]などもあります（預金保険機構のサイト dic.go.jp で確認してみましょう）。

　事後的措置には公的資金注入もあります。1998年10月に成立・施行された**金融再生法**（正式名称は「金融機能の再生のための緊急措置に関する法律」）では，金融機関が経営破綻もしくは破綻寸前になった際に，預金者保護だけでなく，健全な借り手への融資を継続し，金融システム不安の発生を未然に防ぐことが明記されました。同法では，①金融整理管財人による管理，②破綻した金融機関の業務の承継（ブリッジバンク），③銀行の特別公的管理の3種類があり，これらは2001年3月末までの時限的措置として実施されました（同法で，日本長期信用銀行などを処理）。

　2008年9月のリーマンショック後世界的に銀行の流動性リスクが高まるなか，日本では同年12月に金融機関に公的資金を予防的に注入できる「改正金融機能強化法」が施行されました。同法は，貸し渋り対策を最優先の目的としており，申請行には中小企業向け融資の数値目標達成を義務付けるものの，経営責任は原則問わないなど申請のハードルを低くしました。[*11]

　事後的措置，とりわけ公的資金注入は莫大な社会的コストがかかるため，金融危機が発生する以前に，銀行の経営状態を点検し，リスクの回避ないし改善を図る事前的措置が，コスト最小化のためにも重要となります。

● 表 12-2　国際金融規制の変遷 ●

1974 年	ヘルシュタット銀行（旧西ドイツ），フランクリンナショナル銀行（アメリカ）破綻
75 年	バーゼル銀行監督委員会創設
	バーゼル・コンコーダット（協約）
82 年	バンコ・アンブロシアーノ破綻
83 年	改訂コンコーダット
88 年	バーゼル・アコード（BIS 自己資本比率規制）合意
90 年	コンコーダット追補
91 年	BCCI 事件発生
92 年	国際的業務を行う銀行グループ監督のための最低基準制定
95 年	マーチャントバンク，ベアリングズ破綻
	バーゼル委員会，IOSCO，IAIS，「金融コングロマリットに関する監督上の諸問題」公表
96 年	改訂バーゼル・アコード（市場リスク規制）
97 年	バーゼル・コア・プリンシプル（実効的な銀行監督のためのコアとなる諸原則）公表
98 年	LTCM（ヘッジファンド）破綻。現行 BIS 規制見直し作業開始
99 年	バーゼル委員会，「銀行と HLIs との取引に関する健全な実務のあり方」公表
2000 年	OFCs（オフショア金融センター）に関する作業部会報告書提出
04 年	新 BIS 自己規制（バーゼル II）案公表
07 年	バーゼル II 実施（日欧）
09 年	バーゼル III 市中協議案の公表

（出所）　各種資料をもとに作成。

2.4　金融規制の国際標準化

　金融のグローバル化が進展するなか，プルーデンス政策も国際的に収斂する傾向にあります。歴史的にみると，1974 年夏に起きたドイツ・ヘルシュタット銀行とアメリカ・フランクリンナショナル銀行の破綻は，国際的に活動していた銀行に大きな損失をもたらしました。銀行システムの国際的相互関係が緊密になるなか，この事例は国境を越えた銀行監督の重要性を認識させることになりました。この事件を契機として 75 年に，G10 諸国の中央銀行総裁会議で

---

*9　1 金融機関ごとに預金者 1 人当たり元本 1000 万円までと，その利息などを保護。

*10　日本の保険対象金融機関は，銀行法上の銀行，信用金庫，信用組合，労働金庫，信金中央金庫，全国信用協同組合連合会，労働金庫連合会，商工組合中央金庫。これら金融機関の海外支店，政府系金融機関，外国銀行の在日支店は預金保険制度の対象外。農林中央金庫，農業協同組合，漁業協同組合などは「農水産業協同組合貯金保険制度」，証券会社は「投資者保護基金」，生命・損害保険会社はそれぞれ「保険契約者保護機構」に加入。郵便貯金は政府により預入上限が 1000 万円と政府保証でしたが，株式会社になった 2007 年 10 月からはゆうちょ銀行も預金保険対象金融機関となりました。

*11　同法により，株安や景気悪化による不良債権の増加で地銀の自己資本が大きく目減りした地方銀行など 11 機関に，貸し渋り解消のため，広く資本注入されました。

バーゼル銀行監督委員会[*12]（常設事務局は BIS に設置）が創設されました。同委員会に法的強制力はないものの，各国当局に対し，規制，監督の国際的な共通の基準の導入，慣行の調和を促す主体となったのです。

1975 年に金融監督当局間の責任分担のためのガイドライン（バーゼル・コンコーダット）が同委員会により設定されました。コンコーダットは，外国銀行の支店や子会社が業務を行っている「所在地（ホスト）国」と，親会社が業務を行っている「母国」を法的に区別し，どのような監督体制にするかのルールを定めるものです。当初は流動性については，所在地（ホスト）国当局が監督責任を負い，**支払い能力（ソルベンシー）**については，支店形態の場合は所在地国当局が，現地法人の場合は所在地国当局に加えて母国当局も副次的責任を負うことになりました。しかしアンブロシアーノ事件[*13]を踏まえ 83 年に連結ベースに基づく監督が原則とされ，流動性については母国当局も責任を負い，支払い能力については所在地国，母国当局双方が共同責任を負うという形で母国当局の責任が強化されました。さらに 91 年の BCCI 破綻[*14]を踏まえ，92 年 7 月には，①国際業務を行う銀行は，連結ベースの監督を行う能力のある母国当局により監督される，②銀行の海外拠点の設立については，所在地国の監督当局および母国監督当局双方の事前承認が必要，③母国監督当局は，監督対象銀行の海外拠点から情報を収集する権限が必要，④最低基準のいずれかが満たされないと判断された場合，所在地国の監督当局は銀行の拠点新設禁止を含め必要な制限を課すことができる，など母国監督の責任が強化された形で最低基準が制定されました。

1988 年にはバーゼル委員会は後述する **BIS 自己資本比率規制**（バーゼル・アコード）を制定し，国際規制をさらに強化しました。90 年代に入りアジア危機などエマージング諸国で金融危機が多発すると，97 年には銀行監督の国際基準である**バーゼル・コア・プリンシプル**[*15]が公表されました。これは，先進国だけでなくエマージング諸国の監督当局との緊密な協力のもとに作成されたもので，全世界で適用されることが意図されています。エマージング市場の金融システムの脆弱性が危機を招いたとの認識のもと，IMF は 99 年 5 月に世銀とともに「金融セクター評価プログラム」（FSAP）を構築しました。130 の国を対象に金融セクターを評価するもので，これもバーゼル・コア・プリンシプルの原則を

基に査定が行われています。98年にヘッジファンド危機が起きると，第13章でみるように，HLIs（高レバレッジ機関）融資への資本賦課についてバーゼル銀行委員会はルールを強化し，99年にはFSFが設立されました。こうした対応にもかかわらず2008年以降に再び大きな危機が起きたことは，従来の国際金融規制ではまだ不十分であることを意味します。新たな自己資本比率規制については，改定されたバーゼルII（バーゼルIII）市中協議案が10年末に公表されました（第15章参照）。このように，グローバル化がいっそう進展するなかで，プルーデンス政策は国際的収斂の度合いを強めており，G10のみならず，途上国も含めた幅広い国の当局と情報交換し，協調関係を築くことが重要となっています。日本のプルーデンス政策も規制の国際化に強く影響を受けており，国際化の枠組みのもとで金融行政がなされていることに留意する必要があります。

3 BIS自己資本比率規制

3.1 BIS規制の概要

BIS規制（「自己資本の計測と基準に関する国際的統一化」）は当初G10が対象でしたが，現在では100を超える国が採用しています。導入の当初の目的は，①国際金融システムの安定性確保，②国際銀行間の競争条件（レベル・プレイング・フィールド）の平準化，でした。

自己資本[16]とは，他人資本とは異なり返済義務がなく自由に使える資金である

---

*12 当時は議長の名前をとって通称クック委員会と呼ばれました。
*13 バンコ・アンブロシアーノは1896年にミラノに設立された銀行で，1982年不正融資および巨額の使途不明金などにより破綻しました。
*14 BCCI（Bank of Credit and Commercial International）は，ルクセンブルクに持ち株会社の本社が，活動拠点はロンドンにあった，国際業務を主とした商業銀行。しかし武器売買，麻薬取引などにともなうマネーロンダリング取引に関与し，さらに粉飾決算などが発覚して破綻に追い込まれました。母国はルクセンブルクでしたが，その取引の98％はロンドンを中心とする海外でなされ，出資者はアブダビやパキスタンに集中するなど，監督責任が不明確であったことも問題となりました。
*15 正式には *Core Principles for Effective Banking Supervision*（実効的な銀行監督のためのコアとなる諸原則）。銀行監督の最低基準を示したもので，免許付与，銀行の所有権，自己資本の適切性，リスク管理，連結ベースの監督，母国当局と現地当局の責任分担など，25の原則が定められています。

図 12-2　BIS 規制の見直し（2006 年度末適用開始）

〈旧 BIS 規制〉

$$\frac{\text{自己資本}}{\text{信用リスク} + \text{市場リスク}} \geq 8\%$$

〈バーゼル II〉

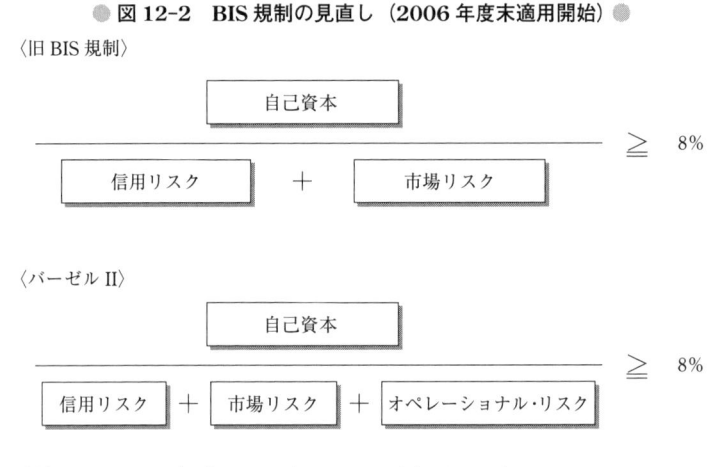

$$\frac{\text{自己資本}}{\text{信用リスク} + \text{市場リスク} + \text{オペレーショナル・リスク}} \geq 8\%$$

（注）　ガバナンス（マネジメント）リスクは反映されていない。

ため，貸倒れなどにともなう損失発生への備えとして銀行経営の安定化を支えるバッファーとなります。したがって，銀行が抱えるリスク量を計測し，その一定額を保有することは，金融機関の健全性を維持するための有効な手段となります。

BIS 規制の特徴は第 1 に，銀行の資産をリスク・ファクター別に 5 つに分類してそれぞれウェイト付けして総資産を計測したことです。第 2 に，オフバランス取引についても一定の算定方式により，内在する信用リスク相当額を算出したこと。第 3 に**連結ベース規制**が導入されたことです。というのも近年グローバル金融においては，銀行が子会社や関連会社など幅広いグループ体で業務を行う傾向が強いため，銀行グループ全体に対し規制を適用する方式が採用されたのです。

BIS 規制は当初信用リスクだけを対象としたものでしたが，1990 年以降スワップやオプションを含む **OTC デリバティブ取引**が急増し銀行ポートフォリオに占める**市場リスク**が増大したため，95 年 12 月に「マーケット・リスク規制」（第 2 次 BIS 規制）が公表されました。**BIS マーケット・リスク規制**は，トレーディング勘定の金利・株式リスクと全ポジションの外為リスク，コモディティ・リスクを時価ベースで測定し，そのリスク量と同額以上の自己資本の保有を義務付けるもので，市場リスクのみをカバーしうる自己資本として新たに

Tier 3（期間2年以上の短期劣後債務を一定の条件のもとで自己資本に含める）が導入されました。市場リスク測定においては，バリュー・アット・リスク（VaR）が標準的手法とされ，内部管理の洗練された銀行に限りリスク管理システムの内部モデル手法が選べるようになりました。

3.2 BIS規制と銀行の経営戦略

BIS規制は銀行の経営戦略にどのような影響を与えたでしょうか。自己資本比率規制は次式のように分解することができます。

$$自己資本比率 = \frac{自己資本}{総資産} = \frac{\frac{税引後利益}{総資産}(= ROA)}{\frac{税引後利益}{自己資本}(= ROE)}$$

右辺の分子は総資産収益率（ROA: Return on Assets），分母は株主資本収益率（ROE: Return on Equity）となります。

自己資本比率を上昇させるには，総資産を減少させるか，自己資本を増大させるか，のどちらかで可能となります。もしROAが不変であると仮定すると，総資産が減少すれば税引後利益も同率減らなければなりません。自己資本の額は変わらないので，税引後利益の減少はROEを低下させます。これは，株価の下落を招き，銀行の資金調達を難しくさせるなど好ましくない影響をもたらします。一方，自己資本を増大させて対応すると，ROAが不変と仮定すれば税引後利益の額は変わらないので，同じようにROEが低下します。したがって，BIS規制導入後は銀行はROAを増大させたり，ROEを増大させるような戦略を採らなければなりません。1980年代に邦銀は国際金融市場で市場シェア拡大を目指して融資を増大させましたが，BIS規制導入後は資本効率に配慮

---

*16 BIS規制では，分子に当たる自己資本は，コア資本であるTier 1と，その他項目を含めたTier 2の2つに当初分類されていました。Tier 1には，資本金や公表準備金などの資本勘定などが含まれ，Tier 2には補完的項目として一般貸倒引当金，保有有価証券の含み益や土地の再評価益の45%相当分などが含まれます。1995年に導入されたTier 3には期間2年以上の短期劣後債務が含まれます。

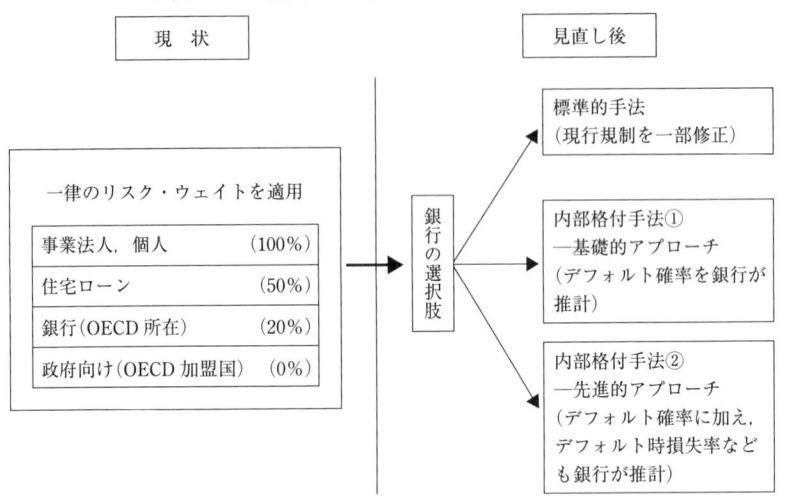

● 図12-3 信用リスク計測の精緻化のイメージ ●

```
        現　状                              見直し後

                                    ┌─────────────────┐
                                    │ 標準的手法          │
                                ┌──→│（現行規制を一部修正）│
                                │   └─────────────────┘
┌──────────────────────────┐   │
│   一律のリスク・ウェイトを適用   │   │  ┌─────────────────┐
│  ┌────────────────────┐  │ 銀│  │ 内部格付手法①       │
│  │ 事業法人，個人 (100%) │  │ 行│  │──基礎的アプローチ    │
│  ├────────────────────┤  │→の├──→│（デフォルト確率を銀行が│
│  │ 住宅ローン    (50%)  │  │ 選│  │ 推計）             │
│  ├────────────────────┤  │ 択│  └─────────────────┘
│  │ 銀行(OECD所在)(20%) │  │ 肢│
│  ├────────────────────┤  │   │  ┌─────────────────┐
│  │ 政府向け(OECD加盟国)(0%)│  │   │ 内部格付手法②       │
│  └────────────────────┘  │   │  │──先進的アプローチ    │
└──────────────────────────┘   └──→│（デフォルト確率に加え， │
                                    │ デフォルト時損失率など │
                                    │ も銀行が推計）        │
                                    └─────────────────┘
```

（出所）　金融庁，日本銀行「新 BIS 規制案の概要」2004 年 10 月。

しなければ経営が成り立たないようになったと言えるでしょう。

3.3　深化したバーゼル II

　金融技術の高度化など環境が大きく変化するなか，BIS 規制導入から 10 年経ってその見直しが進められました[*17]。新しい枠組みは「自己資本に関する新しいバーゼル合意」（バーゼル II）と呼ばれます。バーゼル II は，①1988 年合意に提示されている計測の枠組みを精緻化するなどの「最低所用自己資本」，②金融機関の自己資本充実度と内部評価プロセスの「監督上の検証」（銀行自身による自己資本戦略の策定と当局による検証），③安全かつ健全な銀行実務を促すための実効的なディスクロージャーを通じた「市場規律」，の 3 つの柱からなります。

---

*17　バーゼル II の必要性については，1998 年のグリーンスパン FRB 議長（当時）のスピーチに端的に示されています。同議長は，①画一的なリスク計測は金融機関のリスク管理高度化への阻害要因となっていること，②現行の 5 つのウェイトは多様なリスク分布に対応しておらず問題企業向け融資に有利に働くため歪みを生じさせること，③オペレーショナル・リスクなど他の重要なリスクをカバーしていないこと，④資産多様化などリスク削減手法の高度化に寄与しないことなどを指摘しました（Greenspan, 1998）。

Column ㉖ ●● 国際会計基準

　国際投資や国際的金融取引,国際資金調達など金融や企業経営のグローバル化が進展している状況で,企業のクロスボーダー資金調達などの国際ビジネスを容易にし,財務諸表を統一させるため,情報開示や会計基準を国際標準化することが求められています。国際会計基準とは,ロンドンに拠点を有する国際会計基準委員会(IASC: International Accounting Standards Committee,ないし後述する IASB)によって設定された国際的な会計基準です。IASC は独立した民間団体で,1973 年にオーストラリア,カナダ,フランス,日本,メキシコ,オランダ,イギリス,アイルランド,およびアメリカの公認会計士が中心となって設立されました。2001 年 4 月には IASC を改組する形で国際化会計基準審議会(IASB: International Accounting Standards Board)が設立されました。国際会計基準は,IASC が設定する 1 号から 41 号までの国際会計基準(IAS: International Accounting Standards)と,IASB が設定する国際財務報告基準(IFRS: International Financial Reporting Standards)から構成されます。IAS と IFRS を総称して IFRS と呼ぶ場合もあります。

　キャッシュフロー計算書,連結ベースの情報開示,退職給付金会計,金融商品の開示および表示など 2011 年 8 月現在で 41 項目の IAS が作成・公表され,01 年 4 月の IASB 設立後 8 つの IFRS が設定されました。IAS には本来強制力はありませんが,1995 年 7 月に IOSCO(証券監督者国際機構)が,クロスボーダーの資金調達および上場目的のため IAS に準拠した財務諸表を承認するよう各国の証券監督者に勧告し,その後 2000 年 5 月に IOSCO は IAS を正式に承認し IAS の影響力が増大するとともに国際的な証券取引はいっそう活発化しました。FASB(米国財務会計基準審議会)は IAS 設定に大きな影響力を持っていますが,アメリカ,イギリス,オーストラリアなどの国は,IAS を長らく承認しませんでした。しかし,05 年 1 月 1 日には EU では上場企業に対し IFRS による決算開示が義務付けられ,国際基準としての影響力が増しています。日本でも 09 年に金融庁が 15 年にも上場企業の強制適用を目指すとした報告書を公表しました。

　金融商品の会計基準については,原則としてすべての金融商品を時価評価するという徹底した時価主義会計となっています。しかし,世界金融危機のなかで,会計基準がダウンサイド効果を助長したと指摘されており,アメリカや日本では導入延期も検討されています。

自己資本の算出については第1に，従来の5つのリスク・ウェイトによる雑駁な方法からより精緻化されました。銀行は，標準的手法と内部格付手法のどちらかを選択することができます。より高度な格付手法を開発できる銀行はリスク量を削減できることから，自前でシステム開発をするインセンティブが付されています。第2に，**オペレーショナル・リスク**が考慮されることになり，コンピュータの故障や，契約の不備，不正行為などによって損失をこうむるリスクに対しても自己資本を割り当てることとなりました。

新しいバーゼル合意（バーゼルⅡ）は日本では2007年度（標準的手法およびFIRB〔基礎的内部格付手法〕のみ。AIRB〔先進的内部格付手法〕については2008年3月から実施）に，EUでも07年から導入されました。これに対し，アメリカでは09年にずれ込みました（先進的内部格付手法AIRBのみ）。その理由は，FRBと，OCCという規制当局間で意見対立があったこと，先進的手法のパラメータ推計に問題点が生じたことなどです。しかし今回の危機で資本の質の重要性などが明らかになり，バーゼルⅢの導入が検討されています[*18]（第15章参照）。

3.4　ルール重視からプロセス重視へ

BIS規制の見直しが行われたのは，多様化されたポートフォリオを有する銀行も自己資本上有利でないこと，リスク・ウェイトや8％という基準が恣意的であること（自己資本比率が銀行の財務状況を必ずしも適切に示していない），OECDと非OECDの区分けが信用度においてあまり意味がないこと[*19]，などでした。最低自己資本比率（8％）は，当初は非常にシンプルで銀行間や国際的比較可能性から有用と考えられていましたが，一方で規制当局の自己満足を助長し，個々の銀行が保有する資産の評価，予想損失などへの注意を低下させたなどの批判もありました[*20]。また，規制上の資本（regulatory capital）と現実のリスクに対応するために必要な資本（economic capital）とが乖離している場合，銀行は規制上の資本を削減するように行動することから，かえってハイリスク・ハイリターンの行動を促し，資産劣化[*21]を生じさせる懸念がありました。

規制の整合性を重視するような画一的な方法を適用（ルール重視のアプローチ）するのではなく，バーゼルⅡにみられるような動態的なリスク把握を重視する方向に（**プロセス重視のアプローチ**），規制のあり方は変化しています。

Column ㉗ ●●● 邦銀のグローバル市場でのプレゼンスの低下

　邦銀の国際的プレゼンスが低下しています。銀行ランキングの代表的なものとして英『ザ・バンカー』誌が毎年公表している資産ベースのランキングがあります。これによれば，1980年代後半以降邦銀は世界の銀行ランキングの10番目までの半数以上を占めていましたが（表12-3），90年代後半以降の金融危機でその順位は大きく下がり，2008年には三菱東京UFJ銀行だけがランク入りするにとどまっています。一方で欧米を基盤とするグローバル金融機関は2000年代を通じて存在感を増しています。また最近の特徴として，中国の銀行の存在感が増大していることが挙げられます。中国では4大商業銀行が株式会社化するとともに04年以降相次いで上場しました。4銀行で預金市場，貸出市場の5割以上を占めており，08年には中国工商銀行（ICBC）と中国銀行（Bank of China）2行がランキング入りしました。

　一方，国際貸出市場での邦銀の存在感の低下も顕著であり，BIS統計によるアジア向け融資シェアの推移をみると，1990年代後半以降，邦銀はそのプレゼンスが大きく低下し，欧州銀行のプレゼンスが大きく増大したことがみてとれます。

● 表12-3　英『ザ・バンカー』誌の世界銀行ランキング（資産規模ベース）●

		1985年		1995年		2008年
1985年	1	Citicorp（米）	1995年	Sanwa Bank	2008年	HSBC Holdings（英）
	2	Dai-Ichi Kangyo Bank		Dai-Ichi Kangyo Bank		Citigroup（米）
	3	Fuji Bank		Fuji Bank		Royal Bank of Scotland（英）
	4	Bank of America Corp（米）		Sumitomo Bank		JP Morgan Chase & Co（米）
	5	Mitsubishi Bank		Sakura Bank		Bank of America Corp（米）
	6	Sumitomo Bank		Mitsubishi Bank		Mitsubishi UFJ Financial Group
	7	Banque Nationale de Paris（仏）		HSBC Holdings（英）		Crédit Agricole Group（仏）
	8	Sanwa Bank		Crédit Agricole（仏）		ICBC（中国）
	9	Crédit Agricole（仏）		Citicorp（米）		Santander Central Hispano（スペイン）
	10	Crédit Lyonnais（仏）		UBS（スイス）		Bank of China（中国）

（注）　網掛けの部分が邦銀。

---

*18　とりわけ，BIS規制が元来有するpro-cyclical（景気循環変動を増幅させ，不況期にはさらに不況を悪化させるなど）の効果に対する批判が強く，バーゼルIIIで考慮されました（第15章）。
*19　たとえば，1994年のメキシコ危機，97年の韓国危機など（両国ともOECD加盟国）。
*20　たとえば，エマージング市場ではリスク属性が異なるにもかかわらず，単に基準を満たしているだけでwell-capitalizedと認定されたことなど。
*21　ヘッジファンドLTCMの危機の際には，大手グローバル金融機関が巨額の資金を融資していました。これは一般融資が一律100％であることの弊害と捉えることができます。同じ資本ウェイトであれば，リターンの高い融資に傾斜するインセンティブがあるからです。

技術革新が進む現代金融においては，プロセス重視のアプローチのほうが重視されてきており，バーゼルIIの導入は，金融機関のリスク管理技術の向上だけでなく，監督当局のスキル向上にも大きく貢献することになります。

一方新規制では，ストラクチャード・ファイナンスのリスク特性がより明確に反映されるようになったものの，サブプライムローン危機にみられたように，個々の資産間の相関，分散，共分散などの情報は考慮されていないこと，流動性リスクが反映されていないこと，などの問題点も残っています。今回の世界金融危機をふまえ，より強靭な銀行システムとするため，バーゼル銀行監督委員会は資本保全バッファーの導入，レバレッジ比率，流動性規制などの導入を検討しています（詳細は第15章参照）。もちろんバーゼル規制を絶対視するだけではなく，当局のモニタリング，各国当局間の綿密な連携，情報交換を含む柔軟な金融行政がますます重要になっていると言えるでしょう。

例題

1　カッコのなかに適切なものを入れなさい。
　(1) BIS規制では，リスクに応じたウェイト付けをして資産を測定する。たとえば，国債保有のリスクウェイトは（　　）％であるのに対し，一般企業へのそれは100％となっている。
　(2) 銀行の貸付債権などに債務不履行が起こるリスクを（　　）リスクという。また，銀行などが払い戻しに応じられないリスクを（　　）リスク，金利や為替変動に伴うリスクを（　　）リスクという。
2　BIS自己資本比率規制バーゼルIIについて，2008年9月以降の世界金融危機に鑑み，その問題点を論じなさい。
3　1990年代半ばに起きた日本の金融危機について，それまでの金融行政および規制にどのような問題があったのか，論じなさい。

第13章 通貨危機のメカニズム

> **Keywords**
>
> ERM危機　メキシコ危機　アジア通貨危機　ロシア危機　LTCM　輸入代替工業化　輸出指向型工業化　全要素生産性（TFP）　IMF8条国　BIBF　直接投資（FDI）　2つのミスマッチ　流動性危機　クレジットクランチ（信用収縮）　コンディショナリティ　ファミリービジネス　新規借入れ取決め（NAB）　予防的融資枠（CCL）　IMF改革　マニラ・フレームワーク　国家債務再編メカニズム　集団行動条項　資本取引規制　第一世代モデル　第二世代モデル　第三世代モデル　クローニー・キャピタリズム　情報の非対称性　資産買取会社（AMC）　ネットワーク外部性

◆はじめに──多発した通貨危機

　第11章でみたように，東西冷戦終結を契機に金融のグローバル化は一段と進展しましたが，1990年代以降通貨危機は頻発しました。92～93年には欧州で**ERM危機**があり，94年末には**メキシコ危機**が起きました。97年7月には**アジア通貨危機**，98年8月には**ロシア危機**が起き，また同年9月にはヘッジファンド**LTCM**が実質破綻するなど，国際金融市場は大きく揺らぎました。2000年以降では，2000年のトルコ通貨危機，01年12月のアルゼンチン危機など，多くのエマージング（新興）市場において通貨危機が起きました。さらに，100年に1度と言われる世界金融危機は，ユーロにリンクした欧州小国にも大きな影響を与えました。

　金融グローバル化を象徴する危機がアジア通貨危機です。アジア経済は1990年代前半には「アジアの奇跡」（World Bank, 1993）と称されるほどの高い

表 13-1 主な通貨危機

1980年代	ラテンアメリカ債務危機（メキシコ，ブラジル，アルゼンチン，チリなど）
90年代はじめ	北欧通貨危機（スウェーデン，ノルウェー，フィンランド）
92～93年	ERM危機（イギリス，イタリア，スペイン等）
94～95年	メキシコ危機
97～98年	アジア通貨危機（タイ，マレーシア，フィリピン，インドネシア，韓国）
98年	ロシア危機，LTCM破綻問題
99年	ブラジル危機
2000～01年	トルコ通貨危機
01～02年	アルゼンチン危機
08～	アイスランド，旧東欧諸国，ギリシャのソブリン危機など

成長率を達成し，世界経済の牽引役として台頭しました。それがアジア通貨危機後に金融危機が生じると深刻な景気後退に陥り，「アジアの奇跡」が一転してIMFの資金供与を受けるほどの経済ショックとなったのです。同じようにアルゼンチンやトルコでも通貨金融危機が起こり，金融崩壊がエマージング市場のマクロ経済に大きな打撃を与えました。グローバル化のもとで各国の相互依存関係は深まっている現状で，国際的な金融システム安定化の枠組み作りが喫緊の課題となったのです。

エマージング市場でこのような通貨危機，金融危機が多発したのはなぜでしょうか。また，エマージング市場での通貨制度はどうあるべきなのでしょうか。本章では，なぜ通貨危機が起きたのかについて，そのメカニズムを中心に分析します。さらに，エマージング市場の特殊な問題でもある銀行システムの問題についても検討しましょう。

1 アジア通貨危機

1.1 アジア通貨危機の経緯

アジア通貨危機は1997年7月2日のタイ・バーツの突然の変動相場制移行に端を発しており，タイが震源地となります。当時タイ・バーツは公式には主要貿易相手国8通貨からなる通貨バスケット・ペッグでしたが，実態的にはドルペッグでした。バーツが突然固定相場から離脱したことは，同じような経済の特徴を持つ他のアジア諸国（マレーシア，フィリピン，インドネシア，韓国）

にも伝播し，アジア経済は大きなダメージを受けました。

　その経緯をまず整理しておきましょう。1990年代前半にはアジア諸国は「アジアの奇跡」と称されるように，輸出主導型の順調な高度成長を達成していました。しかし，96年頃からの輸出の伸び鈍化のもとでタイやマレーシアで経常収支赤字拡大が目立つようになる一方で[1]，株価や不動産価格が下落しはじめ，96年初めにはバンコク商業銀行（BBC）の経営不安が表面化し，ファイナンスカンパニー[2]の支払い能力にも疑いが持たれるようになりました。97年に入るとタイ・バーツにたびたび投機的圧力がかかり，当局は外国為替市場での強力な介入やオフショア市場の内外遮断を含む資本取引規制の強化でこれに対応しました。

　しかし結局7月2日，タイ政府はバーツ切下げを断行し，変動相場制への移行を余儀なくされました。タイの危機はすぐに近隣諸国に伝播（contagion）し[3]，第3四半期にはタイ，インドネシア，マレーシア，フィリピンの通貨はそれぞれ20％から30％程度大きく下落しました（図13-1）。当初，地域限定の危機とみられていましたが，同年10月半ばには台湾ドルが下落しはじめ，カレンシー・ボード制を採っている香港ドルへの売り圧力も増大しました。10月下旬には香港の株価指数（Hang Seng index）が3日間で23％も下落し[4]，同時に韓国ウォンへの売り圧力も増大しました。同年10月末にはアメリカ，中南米，およびロシアの株価が急落し，危機はグローバルなものへと変貌したのです。11月20日に韓国ウォンの変動幅が2.25％から10％に拡大され，S&Pやムーディーズは韓国の債券をデフォルトに格下げし，韓国ウォンへの売り圧力は一

---

[1] 世界的な需要の低下，半導体需要の低下，中国の台頭などが理由とされます。
[2] 後述するBIBFを通じてファイナンスカンパニーは外貨資金を取り込み，不動産部門への融資を積極的に行っていたとされます。
[3] 7月11日には，フィリピン・ペソおよびインドネシア・ルピアの変動幅がそれぞれ拡大しました。またマレーシア・リンギが7月中に約5％下落しました。
[4] 香港は，カレンシー・ボード制を採っていますが，流動性調整ファシリティ（LAF）を通じた資金借入れで投機が生じたと判断し，LAFを規制したため，逆に通貨市場の緊張が短期金利に大きな影響を与えるようになりました。ヘッジファンドなどは，香港ドル売り（金利上昇），株価売りの裁定取引で利益を得る「ダブルプレイ」を行い，1998年以降通貨と株価が同時に大きく売り圧力を受けました。このため香港金融管理局（HKMA: Hong Kong Monetary Authority）は，潤沢な外貨準備を利用し，為替市場，株式市場双方で強力な介入を行い市場は落ち着きました。その後HKMAはカレンシー・ボード制強化のための政策手段を講じ，安定を取り戻すに至りました。

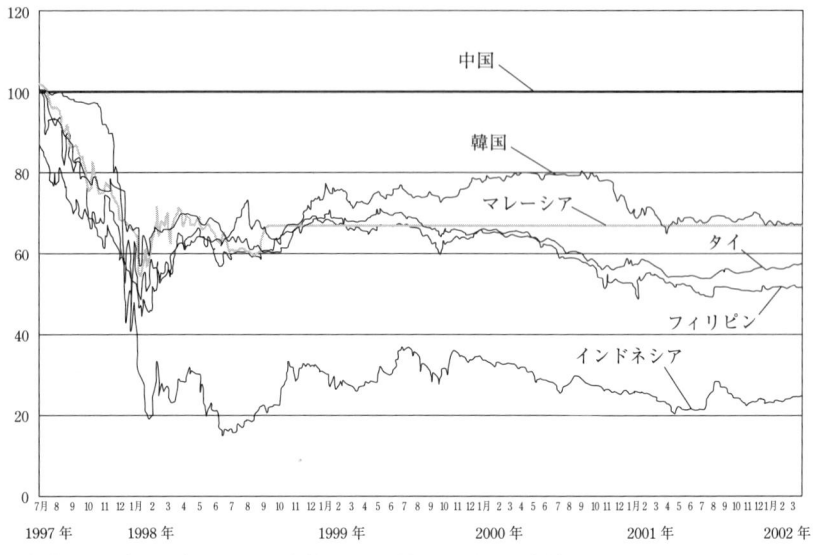

278　第13章　通貨危機のメカニズム

● 図13-1　アジア各国の為替推移（1997年6月末〜）●

（注）　1997年6月末の対米ドル為替レートの値を100とした指数。
（出所）　Bloomberg.

段と強まりました。12月4日にIMFの210億ドルの大型スタンドバイ・クレジットが承認され，短期債務のロールオーバーが可能となり韓国はデフォルトの危機を脱しましたが，12月16日にはウォンは変動相場制への移行を余儀なくされました。翌1998年8月にはロシアで国債がデフォルトとなり，ロシア危機が生じました。これをきっかけに秋にはヘッジファンドのLTCM（Long Term capital Management）がデフォルトの危機に直面しましたが，ニューヨーク連銀の仲介による大手銀行団の資金注入でデフォルトは回避されました。このように，アジア通貨危機の震源地はタイでしたが，すぐにマレーシア，インドネシア，フィリピン，韓国に飛び火し，翌年にはロシア危機が，またヘッジファンドLTCM破綻問題も起きて，国際金融市場は大きく動揺することになりました。

1.2 アジア通貨危機発生の原因
①資本の還流と1990年代前半の景気過熱

ではなぜアジアで，通貨危機が発生したのでしょうか。アジア地域には1990年代前半に巨額の民間資金が流入していました。80年代に危機に陥った中南米諸国が**輸入代替工業化**（輸入制限や資本規制により国内産業を保護・育成し，輸入を国内生産に代替させる政策）を目指したのに対し，アジア諸国は**輸出指向型工業化**（外国資本や技術を積極的に導入し，技術を効率的に利用する政策）を目指しました。プラザ合意以降はとくに日本企業を含む多国籍企業がアジアへ進出し，雁行型経済発展と称される経済発展を遂げたのです。アジア諸国ではもともと貯蓄率，投資比率が高く，財政収支は黒字でした。**全要素生産性（TFP）**で分析すると，アジアで高い成長率が達成されたのは，労働，資本の投入量が単に大きかったためであり，技術革新面からの生産性向上が経済成長に貢献した度合いは小さいとの指摘もありました（Krugman, 1994）。

1990年代前半に景気が過熱した背景として，海外からの旺盛な資本流入が指摘できます。このように資本流入が加速した第1の要因は，アジア諸国における資本取引規制の自由化でした。直接投資を誘致することで工業化と輸出を促進するため，アジア各国は80年代以降**IMF 8条国**に相次いで移行し，為替管理や国際資本取引規制を急激に自由化しました。なかでもタイは，93年3月に**BIBF**（Bangkok International Banking Facilities）を創設して対外借入れのパイプを広げ，マレーシアもラブアン・オフショア金融サービスセンターを90年10月に新設して外貨借入れを促進しました。韓国は96年にOECDに加盟しましたが，それ以前の94年に段階的に自由化する外為制度改革案を公表しました。[*5]

第2に，BIS規制のもとで外国銀行のアジア向け短期貸出が急増したことです。BIS規制では，非OECD向け短期銀行債権のBISリスク・ウェイトは20％と相対的に低く（一般融資は100％），アジア諸国への短期銀行貸出を急増させる要因となりました（各国とも短期債務の比率は6割以上）。

第3に，ドルペッグの通貨制度が資金流入を加速させたことです。アジア各

---

*5 BIBFでの融資実績はタイでフルブランチ認可取得の重要な要素であったことから，外国銀行（とりわけ邦銀）は競ってBIBFでの融資を積極化したとされています（平田，1999）。

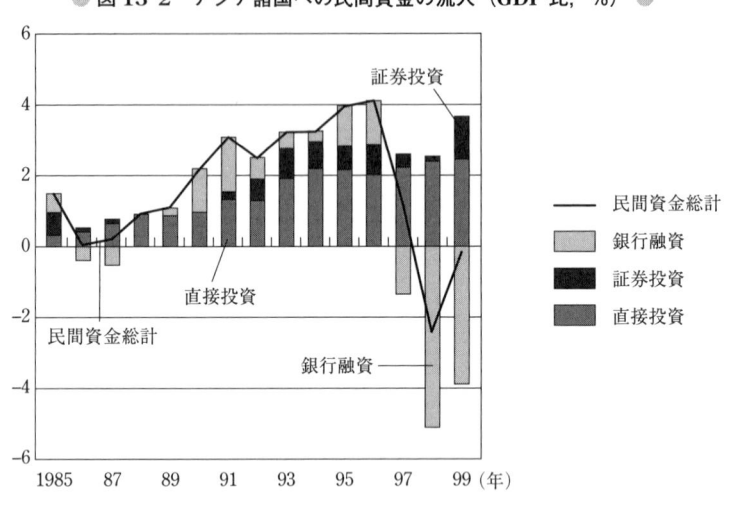

図 13-2　アジア諸国への民間資金の流入（GDP 比，%）

（出所）　IMF データベース。

国では通貨バスケット制が採用されていましたが，バスケットの中身は公表されておらず，実態的にはドルペッグ制でした。為替リスクがないため，ドル建ての国際的資金がオフショアセンターを通じて急激に流入したのです。アジア地域への資金フローを形態別にみると，**直接投資（FDI）**が継続的に流入する一方で，1990 年代前半には銀行融資形態の資金フローが急増しました（図 13-2）。通貨切下げを契機に短期資本が一斉に逆流したことが，危機をさらに深刻化させたと言えます。

②経常収支赤字の拡大

高成長が続くなか金利は高水準となり，内外金利差の拡大からさらに資本流入が加速し，自国通貨には増価圧力がかかりました。固定相場制を維持するために各国当局はドル買い自国通貨売りの為替介入を余儀なくされ，外貨準備の増大と，ベースマネーの増大がもたらされました。過剰流動性を抑制するため各国とも不胎化政策を行いましたが，もともと国債発行額も少なかったため大きな効果はありませんでした。過剰流動性のもとで不動産ブーム，株価上昇が同時に起こり，1990 年代前半には「バブル経済」とも言えるほどに景気が過熱したのです。

一方、ドルペッグ制のもとで1995年以降円安が急激に進行しました。円ドル相場は95年4月に1ドル80円を突破する円高を示現しましたが、時を同じくして日本の金融危機が顕在化し、日本銀行は強力な金融緩和策を講じたため、円安期待が生じ、実際に98年8月の147円台まで急激な円安が進みました。ドルペッグ諸国においては、円安は円に対して自国通貨が高くなることを意味し、実質実効為替レートは急激に増価し、輸出競争力が減退しました。自国通貨高による競争力の低下にともなう輸出の伸び悩み、過剰流動性にともなう内需拡大による輸入の増大を背景に経常収支赤字は急増し、タイではGDP比7.9%（1996年）、マレーシア、フィリピン、インドネシア、韓国でも同5%程度の経常赤字がみられました。経常収支赤字の拡大は持続不可能とみなされ、いずれ固定相場制は放棄されるだろうといった思惑から、ヘッジファンドを中心に空売りが活発化しました。

アジア通貨危機は資本収支危機とも称されます（吉冨、2003）。すなわち、伝統的な国際収支危機である経常収支危機ではなく、資本取引規制自由化のもとで資本流入が加速し、それが内需を刺激して経常収支赤字が拡大した（資本収支黒字が趨勢的な経常収支赤字を大きく上回り、アブソープションが増えて経常収支赤字を拡大させた）ことが危機を誘発したという見方です。

③金融システムの脆弱性

危機が深刻化したのは、通貨危機が金融危機へと変質したためです。危機以前に過剰に流入していた短期資本は危機後急激に逆流し、通貨危機を引き起こしました。その多くはドル建てで、マチュリティは短期でした。すなわち銀行、ノンバンク、および企業のバランスシートは、債務サイドは短期でドル建て、債権サイドは長期で自国通貨建てという**2つのミスマッチ**（図13-3）にさらされていたのです。このため、自国通貨がドルに対して大幅に下落すると、ドル建て債務は自国通貨建てで急激に膨張し、多くの金融機関が債務超過（破綻）に陥りました。短期債務が中心であったため、**流動性危機**も生じました。この時点で通貨危機は金融危機へと変貌し、**クレジットクランチ（信用収縮）**が発生して景気を押し下げる要因となりました。

通貨危機後の1998～99年にアジアのGDPは軒並み大幅なマイナス成長に陥りましたが、これは金融危機がマクロ経済に多大な影響を与えたことを物

● 図13-3　2つのミスマッチ（通貨，マチュリティ）●
銀行のバランスシート

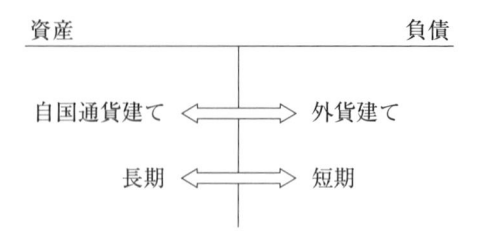

```
       資産                      負債
   自国通貨建て  <――>        外貨建て

       長期    <――>          短期
```

語っています。とりわけアジア諸国では資本市場は未成熟で，金融仲介の多くは銀行を媒介としたものでした。オーナー経営者やファミリー企業への融資などの銀行のガバナンス問題，金融当局の銀行監督の能力不足，銀行のリスク管理上の問題，プルーデンス政策の不備などさまざまな金融システムの問題が危機を深刻化させたことが指摘できます（後述）。

④ドルペッグの通貨制度

アジア通貨危機が起きたそもそもの原因は，固定相場でかつドルペッグであったことでした。前述したように，ドルペッグであったことが，過剰な資金還流を招き，1990年代前半の景気過熱につながりました。また，こうした内需増大に加え，95年以降の円ドル・レートの減価のもとでのドルペッグ制が実効為替レートの増価を招き，経常収支赤字急増を招来したのは，前述したとおりです。資金還流のなかで固定相場制を維持するには，為替レートが増価しないよう通貨当局は外為市場に介入しなければなりません。結果として外貨準備が増大し，ベースマネー（およびマネーサプライ）が増大して信用拡大や資産インフレが起き，将来不良債権になる可能性が高い，疑わしいプロジェクトへの投資が増大したのです。資本移動自由化のなかでドルペッグが維持されたことが，アジア通貨の要因の1つであるとすれば，アジアにおいてどのような通貨制度を設計していくかは非常に重要な課題となります。

1.3　IMFの対応

ここでIMFの対応についても触れておきましょう。タイの通貨危機直後の8月20日に，IMFは39億ドルの金融支援（スタンドバイ・クレジット）を承認

しました。同年 11 月 5 日にはインドネシアに 101 億ドル，12 月 4 日には韓国に 210 億ドルもの緊急融資を承認しました。これら 3 国で総額 350 億ドル，それぞれクオータの 505%，490%，1939% の巨額融資でした。ちなみに，94 年のメキシコ危機の 178 億ドル（クオータ比 689%）を大きく上回るものとなりました。世界銀行，ADB（アジア開発銀行），および日本を中心とする 2 国間融資も加えると，総額 1171 億ドルもの巨額の支援がなされました。[*6] これらの緊急融資により，流動性危機は止まり，各国の信認を回復することに役立ちましたが，しかし一方で，IMF が提示したコンディショナリティが危機をさらに深刻化させたとの批判もあります。

アジア通貨危機は，1980 年代のラテンアメリカ諸国の国際収支危機とは明らかに質が違うものでした。しかし IMF の提示した処方箋は，当時のものと同様，①金融引締め，財政緊縮などを含む内需抑制策，②貿易投資のいっそうの自由化，③金利引上げによる為替相場の安定，④金融システム改革，などでした。タイ，インドネシア政府は IMF への支援要請を閣議決定し，両国とも包括的経済構造再建計画を発表しました。韓国政府についても，12 月 5 日に IMF との合意内容が公表され，再建計画が公表されました。貿易投資のいっそうの自由化や金融システム改革などの構造改革は，海外投資家の信認を回復させ，民間投資を再び還流させる，という発想に基づくものでした。また金利引上げも為替レートの安定を狙ったもので，民間資本の流出を抑制することを目的としていました。

IMF の処方箋が厳しい金融引締め，緊縮政策と構造改革であったため，[*7] 金融危機のもとで内需は予想以上に縮小し実体経済は急速に悪化しました。とりわけインドネシアでその傾向が顕著となり，政府補助金削減のため燃料や電気料金が引き上げられ，危機で国民の半分が貧困層に転落するなか社会的混乱が生じました。その後，スハルト大統領が退陣に追い込まれるなど政治不安も生じました。これはルピアのさらなる下落をもたらし，また金融機関破綻に対し巨額の公的資金を注入したことからベースマネーが増大してインフレ懸念が生

---

*6 メキシコ危機ではアメリカが 2 国間供与で 210 億ドルを拠出しており，アメリカ政府がメキシコ国債を多く保有する自国金融機関に多くの損失が出ることを懸念していたことがうかがえます。

*7 IMF への批判については，Stiglitz（2002）でくわしく説明されています。

> Column ㉘ マクロ経済データの公表基準── SDDS, GDDS
>
> IMF が設定した，マクロ金融データの公表基準。国際資本市場にアクセスするすべての国はこれを遵守しなければなりません。1995 年 10 月，国際通貨金融委員会（IMFC）が IMF 参加国に対し公表基準を確立することを決めました。この標準は 2 層となっており，すべての IMF 参加国に対してのデータ公表基準である GDDS（General Data Dissemination System）と国際資本市場にアクセスしている国（現在対象国は 68 カ国）を対象とする SDDS （Special Data Dissemination System）とがあります。SDDS は対象国の資本市場の機能を向上させることもその目的となっています。
>
> SDDS は，①カバレッジ，頻度，即時性などのデータの基準，②公共財としての機能を高めるための公衆からのアクセスの可否，③データの信頼性向上，④統計の方法などの質，の 4 つにより随時監視されています。国際資本移動が激増するなかで，通貨危機を未然に防止するためにも，経済・金融統計の即時提供による透明性の向上は重要となっており，健全なマクロ経済政策の施行強化を促すことが公表基準設定の目的となっています。

じ，通貨はさらに下落しました。IMF の構造改革には，スハルト大統領の**ファミリービジネス**や華人財閥系企業に対する優遇措置の見直しや国営企業の民営化も盛り込まれていましたが，政府と IMF の間には大きな隔たりがあったことが合意を難しくしました。経済が急速に悪化したため，IMF は 1998 年半ば以降各国で処方箋を修正し，金融引締め，財政支出の削減などを見直し，信用収縮の解消を重視するようになりました。

また，支援額の問題も生じました。1980 年代のような経常収支危機であれば，支援額は小さくてすみますが，市場が急激に膨張するなか，90 年代の資本収支危機の支援必要額は急激に増大しました。このため IMF は 97 年 12 月に補完的準備融資制度（SRF）を創設し，これを韓国に適用しました。前述したように，韓国，タイ，インドネシア，フィリピンへの資金供与は各国ともクオータを大きく上回る額でしたが，これについては IMF 増資や**新規借入れ取決め**（**NAB**）などにより賄われました。市場型危機の場合には IMF 出資金を大きく上回る資金が必要となるため，事後ではなく，予防的に資金を供与する枠組みも検討されました。99 年 5 月にアメリカのクリントン大統領の提案による**予防的融資枠**（**CCL**）が創設されましたが，実際に手を挙げる国はなく（もし手を

挙げた場合には危機国とみなされ民間資金が逃避する危険性もあった），2000年11月に見直しが行われたものの結局利用した国はありませんでした。

　一方で，IMFの最後の貸し手機能の強化については，支払い不能の国に対する国際収支支援だけでなく，短期資本移動にともなう流動性不足に起因する危機への支援を強化するなど，さまざまな議論がありました。金融支援にともなうモラル・ハザード問題に配慮しつつも，基本的にはメルトダウン・リスクへの対応といったIMFの役割は依然として大きいと言えます（**IMF改革**については第15章参照）。

　IMFを補完するものとして，地域金融協力も注目されています。アジア通貨危機直後，AMF（アジア版IMF）構想が日本政府から打ち出されましたが，アメリカの反対で日の目をみませんでした。しかし，1997年12月に**マニラ・フレームワーク**（金融・通貨の安定に向けたアジア地域協力強化のための新フレームワーク）の合意は，その後のチェンマイ・イニシアティブの実現につながることになりました（詳細については第15章参照）。

1.4　民間部門の関与（PSI: Private Sector Involvement）

　アジア通貨危機は1980年代の国家財政赤字問題ではなく，民間資本の大量流入とその逆流がもたらしたものであることから，危機解決のために民間部門の関与も取り沙汰されることになりました。IMFの金融支援が民間の債権者を救済することになるため，民間の債権者も元利繰延べ・削減などを含む債務再編のなかで相応の負担を負うべきだとの議論が高まり，それによって民間債権者のモラル・ハザードも抑制されると考えられました。

　こうしたなかでIMF筆頭副専務理事のアン・クルーガーは，2001年11月に「**国家債務再編メカニズム**」（SDRM: Sovereign debt restructuring mechanism）を提唱しました。これは，IMF協定にSDRM条項を加え，民間の企業破産法制を応用してIMFが中心となって債務再編を促進するというもので，①対外債務返済が困難となった国が債権者と債務再編交渉をする際，IMFにスタンドスティル（返済の一時的停止）を申請する，②国家破産法を制定し，債権者と債務者の交渉の間，IMFが監視する（資本流出規制を講じることも可能），③交渉が成立した場合には資本流出規制を解除し債務支払いを開始し，多数決に

よって決められた債務再編計画にすべての債権者は従うこと，などを含むものです。このような法制的アプローチに対し，ソブリン債の債務不履行に備えて，契約に**集団行動条項**（CAC: Collective Action Clause）を加えるべきとする契約アプローチも提唱されました。実際には法制的アプローチにはさまざまな問題があり実現には至らず，契約アプローチが現在では主流となっています。ソブリン債などの場合，小口債権者が無数にいるため債務者との協議がスムーズにいかないことが債務再編を大きく遅らせる要因となっていました。CACを付与した債券についての議論は2009年以降の欧州ソブリン危機で再び注目されています[*8]（第15章）。

1.5　資本取引規制

　アジア諸国は急速な資本取引自由化を経験していましたが，危機後一部の国で**資本取引規制**が強化されました。1998年9月にマハティール首相は，「国民経済再生計画」の一環としてマレーシア・リンギットの対ドル固定相場制への復帰を公表するとともに，2カ月後に資本取引規制を導入しました。マレーシア経済は内需の縮小が顕著となっており，不安定な国際金融市場からマレーシア経済を遮断し，財政・金融政策の安定性を取り戻すことが目的でした。具体的には，非居住者リンギット勘定への規制強化，貿易決済においてのリンギット使用禁止，非居住者のマレーシア証券短期売買の規制強化，リンギット相場の1ドル＝3.5リンギットへの固定などでした。この間，マレーシア経済は急激に悪化していたため，資本取引規制の導入と固定相場制への復帰のもとで，金融政策は大幅に緩和され（政策金利の2%以上の引下げ），財政政策も拡大政策を採ることができました。多民族国家で国内人種問題など社会問題を抱えるマレーシアとしては，経済安定が最重要課題であり，思い切った政策の結果，経済は安定を取り戻すことになったのです。

　第11章でみたように，国際資本移動には多くの便益があり，資本取引規制の是非については，さまざまな議論があります。マレーシアの資本取引規制は，資本流出規制であり，「無利子の準備金」（unremunerated reserve requirement: URR）を課すチリの事前防止型の資本流入規制とは異なります。マレーシアでは同規制は，1999年2月には緩和され，制度自体も2001年には廃止さ

れました。一時的流出規制が経済回復に貢献したとの見方もある一方で，長期資本の流入を阻害したとの見方もあります。

2 通貨危機の理論

2.1 第一世代モデルとシャドー為替レート

ここで，通貨危機の理論的枠組みについて整理しておきましょう。

第一世代モデルは Krugman (1979) と Flood and Garber (1984) の研究によるもので，とくに後者はシャドー為替レートを使って外貨準備の枯渇と危機の発生のタイミングを理論的に解明したものです。まず①中央銀行は国内信用を継続的に増大させていること（財政赤字は国債の中央銀行引き受けで賄う），②為替相場は固定制度，外貨準備はゼロになれば変動相場制に移行し，それまでは為替介入で固定為替レート（S^0）を維持すること，を仮定します。また，為替レートのマネタリー・アプローチ（第6章）および国際収支のマネタリー・アプローチ（第7章）を基盤とします。

図 13-4 は為替レート，外貨準備変化額および時間を示したものです。ここで「シャドー為替レート」(Shadow exchange rates; E_T^S) を定義します。シャドー為替レートとは仮に変動相場制であったなら実現する為替レートで，図表では 0 を基点とした右上がりの直線となっています。マネタリー・アプローチでは，中央銀行が国内信用を継続的に増大させれば継続的なインフレを招来するので，時間の経過とともに，国内信用の伸びに比例して，シャドー為替レートは減価するからです（図の上の部分）。図の下の部分は，外貨準備高の時間的変化を示したものですが，国内信用の継続的増大にともない外貨準備は減少します。なぜなら完全雇用を仮定しているので（Y 一定），下式に従うと，利子が変化しない限り国内信用が増大すれば外貨準備は減少するからです。

---

*8 アルゼンチンのサムライ債がデフォルトになったときに，この問題がクローズアップされました。アルゼンチン政府のサムライ債（総額 2000 億円）の多くが日本の個人投資家，地方公共団体，学校法人などによって保有されていました。小口債権者が多く，新生銀行，東京三菱銀行などが債権管理銀行として仲介しましたが，アルゼンチン政府により額面が 7 割減とされるなど交渉は一方的で長期にわたるものとなりました。1980 年代の債務問題では，パリクラブなど銀行団が交渉し債権者有利に進んだこととは対照的であったと言えます。

● 図 13-4 シャドー為替レートと危機の発生時期 ●

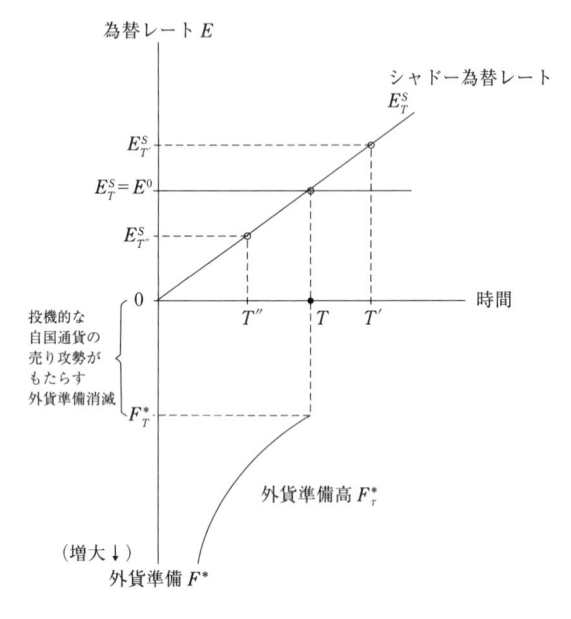

$$\Delta F^* = (1/\mu) \Delta [PL(R,Y)] - \Delta A$$

同モデルのユニークな点は，T点，すなわち固定相場とシャドー為替レートが交わる時点で突然外貨準備がゼロとなることです。仮にそれより遅いT'時点で外貨準備が底をつくとすれば，その時点で当局者は為替レートをE_T^Sに切り下げますが均衡点とはなりません。市場参加者がそれを知っているので，切下げ前に外貨をE^0の水準で購入し利益を得る動機が生じるからです。したがってT'に達する前に外貨準備は底をつきます。逆に，Tより前のT''時点では，シャドー為替レートの方が固定相場より外貨が高くなることから，外貨購入ではなくむしろ外貨を売却する誘因があるため均衡点とはなりえません。したがって均衡点は，$E_T^S = E^0$となるT時点となります。

2.2 第二世代モデル，第三世代モデル

第一世代モデルは，1982年のラテンアメリカ危機，すなわち政策の失敗による通貨危機を説明するものでした。これに対し**第二世代モデル**は，1992〜93年のERM危機が政策の失敗から引き起こされたのではなく投機的アタックによ

り引き起こされたことに着眼し、これをモデル化したものです。代表的文献として、Obstfeld(1994, 1996)があります。シニョレッジは問題ではなく、政府はいつでも国際市場から資金を借り入れることができ、中央銀行は国債の直接引き受けもしません。すなわち第二世代モデルでは、マクロ政策の失敗が原因ではなく、マクロ経済決定のトレードオフが問題となります。通貨危機は、①マクロ経済状況にかかわらず市場心理の変化で発生する自己実現的危機がある、②固定相場制を維持するコスト（たとえば景気後退、失業、高金利など）が便益（インフレ抑制など）を上回ると政策当局が判断するときは固定相場制が崩壊する可能性が高い、③市場予想の変化が生じないときは固定相場制は維持され（均衡状態）、固定相場が崩壊すれば別の均衡が生じる可能性があるため自己実現的危機は複数均衡の性格を持つ、というものです。

第三世代モデルは1997年のアジア通貨危機に触発されたモデルであり、代表的文献として、企業のバランスシート問題を理論的に整理したCorsetti, Presenti, and Roubini(1998)、Diamond-Dybvigの銀行破綻モデルに基づいたChang and Velasco(2000)、およびBurnside, Eichenbaum, and Rebelo(2001)、Krugman(1999)などさまざまなバージョンがあります。クローニー・キャピタリズムとも暗黙の保証とも呼ばれるもので、これらの地域で、銀行が産業金融のツールとして使われ政府が暗黙の保証を与えていたものが、投機的アタックが生じると一気に投資家の行動形態が変わり、それが経済全体に影響を与える、というものです。ここでも複数均衡が認められ、投機的アタックによる資本逃避が通貨危機を生じさせることをモデル化しています。

3　エマージング市場特有の銀行問題

3.1　エマージング市場のリスク特性

エマージング諸国での金融システムには、以下のようないくつかの特性があります。第1に、銀行が金融仲介の要であることです。とりわけ旧中央計画経済諸国では、モノバンク時代の特性から、銀行が寡占状態にあったり、国有化されています。国有銀行は国営企業に集中融資をする傾向にあり、銀行が産業グループの一員であるなど、関係融資に傾倒する傾向があることが挙げられま

す。第2に，これと関連して資本市場が狭隘であることです。健全な資本市場構築のためには，法的基盤が強固であること，会計基準が厳格であることなどの法的，会計上のインフラが必要ですが，エマージング諸国ではこうした条件は整っていません。第3に，エマージング市場の通貨の信認が低いことから自国通貨で借入れができず，外貨建て債務が大きいことです（第14章）。第4に，マクロ経済環境のリスクが高いことで，経済ショックに対する価格変動が先進諸国より大きいことが挙げられます。銀行のリスク属性は，嗜好，技術革新の程度，生産要素賦存，ショックの種類などによって国ごとに異なりますが，先進諸国とエマージング市場の銀行のリスク属性は本源的に異なり，また国によっても経済構造やリスク構造が大きく異なっています。

過去においてエマージング市場で金融危機が頻発したことは，銀行が構造的に強固でないという基本的問題があることを示唆するものです。マクロ政策の不備から経済構造が不安定であり銀行危機が起きやすいという循環的問題に加え，制度上の問題が大きいと言えます。また，**クローニー・キャピタリズム**とも称されるように，政府が銀行を産業金融ツールとして使い，銀行所有者と産業コングロマリット，政治家との結び付きが強く，政府が銀行に破綻しないという暗黙の保証を与えていたということも指摘されています。このような銀行所有構造の問題や弱いコーポレート・ガバナンスなどの構造的問題がありますが，これについては，以下のような対応が考えられます。

第1は，外国銀行の参入です。外国銀行の参入により，経済ショックにともなう損失を回避したり，システム全体の効率性を増すことができます。実際，エマージング諸国における外国銀行の参入は増大しており，アジア地域では遅れているものの，中南米，中欧地域においては9割程度と非常に高い水準となっています（Column ㉚）。第2に，資本市場などの銀行市場以外の市場が整備されることにより（たとえばモーゲージローンの証券化によるリスク分散などにより），信用リスクを減じることです。第3に，自己資本の拡充です。自己資本の拡充は，リスクの高い環境で営業するエマージング諸国の銀行のバッファーとなりえます。自己資本比率規制が導入されたのは先進諸国から遅れ1990年代半ば以降ですが，多くの国で導入されています。[*9]

エマージング諸国では，**情報の非対称性**が激しいことと，銀行経営のモニタ

リングコストが非常に大きいことが特徴です。こうした環境では，資本構造は銀行のパフォーマンスを決定付ける大きな要因となります。株主が銀行経営をモニターできるので，自己資本は銀行のインセンティブ問題を解決するうえでも非常に有効となります。また，自己資本は危機の伝播時において銀行財務の復元にも大きな効果を持つので，システム全体の健全性を保つには，有効な手段であると言えます。

3.2 アジアにおける金融リストラクチャリング

　金融危機が生じて不良債権が急増すると，まず不良債権が優先的に処理され，その後，各国では金融システム強化のためにさまざまな施策が講じられました。まず，通貨暴落後外貨建て債務が膨張し，各国で銀行やノンバンクが破綻すると，クレジットクランチが生じてマクロ経済がマイナス成長に陥りました。

　韓国では，銀行，ノンバンクの清算，既存金融機関による整理・再編が進みました。危機前に27あった商業銀行は整理統合を経て1999年には17行となり，さらに外資銀行とのM&Aが進み，現在では大手7行となっています。不良債権比率は一時20％を超えていましたが，公的資金投入を経て，不良債権買取機関（KAMCO）に整理対象の不良債権を移管するなどにより，不良債権比率は大きく低下しました。さらに，企業サイドではコーポレート・ガバナンスの強化など企業改革が進み，また99年には金融監督院が旧監督当局の合体という形で新設されるなど，金融監督機能も強化されました。

　最も債務再編が難航したのは民間対外債務が大きかったインドネシアで，INDRA（インドネシア債務再編庁）を創設して官民一体となってリスケジュールなどを含む対外債務再編が推進されました。1998年には新破産法が整備されたものの，法的インフラの未整備，裁判所の機能不全などから債務再編は遅々として進まず，2000年には再びデフォルトの危機に直面しました。マレーシアやタイでも金融機関の整理・再編，公的資金の供与，**資産買取会社（AMC**

＊9　規制は国によって異なり，不動産融資について高いリスク・ウェイト適用している国（ベネズエラ，香港）や，国債のリスク・ウェイトが高い国（ベネズエラ）もあります。また，8％を上回る基準を適用している国もあり，連結ベースの規制を導入していない国もあるなど，エマージング諸国では国によって自己資本比率規制は大きく異なります。

Column ㉙ 円の国際化，アジア通貨統合の行方

　円の国際化が政策課題として注目されてから30年近く経ちます。1980年代に日本の経常収支黒字が増大し対外純債権残高が世界一となると，基軸通貨がドルから円に換わるのではないか，という見解がありました。通貨の国際化は，通貨の3つの機能，計算単位，価値貯蔵機能，支払い機能が国際的にも働いているかで通常判断されます（勝，1995）。しかし，第3章でみたように外国為替市場での媒介通貨はドルでなされており，外貨準備も比率は6割に低下しているとはいえドルが依然として国際通貨として機能しています（表13-2参照。ただしエマージング諸国・途上国では，外貨準備のうち6割の通貨別内訳が明らかとなっていないことに留意が必要）。とりわけ「ネットワーク外部性」（ITなど，使われるほど価値が増大）の観点からはドルが圧倒的に優位です。円はポンドに次ぐ国際通貨ですが，10年前に比べその比率は半減しました。98年の金融ビッグバンで東京市場の機能向上が図られましたが，円の国際化は一向に進んでいません。国際通貨として機能するには，①金融センターとしての機能の向上，②安全保障上の優位性，③銀行システムのグローバル・ネットワーク化，④適切なマクロ経済運営などが必要ですが，これら条件に鑑みても日本円が基軸通貨となるには依然ハードルは高いと言えます。

　最近目立つのは，中国の国際金融市場におけるプレゼンスの増大です。商業銀行の世界銀行ランキング上昇，SWFの設置のみならず，IMF副専務理事，世界銀行チーフ・エコノミストの人事，IMFクオータの増額，SDRへの人民元組入れ要求など，政治力を背景に国際社会でのプレゼンスを高めています。もっとも人民元は通貨の交換性が達成されておらず，国際通貨になるには時期尚早です。しかし，アジア通貨との連動性は「市場の力」により高まっており（勝，2008），アジア通貨統合の行方にも影響を与えています。

　アジア通貨統合については，成長度合いがまちまちでバラッサ＝サミュエルソン効果からも単一通貨導入は難しく，最適通貨圏の条件も満たされていません。固定相場の導入は金融政策を縛ることになり，アジアでは合理的ではありません。そもそも，通貨は「主権」（法律）に大きくかかわるもので，法的インフラが弱いアジアでは，通貨統合は「幻想」と考える方が妥当でしょう。

の創設とそれへの整理対象債権の移管などにより，不良債権処理が進みました。またバーゼル・コア・プリンシプルをもとに，金融監督機能の強化も同時に進みました。

　その後2000年代に入ると，各国で金融マスタープランが公表されました。タイでは，04年1月に「金融マスタープラン」が公表され，中小企業金融の

EUでは，コペンハーゲン基準（民主主義，人権保護，経済基準，法的基準）という理念の共有があり，政治面での後押しもあって通貨統合が実現しました。しかし，これらの理念を共有していないアジアではEU型共同体は難しく，むしろ域内の貿易投資を促進するための緩やかな実効レート・レジームがアジア通貨体制の現実的選択と言えるでしょう。アジア高金利通貨が市場のボラティリティへの感応度が高い現状に鑑みれば，①インフレ・ターゲットなど安定した金融政策枠組み確立，②アジア域内のサーベイランスの強化，金融協力，を行っていくべきでしょう。

● 表13-2　外貨準備の通貨別内訳 ●

(単位：%)

	1999	2000	2003	2006	2009
ドル	71.0	71.1	65.9	65.5	62.2
ユーロ	17.9	18.3	25.2	25.1	27.3
日本円	6.4	6.1	3.9	3.1	3.0
英ポンド	2.9	2.8	2.8	4.4	4.3
スイスフラン	0.2	0.3	0.2	0.2	0.1
その他	1.6	1.5	2.0	1.8	3.1

● 表13-3　外貨準備のうち分類不能の比率 ●

(単位：%)

	1999	2000	2003	2006	2009
全世界	22.6	21.6	26.5	36.9	44.1
先進国	9.9	9.0	11.9	12.0	12.6
新興国・途上国	44.1	42.9	47.0	55.5	60.3

(注) 通貨構成についてIMFに情報供与していない準備の割合。
(出所) IMF *Annual Report,* 各号。

拡充，金融セクターの効率性向上，リスク管理手法の高度化，外国銀行の参入加速，消費者保護などがうたわれました。また，マレーシアでも01年に債券市場改革を含む金融マスタープランが導入されており，各国で金融システムの強化，および証券システム改革が進みました。

3.3 アジア債券市場構想

アジア通貨危機の要因の1つとして，域内での金融仲介がほぼ間接金融であったことが指摘できます。貯蓄率は高いものの，多くが外貨準備運用という形でアメリカに流出していました。前述した2つのミスマッチ（通貨・マチュリティ）を解消するためにも，高い貯蓄率を域内の経済発展に必要な長期の投資に結び付け，銀行に過度に依存することがないように，債券市場を育成することが重要となります。

こうした認識のもと，日本政府は2002年12月のASEAN＋3非公式セッションにおいて，「アジア債券市場育成イニシアティブ」（ABMI）を提案し，03年8月にマニラで行われたASEAN＋3財務大臣会議で合意されました。

すでに日韓政府保証による債券担保証券（CBO）の発行，日本の国際協力銀行（JBIC）や日本貿易保険（NEXI）による信用補完による日系現地合弁企業の起債，ドル建て，現地通貨建て債券の発行などがなされています。アジア各国の債券市場の規模は近年大きく拡大し市場に厚みが出ており，また保証，格付け機関，決済システムなどの環境整備が図られています。

4 ヘッジファンド危機と市場流動性

4.1 市場流動性

現代金融市場は，近年の規制緩和や金融インフラの高度化のもとで市場の流動性がクロスボーダーで増大していることがその特徴であり，「市場流動性」という概念が近年注目されています（CGFS: BISグローバル金融システム委員会，1999）。「市場」が効率的に機能することが，危機の封じ込めや効率的な資源配分，さらには市場の情報提供機能向上のために必要ですが，そもそも効率的機能を有する「市場」とはどのように定義されるのでしょうか。

伝統的な考え方に従えば，効率的機能を有する市場とは，Tightness（逼迫度），Depth（厚み），Resiliency（復元性）で示されます[*10]。第1にTightnessとは，ビッドアスク・スプレッドや，売買回転率でも計ることができます。第2に，Depthとは，現在の市場に影響を与えずに執行できる取引サイズ，あるいはある時点のマーケットメイカーの板上の注文量を指します。第3に，Resiliency

とは，変動した価格が復元するスピード，あるいは需給不均衡が調整されるスピードでみることができます（CGFS: BIS グローバル金融システム委員会，1999）。すなわち，市場流動性があるかどうかは，大量の取引を短時間でかつ小さな価格変動で執行できるかどうかということであり，市場の効率性を向上させるだけでなく，システムの安定性確保の必要条件ともなります。流動性が高い市場ほど取引量や価格に与える外生的ショックの影響が小さく，市場機能が維持されるため，システムの安定性に重要な要件と考えられるからです。

4.2　ヘッジファンドとは何か

　法律的には，ヘッジファンドは集合投資スキームの1つです。投資信託は投資家保護の観点から投資会社法の適用を受け，証券取引委員会への登録やディスクロージャーの義務を負いますが，米国投資会社法では，投資家が100人以内で，受益証券を公募していない投資会社についてはその適用が免除されていました。また，米国1933年証券法でも認定投資家（総資産100万ドル以上の個人，銀行・保険会社等）への販売についても，一般にディスクロージャーが免れています。これは，投資信託が一般公衆を対象としているのに対し，ヘッジファンドは裕福で能力の高い投資家を対象としているとの判断から投資家保護を図る必要性が乏しいとの考え方に立っているものです。なお多くのヘッジファンドは，登記，情報開示等において規制の緩いタックスヘイブン（租税回避地）に設立されており，信用秩序の観点からの問題も指摘されていました（第11章）。

　最初のヘッジファンドは1949年に設立されたジョーンズ・ヘッジファンドとされていますが，「ヘッジ」と呼称されるのは，割高株をショート（売り持ち），割安株をロング（買い持ち）する組み合わせで投資戦略を行い，市場変動のリスクをヘッジしていたことに由来します。90年代に入り資産残高は急増しますが，借入れやオプションなど多様な手段を講じてレバレッジ（梃子の原理）を最大限に活用するのがその特徴です。ボンド・アービトラージ型，グローバル・マクロ型，エマージング諸国市場に特化したエマージング型など多

＊10　CGFS: BIS グローバル金融システム委員会（1999）。および米国議会報告ヒアリング。

> Column ㉚ ●● エマージング市場への外国銀行参入
>
> エマージング市場への外国銀行の進出も活発となりました。支店形態の進出というよりもむしろ地場銀行のM&Aといった形態での進出が際立っています。もともと途上国は自国企業保護のため外資規制が厳しかったのですが，市場経済に移行しEU加盟の道筋を作った旧東欧・中欧諸国や，構造改革が進んだ中南米諸国での外資比率の高さが目立っています。
>
> 銀行部門への外銀参入のメリットとしては，第1に，ホスト国の銀行部門の効率性を増大させる効果や，競争の激化にともなう費用の減少，利益の増大などがあります。第2に，外銀の市場浸透によって信用リスクが再評価され，民間部門への信用割当が改善し，結果として経済成長を助長する効果もあります。第3に，外銀のプレゼンスは銀行監督と法的枠組みの形成を促進し，透明性の強化を促進します。第4に，外銀は追加の資金調達を親銀行に依存でき，国際市場へのアクセスが容易であることから，より安定的な信用供給源となります。第5に，銀行危機時に外銀の親銀行が最後の貸し手機能（LoLR）を持ち，安定化に寄与すると考えられます（勝・一木，2006）。

様な投資戦略のタイプがあります。

4.3 LTCM危機

LTCMはアービトラージ型のヘッジファンドに分類され，主に債券の裁定取引で巨額の収益を得ていましたが，投資信託がインデックス対比で評価されるのに対しヘッジファンドは絶対収益が義務付けられていました。1997年夏のアジア通貨危機後リターンが急速に落ち込んだため，レバレッジを駆使して巨額のポジションを造成する必要が生じたものと推測されています（IMFによれば，LTCMのレバレッジ比率は2500倍程度とされます。IMF, 1999）。

LTCMは，多くのメガ金融機関との間で，米国債，他国の国債のレポ取引だけでなく，巨額の金利スワップ取引，円キャリートレードを行っていました。IMFによれば，LTCMは資本を担保に円資金を調達してただちにドルに転換し，それを担保にレポ市場でベンチマーク（on the run bonds）の財務省証券を借り入れて空売りし，さらに前に発行された財務省証券（off the run bonds）を購入します。次に，これを担保にレポ市場で資金を調達してアメリカの証券会社発行の変動利付け債（FRN）を購入し，FRNを貸し債として別のレポ取引を

一方，外銀参入のデメリットとしては以下の点が挙げられます。第1に，外銀参入にともなって地場銀行のフランチャイズ・バリューが低下すれば，地場銀行はより高いリスクをとる誘因が生じること。第2に，高度な金融サービスや金融商品という強みを用いて，外銀は最も収益性の高い事業に進出する機会を狙うので，収益性の高い事業が外銀で独占される可能性があること。リスクの高い部門は地場銀行が引き受けざるをえず，地場銀行の資産が劣化する可能性があること。第3に，何らかの経済ショックで外銀が撤退し，あるいは母国で何らかの問題が起きた場合は進出国にショックが伝染することになり，金融システムの不安定性が高まること。第4に，外銀の事業の優先事項がホスト国の産業政策と必ずしも一致せず，とりわけ中小企業金融が阻害され，経済社会全体として融資の最適化が阻害される恐れもあること，などです。

第15章で論ずるサブプライム・ショックでも，外資銀行の融資引き揚げが地場経済に大きなショックをもたらしました。現在，バーゼル銀行監督委員会で議論がなされています。

行ってキャッシュを入手しました。これを元手に株式コールオプションなどの巨額のデリバティブ取引を行うというものでした。当然のことながら，それぞれの段階でのレポ取引，オプション取引，為替取引はカウンターパーティのグローバル金融機関にとっては巨額の手数料収入であり，ヘッジファンドの行動だけでなく，グローバル金融機関の行動形態が危機を増幅させたと言えます。

4.4　ニューヨーク連邦銀行介入によるLTCM救済とBISの対応[*11]

上述した複雑な取引は，価格の方向性の予想を前提としています。しかしロシア危機後「質への逃避」が起こり，価格変動が予想と逆になると，マージン・コールが要求されるためカウンターパートに担保を入れる必要が生じました。前の例でいうと空売りしていたベンチマーク財務省証券を価格が上昇するときに購入したり，ベンチマーク以外の財務省証券やFRNをキャッシュを入

---

*11　歴史的にみれば，ノンバンク救済はLTCMが初めての事例ではありません。1970年にPenn Central銀行が破綻したとき，FRBはCP市場の崩壊を回避するため，企業がCPを自由に取引できるよう銀行に貸出を要請し，またdiscount windowを通じて銀行に流動性を大量に供給しました。87年のブラックマンデー時にも，決済システムの混乱を避けるため，FRBは巨額の流動性供給を行っています。

手するために価格が急落するときに売却，あるいは円資金返却のために円を購入しなければなりません。これは価格急落（上昇）をさらに促進し，市場流動性の急速な枯渇を招来することになります。

連銀介入により LTCM の救済がなされたのは，第1に，市場が不安定な時期に LTCM を破綻させると，ポジションを解消する過程で，さらに国際的に金融資本市場が大きく影響を受ける懸念があったためです。第2に，大手金融機関が同じようなポジションを造成（copy cat problem）していたため，市場流動性が急速に枯渇すれば大手金融機関が巨額の損失をこうむる可能性があり，金融システムの不安定性を助長する恐れがあったためと思われます。第3に，巨額のスワップ・ポジションを造成していたため，破綻した場合の市場への影響が懸念されたことです。取引相手は，取引解除になると債権を担保に国債等の資産を売却することが想定され，これが市場の混乱を招く懸念がありました。市場参加者は市場流動性が潤沢であることを前提に行動しており，市場流動性の枯渇は国際金融市場の大混乱を招く恐れが高まったのです。

このような事態に対し，ヘッジファンドなどの高レバレッジ金融機関（HLIs）の行動について何らかの規制を加えるべきとの議論が高まりました。バーゼル委員会は，1999年1月に HLIs との取引から生じる銀行のリスク管理の問題を検討し，リスクへの政策対応として，銀行を通じた間接的な規制・監督が提唱されました。すなわち，銀行の実務として HLIs に対するエクスポージャーの継続的モニタリングなどが提言されたのです。

ヘッジファンドへの規制は，危機が生じるたびに幾度となく議論されました。2008年の世界金融危機でやっと規制が強化されたと言えます（詳細は第15章参照）。

例　題

1　カッコ内に適切なものを入れなさい。
(1) アジア通貨危機は（　　）での通貨危機から始まり，周辺諸国に伝搬した。1990年代前半は，貯蓄率は高く財政収支は（　　）字であった。95～96年に経常収支赤字が急激に拡大したが，その理由は，（　　）の通貨制度のもとで，当時の円ドル相場が（　　）であったこと，また対内資金

還流のなか固定相場制を維持するため（　　）売り介入を行いベースマネーが増加して（　　）が増大したことによる。
(2) 対内資金フローが急増したのは，（　　）形態の急激な還流によるもので，BIS 規制で非 OECD 諸国銀行の短期債権のリスク・ウェイトが（　　）％であったこと，1993 年（　　）オフショア市場が創設されたことによるものである。
2 　資本流入規制と資本流出規制の違いについて述べなさい。資本流入規制の是非について，信用秩序維持の観点から論じなさい。
3 　アジア通貨危機が起きた要因に鑑み，エマージング諸国の為替レジームのあり方についてあなたの見解を述べなさい。

第14章 エマージング諸国とさまざまな通貨制度

> **Keywords**
>
> 両極の解　管理フロート　自由フロート　ボラティリティ　固定相場制　スワン・ダイアグラム　実質為替レート　ドル化　マンデル=フレミング理論　実物ショック　貨幣的（名目的）ショック　ハイパー・インフレーション　カレンシー・ボード制　ソフト・ペッグ制　クローリング・ペッグ制　クローリング・バンド制　アルゼンチン危機　原罪問題　最適通貨圏の理論　プライス・スピーシー・フロー・メカニズム　バッキングルール　最後の貸し手機能（LoLR）　不胎化　シニョレッジ（通貨発行益）　Exit Option　CFAフラン諸国　BBCルール　通貨バスケット制

◆はじめに

　現在189の国がIMFに加盟していますが，加盟国はそれぞれ異なる通貨レジームを採用しています。先進諸国の通貨制度はほとんどがフロート制ですが，第10章でみたように，EUでは単一通貨ユーロが流通しています。エマージング（新興）諸国では，近年は固定相場制度から変動相場制度へ，より柔軟性の高い通貨制度を採るようになってきています。

　また，歴史的にみても世界はさまざまな通貨制度を経験してきました（第9章参照）。19世紀には国際的な金本位制が成立し，基軸通貨はイギリス・ポンドでしたが20世紀の2つの大戦を経て，アメリカのドルが基軸通貨となりました。戦後1971年までは金ドル本位制のもとで固定相場でしたが，73年に先進国が変動相場制に移行し，さらに90年代以降グローバル化が一段と進むなかで変動相場制に移行するエマージング諸国が増えています。一方，第13章で検討したように，通貨危機の要因の1つに固定相場制が挙げられますが，現在中国では，硬直的な為替相場制のもとで，景気過熱が生じています。このよ

うに，通貨制度の選択はマクロ経済政策とも大きくかかわっています。

本章では，世界の国々でなぜこのようにさまざまな通貨制度が採用されているかを考えてみましょう。とりわけ，マクロ金融政策や金融制度との関連で通貨制度を検討し，エマージング諸国での最適な通貨制度を検討してみましょう。

1 世界の通貨制度

1.1 IMFの分類による通貨制度

IMF協定では，加盟国は加盟後30日以内に為替制度を申告し，変更があるたびに報告する義務を負っています (Johnston, 1999)。このようにIMFの分類は加盟国の自己申告ですから，歴史的にみると，公式の為替レジーム（de jure）と現実のレジーム（de facto）とに大きな乖離がありました。たとえば固定相場制とされている国でも，頻繁に平価が変更されていたり，変動相場制と申告された国でも，実際には巨額の市場介入がなされていることがしばしば見受けられます。この分類スキームは1975年に導入され，82年の第2次IMF協定改正時に改訂されました。しかし公式の通貨制度が現実の通貨制度と異なること，また99年にユーロが導入されたことなどから，99年にIMFは分類方法を大きく変更しました。公式の申告ではなく，IMFスタッフが査定するde facto基準が導入されることになり，あわせて金融政策の独立度合いも含めたマトリックスが公表されるようになりました。

現在のIMFの為替相場制度の分類は，表14-1のとおりです。

2008年に改定されたIMFの分類では，為替相場制度を10のカテゴリーに分け，金融政策については，大きく4つに分けています。このマトリックスから為替相場制度が柔軟になればなるほど，自律的な金融政策を採用していることがわかります。また，小国がハード・ペッグ制となっていること，先進国はほとんどが変動相場制であること，エマージング諸国の多くがより弾力的な為替相場制度に移行していることがわかります。半面，金融政策については，為替レートを名目アンカーとしている途上国・エマージング諸国がIMF加盟国187カ国中100カ国と大半を占めていることです。これは，金融政策がうまく執行できない途上国が多いことを示唆しており，その面からも固定相場制に一

定の存在意義があることがわかります。

固定相場制のアンカー通貨については，戦後ほとんどがドルでしたが，次第に減少し，2009年には固定相場制採用100カ国のうちドルが50，ユーロが28，複合通貨15などと，ドルの役割の低下，ユーロの役割の増大が鮮明となっています（表14-1）。

エマージング諸国について，ハード・ペッグ，中間的為替制度，変動相場制度の3つの大枠でくくり，時系列的にその比率を描いたものが図14-1です。1990年代に通貨危機が頻発したことに鑑み，①固定相場制でもハード・ペッグでないと崩壊する，②通貨制度はより弾力的制度に移行し中間的為替相場制度はなくなる（hollowing out of the middle）という，「両極の解」の考え方（Bipolar view）が2000年代初めには主流でした（Fishcer, 2001）。91年と99年を比較すると，ハード・ペッグおよび変動相場制度が増大し中間的為替制度は減少していることが，それを裏付けています。しかし，その後2002年にアルゼンチンでカレンシー・ボードが崩壊するなど，経済規模の大きいエマージング諸国はより柔軟な制度に移行しました。図14-1でも09年にはハード・ペッグをとる国はゼロとなっており，この考え方は後退しています。

1.2　途上国の通貨制度

先進諸国のほとんどが自由フロートを採用しているのに対し（EMUも対外的には自由フロート），完全なフロート制を採択している途上国はエマージング市場を除いてほとんどありません。途上国については，以下の理由から固定相場制を志向する傾向が強いといわれます。

第1に，開放度の高い小国経済の場合，為替変動が実物経済に大きな影響を与える（為替レートの実質賃金や物価への影響が大きい）ことが指摘できます。第2に，金融政策と財政政策の規律付けが非常に弱いことです。とりわけ中央計画型経済システムであった国では，財政政策の規律付けが弱いため，マネタイズ（中央銀行が財政赤字をファイナンス）する傾向が多くみられます。TB市場が狭隘であること，金融政策の手段が成熟していないことから，不胎化政策がうまくいかないことなども特徴です。第3に，先物市場が成熟しておらず，すべての経済主体にとって為替リスクのヘッジコストが非常に高いことです。

表 14-1 為替相場制度と金融政策の

		為替レート	
		ドル(50)	ユーロ(28)
ハード・ペッグ	ドル化など(12)	パナマ等	モンテネグロ等
	カレンシー・ボード(13)	香港, ECCU等	ブルガリア等
中間的為替制度	伝統的固定相場(44)* (ソフト・ペッグ)	サウジアラビア ベネズエラ等	WAEMU, CEMAC デンマーク等
	安定的相場制度(24)	中国	クロアチア
	クローリング・ペッグ(3)	ウズベキスタン	-
	準クローリング制度(2)	エチオピア	-
	クローリング・バンド(2)	-	-
	その他管理制度(21)	アンゴラ	-
変動相場制度	フロート制度(38)**	-	-
	自由フロート(30)	-	-

(注) カッコ内は採用国数。各国の申告 (de jure) によるものではなく IMF の判
東カリブ通貨同盟、WAEMU: 西アフリカ経済通貨同盟、CEMAC: 中部アフ
* 「伝統的固定相場」は、他国の通貨に±1%以内の変動幅でペッグする制
** フロート制度は特定のレートを提示せず、通貨当局が総合的判断のも
(出所) *IMF Annual Report*, 2010年度版。

図 14-1 エマージング諸国の通貨制度

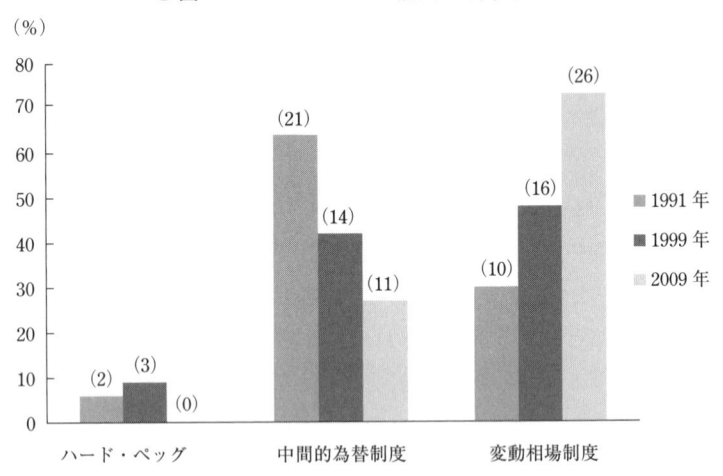

(注) カッコ内は国数。エマージング諸国にはフィッシャーが利用したモルガンスタンレー MSCI Emerging Makets リストにあるエマージング諸国を対象。
(出所) Fischer (2001) の図表に 2009 年の値を加筆。

1 世界の通貨制度

マトリックス（2010年4月末現在）

アンカー		マネーサプライ・ターゲット (25)	インフレ・ターゲット (31)	その他 (33)
複合通貨(15)	その他(7)			
-	キリバチ	-	-	-
	ブルネイ等	-	-	-
リビア	ネパール等	-	-	-
		-	-	-
イラン	-	チュニジア	-	ラオス等
ボツワナ	-	-	-	-
トンガ, ベラルーシ	-	-	-	-
ロシア	-	ウクライナ等	グルジア	マレーシア
-	-	アルゼンチン等	ブラジル等	インド等
-	-		チリ等	EMU, 日本等

断によるもの (de facto)。為替レジームのカテゴリーは2008年から変更。ECCU:
リカ経済通貨共同体。
度。ERM II など。
とで介入などで相場を管理する制度。

　このように途上国では，総じて市場，とりわけ金融市場が成熟しておらず，資金市場，債券市場，外国為替市場が狭隘で，金融システムが未成熟であるのがその特性です。

　このような特性に鑑みれば，価格変動を増大させる完全なフロート制を採用することは途上国経済にとって効用はあまり大きくありません。IMFの分類で**管理フロート**あるいは**自由フロート**となっていた国でも，実際には暗黙の変動幅を設定して為替政策を行っている国が多かったとも言われています。すなわち，途上国では基本的に安定した相場制度が非常に重要で，たとえば何か外生的なショックがあった場合でも，為替レートの安定というものが優先的な目標になって，金利あるいは外貨準備のボラティリティの方が高くなってしまう，といった傾向がしばしばみられます。[1]

---

[1] IMFのペーパーによれば，為替レートと金利と外貨準備のボラティリティの途上国とG3の数字を比較すると（ボラティリティは月間の変動率の標準偏差），途上国の場合は為替レートのボラティリティは総じてかなり低い水準になっています。その代わり短期金利，あるいは外貨準備の変動が非常に大きくなります（IMF, 2000）。為替政策が重要視されている傾向があり，変動相場制に移行した途上国においても，当局の介入あるいは為替管理の強化といったことによって，為替安定化政策を採る傾向が非常に強いことが示唆されます。

これは，後述する「変動相場制への恐怖」（Fear of Floating）とも呼ばれる現象です。途上国（とりわけ小国）では，為替変動が国内価格体系に大きな影響を与えること，為替政策を名目アンカーとして金融政策の中心に据えていること，また外貨建て債務が多いこと，などから固定相場制を志向する傾向が強いのです。CFAフラン諸国，エクアドルやパナマ等のドル化諸国，東カリブ通貨同盟，西アフリカ通貨同盟諸国などの非常に規模の小さな国（国民所得が50億ドル以下の「小国」）や，対外的に開放的な小国，および大国との関係が深い小国は，信認の低い自国通貨を大国の通貨にハード・ペッグする傾向にあります。

2　為替相場制度の選択

2.1　なぜ固定相場制は崩壊するのか

　固定相場制のメリットを考えると，第1に，相場が安定し為替リスクがないため，貿易・投資が活発化することです。とりわけ複数の国にまたがる地域で固定相場制を採ること（共通通貨の導入）は，貿易や投資を促進し地域の経済発展に大きく寄与します。第2に，インフレが起こりにくいことです。固定相場制では金融政策の自律性がないため（第8章参照），とりわけ金融政策の節度がなくインフレになりやすい国では，インフレ抑制の効果を持ちます。一方変動相場制のメリットは，実物ショックがあった場合に調整が容易であることです[*2]。たとえば，交易条件などが急激に変化した場合やインフレ・ショックがあった場合でも為替レートを変更することで調整できます。一方で，為替レートが過度に変動するといったデメリットもあります。

　固定相場制には上述したように多くのメリットがありますが，信認がなくなれば必ず崩壊するといった脆弱性があります。固定相場制が必然的に崩壊する理由について，**スワン・ダイアグラム**を用いて検討してみましょう（図14-2）。

　スワン・ダイアグラムとは，縦軸に実質為替レート（R），横軸にアブソープション（A）をとり，対外均衡と対内均衡を満たす2つの条件から，均衡レートを探るものです。縦軸は実質為替レート（R）を示します。Rは外貨1単位当たりの自国通貨の価値ですから，Rが大きくなればなるほど価格競争力

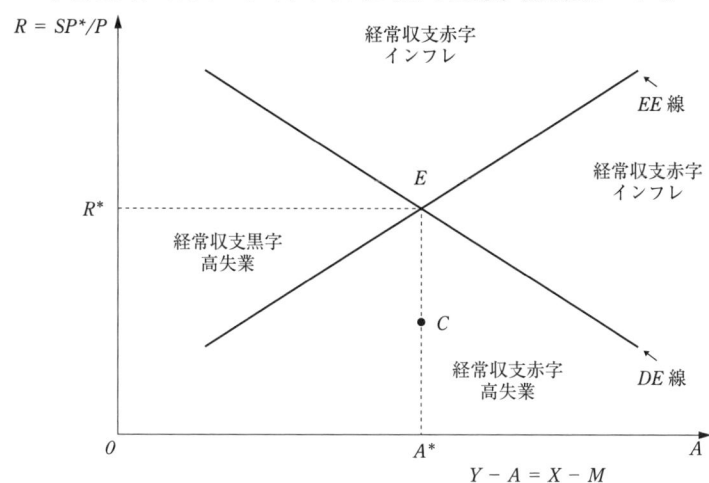

図14-2 スワン・ダイアグラムにおける基礎的均衡為替レート

$R = SP^*/P$ を縦軸、$Y - A = X - M$ を横軸とし、右上がりのEE線と右下がりのDE線が点Eで交わる図。E点の座標は(A^*, R^*)。各領域のラベル：左上「経常収支黒字 高失業」、上「経常収支赤字 インフレ」、右「経常収支赤字 インフレ」、下「経常収支赤字 高失業」。点Cが右下領域に示されている。

(注) A はアブソープション ($C + I + G$)。

が高くなります。*3 横軸はアブソープション (A) を表します。Aが大きくなれば内需が増大することを示します。

図14-2には2つの均衡条件が示されています。EE線は対外均衡を表す線です。対外均衡とは経常収支が均衡すること ($CA = 0$) で、経常収支を均衡させるRとAの組み合わせをすべてプロットしたものがEE線となります。EE線が右上がりになっているのは、Rが大きくなると（自国通貨安）、価格競争力が高まり、経常収支の黒字幅が拡大するので、対外均衡を達成（経常収支 = 0）するためにはアブソープション (A) が増大しなければならないからです。すなわち、Rが高ければAも大きくならなければならず、右上がりの線となります。もう1つは対内均衡を示すDE線です。対内均衡とは、失業の水準が自然失業率に一致するものです（すなわちインフレなき安定成長の達成）。Rが大きく（自国通貨安）なると価格競争力が増し輸出が伸びて景気が過熱しますが、

---

*2 最も顕著な例は、1970年代の2回のオイル・ショックです。73年に先進諸国では変動相場制に移行していたので、オイル・ショックという実物ショックを吸収できたことが指摘されます。

*3 縦軸は、真の競争力を示す実質実効為替レート（REER : Real Effective Exchange Rate）の方が適切だと考えられます（後述のBBCルール参照）。

一方でインフレが生じます。対内均衡を達成するため（インフレ抑制）には，アブソープションを抑制させなければならず，DE 線は右下がりの曲線となります（逆に R が小さいと輸出が抑制され，景気にマイナスの影響が出て失業が増大します。このため A が大きくならなければなりません）。

2つの曲線の交点が対外均衡と対内均衡が同時に達成される均衡点 E で，R^* が均衡為替レート，A^* が均衡アブソープションとなります。EE 線より上側の部分では経常収支が黒字で，下側の部分は赤字になります。DE 線の右側ではインフレが起きている状態となり，左側では景気後退となります。2つの線で区切られた4つの領域は，図のようにそれぞれ経済の様相が異なります。

当初均衡点にあった経済が，ここで何らかのショック，たとえば組合の力が強く賃金が急激に上昇した，などが起きたと仮定してみましょう。賃金の上昇は価格に跳ね返り，インフレが生じます。縦軸は**実質為替レート**ですから $\left(R = S \times \dfrac{P^*}{P}\right)$，分母の P が大きくなると R は低下します。R が減少すれば（自国通貨高）価格競争力が低下し，輸出が減って国内生産にマイナスの影響が出ます。この場合には経済は C 点，すなわち経常収支赤字，高失業のゾーンにシフトします。これを元の均衡点に戻すには，変動相場制の場合では名目為替レートの調整（切下げ）で対応できます。しかし，固定相場制度の場合には為替レートの変更はできません。

価格と賃金が弾力的な世界では，固定相場制下の調整メカニズムとして以下の2つが考えられます。第1に，失業の増大にともなって賃金水準を下げることです。第2に，経常収支赤字の中で通貨当局が外貨売りの為替介入を行いベースマネーを減少させ，物価水準を下げることです。双方の場合とも，国内物価（P）が下がることで均衡点（E）に再び向かうことになります。

しかし，現実の世界では賃金や価格は労働組合等があるため硬直的です。外国物価水準が外生的に決まること，価格が硬直的であるとすれば，図14-2の C 点の経済では，実質為替レートを減価させるようなメカニズムは働きません。ここで次のようなジレンマが生じます。すなわち，国内目標達成を重視し，失業を削減するには内需拡大が必要となりますが，これは一方で経常収支を悪化させ，対外均衡はさらに悪化します。逆に経常収支を均衡させようとすると，内需を抑制しなければならず，国内目標を達成することができません。通貨当

局は決断を迫られますが，その選択がどうであれ通貨切下げは不可避となります。当局の決断を促す投機的危機が発生し，これを防止するために外貨を売れば外貨準備は枯渇します。結局，固定相場は遅かれ早かれ崩壊することになるのです。

固定相場制を維持するには，通貨への「信認」が継続していることが前提となります。すなわち政府がコミットしているからこそ固定相場が成立しているわけであり，通貨への信認がなくなり，人々が現在の為替レートが維持できないと考えれば，固定相場はいずれにせよ早晩崩壊することになります。

2.2 為替レジーム選択にあたって考慮すべきファクター

ここで，為替レジームを選択するにあたって考慮すべきさまざまなファクターについて整理しておきましょう。前述したようにIMFは，「ドル化」といった厳格な固定相場制から「自由フロート」に至るまで，柔軟性（flexibility）を基準に10のカテゴリーに分類しています。「固定相場制か変動相場制か」についてはすでに長期にわたって議論されてきましたが，これは単純に二者択一で論ずるべきものではなく，柔軟性の度合いの違いや金融政策のあり方によってさまざまな為替レジームが世界に存在していることを認識することが重要です。柔軟性の度合い，すなわち為替レジームの選択については，以下のような，経済ショックに対する調整問題，金融政策，金融システムの強度など，さまざまなファクターを考慮する必要があります。

①**実物ショック，貨幣ショックと為替レジーム**

第8章で検討した**マンデル＝フレミング理論**からも明らかなように，変動相場制では金融政策の自律性が確保できます。すなわち，インフレ・ショック，交易条件ショックなどの実物ショックが起きた場合には，スワン・ダイアグラムで確認したように，変動相場制であればショックからの隔離が容易になります。固定相場制下では，為替調整という政策オプションが欠如しているため，短期で物価が硬直的（rigidity）であると，資源配分のミスアロケーションが起きやすく，失業が増大する可能性があります。

外生的な**実物ショック**があった場合には，固定相場を維持するコストは非常に大きくなり，実質金利の上昇やリスク・プレミアムの増大などにより，投資

が阻害されます。一方，金融政策に節度がなく，インフレが常時起きている国や貨幣ショックがあった場合には，変動相場制であると通貨への信認が急激に低下し，実物経済に悪影響を与えるので，金融政策に自由度のない固定相場制の方が適しています。

　すなわち，国際資本移動が自由な開放経済下では，外需，インフレ，交易条件（terms of trade）の変化などによる実物ショックを調整するには，変動相場制の方が調整メカニズムが働きやすいことになります。逆に貨幣需要の不安定性など貨幣的（名目的）ショックの場合には，固定相場制が望ましいということになります。このように，固定相場か変動相場かの選択は，ショックが実物的（real）なのか貨幣的（nominal）なのかに依存します。

②金融政策と為替レジーム

　通貨制度の選択は金融政策と大きくかかわっています。固定相場制では自律的な金融政策が採れませんが（第8章参照），逆に言えば，規律ある金融政策が採れない国では，固定相場制をアンカーとして利用することに効用があります。前にも指摘したように，途上国では資金市場が未熟であり，金融政策自体を為替政策にリンクさせることは，金融政策の裁量性を排除するという意味からも合理的です。たとえば，ブラジルなどの中南米諸国では1980年代までは財政赤字をマネタイズする傾向が強く，しばしばハイパー・インフレーションが発生しました。このため，80年代末以降為替レートを名目アンカーとして経済安定化プログラムに組み込んだ国は多く，アルゼンチンでは91年にカレンシー・ボード制に移行し，他の国でもソフト・ペッグ制，クローリング・ペッグ制，あるいはクローリング・バンド制といった固定相場制度，管理為替制度が採られました。

　しかし，1994年のメキシコ危機，98年のロシア危機，99年のブラジル危機，2001年のアルゼンチン危機などをみてもわかるように，固定相場制を採ったエマージング諸国のほとんどの帰結は，「通貨危機」でした。結局のところ，金融政策の名目アンカーとして固定相場制を採用することには効用があるものの，通貨危機になる前に，いかに安定した形で柔軟な為替制度に換えるか（イグジット・ポリシー）が最も重要となるのです。名目アンカーとして固定相場を利用することは麻薬のようなもので，短期的にはインフレ抑制に大きな効果が

ありますが，離脱のタイミングを非常に難しいものとします。

一方，固定相場制下で資本取引を自由化している国では，金融政策がしばしば攪乱されます。固定相場制下での資本流入はマネタリーベースを拡張させ，これを抑制するために不胎化する必要がありますが，途上国では資金市場が未熟なため，うまくマネタリーベースを管理できません。したがって，投機的資金の流入を抑える（為替リスクを増大させる）ために為替レートの弾力化が求められるのです。

もちろん，為替レートを名目アンカーとして機能させることで（インフレの高い国が低い国の通貨にペッグさせることで）インフレ期待が抑制されるプレコミットメント機能が働きます。[7]これに対し，変動相場制を採用している国では，インフレ・ターゲットといった国内プレコミットメント機能が必要となります。その場合中央銀行の独立性の確保がその前提条件となります。

③金融システムの強度

もう1つ考えなければならない要素は，金融システムの強度です。固定相場制で国際資本移動が自由であると，当局が為替レートに対して「保証」を与えることになり（モラル・ハザードが生じます），各経済主体にエクスポージャー・ヘッジの機会を減じさせ，結果として資本流入を加速させます。したがって，金融仲介の要である銀行部門が過度のリスクテイクをせざるをえません。適切なリスク管理ができるなど金融システムが強固であれば，為替レートが急変し

---

[4] Rogoff et al. (2004) は，為替レジームと経済パフォーマンスとの関係を，先進国，エマージング諸国，途上国とに分けて実証分析し，インフレについては，固定相場制の方が変動相場制よりも低位安定であったことを明らかにしました。1人当たりGDP伸び率の回帰分析では，先進国においては，為替の変動性が高まるほど明らかに成長率が高くなり，逆に硬直的だと成長率が低くなることを導きました（勝，2006）。Rogoff et al. (2004) では，オイル・ショックやG3為替変動など世界全体に与える影響についてはタイムダミーを，定量化が難しい制度の成熟度や政策信認などの各国の特性についてはカントリーダミーを用いています。金融セクターの深化など制度が強い先進国はフロート制の恩恵をこうむっており，フロート制の方がショックに対する調整のスピードが速いこととと整合しています。それでも実証研究においては，内生性の問題などさまざまな問題が残っています。

[5] たとえばブレトンウッズ体制は，固定相場制と厳格な資本規制を容認することで金融政策の自律性を維持していましたが，ドルに対する信認低下で崩壊しました。

[6] プログラム開始時のインフレ率は，たとえばニカラグアで2万%，ブラジルで5000%，アルゼンチンでは5000%でしたが，固定相場制度に転換した後インフレ率は急激に低下しました。

[7] 中央銀行の政策に信認がない場合（インフレ昂進）には労働者の賃上げ要求に期待が組み込まれ，雇用への影響はないとされます（Barro and Gordon, 1983）。

ても国内経済に大きな影響は与えません。

しかし、前述したように、エマージング市場の特徴の1つは、制度や法的基盤が整備されていないことであり、とりわけ銀行部門が脆弱なことです。資本流入に対し銀行が過度のリスクテイクをすると、後述するような「原罪」の問題もあり、通貨危機は金融危機に変質します。銀行部門に適切なリスクヘッジを促すためにも、国際金融市場にアクセスし、かつ金融システムが脆弱な国についてはより柔軟な制度が望ましいということになります。

④「原罪」の問題と fear of floating

エマージング諸国には、未成熟な金融システム、高インフレ、財政政策の規律欠如などのために、自国通貨で外国から借入れができないという「原罪」(original sin) があることが指摘されています (Eichengreen and Hausmann, 1999)。この原罪が、第13章でみたようなアジア通貨危機が生じた要因の1つであり、2つのミスマッチ（通貨、マチュリティ）を引き起こした原因でもあります。自国通貨の信認が低い途上国や、ドル化比率（外貨建て債権・債務比率）の高い国では、通貨の下落が各経済主体のバランスシート問題を引き起こします。

通貨の下落は深刻なバランスシート問題と銀行破綻を生じさせるため、こうした国では固定相場制度を選択する傾向 (fear of floating) が強くみられます (Calvo and Reinhart, 2000)。「原罪問題」は途上国に多くの問題を提起しており、金融市場が未発達で、対外資本取引が制限されている途上国については、信認 (credibility) を確保するため固定相場制が望ましいということになります。

⑤ **最適通貨圏（OCA）の理論**

共通通貨を導入するということは独自の為替政策および金融政策が採れないことを意味し、ショックが生じた場合にどのような調整手段があるかを点検しなければなりません。通貨統合選択の理論的バックボーンが**最適通貨圏の理論**です（第10章216ページ）。マンデルによれば、生産要素の可動性と相対価格調整の柔軟性が共通通貨導入（最適通貨圏）の重要な要素となります (Mundell, 1961)。

条件の第1に労働の可動性があります。供給ショックがあった場合に生産要素、とりわけ労働の国際的移動があれば、為替調整がなくても各国間の非対称的ショックを調整することができるからです。第2に産業構造の類似性が挙げ

● 表 14-2　国際金融のトリレンマと制度 ●

	自由な資本移動	独立した金融政策	固定相場制	
資本規制	×	○	○	中国など
ドル化，カレンシー・ボード	○	×	○	香港など
変動相場制	○	○	×	日本など

られます。非対称的ショックが起きても産業構造が似ていれば，ショックが均等化されるからです。第3に，経済の開放度合いが指摘できます。マッキノンによれば，経済の開放度合いが高ければ，需要ショックが起きた場合でも外国からの輸出入で調整できるからです（この場合，GDPに占める非貿易財の比率が低いという条件も必要となります）。第4に，域内で非対称的なショックが起きた場合，上記の条件が達成されなくても，通貨圏内で不況国に補助金を支払うなどの財政移転ができれば問題は生じません。すなわち，大国と供給ショックに対称性があり，財政政策移転が可能で，貿易比率の高い小国は，通貨同盟（ドル化），カレンシー・ボード制などの固定相場制に合理性があることになります。[*8]

⑥国際金融のトリレンマ

国際金融のトリレンマとは，①自由な資本移動，②金融政策の自律性，③為替レートの安定性，を同時に達成することはできないというゲームのルールを示すものです（第8章図8-11）。先進諸国では①と②を確保するため変動相場制にしています。一方で途上国には，②を放棄して固定相場制を維持する国が少なくありません。すなわち，各国はそれぞれの選択を行い，そのなかで通貨レジームを選択しているのです（表14-2）。フランケルがいみじくも指摘するように，すべての国にフィットする制度はなく，各国が自国経済の特質に応じて選択すべきものと考えることができます（Frankel, 1999）。

2.3　エマージング諸国におけるさまざまな為替相場制度

現在エマージング諸国ではさまざまな為替相場制度が採られていますが，こ

---

*8　逆に，先進諸国でもオーストラリア，日本，アメリカなど貿易比率の低い国は変動相場制が適しているといえます。

> **Column ㉛ ●● アルゼンチンの通貨危機**
>
> 　アルゼンチンでは，2002年1月にカレンシー・ボード制が崩壊し，2月11日には完全に変動相場制に移行しました。すでに01年から金融資本市場の動揺が目立っていましたが，とりわけ10月半ばの中間選挙以降，株式や国債価格は大きく下落しました。政治的不安定性や暴動などもあって債務不履行の懸念が広がり，銀行取付けが激化し，預金封鎖，実質GDPの下落，インフレ昂進，失業率急増など，経済は大きく混乱しました。
>
> 　そもそもアルゼンチンでカレンシー・ボード制が導入されたのは，1989年に4923％に達したハイパー・インフレを抑制するため，金融政策の名目アンカーの役割を固定相場制度に求めたからです。91年3月20日に公布された「兌換法」(Convertibility Act No.23, 928) では，①1ドル＝1ペソでの兌換保証，②アルゼンチン中央銀行（Banco Central de la Republica Argentina: BCRA）による無制限の外貨売却保証，③金および外貨からなる外貨準備によるマネーベースの裏付け，④外貨建て契約による支払要求の保証，などが定め

れらの制度を概観すれば，以下のようになります。

①カレンシー・ボード

　カレンシー・ボード（CBA）は，もともとインドなどの植民地で採用されていた通貨制度です。植民地に中央銀行ではない通貨発行機関（カレンシー・ボード）を設立し，自国通貨と同値の現地通貨を発行したことにさかのぼります。

　同制度の特徴は第1に，立法のコミットメントによる制度であることです。憲法の変更や議会の手続きなどが必要となるため，変更するには時間や手間がかかり，この意味でソフト・ペッグ制度よりも「強固なシステム」であると言えます。第2に，外貨準備残高を見合いとして通貨を発行するというバッキングルールがあることです。すなわち，金本位制の**プライス・スピーシー・フロー・メカニズム**のような，自動調整メカニズムが想定されていると言えます。第3に，完全な通貨の交換性が保証されていることです。これにより，内外の資本取引や貿易取引が活発化し，経済を活発化させるという利点があります。

　一方，バッキングルールがあることは，自由なベースマネーの供給には制約があることを意味し，中央銀行は，**最後の貸し手機能（LoLR）**や**不胎化**などのオペレーションができません。このため，金融システムが強固であることが要求されます。中央銀行が独自の金融政策を行えないことから，資本の流出入が

られました。
　危機の直接的きっかけは，1999年のブラジル危機によりレアルの価値が半減し，当時の急激なユーロ安の局面でドルにリンクしたペソが大幅に過大評価され，輸出が激減したことです。財政規律の欠如により政府の外貨建債務が膨らみ，金融システムの負担も増大したこと，また，従来から労働組合の力が強く，賃金が下方硬直的であったために，「スワン・ダイアグラム」で検討したような物価調整が働かなかったこと，何より，金融機関への取付けが生じたことが，危機を厳しいものとしました。アルゼンチンでは民営化の過程でほとんどが外資系金融機関となり，リスク管理などの観点からは強固な金融制度になったものの，資本逃避や銀行取付けによる流動性危機に十分対応できなかったことにも留意する必要があります。すなわち通貨自体への信認が低下すれば，いくら金融システムが強固であっても危機は避けられないことが示唆されます。CBAは金本位制同様，デフレショックに弱いことが指摘できます。

金融状況の調整弁となります。したがって日々の金利変動は非常に大きくなるという特徴があります。
　他方，金融政策の裁量性がまったくないことから，財政赤字をマネタイズする傾向にある国では，インフレ抑制に非常に大きな力を発揮します。ただし，財政赤字が大きい場合には，通貨の交換性が完全に達成されているので，対外債務に依存（資本流入が増大）しがちになります。ドル化が促進されるため，さらに非可逆的になります。通貨危機は起きにくくなりますが，銀行危機が起

---

*9　市場混乱の直接的なきっかけは，2001年10月半ばの中間選挙でデラルア大統領率いる中道左派連合が議会の少数派に転落し政治的求心力が弱まったこと，新経済政策の発表等が遅れたことからアルゼンチン経済への「信認」が再び崩れたことです。しかし，基本的には9月11日のアメリカ同時多発テロを契機に世界経済の停滞懸念が強まり，グローバル投資資金が「質への逃避」の動きを強め，エマージング市場から流出したこともその背景にありました。

*10　2001年秋には代表的株価指数であるメルバル指数は年初の水準の半分以下にまで落ち込み，外貨建てアルゼンチン国債の米国債とのスプレッド（JPモルガンEMBI+による）はピークで1万ベーシスポイント近辺（2001年12月末）にまで上昇しました。これは，1998年にデフォルト（債務不履行）に陥ったときのエクアドルの800BPを大幅に上回る水準でした。さらに，インターバンク翌日物金利は，11月に入り200％近くにまで急騰しました。S&Pやフィッチはアルゼンチン国債の格付けを段階的に引き下げていましたが，11月に入りそれぞれ最も低いレベルに相次いで引き下げ，アルゼンチン政府は事実上「デフォルト」状態に陥りました。

*11　実際には，91年の公布当初1ドル＝1万アウストラルでしたが，1992年1月に1万分の1のデノミが実施され，1ドル＝1ペソとなりました。

きるリスクがあり，LoLR が制約されていることもあって，強い金融システムが求められます。カレンシー・ボード制が成功するには，アンカー通貨国と相当程度の貿易があること，銀行システムが強固であることなどが条件となります。デフレなどの実物ショックがあった場合に為替レート変更による調整メカニズムが使えないことから，労働市場が柔軟であることも必要条件です。

アルゼンチンのカレンシー・ボードが賞賛されたのは，1997 年のアジア通貨危機時にびくともしなかったためです。しかし，結果としてそれがアルゼンチンにいっそうの資金還流を促し，ドル建て対外債務を増大させ，危機を増幅させました（Column ㉛ 参照）。アルゼンチンが 2001 年に同制度を放棄したため，現在では香港（83 年導入），ブルネイ（67 年），ジブチ（49 年），東カリブ通貨連盟（ECCB，65 年）といった経済規模の非常に小さい開放経済の国に限られています。[*14]

②ドル化（ユーロ化）

ドル化とは，自国通貨を法的に放棄し，より安定した外貨（主にドル）を法定通貨とする制度で，公式のドル化と非公式のドル化があります。公式のドル化は，政府が法定通貨（legal tender）として外貨を認めることで，法定通貨としての認可がなく自国通貨と並んで自然に外貨が使われている状態を（途上国で多くみられます）非公式のドル化と呼びます。[*15] 非公式のドル化は，高インフレや経済が不安定で，自国通貨に信認がないことから，自らの資産を自国通貨下落にともなうリスクから回避するためです。こうした外貨建て資産に対する需要は，通貨代替（currency substitution）と資産代替（asset substitution）の2つで動機付けられます。

通貨代替のドル化は，自国通貨がハイパー・インフレ等で使用コストが非常に高いことを背景に，支払い手段および計算単位として外貨が使われる状態で，いったんドル化されると簡単に戻ることはありません。一方資産代替のドル化は，自国通貨と外貨のリスクとリターンを考慮して生じる現象ですが，途上国経済でインフレなどのマクロ経済リスクが消滅しない限り資産代替のドル化が進むことになります。

ドル化のメリットは，自国通貨の切下げリスクがなくなり，国際借入れが容易になること，リスク・プレミアムが消滅することから金利が低下し，また取

引費用が節約され国際投資家の投資リスクを軽減できること，物価の安定が実現すること，などです。また結果として政府，民間企業への投資や国際貿易が増大し，成長にプラスに働きます。さらにカレンシー・ボードのような投機的アタック[*16]にさらされることもありません。一方で，通貨主権の放棄や金融政策の独立性の放棄，**シニョレッジ（通貨発行益）**[*17]の喪失などのデメリットがあります。また中央銀行の最後の貸し手機能は使えないため，銀行制度が強固であることが求められます。金融政策と為替政策による調整機能も放棄するため，実物ショックがある場合には，賃金切下げや物価下落などの調整が必要となり，とりわけ雇用市場が硬直的である場合には，デフレ圧力が増大します。このためドル化経済においても **Exit Option** があり，たとえば **CFA フラン諸国**では，

---

*12 第一次世界大戦後の 1918 年および 19 年に，ロシアでもカレンシー・ボードが存在していました。第一次世界大戦後のロシアでは，市民革命の最中でほとんど価値のないさまざまな紙幣が乱立・流通し，外国との貿易もままならない状況でした。そこで連合国の一員であったイギリスはロシアの金融再建のためスタッフを派遣し，10 月革命後のボルシェビキ地方政府での通貨改革に尽力しました。当時イギリス大蔵相官僚であった，ジョン・メイナード・ケインズのスキームに基づき，北ロシアに通貨発行局（National Emission Caisse）を設立し，イギリス・ポンドにリンクしたルーブル（British Rouble）を発行しました。しかしその後革命によりソ連が建国され，結局イギリスはロシア介入を断念し，カレンシー・ボードも 2 年という短命に終わりました。その後ロシアでは 22 年にパラレル・カレンシーとして新通貨 chervonetz が導入され，ソ連政府は 28 年に通貨の交換性を放棄しました。90 年代にルーブルが交換性を回復するまで，西側との貿易はドルでなされ，旧ソ連経済は大きく疲弊したのです。
*13 もっとも，CBA が投機攻撃を受けないことを意味するものではありません。実際，1994 年末のメキシコ危機後にはアルゼンチン・ペソに，また 97 年のアジア通貨危機時には香港ドルに投機的圧力がかかりました。これらは，当局が切り下げるオプションがあると市場が考えたことや，貿易競争相手国の切下げによるデフレ効果を当局が耐えられないと考えたことによります。
*14 エストニア（1992 年），ブルガリア（97 年），リトアニア（94 年）も採用していましたが，エストニアは 2011 年に，リトアニアも 15 年にユーロを導入しました（第 10 章）。
*15 通貨発行国との間で 2 国間協定を結ばずに一方的に使用するものを，「片務的ドル化」と呼びます。通貨発行国当局と協定を結ぶ場合には「双務的ドル化」と呼ばれます。
*16 アルゼンチンや香港は投機的アタックにさらされ，金利の急上昇や株価の急落などが起きました。
*17 シニョレッジ（通貨発行益）とは，通貨の額面から通貨発行にともなうコストを引いたもので，中央銀行収入の重要な源泉です。信用創造に制約のない中央銀行は，中央銀行の債務である通貨を自由に発行できます。債権サイドでは金利を生む市中銀行貸出や国債を保有しているため，その差益は巨額なものとなります。日本銀行の収益の多くもシニョレッジで，日銀法第 53 条により毎期剰余金は法定準備金，配当をのぞいた額を国庫に納付しています（2010 年度 443 億円）。1991 年のソ連崩壊のときは，旧ソ連のシニョレッジが CIS 諸国にどのように配分されるかが問題となりました。また最近では，ジンバブエの政府歳入の半分はシニョレッジによるものとされていますが，反面，天文学的なハイパー・インフレとなっています。

1948年から94年までフランが流通していましたが，フランがドルに対して増価した94年には輸出・投資，そして生産の増大を目的におよそ半分に切り下げました。もっともドル化は金融資産の外貨建て化を促進し，とりわけ外貨建て対外債務が増大するので，自国通貨の切下げが各主体のバランスシートに大きなダメージを与えることを考慮する必要があります。現在では，大国（経済圏）との貿易に多くを依存する小国，たとえばパナマ，エストニア，CFAフラン諸国などで採用されています。

③ BBCルール

以上のようないわゆる「ハード・ペッグ」に対し，中間的な為替相場制度の効用も指摘されています。その代表的なものが，Williamson（2001）が提唱した**BBCルール**です。BBCとは，バスケット（Basket），バンド（Band），クローリング（Crawling）を意味します。まずバスケットとは，たとえば自国の貿易ウェイトが日米欧で分散しているとき，一国の通貨にリンクすると，現在のように三極の通貨が大きく変動する場合には実効為替レートが大きく変動するのを防ぐことができます。バンドとは，固定相場制と変動相場制の折衷案としての機能を持たせるもので，過度の変動の回避と金融政策の自律性を確保することが可能となります。最後のクローリングとは，固定相場制下で名目為替レートが一定であってもインフレが生じれば実質為替レートは増価することから，これを是正するために名目為替レートを小刻みに調整するものです（インフレが格段に高かったラテンアメリカ等で採用）。

BBCルールは対外均衡と国内均衡を同時に達成することを目指すもので，適切に設計されれば，為替ボラティリティの低下，インフレ期待の安定，および外的ショックに対応する伸縮性を持つ制度として有用となります。一方で，一種のターゲットゾーン制であるBBCには，3つの側面から疑問が提示されています。第1に，ターゲットゾーン制の提唱者であるウィリアムソンはその幅について10%程度が適当としていますが，狭すぎれば投機の対象となりやすく，広すぎれば金融政策を安定化させる規律付けが必要となります。[*18] 第2に，バスケット・ペッグは，単一通貨ペッグに比べて，使い勝手の悪さ，あるいは透明性の欠如といった問題があります。現在クウェートなどで採用されていますが，バスケット・ペッグ通貨の数は80年代以降減少していることもこれを

裏付けています。第3に，中心レートとなるFEER（均衡為替レート）を実際に測定することが非常に難しいことです。提唱者のウィリアムソンは，持続可能な均衡レートの概念を，将来の債務返済が持続的に可能であるもの，としていますが，これはFEERを測定するために，将来のGDPや将来の内需を計測しなくてはならないことを意味します。当然FEERには不確実性が生じ，結果として制度自体の信認性が失われるというリスクがあります。

④通貨バスケット制

通貨バスケット制とは，ある国の通貨価値を，複数通貨の価値の合計（加重平均）に等しくなるように通貨政策を行うことです（伊藤ほか編，2007，2ページ）。前述したBBCルールとほぼ同じ概念で使われます。バスケット通貨価値を中心レートとして一定の幅に収まるように通貨政策を行ったり，あるいはバスケット通貨価値の中心値を，生産性，インフレ，産業構造や貿易構造の変化に従って，中長期的に変動させる方策もあります。

バスケット通貨を採用している代表的な国はシンガポールです。シンガポールは，もともと英連邦であったためポンド・リンクでしたが，度重なるポンド危機を経てドルとの連動を強め，管理フロートを経て1981年に通貨バスケット制を採用しました。中央銀行に当たるシンガポール通貨監督局（MAS）によれば，インフレの安定がその第1の目的であり，そのためにバスケット通貨の中心値をきめ細かく動かしています。通貨バスケット制を金融政策の1つとして明確に位置付けており，これはシンガポールの貿易の対GDP比が140〜150％と他国に比し著しく開放的で，為替レートが実物経済に与える影響が非常に高く，特殊な例とみることができます。また，2005年7月の中国人民元の為替レジームの変更でも通貨バスケット制が採られることになりました。しかし，バスケットの中身は公開されておらず，その運営は必ずしも透明なものではありません。

2.4 エマージング諸国の為替相場制度への示唆

それでは，エマージング諸国にはどのような為替レジームが最適なのでしょ

---

*18 とりわけインフレ格差が著しい地域では，高インフレ国と低インフレ国との間のインフレ格差が著しく，バンド幅を一定にするのは難しいと言えます。

Column ㉜ 人民元為替レジーム改革

中国人民元は、もともとは中央計画経済特有の複数相場制度でしたが1994年に相場を統一し、1ドル＝8.68元の固定相場としました。97年のアジア通貨危機では、8.28ドル近辺の固定相場と厳格な為替管理が防波堤となって危機は中国には伝搬しませんでした。しかし、2001年WTOに加盟し、中国経済が世界経済との一体化を強め、とりわけ米中貿易赤字が急激に拡大すると、人民元相場切上げへの圧力が増しました。アメリカ財務省は半期に1度『通貨報告書』を公表して為替操作を行う国を特定しますが[*19]、中国政府は特定されるのを嫌い、05年7月に通貨バスケットに連動した、より柔軟な為替相場制度に移行することを発表しました。しかし、08年9月にリーマン・ショックが起きると、1ドル＝6.83元近辺で再び固定しました。世界経済が一応の安定を取り戻した10年6月に、再び柔軟な為替相場制度に移行し、11年8月には1ドル6.38元台と94年以来の最高値を更新しました。

切上げ圧力が強まるなか、通貨当局は恒常的に人民元売り・ドル買いの為替介入を行ったため、外貨準備は2006年2月に日本を超えて世界一となり、11年3月末には3兆447億ドルとなりました（図14-3）。為替介入にともなうベースマネーの増大に対しては通常「不胎化」を行いますが、短期国債市場が成熟していないこともあり、うまく制御できず、地価や株価が上昇するバブル経済が示現しました。また、食料価格上昇などインフレが高まり社会不安も増大しており、このような状況で人民銀行は10年以降預金準備率を再び段階的

うか。フィッシャー等は「bipolar view」、すなわち国際資本移動が活発な世界では中間的制度がなくなるとして両極の解を支持しました（Fischer, 2001）。しかし、厳格な固定相場制であるカレンシー・ボードやドル化については、アルゼンチン危機からも明らかなように、成長力が高く規模の大きなエマージング諸国には適切な制度だとは必ずしも言えません。カレンシー・ボード制度は、通貨が安定し、交換性も保証されており、法律で規定されるので通貨危機が起こりにくいために経済が安定します。しかし、実物ショック（とりわけデフレ・ショック）が起きると激しいデフレとなり、銀行危機が生じ、海外への資金逃避が起きるといった欠点があります。

エマージング諸国には、未成熟な金融システム、財政政策の規律欠如、それにともなうインフレ体質などの特徴があり、自国通貨で外国から借入れができないという「原罪」（original sin）の問題を抱えています。原罪問題はエマージ

に引き上げ，政策金利も引き上げるなど，金融引締めが顕著となりました。

2007年9月には外貨準備の一部2000億ドルを切り離しソブリン・ウェルス・ファンド（CIC：中国投資公社）が設立され，不良債権処理などにも充てられましたが，外貨準備がさらに増大するなか，第2のソブリン・ウェルス・ファンド設立も取り沙汰されています。中国のソブリン・ウェルス・ファンドの投資行動が為替相場，国際商品市況，一次産品価格など国際金融市場への影響力を強めていることも指摘されています。

図14-3　中国の外貨準備の増大と人民元相場

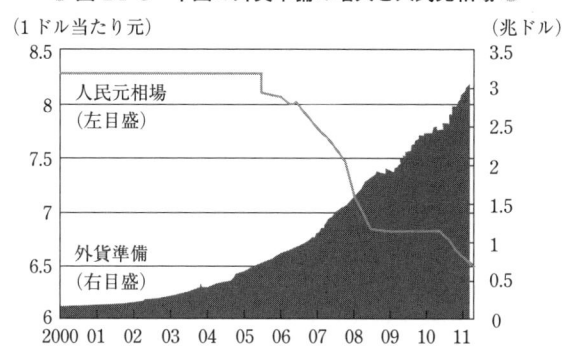

（1ドル当たり元）　　　　　　　　　　　　（兆ドル）

人民元相場（左目盛）
外貨準備（右目盛）

ング諸国に多くの課題を提示しており，中間的制度がこれらの国にとっても大きな役割があることが示唆されます。すなわち，経済や制度が成熟した潜在成長率の高い，中規模以上のエマージング諸国では，金融政策の自律性を確保するため柔軟な為替制度が望まれます。しかし一方で，高いインフレ，債務の持続性の問題，脆弱な銀行システム，原罪問題を抱えるこれら諸国については，fear of floating を勘案すれば，より安定した為替制度が望まれます。すなわち両者を兼ね備えた中間的制度にも十分合理性があるのです（Frankel, 1999）。

---

*19　1988年包括貿易競争力法（the Omnibus Trade and Competitiveness Act of 1988）第3004条により，為替操作で不当に貿易利益を求める国を為替操作国として特定することなどについての報告書（Report to Congress on International Economic and Exchange Rate Policies）を半期に1度提出しています。2011年5月公表の報告書でも中国は為替操作国とは認定されませんでした。

*20　固定相場制の根本的問題は，経済政策を対外均衡目標に従属させることですが，規模の大きな国は国内政策の均衡を重視しなければなりません。

近年エマージング諸国（国際金融市場にアクセスできる国）では，「変動相場制＋インフレ・ターゲット」が採用されるケースが増大しています。金融政策の規律維持を名目アンカーの為替制度に求めるのではなく，インフレ・ターゲットに求める制度です。ただし，途上国がインフレ・ターゲットを採用するに当たっては，価格体系の特性を考える必要もあります。つまり市場経済に移行した国も含め，価格統制がいまだにある国や，輸入制限が多い国は依然として多く，これらを勘案すると厳格なインフレ・ターゲットは採り難いという問題もあります。また，中央銀行の独立性を確保するための法制面での改革も必要です。マネタリー・ターゲット（中国が採用）については，途上国においては貨幣とインフレとの相関関係が不安定であるということもあり，あくまで補完的なものにとどまっています。すなわち，エマージング諸国においても，「変動相場制＋インフレ・ターゲット」を採る能力のない国もあり，中間的為替制度がこれらの国にとって大きな役割があることを示唆しています。

もちろん，為替レジームだけで経済の均衡を達成できるはずはありません。おそらく為替制度の選択そのものよりも重要なポイントは，為替相場制度とマクロ経済政策との間の一貫性です。その意味からも，域内での協調体制の強化や，対話のいっそうの促進が必要不可欠となっているのです。

例　題

1　カッコ内に適切な言葉を入れなさい。
　　中国の貿易収支は大幅な（　　）となっており，民間資本収支は大幅な（　　）となっている。これは外貨準備の（　　）という形で（　　）に資金が還流することを示すもので，国際金融にも大きな影響を与えている。当局は管理相場制度のもとで，外国為替市場でドル（　　）の介入を行っており，国内ベースマネーは（　　）し，過剰流動性が問題となっている。このため，より柔軟な制度への通貨制度改革が求められている。

2　為替相場の柔軟性の度合いはどのような経済・金融状況と関わるか，あなたの考え方を述べなさい。

3　中国人民元の為替レジーム，金融政策，資本取引規制について，将来的にどのように変わっていくべきか，私見を述べなさい。

第15章 世界経済危機と国際金融システム改革

> **Keywords**
> サブプライム危機　サブプライム・ローン　CDO　仕組み債　レバレッジ　キャリートレード　質への逃避　CDS　証券化　FSB　IOSCO　ボルカールール　システム上重要な金融機関（SIFIs）　ミクロ・プルーデンス政策　マクロ・プルーデンス政策　リスク・プレミアム　欧州金融安定基金（EFSF）　欧州金融安定化メカニズム（EFSM）　フレキシブル・クレジット・ライン　チェンマイ・イニシアティブ

◆ はじめに

　2007年半ばから顕在化した**サブプライム危機**は，08年9月にリーマン・ブラザーズの突然の破綻を契機に深刻な流動性危機に変貌し，「100年に一度の危機」[*1]と表されるような世界金融危機に変質しました。欧米諸国を中心に金融機関への公的資金が供与され，また主要国でGDP比2%を上回る大胆な財政政策や，量的緩和など非伝統的な金融政策が検討されるなどの急激な金融緩和政策[*2]を背景に，09年半ば以降経済は安定に向かい，急激な需要ショックに見舞われた先進国でも生産水準が危機前の水準に近づいています。
　それまで高成長を記録する一方で経常収支赤字が健在化し，外貨ファンディングに依存していたエマージング（新興）諸国では2008年9月のリーマン・

[*1] アラン・グリーンスパン前FRB議長は2008年9月のインタビューで一連の事象について「once-in-a-century type of event」と語り，また09年2月の銀行国有化の可能性についてのインタビューでは「once in a hundred years」とし，1930年代の大恐慌以来との認識を示しました。

[*2] アメリカではゼロ金利政策の継続に加え，日本で採られた非伝統的政策（リスク商品の買取りなど）が採用されました。この結果FRBのバランスシートは2008年8月の約9000億ドルから2010年12月末には2兆4000億ドルへと急激に膨張し，中央銀行の抱えるリスクは増大しています。

ショック以降国家全体が流動性危機に見舞われ，信用収縮が進行し，経済危機に陥りました。加えて欧州では国家債務危機が顕在化し，これら諸国に対してIMFは緊急融資支援を実施しました。総額は当時のIMFの融資可能額2200億ドルに迫るものとなり，それまで役割が低下していたIMFの資金不足が取り沙汰されました。

そもそもサブプライム危機はアメリカ発であり，冷戦終結後世界の金融規制がアメリカ基準で緩和され，アングロサクソン型の市場システムが国際標準になった潮流を再考させるものとなりました。本章では新たな金融環境のもと，国際金融システム改革の行方がどうなるか，国際システムのガバナンスがどのようになるかを検討しましょう。なかでも規制改革がどのように進展するかについて検討します。さらに，ブレトンウッズ体制の核であったIMFの機能が，資本基盤の増強，IMFガバナンスなどを含め今後どのように変貌していくかについても考えてみましょう。加えて主要国のソブリン危機も検討します。

1 サブプライム・ローン危機，リーマン・ショックと政策対応の失敗

1.1 サブプライム・ローン危機

第13章で概観したように，1997年のアジア通貨危機，98年のヘッジファンド危機の後，国際金融システム安定化を目的に99年にFSF（金融安定化フォーラム）が設立されました。FSFの勧告にもかかわらず，ヘッジファンド危機から約10年経った2007年半ばにサブプライム・ローン（SPL）問題で再び国際金融市場は大きく動揺することになりました。**サブプライム・ローン**とはアメリカの低所得者層向けモーゲージ・ローンですが，その多くはRMBS（Residential Mortgage Backed-Securities）として証券化されており，さらにこのRMBSの一部はその他の資産担保証券とともに担保とされて**CDO**(Collateralized debt obligations)などの**仕組み債**として再組成されました（複数のRMBSを束ねることで住宅ローンの多様化〔リスク分散〕が図られました）。組成されたCDOはさらにトリプルAのCDO，トリプルB以下のメザニンCDO，最劣後のエクイティCDOに切り分けられ，リスク選好に従って国際的な金融機関やファンドに広く売却され，CDO証券は爆発的に増大しました（CDO発行残高はピー

クで1.8兆ドルとされます)。

　SPL危機は，アメリカの金利上昇と地価上昇頭打ちのなかでSPLの焦げ付きが増大し，それに基づき設計された証券化商品の評価価格が暴落したことが発端です。なかでも最も信用度の低いエクイティと呼ばれる劣後部分は，キャリートレードなどのレバレッジを行っていたヘッジファンドが集中投資をしていたため，SPLの不良債権化はヘッジファンドを直撃しました。[*4] ヘッジファンドは，現金化しやすい株式を売却しキャリートレードの巻き戻しを行ったため，株価の急落と円相場の増価をもたらしました。さらに銀行出資によるSIV (Structured Investment Vehicle) は，ABCP (Asset Backed Commercial Paper) 発行で調達した資金でRMBSやCDOを購入していたため，証券化商品の価格が暴落すると，CP発行のために設定していたコミットメントラインでの信用供与を迫られ，銀行は資金市場での調達を増大せざるをえず，資金市場では流動性が逼迫しました。とりわけこれらABCPはドル建てであったため，ドル資金調達で不利な欧州の銀行の流動性危機が顕著でした。短期資金市場で資金の出し手がいなくなったため，FRBやECBなどは連日の巨額の資金供給を行わざるをえなくなったのです。

　世界的信用逼迫は以下のような経緯で起きました（図15-1参照）。第1に，金利が上昇しはじめた2006年あたりからSPLの焦げ付きが起きていましたが，07年に住宅ローン専門会社の破綻が相次ぐとMoody'sやS&Pなどの格付け会社が07年7月にCDOを大きく格下げしたこと（BBB格で4～5ノッチ，トリプルA格では相当程度の格下げ），第2に，07年7月にベアスターンズ傘下の2つのヘッジファンドが破綻法適用を申請し，[*5] BNBパリバも傘下のファンド解約を凍結するなどしたことからSPL商品の買い手がつかず，信用不安がさらに広がったこと（パリバ・ショック），第3に，欧米大手銀行傘下の証券化商品運用会社はABCP市場に資金調達を依存していたため，市場で国債やTB（米国

---

*3　この危機は不動産バブル崩壊と金融危機が同時に起きたことから subprime mortgage crisis と呼ばれます。

*4　SPLの不良債権化は，住宅金融機関の経営危機をもたらしましたが，これらは住宅ローン関連資産を担保にレポ市場で資金調達をしていたため，レポ市場においても信用収縮が起きました。

*5　2008年3月14日，JPモルガンはFRBの要請を受けベアスターンズに緊急融資をしましたが，その2日後に正式に買収しました。

図 15-1　世界金融危機の経緯

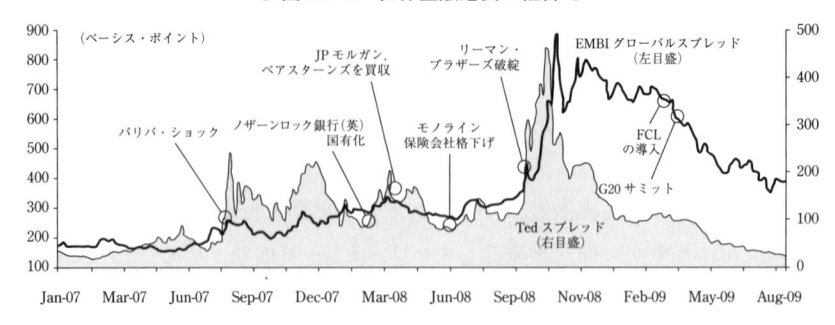

（注）　TED とは，米財務省証券とユーロドル金利（LIBOR，いずれも 3 カ月物）のスプレッドを表す。EMBI は新興国債券と米財務省証券のスプレッド。
（出所）　IMF（2009a）。

財務省証券）などへの「質への逃避」が起きると，ABCP での信用収縮が強まりスプレッドが急上昇して CP 市場で極端に流動性が逼迫しました。ヘッジファンドへの信用不安とグローバル金融機関の巨額損失計上[*6]は世界同時株安と為替変動を引き起こし，複数市場での価格の急落や流動性危機を招来しました。格付け会社の格下げが引き金となって仕組み商品の価格評価への信認が低下したことに端を発していますが，それが高格付けの商品にも広がり，また投資家のリスク選好度（risk appetite）が大きく変化したことで信用収縮が進み，世界的に市場流動性が枯渇したのです（liquidity squeeze）[*7]。第 4 に，銀行危機は欧州に飛び火し，07 年 9 月にイギリスのノザーンロック銀行の資金繰りが悪化し取付け騒ぎが生じ（翌年 2 月の一時国有化），翌年 3 月には JP モルガンがベアスターンズを救済買収しました。

　第 5 に，2008 年夏場には米政府系金融機関のファニーメイとフレディマックが実質破綻状態となり，同時にモノライン保険機関も格下げされました。アメリカ，イギリス，EU で住宅価格が暴落し，危機は地球規模に広がりました。**CDS**（クレジット・デフォルト・スワップ）とは信用リスクのデリバティブ取引ですが，モノライン保険会社や大手保険会社 AIG は巨額の CDS エクスポージャーを有していたため破綻危機に直面し，市場の信用不安をさらに助長したのです（CDS 想定元本は 2008 年上半期 46 兆ドル，2010 年下期 23 兆ドル）。

1.2 リーマン・ショックと世界金融危機，メルトダウン

　一方，アメリカで一段の金融規制緩和が進んだことや世界的な金融政策緩和を背景に2003年以降レバレッジの増大が顕著となり，投資銀行のoriginate-to-distribute型ビジネス・モデル（証券化によるリスク移転を前提とした融資）が原動力となって仕組み商品が急増しました。その中心的な役割を担っていたのが投資銀行です。アメリカの投資銀行リーマン・ブラザーズが08年9月に資金繰りに行き詰まり突如破綻したことで，市場の流動性は一気に枯渇し世界的な流動性危機となりました。

　投資家のレバレッジの巻き戻し（deleverage）や資金の国内回帰（repatriation）の動きは，世界の株式・債券市場に打撃を与えました。キャリートレードの解消は為替レートや国際商品価格をも大きく変動させ、なかでもアメリカを中心とする国際資金フローから最も恩恵をこうむっていたエマージング市場では，2008年9月以降，株価，債券価格，為替レートの下落率は激しいものとなりました。

　エマージング諸国の海外資金への依存度を示す純対外債権債務ポジション（Net International Investment Position: NIIP，直接投資，証券投資，その他投資の純対外投資残高＋外貨準備のGDP比）をみると（図15-2），ハンガリー，リトアニア，アイスランド，エストニアなどEU新規加盟国を含む小国で純対外債務ポジションの対GDP比率が突出しています。これらEU小国ではユーロ・リンクの為替レジームのもとで近年ユーロ建て資金が急激に流入し，ベースマネーが急増して内需が過熱し，経常収支赤字が急拡大した，という共通点がありま

＊6　もっとも大手グローバル金融機関は，直接的，間接的に抱えるリスクは多様で大きかったものの資本量が潤沢であったため，信用システムを揺るがすほどのダメージは当初はこうむりませんでした。一方，小型かつリスク分散をしていない金融機関やファンドは大きな打撃をこうむりました。

＊7　FRBおよびECB（欧州中央銀行）は，連日のように資金市場への流動性供給を行い，資産規模が急増しました。

＊8　1999年に制定されたグラム゠リーチ゠ブライリー法（グラス゠スティーガル法撤廃）で銀行，証券，保険それぞれで競争がさらに強まったことに加え，2004年には米証券取引委員会（SEC）が投資銀行規制を緩和したこと（自己資本50億ドル以上の投資銀行に対し，それまでの自己資本比率規制〔net capital rule〕を撤廃し自主管理〔self-regulation〕を認めたこと），とりわけ投資銀行のバランスシートを大きく膨らませた要因と指摘されています。

＊9　2008年第4四半期に，FRBおよびECBを含む中央銀行は2.5兆ドルもの政府証券および民間債券を購入し，巨額の流動性を市場に供給しましたが，これはこうした流動性危機に対処したものです。

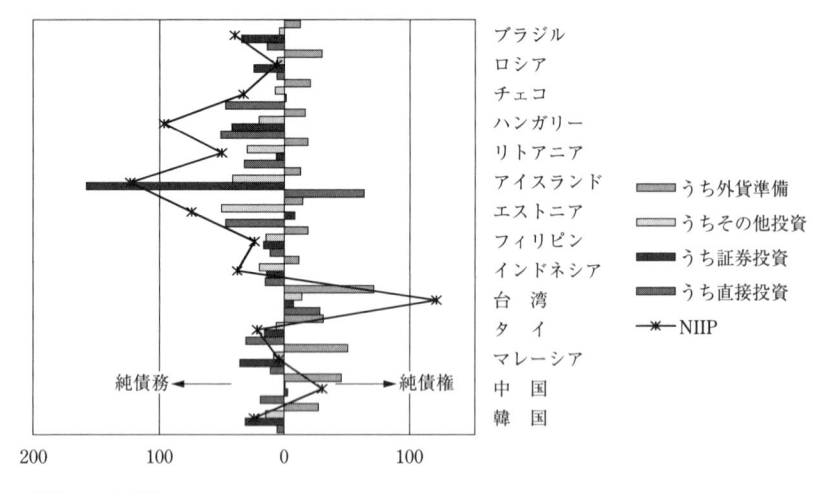

図15-2 危機前のエマージング諸国のNIIP（GDP比，％）

（注） 2007年値。
（出所） IMF, *International Financial Statistics* をもとに作成。

す。各国とも2003年以降経常収支赤字が急増しており，エストニアではGDP比16.5％（07年），アイスランドは同25.9％（06年）のピークを記録していました。とくにアイスランドは銀行民営化の過程で海外銀行の買収を繰り返し，銀行資産はGDPの10倍にも達しました。

これら諸国では証券市場の歴史が浅く市場が成熟していないこと，開放度が高く外国人投資家，あるいは外資系銀行のプレゼンスが高いこと，市場規模が小さいことなど，世界的なレバレッジ解消（deleverage）の影響を最も受けやすかったことが指摘できます。これに対しIMFは金融支援を実施し，2008年から09年半ばにかけて総額1500億ドルの大規模な資金供与を行いました（後述）。

一方，金融機関破綻が続いたアメリカでは2008年10月に7000億ドル（約70兆円）の公的資金を注入することを柱とした金融安定化法案（TARP: Troubled Asset Relief Program）が成立し，その後市場は一応の安定化に向かいました。

Column ㉝ ●● **量的緩和第 2 弾とエマージング諸国，国際商品価格**

　リーマン・ショック後の 2008 年 10 月，ゼロ金利下でデフレが懸念されるなか FRB（連邦準備制度理事会）は，量的金融緩和（Quantitative Easing: QE）に踏み切りました。AIG など大手金融機関や CP 市場流動性危機に陥ったことから，当初は金融機関貸出および信用市場への流動性供与が主体でした（図 15-3）。この量的緩和策を QE1 と呼び，その目標値は 10 年 3 月まで 1 兆 7000 億ドル相当の財務省証券およびモーゲージ証券を購入するというものでした。同政策で経済のフリーフォールは回避されたものの失業の増大は変わらなかったため，10 年 11 月 3 日，FOMC（連邦公開市場委員会）は 6000 億ドルの米国債買入れを決定しました。それ以降とくに長期国債とエージェンシー債の購入を一段と増大させ FRB のバランスシートは膨張しました。10 年 11 月以降のこの量的緩和策第 2 弾を QE2 と呼んでいます（2011 年 6 月末終了）。

　QE2 の証券買取政策にともなうベースマネーの増大により，ドル価値は下落し，アメリカの輸出は増大傾向にありますが，一方で石油価格や国際商品価格を押し上げました。さらにドル過剰流動性は金利の高いエマージング諸国に流入し，エマージング諸国の通貨価値を増価させ，新たな「通貨戦争」の火種となったことが指摘されています。

● **図 15-3　FRB の量的緩和政策** ●

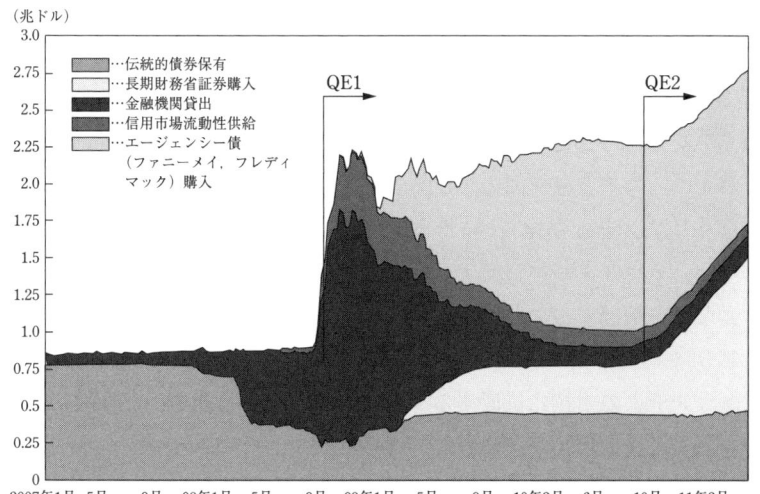

（出所）　クリーブランド連邦準備銀行ウェブサイトより引用。

1.3 今回の世界経済危機と金融システムの安定性

　今回の危機が国際金融システムの安定性に与える示唆は，以下のとおりです。第1に，証券化商品が複雑化するなか，価格付けは組成側の投資銀行の理論値で評価せざるをえず，それらが公正価格であったのかどうか，信用リスクだけでなく流動性リスクにも配慮した価格付けをする必要があったのではないか，などです。また，格付け会社と投資家・金融機関のリスク評価プロセスが適正でなかったことです。

　第2に，取引や商品構造が複雑化しオフバランス取引が急増するなか，金融機関監督当局がオフバランス取引とオンバランス取引を総合的に監視し，とりわけ銀行とSIVとの関係，およびエクスポージャーについて開示する必要があったことです。さらに，最近の金融取引のリスク・プロファイルの複雑化は，金融市場のストレス時に，監督当局がエクスポージャーに関する情報に素早くアクセスすることをますます困難にしていることに留意が必要です。

　第3に，銀行が仕組み商品が有する複雑なリスクを査定する能力を向上させ，適切なリスク管理体制を確立できるよう，市場規律を活用したインフラ整備を図ることです。とりわけ**証券化**は，リスクを分散する一方で，信用評価を通じて金融機関が慎重に融資を行うインセンティブを減じ，リスクテイクを過度にする傾向があります。また，金融イノベーション商品の多くは，ストレス条件下で検証されていないために，相関関係，ボラティリティ，流動性などがきわめて不明確なことです。

　第4に，コア金融機関のビジネス・モデルは融資による債権およびそれにともなうリスクを証券化（パッケージ化）し売却移転するものですが，これにともない，カウンターパーティ・リスク，オペレーショナル・リスク，流動性リスクなどを把握することが金融機関にとっていっそう重要になったことです。

　第5に，2000年以来のM&Aなどによるコア金融機関の統合進展は，国際金融システムの中核に位置する少数の巨大かつ総合化された金融機関の影響力を高め，証券金融・決済分野での集中度が増し，それらコア金融機関の経営悪化がグローバルな影響を及ぼし国際金融システムを危機に陥らせる可能性を増大させたことです。とりわけヘッジファンドとの取引はコア金融機関にとって重要な収益源であるものの，重大なショックの発生によってヘッジファンドの

活動が縮小を余儀なくされた場合，以前よりも重大な影響を市場流動性に及ぼす懸念があることです。

2 金融規制強化へ

2.1 G20サミットでの議論

2008年9月のリーマン・ショックで世界金融市場が変動し世界経済危機へと変質したことを契機に，G20サミットがワシントンで開催されました。金融危機・世界経済の減速への対応，および国際金融システムと金融規制・監督の改革について行動計画がまとめられました。翌09年4月のロンドン・サミットでは，第一回会合で合意された決定の実施状況を検討し，同年9月24～25日にはアメリカ・ペンシルバニア州ピッツバーグでG20金融サミットが開催されました[*10]（表15-1）。

ピッツバーグ・サミットでは，「G20」を国際経済協力の第1の協議体とすることが決定されました。世界経済，雇用，気候変動など地球規模問題に加え，金融規制改革が集中的に議論されました。ピッツバーグ・サミットでの改革案の概要は，①資本の高度化および自己資本比率規制の景気循環増幅効果（pro-cyclicality）の抑制，②金融システム安定化に資するような報酬規制（過度のリスクテイクを促すのではなく長期的価値の創造に応じた報酬体系にすること），③OTCデリバティブ取引の電子プラットフォーム，取引所での執行，④クロスボーダーで活動する金融機関の危機管理強化，危機対応についての法的フレームワークの構築，などです。

ピッツバーグ・サミットでの金融規制改革の基盤となったのが，**FSB**（後述）での議論です。2009年9月にFSBは「金融規制改善のために」（Improving Financial Regulation）というタイトルの報告書で，ロンドン・サミット以降，大きく協調政策が進展した部分があるものの，金融規制については以下のよう

---

*10 G20サミットは，イギリスのブラウン首相，フランスのサルコジ大統領が提唱したもので，マスコミからは「ブレトンウッズⅡ」とも呼ばれました。もっともブレトンウッズⅡとは，Dooley et al. (2003) がNBER（全米経済研究所）のペーパーで提唱した体制を指す場合もあります。同ペーパーでは，ブレトンウッズ体制直後の1960年代に日本や欧州が固定相場制のもとでアメリカへの輸出で経済成長を遂げたことから，現在中国を含むアジア地域が実践している体制を指します。

● 表15-1　バーゼルIII策定までの経緯 ●

2008年9月	リーマン・ショック
2008年11月	G20ワシントン・サミット
2009年4月	G20ロンドン・サミット(G20が国際経済に関し第一のフォーラムであると公式に認定)
2009年9月	G20ピッツバーグ・サミット（銀行資本の質と量の改善，レバレッジ抑制のため国際的に合意されたルールを2010年末までに策定することにコミット）
2009年12月	バーゼルIIIの市中協議案の公表
2010年2月	定量的影響度調査の実施
2010年6月	G20トロント・サミット
2010年7,9月	中央銀行総裁・銀行監督当局長官グループ（GHOS）の会合（バーゼルIIIの新たな枠組みで合意）
2010年11月	G20ソウル・サミット（銀行の自己資本および流動性の新たな枠組みを報告，了承）
2010年12月	バーゼルIIIテキストの公表
2011年7月	バーゼル銀行監督委員会，SIFIs選定に関する市中協議文書の公表

（出所）　日本銀行資料などをもとに作成。

に未だ残された課題が多いことを指摘しました。

①バーゼルII改革

最低必要資本額の引き上げ，好況期に自己資本を積み増すなど景気循環を増幅させないこと，銀行のトレーディング勘定に高い資本を割り当てること（2010年末までに大手銀行は少なくとも倍増させること），Tier1資本の定義について質と透明性を高めること，レバレッジ比率の設定など。

②世界的な流動性供与の枠組み強化

銀行の流動性基盤の強化。ショックが起きた場合の流動性の確保（とりわけ外資ファンディングに依存している銀行），流動性リスク管理の強化。バーゼル銀行監督委員会は2009年末までに新たなグローバル流動性最低基準を発表すること。

③巨大金融機関のモラル・ハザード（too big to fail）の低減

付加的な資本の積み増し，高い流動性および信用秩序関連規制の適用。

④会計制度の強化

FSB参加国によるIASB基準（国際会計基準）の採用。価格評価および引当の改善，IASBとFASB（米国財務会計基準審議会）の相違のすり合わせ，対話の強化。

⑤報酬制度の適正化

FSB Principles for Sound Compensation Practices: Implementation Standards によるリスクに応じた報酬，ボーナス保証の制限など。銀行監督委員会，IAIS（保険監督者国際機構），IOSCO（証券監督者国際機構）などとの協力。

⑥金融機関の監視範囲の拡大

銀行だけでなく，ヘッジファンド，証券会社，格付け機関など広範囲の金融機関への監視，規制の強化。IOSCO による原則の確立。G20 財務大臣，中央銀行総裁，IMF，BIS，FSB との協力。

⑦ OTC デリバティブ市場の強化

銀行監督委員会は，カウンターパーティ信用リスクを考慮した資本規制の導入など，店頭ではなく取引所で取引させるようなインセンティブを講じること。IOSCO，BIS 決済委員会と協力して決済制度を改善。

⑧健全な証券化市場の再構築

IOSCO で議論されている証券化市場での実務強化策の実施。

⑨国際標準の遵守査定

FSB が国際標準遵守強化のための枠組みを 2009 年末に公表。IMF の査定である FSAP を補完する評価プロセスを構築すること。FSB 加盟国間でのピアレビューも実施すること。

2.2 金融規制の強化

2010 年 6 月に韓国済州島で開催された G20 財務大臣・中央銀行総裁会議では，①銀行資本の質と量両面での改善をするルールの提案，②新しい自己資本規制を 12 年末までに段階的に実施（バーゼル III），③銀行の破綻処理費用は金融セクターが負担，④ヘッジファンドや格付け会社などの規制・監督の強化を加速する，などを柱とした骨子が公表されました。

一方，アメリカでは 2010 年 1 月にオバマ大統領が**ボルカールール**に則った新たな金融規制案（ドット＝フランク法）を公表しました。ボルカールールとは，銀行（または銀行を傘下に持つ金融機関）が，①ヘッジファンド，プライベート・エクイティファンドなどへ出資することを禁止，②顧客の利益とは関係のない自己勘定トレーディングを禁止，③金融機関買収後の連結負債の市場シェアの過度の増加（10％以上になること）を制限すること，などを含むものです。

ドッド＝フランク法（*Dodd-Frank Wall Street Reform and Consumer Protection Act*）は 2010 年 7 月 11 日にオバマ大統領が署名し成立しましたが，①**システム上重要な金融機関**（Systemically Important Financial Institutions: **SIFIs**）の規制監督の強化，② SIFIs の破綻処理法制の整備，③店頭デリバティブ規制強化，④ヘッジファンドなどの規制強化，⑤上場会社の規律強化などを内容とする 2307 ページからなる大部の法律です。

SIFIs には，連結総資産 500 億ドル以上の銀行持ち株会社，および新たに FRB の監督下に入るノンバンク金融会社（AIG などが想定）が含まれます。すでに投資銀行は金融持ち株会社の傘下に入り（*Column* ㉔参照），ノンバンクも規制に服することになります。今後アメリカを含む国際的な規制の今後の方向性としては，システム上重要な金融機関（Systemically Important Financial Institutions）について監視が強化されていくこと，リスク管理の実態に合わせる形で規制が考慮されること，景気変動を助長しないよう自己資本比率規制が構築されること，万が一破綻があった場合，破綻処理のコストに見合った形で規模や業務範囲を合理化すること（リビングウィル）などが考えられていくことになるでしょう。

このような状況で，従来の個々の金融機関の安定性に配慮した**ミクロ・プルーデンス政策**だけでなく，**マクロ・プルーデンス政策**に注目が集まっています。マクロ・プルーデンスとは，個々の金融機関の健全性担保の規制監督だけでなく，より広範なシステム健全化のための規制監督のことで，2000 年代初め頃から注目されていました（Borio, 2003）。投資家保護だけでなくマクロ経済への影響を考え，システム全体の安定性，市場間の相関を考慮した体制で，バーナンキ議長によれば，「金融崩壊のリスクを最小化する」ものです。中央銀行がこれにどのように関わるかも重要で，たとえば，09 年のアメリカの MMF 危機における SEC と FRB とが連携した金融政策や，10 年 5 月に公表されたドル流動性スワップラインの創設などファンディングの確保もこれに含まれます。

これら規制強化については，金融機関の収益，マクロ景気動向にも影響を与えるとみられ，安定性と収益性のバランスが重要な課題となるでしょう。

2.3 バーゼルIII

　前述した2009年9月のピッツバーグ・サミットでは，銀行資本の質と量の改善，レバレッジ抑制のため国際的に合意されたルールを10年末までに策定することで合意され，同年12月にバーゼルIII市中協議案が公表されました。10年2月に定量的影響度調査を実施したのち，7月および9月には中央銀行総裁銀行監督当局長官グループ（GHOS）において銀行の自己資本および流動性の新たな枠組みで合意がみられました。11月のソウル・サミットで確認され，12月にバーゼルIIIテキストが公表されました（前掲表15-1）。

　同テキストの概要は，Tier1，Tier2適格要件の厳格化などによる資本の質の向上，Tier1比率などの資本水準の引き上げ，景気循環増幅効果（プロシキリカリティ）緩和のための資本保全バッファーの付加，レバレッジ比率を低下させるためのエクスポージャー抑制，定量的な流動性規制の導入，OTCデリバティブなどにともなうリスク捕捉のためのカウンターパーティ・リスク賦課計測方法の見直し，などからなります。

　バーゼルIIIは2013年から段階的に実施される予定となっています（表15-2）。協議のコア資本（普通株＋内部留保）が4.5％，それに優先株などを加えたコア資本（Tier1）6％，総資本8％が最低所要水準となり，これにストレス局面に備えた資本保全バッファー2.5％が上乗せされるので，コア資本7％，総資本10.5％が最低所要水準となって，従前の8％より高くなります。

　2011年7月バーゼル銀行監督委員会は，SIFIs選定に関する市中協議文書を公表し（BCBS, 2011），それに基づき2011年中にSIFIsを特定することになります。SIFIsには中核的な自己資本を1〜2.5％上乗せすることが見込まれており，これら巨大銀行は経営戦略の再構築を迫られています。

2.4 欧州ソブリン危機

（1）ソブリン危機と支払い不能，流動性リスク

　2008年の世界金融危機直後，欧州の国債の**リスク・プレミアム**は一段と上昇しましたが，09年にはギリシャ，10年にはアイルランド，さらに11年にはスペイン，ポルトガルなど南欧地域でソブリン危機が顕在化しました。

　ソブリン危機とは文字通り政府債務危機のことです。財政赤字は国債発行で

表15-2 バーゼルIIIの段階的実施

(単位:%)

	2011	2012	2013	2014	2015	2016	2017	2018	2019
レバレッジ比率	監督上のモニタリング期間		試行期間 2013年1月1日～17年1月1日　各銀行による開示開始 2015年1月1日					第1の柱への移行を視野	
普通株式等の最低所要水準			3.5	4.0	4.5	4.5	4.5	4.5	4.5
資本保全バッファー						0.625	1.25	1.875	2.5
普通株式等の最低所要水準＋資本保全バッファー			3.5	4.0	4.5	5.125	5.75	6.375	7.0
普通株式等からの段階的控除（繰延税金資産，モーゲージ・サービシング・ライツ及び金融機関に対する出資を含む）				20	40	60	80	100	100
Tier1 最低所要水準			4.5	5.5	6	6	6	6	6
総資本最低所要水準			8.0	8.0	8.0	8.0	8.0	8.0	8.0
総資本最低所要水準＋資本保全バッファー			8.0	8.0	8.0	8.625	9.25	9.875	10.5
その他Tier1またはTier2に算入できなくなる資本のグランドファザリング			10年間（2013年1月1日開始）						
流動性カバレッジ比率（LCR）	観察期間開始				最低基準の導入				
安定調達比率（NSFR）	観察期間開始							最低基準の導入	

(注) すべての日付は1月1日時点。網掛けは移行期間。

ファイナンスされますが，国債償還時に流動性を確保できなければデフォルト（返済不能）となるので，ソブリン・リスクは支払い不能リスクだけでなく，流動性リスクでもあります。ユーロ導入で金融政策は統合されたのでユーロ加盟国の短期金利は同水準ですが，各国国債の信用度に応じリスク・プレミアムが異なるため，長期金利（国債の利回り）は異なります（図15-4）。長期金利は各国債務デフォルトに対する市場参加者の見方を反映していますが，格付け機関の格付け変更などもリスク・プレミアムを変動させます。

　リスク・プレミアムは，支払い不能リスク，償還額を調達できるかなどの流動性リスク，また，金融機関に国債引受け能力があるか（金融システムの強度）などにより影響を受けます。さらには，国際投資家のリスク許容力（risk ap-

図 15-4 欧州債務危機国のリスク・プレミアムの推移

(危機国とドイツとの10年物国債の利回り格差, %)

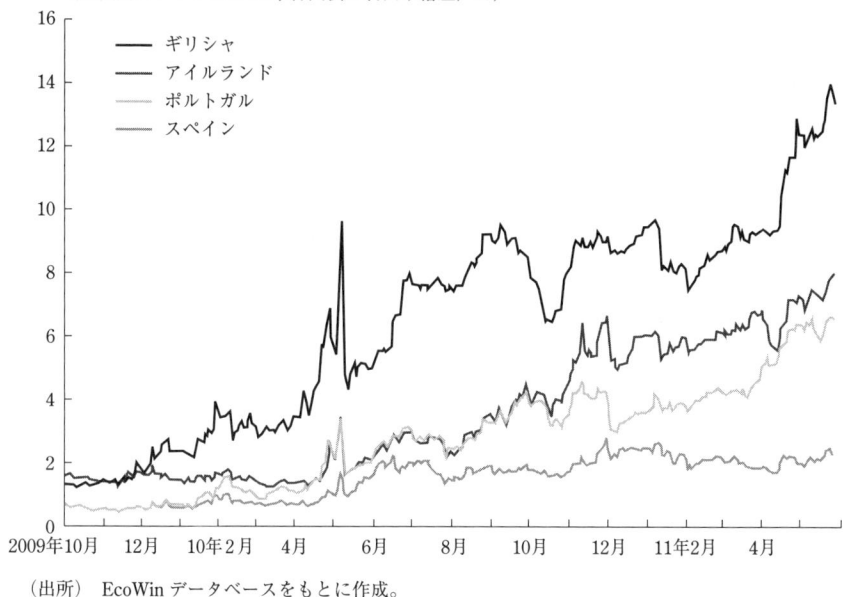

（出所） EcoWin データベースをもとに作成。

petite）や世界的流動性枯渇（liquidity squeeze）などからも影響を受けるので，世界の長期金利は連動する傾向もあります。

(2) 債務危機に陥った背景

各国が債務危機に陥った理由はさまざまです。ギリシャでは，1999年当初はインフレ基準を満たせず見送ったユーロ導入を2001年に実現しましたが，財政状況について粉飾会計を行っていたことが09年10月の政権交代で発覚しました。ユーロ導入当時，財政赤字はGDP比4％程度とされていましたが，実際は13％，債務残高もGDP比113％と巨額でした（09年）。10年1月にギリシャ新政府は財政赤字をGDP比2.8％以下に縮小することを含む3カ年財政健全化計画を閣議決定しましたが，楽観的な経済成長を前提としたものであったことから，格付け会社は相次いでギリシャ国債格付けを引き下げ，国債価格は暴落し，ユーロ下落，世界同時株安などを引き起こしました。財政健全化計画が増税と公務員給与の引き下げ，公務員削減を含むものであったため，ギリシャ労働総同盟や公務員連合によるゼネストが同年5月に実施され混乱に

輪をかけました。

　この間のリスク・プレミアムの推移をみると（図15-4），2008年のリーマン・ショック後，09年1月にギリシャ，スペイン，ポルトガル国債の格付けが下がり，アイルランドも格付けで警告が出ると，市場で一斉にリスク・プレミアムが上昇し，10年1月の格付け低下の際も上昇しました。同年5月のギリシャ経済動乱で急激に上昇し，金融支援が発表されると一時的に低下する動きを繰り返しつつも，11年に入ってから一段と上昇しています。

　一方，旧ユーゴスラビア，バルト三国など市場経済移行国では，2008年9月のリーマン・ショック後資本逃避が起こり（328ページ参照），進出していた外資系銀行が母国に資本を還流させる流動性危機で金融危機が生じたため，システム安定化のために巨額の公的資金注入を行い，これが財政を圧迫しました。アイルランドやアイスランドでも，国内総生産を優に超える巨額債務が主に金融機関で造成され，金融危機対応のための公的資金注入が財政を圧迫しました。スペイン，ポルトガルでもギリシャ同様，ユーロ導入にともないドイツ並みの低金利となったことが住宅バブルを醸成させ，世界金融危機をきっかけに金融システムが急激に弱体化したという共通点があります。

（3）成長協力協定とリスボン条約改正

　問題は，ギリシャ，ポルトガルなどの政府債務問題でも明らかなように，財政赤字をGDP比3％以下とする「成長協力協定」（第10章参照）がユーロ導入後制定されたにもかかわらず，その実効性がまったくなかったことです。2002年ポルトガル，05年ギリシャなど小国に対しては手続きが開始されたにもかかわらず，ドイツ，フランスで財政赤字が3％を上回ったものの特例とされるなど対応に差があり，また実際にペナルティが科されたことはありませんでした。同協定が景気循環を考慮していないこと，さらに，リスボン条約で他の加盟国の債務肩代わりが禁止されたなど，債務危機への備えがないことなども課題でした。このため，①加盟国が「協定違反」と認定されても財政再建など必要な措置を講じなかった場合は比較的早い段階で制裁手続きに着手すること，②欧州委員会が「制裁が必要」と勧告し加盟国の反対が多数でなければ自動的に制裁発動される「逆多数決」導入など，制裁を発動しやすくすることを柱とする，成長協力協定の改定案が議論されています。

2　金融規制強化へ　339

●表 15-3　リーマン・ショック後の IMF 支援●

加盟国	理事会承認日	総額（億SDR）	クオータ比（％）
グルジア	2008年 9月15日	7.5	-
アイスランド	2008年11月19日	14.0	1,190
パキスタン	2008年11月24日	72.4	700
ラトビア	2008年12月23日	15.2	1,200
セルビア	2009年 1月16日	26.2	560
ボスニアヘルツェゴビナ	2009年 7月 8日	10.1	600
スリランカ	2009年 7月24日	16.5	400
ドミニカ	2009年11月 9日	10.9	500
アンゴラ	2009年11月23日	8.6	300
モルディブ	2009年12月 4日	0.5	-
セイシェル	2009年12月23日	0.2	-
メキシコ	2011年 1月10日	472.9	1,500
ポーランド	2011年 1月21日	191.7	1,400
モルドバ	2010年 1月29日	1.8	-
ジャマイカ	2010年 2月 4日	8.2	300
イラク	2010年 2月24日	23.8	200
エルサルバドル	2010年 3月17日	5.1	300
コロンビア	2010年 5月 7日	23.2	300
ギリシャ	2010年 5月 9日	264.0	3,212
アンティグアバーブーダ	2010年 6月 7日	0.8	600
アルメニア	2010年 6月28日	1.3	145
コソボ	2010年 7月21日	0.9	157
ウクライナ	2010年 7月28日	100.0	729
ホンジュラス	2010年10月 1日	0.6	50
アイルランド	2010年12月16日	194.7	2,322
マケドニア	2011年 1月19日	4.1	600
ルーマニア	2011年 3月31日	30.1	1,111
ポルトガル	2011年 5月20日	237.4	2,306
総　計		1,743	

（注）　網掛け部分は FCL。セイシェル，モルドバ，アルメニア，アイルランド，ポルトガルは EFF。マケドニアは PCL。その他はスタンドバイ取極（SBA）。
（出所）　IMF ウェブサイトをもとに作成。

(4)　欧州安定メカニズムの設置

　政府債務危機国では，リスク・プレミアムの上昇にともない発行金利の水準が市場許容範囲を超え，国債発行が困難となったため，国際社会の支援が必要となりました。2010 年 5 月，EU と IMF は総額 1100 億ユーロ，期間 3 年のギリシャ向け金融支援を発表しましたが（ユーロ加盟国 800 億ユーロ，IMF 300 億ユーロ），同年 5 月 10 日の EU 財務相緊急理事会において，**欧州金融安定基金**

（European Financial Stability Facility: **EFSF**）と**欧州金融安定化メカニズム**（European Financial Stability Mechanism: **EFSM**）を創設すること，また最大5000億ユーロの支援枠組み（EFSF 4400億ユーロ，EFSM 600億ユーロ）を決定しました（2011年7月のユーロ圏臨時首脳会議でEFSFの機能拡充を決定）。

EFSM（総額600億ユーロ）については，既存のEU加盟国向け金融支援メカニズム（経常収支危機対応枠）と同様の枠組みで，EU予算を裏付けに欧州委員会が債券を発行して資金調達をするものです。EFSF（総額4400億ユーロ）については，ECB資本金の出資割合に応じた各国出資でSPV（特別ヴィークル）を設立し，各国の保証を付けた債券を発行して金融支援を実施するもので，SPVの管理は欧州投資銀行（EIB）が行います。2011年3月21日の欧州財務相理事会においては，現存の総額4400億ユーロのEFSFを引き継ぐ形で，13年に常設の欧州安定メカニズム（European Stability Mechanism: ESM）を設置することで合意しました。ESMは払込資本金800億ユーロ，請求後に払い込まれる資本金6200億ユーロ，合計7000億ユーロの資本規模で，このうち最大5000億ユーロが金融危機に陥ったユーロ導入国に支援される予定です。

このようにEUが強力な金融支援を行っている背景には，債務国国債の多くを欧州域内の銀行が保有しているという事情があります。欧州銀行監督機構（EBA）は，2011年7月，欧州主要銀行90行に対し**ストレステスト**（資産査定）を行いました。経営環境悪化を想定した場合に中核的自己資本比率が5％を下回る銀行が8行，5〜6％が16行となり，体力のないこれら銀行の資本増強や再編を促しています。また，欧州ソブリン危機国のCDS保証料率も急増しており，市場危機に陥った場合には安定性確保のための巨額資金の備えが必要となります。同時に相互の財政モニタリング，金融システム強化のための規制監督の協調が重要になっていると言えるでしょう。また，ECBは債務危機国の国債を買い入れており，国債格下げが続けば，民間銀行のみならず，中央銀行の健全性にも影響をもたらすと考えられます。

(5) 金融支援にともなう構造調整と今後の展望

2010年5月のEU/IMF合同での1100億ユーロのギリシャ支援枠の設定（IMFは3年間総額300億ユーロ，クオータ比史上最高の3212％）に続き2011年7月に総額1600億ユーロ（うち370億ユーロは民間投資家負担）の追加支援を行

うことで合意しました。支援の条件として早急な財政再建が急務であり，ギリシャ政府は11年の財政赤字をGDP比7.5%，14年にはマーストリヒト基準の3%以下に削減することを目的に，公務員の人員，給与削減，年金改革，付加価値税の引き上げ，労働市場改革，金融システム強化などからなる構造調整プログラムを遂行することになります。

一方IMFによるアイルランド支援は，2010年12月に3年間総額195億SDR（クオータ比2322%，EFF）融資で合意に達し，同じく，所得税の課税ベースの拡大，VAT引上げ，行政費用削減などの財政再建策，最低賃金の引下げ，競争促進などの構造改革，および国内銀行システムへの資本増強と再構築が柱となった構造調整プログラムが導入されました。

また，2011年5月20日にIMFは3年間237億SDR（260億ユーロ）のポルトガル支援（EFF）を決定し（3年間EU共同で総額780億ユーロ：クオータ比2306%），今後3年間で財政赤字をGDP比3%に縮小させる財政再建策（2010年同9.1%），労働賃金の引下げなどによる生産性向上などの成長志向型改革，金融監督規制強化および自己資本増強などの金融システム強化などからなる構造改革が実施されることになります。

これら一連の金融支援により流動性危機回避のための一応の猶予期間ができましたが，格付け機関はこれら諸国の国債を格下げする方向にあり，市場危機を回避するには，この間構造改革がどの程度進展するのか，労組や国民の支持が得られるのか（政治的安定），さらにドイツなどの他のEU加盟国国民の反発が抑えられるのかなどが，鍵を握っていると言えるでしょう。加えて，ギリシャ危機は図らずもエマージング諸国での固定相場制の限界をも露呈したということができ，EUの為替レジームのあり方も考える必要があります。また，投資家責任も取り沙汰されており，債務再編がどのような形で進むかも注目されています（債務再編については285ページ参照）。

3　IMF，G20の役割，今後の国際ガバナンスのあり方

3.1　国際システム安定化のために

以上概観したように，今回の危機を経て金融規制は強化される方向にありま

す。世界経済危機を未然に防ぎ，事後的に早急に対応するには以下の3点が重要と考えられます。

第1に，国際的な政策立案のあり方です。国際会議体としてはIMF，G20，G7，FSB，OECDなどさまざまな組織がありますが，IMFには官僚的気質と厳格な権力構造があることから，より柔軟で，かつ実効性の高いG20やFSBに政策議論の場がシフトしています。危機打開策を効率的に機能させるには，専門性，実効性，正当性を融合させることに加え，IMFはハイレベルの政策担当者との議論の場を多くする必要があります。また，ボイス（投票権）と代表権の再調整を含めたガバナンスの強化が必要不可欠です。1920年代に生じた近隣窮乏化政策ではなく，協調の促進が何にも増して必要となっているのです。

第2に，FSBの存在感の増大です。前述したように，FSBはG20の中央銀行，金融規制当局者など，まさに政策を実施する決定権限のある主体の集合体であり，バーゼル銀行監督委員会など国際基準制定主体も含まれていることから，国際的規制の実行について，より強い力を発揮できます。課題としては，国境を越えた金融問題解決のためのルールを確立するべきことが挙げられます。従来のバーゼル・コンコーダッドだけでは不十分であり，新たなルールを検討する必要があります。

第3に，世界的な流動性供与の枠組みの強化です。後述するように，NAB（後述）やSDR（特別引出権）の新規配分などによりIMFの資金供給能力は大幅に強化されました。しかしながら市場型危機が生じた場合，あるいは外貨準備を多く持たない途上国で危機が起きた場合の備えとして，その枠組みを考えていかなければなりません。ソブリン・ウェルス・ファンドや外貨準備に依存した場合には，政治的な問題が起きる可能性もあることには留意すべきでしょう。

3.2　G7からG20へ

◆エマージング諸国のプレゼンスの増大——世界経済の構造変化

エマージング諸国のプレゼンスが増大している現在，国際ガバナンスのあり方も大きく変貌しています。名目GDP（ドル換算）でみると，G7の世界経済に占めるウェイトは，1980年の60.2%から2008年には50.7%に大きく低下し

● 表15-4　各種国際会議のメンバー ●

	G7	G8	G20	FSB	バーゼル銀行監督委員会
アメリカ	○	○	○	○	○
日　本	○	○	○	○	○
ドイツ	○	○	○	○	○
フランス	○	○	○	○	○
イギリス	○	○	○	○	○
イタリア	○	○	○	○	○
カナダ	○	○	○	○	○
ロシア		○	○	☆	☆
アルゼンチン			○	☆	☆
オーストラリア			○	☆	☆
ブラジル			○	☆	☆
中　国			○	☆	☆
インド			○	☆	☆
インドネシア			○	☆	☆
メキシコ			○	☆	☆
サウジアラビア			○	☆	☆
南アフリカ			○	☆	☆
韓　国			○	☆	☆
トルコ			○	☆	☆
EU			○	○	○
香　港				○	○
オランダ				○	○
シンガポール				○	○
スペイン				○	○
スイス				○	○
スウェーデン					○

（注）☆印は2009年4月より新メンバー。

ました。一方で，エマージング諸国のウェイトは着実に増大しています。G20の世界のGDPウェイトは現在9割となっており，その役割は飛躍的に増大したと言えるでしょう。

　G20はG7に比べ，アジア，EU，アメリカ，その他と地域的にバランスがとれており，また世界のGDPウェイトの9割，世界の人口の3分の2をカバーしているなど，世界経済のガバナンスの主体として適していると言えます。

　IMFのガバナンスについても，後述するようにエマージング諸国・途上国の発言権拡大が予想されています。

　こうしたエマージング諸国のプレゼンスの増大は1990年代の冷戦構造の終

Column ㉞ ソブリン・ウェルス・ファンドと国際金融市場

　近年ソブリン・ウェルス・ファンド（Sovereign Wealth Fund: SWF，政府系ファンド）が注目されています。SWF は，政府など公的機関が出資・管理する投資ヴィークルと定義できます。SWF はその資金源から，天然資源，財政黒字，公的年金，外貨準備などのタイプに分けることができます（表15-5）。世界で最も古い SWF はクウェートの Kuwait Investment Authority で，石油代金の運用を目的に 1953 年に設立されました。最大の SWF はアブダビの Abu Dhabi Investment Authority で，2008 年の資産総額は 5000 億ドル以上と推定されています。08 年のピーク時には SWF 全体では 35 カ国以上，50 以上の基金が 4 兆ドル程度の資産を有していたとされています。

　SWF 保有国の広がりや資源，国際商品の価格高騰から資産規模が急激に膨張したため，不透明な投資手法にともなう国際金融市場への影響や，国家安全保障への懸念（ドバイ SWF による 2006 年のアメリカ港湾買収）などが顕在化するようになりました。このような状況で 08 年 10 月に，IMF ワーキンググループが中心となって，SWF の「行動規範および慣行に関する一般原則」（GAPP: Generally Accepted Principles and Practices）（サンチャゴ行動規範。24 の原則からなる）を公表しました。加えて，投資受入れ国の OECD ガイドラインの設定，ならびに SWF 国際フォーラムの設置など，情報開示やガバナンスについての一定のルールも整備されつつあります。

　2008 年の世界金融危機で多くの SWF が巨額の損失をこうむったとされていますが（UNCTAD 世界投資白書 2009 年版），一方で経営危機となった米系金融機関への出資も行いました。外貨準備が急増した中国は，SWF でイタリア国債購入を打診されたとも報道され，国際金融市場での影響力が引き続き注目されています。

結が引き起こしたと言えますが，欧州とアジア地域では，大きな相違があります。欧州では冷戦構造の終結で旧中央計画経済が崩壊し，NATO および EU の東方拡大が同時進行し，安全保障と市場経済化，民主化が地域で同質に変貌しました。一方アジアでは，中国は 78 年から市場経済に移行しましたが，冷戦構造が終結した後，安全保障面では日米同盟を基軸とする地域的安全保障システムに中国などは入らず，経済と政治（安全保障）の間に緊張がある点です。

◆ **FSB へのエマージング諸国の加盟**
　以上のようにエマージング諸国の経済的プレゼンスが大きく向上するなか，

● 表 15-5　主なソブリン・ウェルス・ファンド ●

国　名	名　称	規模(億ドル)
クウェート (1953)	Kuwait Investment Authority	2,400
カナダ (1976)	Alberta Heritage Savings Trust Fund	170
UAE (1976)	Abu Dhabi Investment Authority	推定 5,000
アメリカ (1976)	Alaska Permanent Fund	370
オマーン (1980)	State General Reserve Fund	80
ブルネイ (1983)	Brunei Investment Agency	300*
イラン (2000)	Oil Stabilization Fund	129*
カタール (2000)	Qatar Investment Authority	500*
カザフスタン (2001)	National Fund	178*
バーレーン (2006)	The Future Generations Reserves	90
リビア (2006)	Libyan Investment Authority	500
ロシア (2008)	Reserve Fund, National Wealth Fund	2,250
シンガポール (1974)	Temasek	800
シンガポール (1981)	Government of Singapore Investment Corporation(GSIC)	3,000
ノルウェー (1996)	Government Pension Fund – Global	3,730
マレーシア (1993)	Khazanah Nasional Berhad	230
アイルランド (2000)	Ireland National Pensions Reserve Fund	306
ニュージーランド (2001)	New Zealand Superannuation Fund	118
オーストラリア (2004)	Australia,Future Fund	481
韓国 (2005)	Korea Investment Corporation	250
チリ (2006)	Pension Reserve Fund	250
チリ (2007)	Economic and Social Stabilization Fund	188
中国 (2007)	China Investment Corporation	2,000

（左端の区分：大天然資源系／年金・財政黒字・外貨準備等）

（注）　ロシアの Oil Stabilization Fund は，2008 年 2 月に Russia Reserve Fund と Russia National Wealth Fund に分割。カッコ内は設立年。*印は 2009 年，特記なき限り 2008 年値。
（出所）　IWG (2008)，IMF (2011) などをもとに作成。

　当該諸国の金融システムの安定性は世界経済の安定的成長のために必要不可欠となっています。

　2008 年 11 月に G20 参加国は，FSF の構成メンバーを拡大することを提案しました。FSF がより広い組織をもち，各国当局，国際基準策定機関，国際金融機関に，規制，監督，その他金融システム安定化に資する政策を強力に推し進めることがその目的です。09 年 G20 ロンドン・サミット[11]では，世界危機が深

---

*11　日米欧にエマージング諸国を加えた 20 カ国・地域。国際機関（IMF，世界銀行，EU，国際エネルギー機構など）も参加。ASEAN 代表も 2009 年 4 月より参加。

刻化するなか，国際金融システム安定化のための組織 FSF は，FSB[*12]（Financial Stability Board: 金融安定理事会）として組織改革されました（表 15-4）。

自己資本比率規制や銀行監督に関する国際標準を制定するバーゼル銀行監督委員会も加盟国の大幅拡充を決定しました。バーゼル銀行監督委員会には新たに，インド，中国，ブラジル，ロシアなど 7 カ国が加盟することとなり，世界的な監督強化が可能となりました（前掲表 15-2）。

◆ 国際通貨システムの強化と相互評価プロセス（MAP）

国際システムの安定化を維持するため，グローバルな流動性の監視，為替レートのミスアライメントの回避，ドル，ユーロ，ポンド，円からなる SDR の多通貨化，IMF と地域安定取決めとの連携強化，自国通貨建て債券市場の強化，資本フローの管理などの課題がありますが，これに加え，金融システム，財政・金融政策，為替政策など 2 国間・多国間の IMF サーベイランスの強化などが G20 ですでに合意されています。

2009 年ピッツバーグ・サミットでは，「強固で，持続可能な，バランスのとれた成長」を維持するためのフレームワークを導入することで一致しました。すなわち，G20 で相互評価プロセス（MAP: Mutual Assessment Process）を導入し経済の持続的成長を図るというものです。

2011 年 2 月のパリでの G20 会議では，政府債務，財政赤字，民間貯蓄率，民間債務，および貿易収支と所得収支などを含む経常収支などを，対外および国内インバランスを査定する基準となる「指標」としていくことで合意に達しました。今後 MAP は，IMF の技術的支援を受け，対外および国内不均衡を測るベンチマークについて，詳細を詰めることにしています。経常収支指標を入れることについては，賛否両論あり，グローバル・インバランス是正のための分析強化，およびアクションプランの公表が予定されています。

また，2008 年 9 月の世界金融危機後エマージング諸国の株価や債券価格は暴落したものの，10 年頃から再び資金がエマージング諸国や国際商品市場に流入しています。エマージング諸国への資本流入は，将来のバブル経済形成および崩壊をもたらすリスクがあるため，プルーデンスの観点からも，資本流入についても監視する必要性があることが，G20 会議などで指摘されています。

3.3　IMFの機能強化
◆求められるIMFの機能強化
　世界危機に対処するにはIMFの役割強化も必要です。第1に挙げられるのが，経済見通しの重要性で，各国が危機に対処するには，精度あるIMF見通しが大きな役割を担っています。第2に，政策アドバイザーとしての役割が挙げられます。IMFは各国政府のパートナーであり，今回の危機でも金利引下げ，政府歳出拡大，不良債権処理，規制強化などの面で多くの提言を行いました。第3に，経済サーベイランス強化です。早期警報実施に向けて，IMFとFSBは協働して当たる必要があり，散在するマクロ金融の専門知識を集約し，国際的波及効果を考慮したシナリオを作成する必要があります。第4に，グローバルな貸し手としての役割強化です。クオータ総額が限られたものであることに鑑みれば，その拡充が必要不可欠となります。第5に低所得国への支援で，2009年4月のG20会合で譲許的融資を倍増させるコミットを公表しましたが，この面でのIMFの役割も大きいことになります。第6に，世界への流動性供給です。とりわけSDRの新規配分の必要性が指摘されました。
　以上のような役割に鑑み，現在以下のような拡充策が議論されています。

◆IMFの資金基盤の強化
　2009年の世界危機では，08年11月のウクライナへの金融支援を手始めに，総額2500億ドルを超える融資がなされました（前掲表15-3）。そのうち欧州では，クオータ比で300％を超える国がほとんどで，最大はギリシャの3212％となります。危機前のIMFの出資総額3300億ドルのうち貸付可能資金が2000億ドルであったことに鑑みると，緊急に資金が必要でした。
　日本が2008年11月のG20サミットで，他国に先駆け1000億ドルのIMFへの追加融資を表明し（09年2月19日に取決め締結），続いてEUが1000億ドル（09年3月），ノルウェー（45億ドル），カナダ（100億ドル），スイス（100億ドル）などが融資実施を表明しました。これら2国間の融資は将来，より柔軟な新規借入れ取決め（NAB: New Arrangement to Borrow）に組み込まれることになります。この結果NABは，最大5000億ドルの規模となり，融資可能額

＊12　議長はFSF議長であったマリオ・ドラギ氏（イタリア銀行総裁）が引き続き務めています。

は 7500 億ドルと従前の 3 倍となりました。

◆ SDR 新規配分

SDR（特別引出権）の新規配分については，G20 ロンドン・サミットで，2500 億ドル相当の SDR を加盟国に一般配分することが決定されました。現在加盟国に配分されている SDR 総額は 214 億 SDR（約 320 億ドル）で，第 4 次協定改正分（未発効）がこれとほぼ同額であり，同協定を批准することで，特別配分も合わせ総額 3150 億ドル相当の SDR が出資比率に応じて配分されることになります（1SDR ≒ 1.5 ドルで換算）。

◆ 金準備の売却，IMF 証券（Note）購入

IMF は 2009 年 9 月，基金保有の金総量の 8 分の 1 に当たる 1296 万トロイオンス（403.3 トン）を売却することを決定し，2009 年 10 月から 11 月に 3 つの中央銀行にオフマーケットかつ市場価格でまず 212 トン売却しました。年間売却の上限は 400 トンで，2009 年 9 月から始まる 5 年間で 2000 トンを売却する予定となっています。これら売却資金は主として低所得国への譲許的融資に使われます。

加えて，IMF が発行した証券（Note）を加盟国および加盟国中央銀行が購入し，緊急支援をバックアップする動きもあります。2009 年 7 月にこのフレームワークが IMF 理事会で承認され，すでに中国（500 億ドル），ブラジル（10 億ドル），ロシア（10 億ドル）が調印しました。発行された証券は，SDR 建て，金利も SDR 金利で，満期はスタンドバイ・クレジットと同様 5 年となり，相互に取引可能です。

◆ IMF の融資制度改革

アジア通貨危機では，IMF が課すコンディショナリティが合理的でなく内政干渉と批判されたこと，アクセスリミットが低水準であったことなどから，2000 年以降融資制度の改革が進みました。まず，02 年にコンディショナリティについてガイドラインが設定され，プログラム目標のために必要なコンディショナリティに限定され，対象国自身の権益が尊重されることになりました。

さらに従来クオータ比 100％，累計 300％であったアクセスリミットは，2009 年 3 月，それぞれ 200％，600％に倍増されました（表 15-6）。

● 表15-6　IMFの主な非譲渡的融資 ●

	目的	アクセスリミット	条件	モニタリング	金利	融資期間	分割期間
スタンドバイ取極（SBA）（1952年）	短期的国際収支危機の国への中期的支援	年間クオータ比200%，累積600%	一定期間内に国際収支問題解決が可能と確信できる政策を採用すること	四半期ごとにクライテリアを監視し金融支援実施	通常金利プラス上乗せ金利（300%を超える部分に200ベーシス）	3年3カ月から5年	四半期
フレキシブル・クレジット・ライン（FCL）（2009年）	国際収支危機の可能性のある国に対するクレジット・ライン	制限なし	事前のマクロ経済基礎条件，経済政策フレームワーク，政策実績が良いこと	中間審査を行うことで，期間中いつでも1年ごとの借入れが可能	通常金利プラス上乗せ金利（300%を超える部分に200ベーシス）	3年3カ月から5年	四半期
拡大ファシリティ（EFF）（1974年）	構造的国際収支危機の国に対する長期的支援	年間クオータ比200%，累積600%	構造改革を含む3年間のプログラム採用（年度ごとに詳細公表）	経済諸条件クライテリアなどを評価し四半期あるいは半期の融資実施	通常金利プラス上乗せ金利（300%を超える部分に200ベーシス）	4年6カ月から10年	半期

（注）　カッコ内は導入年。
（出所）　IMF年報をもとに作成。

　また，フレキシブル・クレジット・ライン（FCL）が2009年3月に新たに設定され，引出しに際しての条件を課さずに，危機予防，あるいは危機への事後的対応いずれにも利用できるファシリティとして設置されました。ただしFCLを利用できるのは，経済環境が良好で政策フレームワークが強固で，将来にわたりそれらを維持する国に限られます。アクセスリミットも設定されていません。最初にFCLを設定したのはメキシコ（09年4月）で，その後もポーランド，コロンビアが利用しています[14]（表15-4）。

◆ IMFのガバナンス改革

　一方IMFガバナンス改革については，後述するクオータ見直し，ハイレベルの政策担当者との連携強化，組織改革，責務の刷新が必要とされています（IMF, 2009b）。政府高官との連携強化については，とくにIMFC（国際通貨金融

---

[13]　IMF協定で市場価格で売却する旨が規定されています。
[14]　ただし，これらの国はコミットメントライン（枠）は設定したものの，実際の引出しまでには至っていません。

委員会）の見直しが急務です。IMFC の委員数を縮小し（現行24人から20人に），非公式会議の頻度を増し，リーダーシップ改革（任期短縮，持ち回り）を行うことなどが検討されています。組織改革については，専務理事，副専務理事などの選定をよりオープンとし，国籍に関係なく選ぶとしています。またスタッフについても国籍，ジェンダー，教育，経験などの面で多様化を推進するとされています。

　2010年12月に承認されたIMF改革案によれば，2つの欧州先進国理事を減らし，理事会における新興国・途上国のプレゼンスを高めることとされています。さらに全理事の選任制への移行と，理事会構成の8年ごとの見直しも図られることになりました。IMF において，ガバナンスの面からもエマージング諸国のプレゼンスは大きく増したと言えます。

◆ **IMF のクオータ・ガバナンス**

　すでに IMF のクオータは2008年4月に変更され，中国，韓国，トルコ，メキシコなどエマージング諸国のシェアが高くなりました。クオータは出資額であると同時に，議決権でもあり，また融資総額の基盤でもあります。途上国のボイスの増大は大きな課題でしたが，クオータを現実の経済規模に一致させることが，IMF のよりいっそうの信認，正当性，効率性の増大につながると認識されていました。

　もっとも，2008年4月に行われたボイス改革については，必要とされる111カ国の批准は36の国でしかなされておらず，必ずしも加盟国間で足並みが揃っているわけではありません。ブラジル，中国などは，緊急融資枠への拠出ではなく，IMF への出資拡大によるボイスの増大を求めており，これは政治力の強化が目的とみられます。

　2010年10月に開催されたG20財務大臣・中央銀行総裁会議で，IMF クオータ・ガバナンス改革案について基本合意され，同年11月のソウル・サミットで確認された後，12月15日に承認されました。

　具体的にはエマージング諸国・途上国および過小代表国に6％以上のクオータ・シェアを移転すること，クオータを倍増させること，クオータ計算式の包括的見直し（2013年1月まで）を行うこととしています。

　これらを受け，2010年12月になされた第14次増資では，総額が4768億

● 表 15-7　最近の IMF 増資とクオータの推移 ●

増資発効日 加盟国数	第 11 次増資 1999.1.22 182			特別増資 2008.4.28 185			第 14 次増資 2010.12.18 187		
	国 名	クオータ (億SDR)	シェア (％)	国 名	クオータ (億SDR)	シェア (％)	国 名	クオータ (億SDR)	シェア (％)
1	アメリカ	371.49	17.52	アメリカ	421.22	17.67	アメリカ	829.94	17.41
2	日 本	133.13	6.28	日 本	156.29	6.56	日 本	308.21	6.46
3	ドイツ	130.08	6.14	ドイツ	145.66	6.11	中 国	304.83	6.39
4	イギリス	107.39	5.06	イギリス	107.39	4.51	ドイツ	266.34	5.59
5	フランス	107.39	5.06	フランス	107.39	4.51	イギリス	201.55	4.23
6	イタリア	70.56	3.33	中 国	95.26	4.00	フランス	201.55	4.23
7	サウジアラビア	69.86	3.30	イタリア	78.82	3.31	イタリア	150.70	3.16
8	カナダ	63.69	3.00	サウジアラビア	68.86	2.93	インド	131.14	2.75
9	ロシア	59.45	2.80	カナダ	63.69	2.67	ロシア	129.04	2.71
10	オランダ	51.62	2.44	ロシア	59.45	2.50	ブラジル	110.42	2.32
クオータ総計		2,120.29			2,383.28			4,767.78	

(出所)　IMF ウェブサイトをもとに作成。

SDR とそれまでの 2383 億 SDR から倍増しました。増資と同時に新規借入取極（NAB）は縮小していくとされています。この結果中国のクオータ出資額は日本に次ぐ世界第 3 位となり，シェアもそれまでの 4％から 6.39％へと大躍進しました（表 15-7）。インド，ロシア，ブラジルの出資額も大幅に増大し，IMF において BRICs 諸国の「発言権」が大いに増したと言えます。

◆ アジア地域金融協力の行方

アジア通貨危機を契機として創設されたチェンマイ・イニシアティブ（CMI）についても，以下のように改革が進んでいます。第 1 に，CMI の規模の拡大で，当初の 800 億ドルから 2010 年には 1200 億ドルへと増強されました（ASEAN 対 3〔日中韓〕の比率の 20：80 は維持）。第 2 に，CMI のサーベイランス・メカニズムの強化で，経済モニタリング促進のため独立した地域サーベイランス・ユニット，ASEAN＋3 マクロ経済リサーチ・オフィス（AMRO: ASEAN plus 3 Macro Economic Research Office）がシンガポールに設置されました。AMRO 設置により，アジアのマクロ経済の分析を通じたモニタリングの強化・精緻化や，CMIM の意思決定を効果的に行うことなどが期待されます。第 3 に，IMF デリンク割合の引上げで，現行では「20％以上」が ASEAN＋3 で独立し

て決定することができますが，この比率を引き上げることが検討されています。
第4に，CMIのマルチ化（CMIM）です。これは，CMIの2国間スワップ協定の取決めを一本の多国間契約にまとめ，域内の国際収支危機，流動性に機動的に対応すること，既存の国際的枠組みを補完することなどが目的となっています。マルチ化については2010年3月にマルチ化契約が発効し，マルチ化契約の資金規模は1200億ドルとなっています。

一方で，2008年に韓国で流動性危機が生じたときには，直接FRBとのスワップ取決めで急場をしのいだこともあり，CMIMの実効性については，疑問も呈されています。とりわけ，ドル資金の流動性供給が必要である場合には，基軸通貨当局であるFRBとの関係は必要不可欠であり，この意味で，限界があることも確かです。世界の意思決定がG20に移っていますが，アジア地域での金融協力についてはFSBやBISが地域別のミクロの監視も強めています。マクロ経済の面でも地域で責任を持つべきであり，その意味で今後世界経済安定化のためのガバナンスは，機能的にも，地域的にも重層的になっていくでしょう。

また，政策実効性のある政府同士の直接的対話に重心が移っていき，政策当局者がかかわるFSBの役割は増していくことになるでしょう。FSBのなかでは金融構造が成熟しているG10が主導し，コア諸国とペリフェリ（周辺）諸国という形で効率的な意思決定になっていき，IMFといった国際機関は，それを側面支援する形になっていくものと思われます。IMFについては，マクロ経済調査，低所得国への資金援助，最後の貸し手としての役割が強まっていくでしょう。

3.4 日米ソブリン・デットの行方

(1) 日本の政府債務

日本の政府債務残高はグロスでGDP比198％，ネットで同114％と，イタリア（同131％，103％），ギリシャ（同129％，97％）よりも高い水準となっています（いずれも2010年値）。しかし，ギリシャではリスク・プレミアム増大から長期金利が20％を超えたのに対し，日本では1～2％の非常に低い水準にとどまっています。

この第1の理由は，資金循環データでみると，国債保有者の95％が日本国内の経済主体で占められ非居住者は5.7％にすぎないことです（2010年度末）。保有者内訳をみると，民間銀行，公的年金など広義の金融機関の保有が実に75.5％と4分の3以上となっています。BIS規制上リスク・ウェイトゼロの国債を保有することが資本効率上有利であることから民間銀行は大量の国債を保有していますが，逆に見れば日本の金融仲介では公的部門に多くの資金が還流し，民間の活性化がそがれているとも言えます。第2に，日本銀行の強力な量的緩和政策にもかかわらずデフレが続いていることです。逆に言えば，日本の金融政策に基本的には規律があり，金融政策への信認がリスク・プレミアムを低い水準にしているとも言えます。

日本のソブリン危機の行方は，以下の2つに依存すると考えられます。第1に国際収支の状況です。経常収支が赤字に転落し，資本収支が黒字になると，いずれ非居住者の国債保有比率は高まるでしょう。保有者構造変化と格付けの低下が重なると，長期金利が一段と上昇する懸念があります。第2に，中央銀行の政策です。震災後の復興資金についても国債発行でファイナンスし，日本銀行が引き受けるべき，との主張も根強くあります。もしそのようなことになれば，リスク・プレミアムの上昇により長期金利は急騰し，マクロ経済にマイナスの影響を与えることになるでしょう。いずれの場合も残された時間は長くなく，政府は財政再建に配慮した政策運営を行っていく必要があるでしょう。

(2)　アメリカの政府債務

アメリカでも過剰債務問題は深刻となっています。景気減速が顕著となり，単年度の財政赤字が積み上がるなか，米国政府債務残高は法律で定める上限（14.29兆ドル）を上回り，上限引上げがなければデフォルトとなる懸念がありました。[15] 与野党指導者は，米連邦政府の債務上限を2.1兆ドル引き上げるとともに，今後10年間で財政赤字を2.5兆ドル削減することで，債務上限引上げ期限ぎりぎりの2011年7月31日に合意に達しました。今後，法人税，所得税

---

*15　米財務省は，連邦政府の法定債務上限到達にともなうデフォルト（債務不履行）回避のために，為替安定基金（ESF）の資金を財務省証券で運用することを停止すると発表しました（財務省証券の発行残高減少での借入れ余地の拡大）。アメリカの債務残高は2011年5月中旬には上限に達し，州・地方政府の資金調達支援策や財務省証券での年金運用を停止していました。

増税，医療年金予算削減がなされる予定ですが，その実効性に疑念が残るなか，格付け会社S&Pは8月5日，米国債を最上級のトリプルAからダブルAプラスに戦後始めて格下げする旨発表しました。これによりドルの暴落と世界同時株安が再び起きて世界的に市場の混乱が続いています。これに対処するためFRBは一段の金融緩和策に踏み切りました。

2011年7月末現在の米国財務省証券発行残高14.3兆ドルのうち4.48兆ドルは非居住者によって保有されており，最大の債権国は中国（1.17兆ドル），日本（0.91兆ドル）などアジア諸国となっています（*Column* ④）。各国当局は外貨準備の運用をドルから他の資産，とりわけ金にシフトさせる動きが強まっており，投機的動きもあって金価格は一段と上昇しています。加えてシカゴ・マーカンタイル取引所の先物市場では，円相場の上昇が顕著で，ドル，ユーロ安のなか，「避難通貨」として円とスイス・フランが買われています。

事実上の国際基軸通貨であるドルの信認に陰りがみられていることは，国際通貨システムにも大きな影響を与えると考えられます。一方，ドルが国際通貨であることがアメリカ国債の価格安定化に寄与していたことを勘案すれば，米国債への信認低下は米国債市場の流動性にも大きな影響を与えると考えられます。

このように，先進国では福祉や雇用対策の予算を削減せざるをえず，中期的に成長を制約すると予想され，また財政健全化が達成されなければ，国債を多く保有している金融機関のリスクが高まる，という悪循環にあります。さらに政治的不安定性や社会不安も強まる懸念もあります。こうした構造変化は，国際通貨システムの将来展望にも大きな影響を与えていくことになるでしょう。

例　題

1　2008年の世界経済危機を踏まえ，銀行システム強化の観点から，規制がどのように変貌したか，バーゼルIIIを中心に論じなさい。バーゼルIII導入が，どのような経済効果をもたらすかについても考えなさい。

2　対内資金フローの経済的効果について論じなさい。

3　アジア域内の経済安定を維持するには，どのような金融的枠組みが必要か，あなたの考えを述べなさい。

4 国際システムのガバナンスのあり方と，IMFの役割についてあなたの意見を述べなさい。
5 主要国のソブリン危機について，金融システム安定化の観点から論じなさい。

● 文 献 一 覧 ●

浅井良夫（2007）「円の国際史とアジア」上川孝夫・矢後和彦編『国際金融史』有斐閣。
井澤秀記（2002）「わが国の為替介入の効果に関する実証研究——1991年5月から2000年4月まで」神戸大学経済研究所 Discussion Papers J-410。
伊藤隆敏・小川英治・清水順子編，RIETI編（2007）『東アジア通貨バスケットの経済分析』東洋経済新報社。
岩田規久男（2009）『国際金融入門』新版，岩波新書。
大谷聡（2001）「『新しい開放マクロ経済学』について——PTM（Pricing-to-Market）の観点からのサーベイ」日本銀行金融研究所『金融研究』第20巻第4号。
小川英治・藤田誠一編（2008）『国際金融理論』有斐閣。
翁邦雄（1988）『金利の知識』日本経済新聞社，第3章。
河合正弘ほか（1993）『ゼミナール国際金融——基礎と現実』東洋経済新報社。
勝悦子（1995）「円の国際化について」日本総合研究所『JRI月報』5月号。
勝悦子（2003）「通貨の交換性と為替レジームに関する研究——カレンシーボード制と流動性危機」『明治大学社会科学研究所紀要』。
勝悦子（2005）「EU新規加盟国の通貨レジーム——EU拡大とユーロ化」『証券研究』2005年6月号，日本証券経済研究所。
勝悦子（2006）「エマージング市場の為替レジームの実証的検討——de jure と de facto」mimeo（日本国際経済学会報告）。
勝悦子（2007）「金融グローバル化とプルーデンス政策——バーゼルIIを中心に」黒田晁生編『金融システム論の新展開』金融財政事情研究会。
勝悦子（2008a）「国際金融市場」小川英治・藤田誠一編『国際金融理論』有斐閣。
勝悦子（2008b）「金融危機とアジアエマージング諸国の金融・資本市場」『金融ジャーナル』12月号。
勝悦子（2008c）「エマージング諸国の為替レジームとアジアの通貨制度」『社会科学研究所紀要』第47巻第2号，明治大学。
勝悦子（2008d）「国際通貨制度の現状とドル体制の行方」『NIRA政策レビュー』No.29。
勝悦子（2010）「国際金融システム改革とIMFの役割——金融規制のあり方とIMF, FSB, G20」馬田啓一・木村福成・田中素香編『検証・金融危機と世界経済——危機後の課題と展望』勁草書房。
勝悦子・一木毅文（2006）「エマージング諸国への外国銀行進出と地場銀行の効率性へ与える影響——韓国の銀行システムに関する実証分析を中心に」『信金中金月報』405号。
上川孝夫・矢後和彦編（2007）『国際金融史』有斐閣。
上川孝夫・藤田誠一・向壽一編（2007）『現代国際金融論』第3版，有斐閣。
クルグマン, P. R., M. オブズフェルド（1996）『国際経済——理論と政策〈2〉国際マクロ経済学』第3版，石井菜穂子ほか訳，新世社。

クロス，S. Y.（2000）『外国為替市場の最新知識』国際通貨研究所訳，東洋経済新報社。（ニューヨーク連銀の教育サイト http://www.ny.frb.org/education/addpub/usfxm/ にある"All About ... The Foreign Exchange Market in the United States"を全訳したもの）

黒田晃生（2010）『入門金融』第4版，東洋経済新報社。

ケインズ，J. M.（1995）『雇用・利子および貨幣の一般理論』塩野谷祐一訳，東洋経済新報社。

小林弘明ほか（2010）『入門マクロ経済学——大きくつかむ経済学のエッセンス』実教出版。

斉藤誠（1996）『新しいマクロ経済学——クラシカルとケインジアンの邂逅』有斐閣。

財務省国際局編（2003）『図説国際金融』改訂12版，財経詳報社。

佐久間潮（2002）『国際金融・外為市場——実務と理論の基礎』財経詳報社。

白川方明・翁邦雄・白塚重典（1997）「金融市場のグローバル化——現状と将来展望」日本銀行金融研究所 Discussion Paper no.97-J-15。

須田美矢子（1999）「外国為替資金特別会計と外国為替政策」『学習院大学経済論集』第36巻第2号。

世界銀行財務局（2001）『総説 銀行リスク分析——BIS規制と銀行経営』シュプリンガー・フェアラーク東京。(World Bank〔2000〕Analyzing Banking Risk: A framework for Assessing Corporate Governance and Financial Risk Management)

高木信二（2006）『入門 国際金融』第3版，日本評論社。

高本茂（1997）「江戸時代米先物取引についての一考察」『兵庫大学論集』第2巻，41～51ページ。(http://www013.upp.so-net.ne.jp/sigeru/ronbun14.htm)

田中素香・長部重康・久保広正・岩田健治（2006）『現代ヨーロッパ経済』新版，有斐閣。

田中友義・河野誠之・長友貴樹（1994）『ゼミナール 欧州統合——EUの歴史・現状・展望』有斐閣。

東京銀行調査部（1994）『国際収支の経済学』有斐閣。

中島真志・宿輪純一（2005）『決済システムのすべて』第2版，東洋経済新報社。

中村隆英（1994）『昭和恐慌と経済政策』講談社学術文庫。

中條誠一（1999）『ゼミナール為替リスク管理——新外為法下の戦略』有斐閣。

日本銀行（2005）「ヘッジファンドを巡る最近の動向」日本銀行。

日本銀行金融市場局（1999）「BIS統計からみた国際金融市場」『日本銀行調査月報』5月号。

日本銀行国際収支統計研究会（2000）『入門 国際収支——統計の見方・使い方と実践的活用法』東洋経済新報社。

野口悠紀雄（1995）『1940年体制——さらば戦時経済』東洋経済新報社。

野下保利（2008）「なぜHLI危機の再来を防げなかったのか」『証券経済研究』日本証券経済研究所。

秦忠夫・本田敬吉（2007）『国際金融のしくみ』第3版，有斐閣。

平田潤（1999）『21世紀型金融危機とIMF』東洋経済新報社。

深尾光洋（1990）『国際金融』東洋経済新報社。

藤原秀夫・小川英治・地主敏樹（2001）『国際金融』有斐閣。

堀江康熙・上林敬宗・勝悦子（2006）『テキスト 金融のメカニズム』中央経済社。

マンキュー，G.（2003）『マクロ経済学Ⅰ 入門篇』第2版，足立英之ほか訳，東洋経済新

報社。
マンキュー，G.（2004）『マクロ経済学 II 応用篇』第 2 版，足立英之ほか訳，東洋経済新報社。
宮内篤（2003）「金融仲介機関の活力と銀行の規制・監督」日本銀行ワーキングペーパーシリーズ　No.03-J-9。
宮本又一郎（1988）『近世日本の市場経済――大坂米市場分析』有斐閣。
山本栄治（1997）『国際通貨システム』岩波書店。
吉冨勝（2003）『アジア経済の真実――奇蹟，危機，制度の進化』東洋経済新報社。
レゲヴィー，J.・マイヤーオーレ，H.・平澤克彦編（2002）『日欧多国籍企業のアジア戦略――アジア経済危機後の展開』白桃書房。

Akerlof, J. A.（1970）"The market for 'lemons': Quality uncertainty and the market mechanism," *The Quarterly Journal of Economics*, MIT Press, Vol.84 No.3, pp.488-500.
Allen, F. and D. Gale（2000）"Financial Contagion," *Journal of Political Economy*, Vol.108.
Arrow, K. J.（1964）"The Role of Securities in the Optimal Allocation of Risk Bearing," *The Review of Economic Studies*, Vol.31 No.2, pp.91-96.
Artus, R. J. and M. D. Knight（1984）"Issues in the Assessment of the Exchange rates of Industrial Countries," IMF Occasional Paper, 29.
Asso, P. F., G. A. Kahn, and R. Leeson（2007）"The Taylor Rule and the Transformation of Monetary Policy," Federal Reserve Bank of Kansas City.
Balassa, B.（1964）"The Purchasing Power Parity Doctrine: A Reappraisal," *Journal of Political Economy*, Vol.72, pp.548-96.
Barro, R. and D. Gordon（1983）"Rules, Discretion and reputation in a Model of Monetary Policy," *Journal of Monetary Economics*, Vol.12.
Barth, J. R., G. Caprio and R. Levine（2002）"Bank Regulation and Supervision: What Works Best?" Policy Research Working Paper, the World Bank.
Bayoumi, T.（1994）"A Formal Model of Optimum Currency Areas," International Monetary Fund stuff Papers, 41.
BCBS（1997）"Core Principles for Effective banking Supervision."
BCBS（2001）"A New Capital Adequacy Framework."
BCBS（2011）*Global systemically important banks: Assessment methodology and the additional loss absorbency requirement.*
Berg, A. and E. Borensztein（2000）"Full Dollarization: The Pros and Cons," IMF Economic Issues, No.24.
Bergsten, F. C.（1991）*International Adjustment and Financing: Lessons of 1986-1991*, Institute for International Economics.
Bernanke, B. S.（1983）"Non-Monetary Effects of the Financial Crisis in the Propagation of the Great Depression," *American Economic Review*, Vol.73 No.3, pp.257-76.
Bickerdike, C. F.（1920）"The Instability of Foreign Exchange," *Economic Journal*, Vol.30, pp. 118-22.

Bernanke, B. S. and M. Gertler (1995) "Inside the Black Box: The Credit Channel of Monetary Policy," *Journal of Economic Perspectives*, Vol.9 No.4, pp.27-48.
BIS (1999) "A Review of Financial Market Events in Autumn 1998," CGFS Publication.
BIS (2009) *Guide to the International Financial Statistics*.
BISウェブサイト http://www.bis.org "Central Bank Survey of Foreign Exchange and Derivatives Market Activity." (邦訳は日銀ホームページ http://www.boj.or.jp にあります)
Bordo, M. D. and B. Eichengreen (1993) *A Retrospective on the Bretton Woods System*, University of Chicago Press.
Borio, C. (2003) "Towards a Macroprudential Framework for Financial Supervision and Regulation?" BIS Working Papers, No.128.
Brainard, W. C. and J. Tobin (1992) "On the internationalization of Portfolios," *Oxford EconomicPapers*, Vol.44.
Branson, W. (1977) "Asset Markets and Relative Prices in Exchange Rate Determination," Sozialwissenschaftliche Annalen, pp.69-89.
Burnside, C., M. Eichenbaum, and S. Rebelo (2001) "Hedging and Financial Fragility in Fixed Exchange Rate Regimes," *European Economic Review*, Vol.45.
Calvo, G. A. (2000) "Capital Markets and the Exchange Rate, With Special Reference to the Dollarization Debate in Latin America," University of Maryland.
Calvo, G. A. and E. G. Mendoza (2000) "Rational contagion and the globalization of securities markets," *Journal of International Economics*, Vol.51, pp.79-113.
Calvo, G. A. and C. M. Reinhart (2000) "Fear of Floating," *Quarterly Journal of Economics*, Vol. CXVII No.2, May 2002.
Canzoneri, M. (1985) "Monetary Policy Games and the Consrquences of Non-Cooperative Behavior," *International Economic Review*, Vol.26, pp.547-64.
Cassel, G. (1918) "Abnormal Deviations in International Exchanges," *The Economic Journal*, Vol.28 No.112, pp.413-15.
Cassel, G. (1928) *Post-war Monetary Stabilization*, Columbia University Press.
Caves, R. E., J. A. Frankel, and R. W. Jones (2002) *World Trade and Payments: An Introduction*, Addison-Wesley, 9th ed. (伊藤隆敏監訳・田中勇人訳〔2003〕『国際経済学入門II 国際マクロ経済学編』日本経済新聞社)
Chang, R. and A. Velasco (2000) "Financial Fragility and the Exchange Rate Regime," *Journal of Economic Theory*, Vol.92.
Cifuentes, R., G. Ferrucch and Hyun Song Shin (2004) "Liquidity Risk and Contagion," BIS paper.
Committee of Global Financial Stability (1999) *Market Liquidity: Research Findings and Selected Policy Implications*, CGFS Publications, No.11. (BISグローバル金融システム委員会〔1999〕「市場流動性——研究成果と政策へのインプリケーション」日本銀行仮訳)
Cooper, R. N. (1986) *Economic policy in an interdependent world: essays in world economics*, MIT Press.
Corden, W. M. (1984) "Booming Sector and Dutch Disease Economics: A Survey," Oxford

Economic Papers 36, pp.359-80.

Corsetti, G. and P. Pesenti (2001) "International dimensions of Optimal Monetary Policy," University of Rome III, and FRBNY.

Corsetti, G., P. Pesenti, and N. Roubini (1998) "Paper Tigers? A Model of the Asian Crisis," *European Economic Review*, Vol.43 No.7, pp.1211-36.

Das, U. S., A. Mazarei, and H. der Hoorn eds. (2010) *Economics of Sovereign Wealth Funds*, IMF.

De Grauwe, P. (1996) *International Money: Postwar Trends and Theories*, 2nd ed., Oxford University Press. (寿崎雅夫・平島真一監訳,国際金融研究会訳〔2001〕『国際通貨——外国為替レートと為替相場制度の理論と実際』東洋経済新報社)

Debreu, G. (1959) *Theory of Value*, Yale University Press.

Dewatripont and Tirole (1994) *The Prudential Regulation of Banks*, MIT Press. (北村行伸・渡辺努訳〔1996〕『銀行規制の新潮流』東洋経済新報社)

Devereux, M. B. and C. Engel (2001) "Endogenous Currency of Price Setting in a Dynamic Open Economy Model," NBER Working Paper Series No.8559.

Diamond, D. W and P. H. Dybvig (1983) "Bank Runs, Deposit Insurance, and Liquidity," *Journal of Political Economy*, Vol.91 No.3.

Dooley, Michael P., David Folkerts-Landau, and Peter Garber (2003) "An Essay on the Revived Bretton Woods System," NBER Working Paper, No.9971.

Dornbusch, R., S. Fischer and R. Startz, (1998) *Macroeconomics*, 7th ed. Irwin, McGraw-Hill.

Dornbusch, R. (1976) "Exchange Rate Expectation and Monetary Policy," *Journal of International Economics*, Vol.6.

Eichengreen, B. (1999) *Toward a New International Financial Architecture: A Practical Post-Asia agenda*, Institute for International Economics. (勝悦子監訳・林秀毅訳〔2003〕『国際金融アーキテクチャー——ポスト通貨危機の金融システム改革』東洋経済新報社)

Eichengreen, B. and M. Flandreau (1997) *The Gold Standard in Theory and History*, Routledge.

Eichengreen, B. and R. Hausman (1999) "Exchange rates and Financial Fragility," A Paper Delivered at the Conference of Reserve Bank of Kansas City.

Eichengreen, B., Hausmann, R. and Panizza, U. (2002) "Original Sin: The Pain, the Mystery and the Road to Redemption."

European Commission (1990) "One Market, One Money: An Evaluation of the Potential Benefits and Costs of Forming an Economic and Monetary Union," *European Economy*, Vol.44.

Feldstein, M. and C. Horioka (1980) "Domestic Saving and International capital Flows," *Economic Journal*, Vol.90, pp.314-29.

Financial Stability Board (2009a) "Overview of Progress in Implementing the London Summit Recommendations for Strengthening Financial Stability," Sep.

Financial Stability Board (2009b) "Improving Financial Regulation," Sep.

Financial Stability Forum (2000a) "Ongoing and Recent Work Relevant to Sound Financial Systems," Aug.

Financial Stability Forum (2000b) "Working Group on Highly Leveraged Institutions (HLIs,)" Apr.

Financial Stability Forum (2008) "Report of the Financial Stability Forum on Enhancing Market and Institutional Resilience," Apr.

Financial Stability Forum (2009) "FSF Principles for Cross-Border Cooperation on Crisis Management," Apr.

Fischer, S. (2001) "Exchange Rate Regimes: Is the bipolar View Correct?" IMF website.

Fisher, I. (1892) *Mathematical Investigations in the Theory of Value and Prices.*

Fisher, I. (1926) "A Statistical Relation between Unemployment and Price Changes," *International Labour Review*, Vol.13 No.6, pp.785-92.

Fisher, I. (1930) *TheTheory of Interest*, Macmillan.

Fisher, I. and H. G. Brown (1911) *The Purchasing Power of Money: Its Determination and Relation to Credit, Interest, and Crises*, Macmillan.

Flood, R. and P. Garber (1984) "Collapsing Exchange Rate Regimes: Some Linear Examples," *Journal of International Economics*, Vol.17.

Frankel, J. A. (1979) "On the Mark: A Theory of Floating Exchange Rates Based on Real Interest Differentials," *The American Economic Review*, Vol.69, pp.610-22.

Frankel, J. A. (1992) "Measuring International Capital Mobility: A Review," *American Economic Review*, Vol.82 No.2, pp.197-202.

Frankel, J. A. (1993) "Monetary and Portfolio Balance Models of Exchange Rate Determination," *On Exchange Rates*, MIT press.

Frankel, J. A. (1999) "No Single Currency Regime is Right for All Countries or At All Times," Princeton University, International Finance Section, Essays in International Finance, No.215.

Frankel, J. A. and A. K. Rose (1996) "A Panel Project on Purchasing Power Parity: Mean reversion Within and Between Countres," *Journal of Internaitonal economics*, Vol.40, pp.209-24.

Friedman, M. (1953) "The Case for Flexible Exchange Rates" *Essays in Positive Economics*, University of Chicago Press.

Friedman, M. and A. Schwartz (1963) *A Monetary History of United States 1867-1960*, Princeton University Press.

Giavazzi, F. and A. Giovannini (1989) *Limiting Exchange Rate Flexibility: The European Monetary System*, MIT Press.

Goldstein, M. (1997) *The case for an International Banking standard*, Institute for International Economics.

Goodhart, C. et al. (1998) *Financial Regulation: Why, How and Where Now?*, Routledge.

Greenspan, A. (1998) "The Role of Capital in Optimal and Regulation," a Speech at the International Conference of Federal Reserve Bank of New York.

文 献 一 覧   363

Hamada, K.（1985）*The Political Economy of International Monetary Interdependence*, MIT Press.
Hohl, S., P. McGuire and E. Remolona（2006）"Cross-border banking in Asia: Basel 2 and Other Prudential Issues," mimeo.
Hooper, P. and J. Morton（1982）"Fluctuations in the Dollar: A Model of Nominal and Real Exchange Rate Determination," *Journal of International Money and Finance*, Vol.1, pp.39–56.
Hooper, P., K. Johnson, and J. Marquez（2000）"Trade Elasticities for the G-7 Countries," *Princeton Studies in International Economics*, No.87.
IMF（1977）"The Monetary Approach to the Balance of Payments."
IMF（1999）*Hedge Funds and Financial Market Dynamics*, Occasional Paper 166.
IMF（2000）"Exchange Rate Regimes in an Increasingly Integrated World Economy," IMF Occasional Paper, No.193.
IMF（2009a）"Review of Recent Crises Programs," Sep.
IMF（2009b）"Executive Board Report to IMFC on Reform of Fund Governance," Oct.
IMF（2011）*Economics of Sovereign Wealth Funds: Issues for Policy Makers*.
Ingram, J. C.（1962）*Regional Payments Mechanisms: The Case of Puerto Rico*, University of North Carolina Press.
Ingram, J. C.（1973）"The Case for the European Monetary Integration," *Essays in International Finance*, No.98, Princeton University.
International Working Group of Sovereign Wealth Funds（2008）*Generally Accepted Principals and Practices "Santiago Principles."*
Isard, P.（1995）*Exchange Rate Economics*, Cambridge University Press.（須齋正幸ほか訳〔2001〕『為替レートの経済学』東洋経済新報社）
Ito T., and Yabu T.（2004）"What Prompts Japan to Intervene in the Forex Market?," NBER Working Paper, No.10456.
Jackson, P., W. Perraudin and V. Saporta（2002）"Regulatory and Economic Solvency Standards for Internationally Active Banks," *Journal of Banking and Finance*, Vol.26.
Jevons, W. S.（1875）*Money and the Mechanism of Exchange*, Appleton.
Johnston, B. R.（1999）"Exchange Rate Arrangements and Currency Convertibility: Developments and Issues," IMF World Economic and Financial Surveys.
Kaminsky, G. and Reinhart, C.（2000）"On Crises, Contagion and Confusion," *Journal of International Economics*, Vol.51, pp.145–68.
Karacadag, C. and M. W. Taylor（2000）"The New Capital Adequacy Framework: Institutional Constraints and Incentive Structures," IMF Working Papers, WP/00/93.
Kenen, P. B.（1969）"Round Table on Exchange Rate Policy," *The American Economic Review*, Vol.59 No.2.
Kenen, P. B.（1995）*Economic and Monetary Union in Europe*, Cambridge University Press.
Kindleberger, C. P.（1996）*Manias, Panics, and Crashes: A History of Financial Crises*, 3rd

ed., Macmillan.

Kiyotaki, N. and J. Moore (1997) "Credit Cycles," *Journal of Political Economy*, Vol.105 No.2, pp.211-48.

Krugman, P. (1978) "Purchasing Power Parity and Exchange Rates: Another Look at the Evidence," *Journal of International Economics*, Vol.8, pp.397-407.

Krugman, P. (1979) "A Model of Balance-Of-Payments Crisis," *Journal of Money, Credit and Banking*, Vol.11.

Krugman, P. (1987) "Pricing to Market When the Exchange Rate Changes," *Real-Financial Linkages Among Open Economics*, MIT Press.

Krugman, P. (1994) "The Myth of Asia's Miracle," *Foreign Affairs*, Vol.73 No.6.

Krugman, P. (1995) *Currencies and Crises*, MIT Press.

Krugman, P. (1999) "Balance Sheets, the Transfer Problems, and Financial Crises," *International Tax and Public Finance*, Vol.6, pp.459-72.

Krugman, P. and M. Obstfeld (2000) *International Economics: Theory and Policy*, 5th ed., Addison-Wesley. (吉田和男監訳〔2002〕『国際経済学』エコノミスト社)

Krugman, P. and M. Obstfeld (2006) *International Economics: Theory and Policy*, 7th ed., Addison-Wesley.

Kunzel, P., Y. Lu, I. Petrova, and J. Pihlman (2011), "Investment Objectives of Sovereign Wealth Funds-A Shifting Paradigm," IMF Working Paper, WP/11/19.

Lerner, A. P. (1944) *The Economics of Control*, Macmillan.

Marshall, A. (1923) *Money, Trade and Commerce*, Macmillan.

Masson, P. (1999) "Contagion: Macroeconomic Models with Multiple Equilibria," *Journal of International Money and Finance*, Vol.18, pp.587-602.

McKinnon, R. I. (1963) "Optimal Currency Area," *The American Economic Review*, Vol.53 No.4.

McKinnon, R. I. (1993) "The Rules of the Game: International Money in Historical Perspective," *Journal of Economic Literature*, Vol.31.

McKinnon, R. I. (1996) *The Rules of the Game: International Money and Exchange Rates*, MIT Press.

Meese, R. and K. Rogoff (1983) "Empirical Exchange Rate Models of the Seventies: Do They Fit Out of Sample?" *Journal of International Economics*, Vol.14, pp.3-24.

Metzler, L.A. (1949) "The Theory of Trade," H.S. Ellis ed., *A Survey of Contemporary Economics*.

Michkin, F. S. (2004) *The Economics of Money, Banking and Financial Markets*, 7th ed., Pearson Addison-Wesley.

Mundell, R. A. (1961) "A Theory of Optimal Currency Area," *The American Economic Review*, Vol.51 No.4.

Mundell, R. A. (1963a) "Capital Mobility and Stabilization Policy Under Fixed and Flexible Exchange Rates," *Canadian Journal of Economics and Politics Science*, Vol.29.

Mundell, R. A. (1963b) "A New Tripartite Monetary Agreement or a Limping Dollar Stan-

dard?" *Princeton Essays in International finance*, Vol.106.
Mundell, R. A. (1968) *International Economics*, Macmillan.
Mussa, M. (1977) "The Exchange rate, the Balance of Payment and Monetary Fiscal Policy Under a Regime of Controlling Floating" J. Herin, A. Lindbeck and J. Myhrman, *Flexible exchange Rates and Stabilization Policy*, Macmillan.
Nurkse, R. (1944) *International Currency Experience: Lessons of the Interwar Period*.
Obstfeld, M. (1986) "Rational and Self-Fulfilling Balance-of-Payments Crisis," *American Economic Review*, Vol.76.
Obstfeld, M. (1994) "The Logic of Currency Crises," NBER Working Paper No.4640.
Obstfeld, M. (1995) "International Capital Mobility in the 1990's," P. Kenen ed., *Understanding Interdependence*, Princeton University Press.
Obstfeld, M. (1996) "Models of Currency Crises with Self-fulfilling Features," *European Economic Review*, Vol.40, pp.1037-47.
Obstfeld, M. (1998) "The Global capital Market: Benefactor or Menace?" *Journal of Economic Perspectives*, Vol.12.
Obstfeld, M. and K. Rogoff (1996) *Foundations of International Macroeconomics*, MIT Press.
Obstfelt, M. and K. Rogoff (2000) "New Directions for Stochastic Open Economy Models," *Journal of International Economics*, Vol.50, pp.117-53.
Reinhart, C. M. and K. S. Rogoff (2002) "The Modern History of Exchange Rates, Arrangements a Reinterpretation," NBER Working Paper 8963.
Robinson, J. (1947) *Essays in the Theory of Employment*, 2nd ed., Blackwell.
Rogoff, K. (1996) "The Purchasing Power Parity Puzzle," *Journal of Economic Literature*, Vol.34.
Rogoff, K. S., A. M. Husain, A. Mody, R. Brooks and N. Oomues (2004) "Evolution and Performance of Exchange Rate Regimes," IMF Occasional Paper, No.229.
Samuelson, P. (1964) "Theoretical Notes on Trade Problems," *The Review of Economics and Statistics*, Vol.46 No.2.
Schwartz, A. J. (1987) *Money in Historical Perspective*, Chicago University Press.
Shirakawa, M. (2011) "Global Imbalances and Current Account Imbalances," *Financial Stability Review*, Banque de France.
Solomon, R. (1982) *The International Monetary System, 1945-1981*, Harper & Row.
Stiglitz, J. E (2002) *Globalization and its Discontents*, W. W. Norton and Company.
Stiglitz, J. E. and B. Greenwald (2003) *Towards a New Paradigm in Monetary Economics*, Cambridge University Press.(内藤純一・家森信善訳〔2003〕『新しい金融論——信用と情報の経済学』東京大学出版会)
Stiglitz, J. E. and A. Weiss (1983) "Incentive Effects of Termination: Applications to the Credit and Labor Markets," *The American Economic Review*, Vol.73.
Swan, T. (1963) "Longer Run Problems of the Balance of Payments," H. Arndt and W. Corden, eds. *The Australian Economy*, Cheshire.

Taylor J. B. (1998) "Applying Academic Research on Monetary Policy Rules: An Exercise in Translational Economics," The Harry G. Johnson Lecture, The Manchester School Supplement, Vol.66.

Tesar, L. and I. M. Werner, "Home Bias and the Globalization of Securities Markets," NBER Working Paper, No.4218.

Truner, P. (2006) "The Banking System in Emerging Economies: How Much Progress Has Been Made?" BIS Papers, No.28.

Villar, A. (2006) "Is Financial Stability Policy Now Better Placed to Prevent Systemic Banking Crises?" BIS papers, No.28.

Whaley, R. E. (1993) "Derivatives on Market Volatility: Hedging Tools Long Overdue," *The Journal of Derivatives*, Vol.1 No.1.

Williamson, J. (1994) *Estimating equilibrium Exchange Rates*, Institute for International Economics.

Williamson, J. (2001) "The Case for a Basket, Band and Crawl (BBC) Regime for East Asia," A chapter in Future Directions for Monetary Policies in East Asia, 2001 from Reserve Bank of Australia.

World Bank (1993) *East Asian Miracle*.

索　引

事項索引

アルファベット

AA 曲線　166,171
ABCP　325
ABCP 市場　325
ABMI　→アジア債券市場育成イニシアティブ
Aquis Communautaire　225
ACU(アジアダラー)　247
ADB(アジア開発銀行)　200,283
AFTA(ASEAN 自由貿易地域)　205
AIG　331
AMC(資産管理会社)　255,291
AMF(アジア通貨基金)　97,285
AMRO　351
ASEAN(東南アジア諸国連合)　205,345
ASEAN+3　97,294,351
ask rate(売値)　59
BBC ルール　307,318
BCCI　266,267
BIBF　247,279
bid rate　59
bipolar view　320
BIS(国際決済銀行)　232
BIS 自己資本比率規制　266
BIS 第二次規制　60
BIS マーケット・リスク規制　268
BOE(イングランド銀行)　94,182,183
BP 曲線　171,173
BRICs　178
CAC(集団行動条項)　282
CBOE(シカゴオプション取引所)　80,84
CBOT(シカゴ商品市場)　84
CCL(予防的融資枠)　284
CD(譲渡性預金)　37,85
CDO(債務担保証券)　324
CDS(クレジット・デフォルト・スワップ)　326
CDS 保証料率　340
CEMAC(中央アフリカ経済通貨共同体)　304
CFA フラン諸国　306,317
CHAPS(チャップス)　53

CHIPS　53
CIC(中国投資公社)　321,344
CIF　36
CIF 建て　37
CIP　77
CME(シカゴ・マーカンタイル取引所)　82,84
CMI(チェンマイ・イニシアティブ)　97,285,351
　　──のマルチ化(CMIM)　352
COMECON(経済相互援助会議)　194
copy cat problem　298
Core Principles for Effective Banking Supervision　267
CP　325
CPI(消費者物価指数)　9,10,118
DAX　80
deleverage(レバレッジ解消)　327,328
directive　206
EBA(欧州銀行監督機構)　224,340
EBS　58
EC(欧州共同体)　206
EC 関税同盟　206
EC 共通農業政策　206
EC スネーク制　211
ECB(欧州中央銀行)　93,102,219
ECCU(東カリブ通貨同盟)　304,306
economic capital　272
ECSC(欧州石炭鉄鋼共同体)　205,206
ECU(欧州通貨単位)　189,212
EEC(欧州経済共同体)　205,206
EFF(拡大ファシリティ)　338,349
EFSF(欧州金融安定基金)　339
EFSM(欧州金融安定化メカニズム)　340
EMCF(欧州金融協力基金)　188
EMS(欧州通貨制度)　181,211
EMU(経済通貨同盟)　210,213
　　──第1段階　243
EPA(経済連携協定)　194
EPU(欧州決済同盟)　188,192,204
ERM(為替レートメカニズム)　212
　　──危機　275
ESCB(欧州中央銀行制度)　203,213,219

――一般理事会　219
　――の説明責任　224
　――の独立性　224
ESM(欧州安定メカニズム)　340
EU銀行指令　252
EURATOM(欧州原子力共同体)　205,206
Eurostat(欧州委員会統計局)　45
Exit Option　317
FASB(米国財務会計基準審議会)　271,332
FATF(金融活動作業部会)　248,249
FAXII　58
FB(政府短期証券)　94,107
FCL(フレキシブル・クレジット・ライン)　347
FDI(直接投資)　36,280
FDIC(連邦預金保険公社)　57
fear of floating　306,321
FECOM(欧州通貨協力基金)　212
FEER(均衡為替レート)　123,138,307,319
FISIM(間接的に計測される金融仲介サービス)　9
FOB　35
FOB建て　37
FOMC(連邦公開市場委員会)　92,329
FRB(米国連邦準備制度理事会)　19,92,93,102,252,272
FRN(変動利付け債)　296
FSAP(金融セクター評価プログラム)　260,261,266
FSB(金融安定理事会)　331,346
FSF(金融安定化フォーラム)　189,248,267
FSI(金融安定機構)　189
FTA(自由貿易協定)　13,194,205
FX取引　88
G10　188,267
G20　153
G7サミット　177
G8サミット　177
G20サミット　177,331
GATT(関税及び貿易に関する一般協定)　192,194
GATT体制　236
GDDS　284
GDE(国内総支出)　13
GDP(国内総生産)　2,4,11,13
GDPデフレーター　1,9,10
GHOS(中央銀行総裁・銀行監督当局長官グループ)　332
GNI(国民総所得)　11-13,33

GNMA債(政府住宅抵当証券)　84
GPIF　→年金積立金管理運用独立法人
Hang Seng index　277
HICP(統合消費者物価指数)　221
HKMA(香港金融管理局)　277
HLIs(高レバレッジ機関)　248,267,298
IAIS(保険監督者国際機構)　189
IAS(国際会計基準)　271
IBF　247
IBRD(国際復興開発銀行)　191,199
ICSID(投資紛争解決国際センター)　199
IDA(国際開発協会)　199
IFC(国際金融公社)　199
IFRS(国際財務報告基準)　271
IMF(国際通貨基金)　177
　――のクオータ　292
　――の分類による通貨制度　302
IMF8条国　192,236,238,243,279
IMF14条国　192
IMF改革　285
IMFガバナンス改革　349
IMF協定　193
　――第4条　231
　――第8条　231,240,242
　――第14条　241,242
IMF証券　348
IMF方式　61
IMFマニュアル　→国際収支統計マニュアル
IMFリザーブポジション　37
IMFC(国際通貨金融委員会)　153,284,349
IMM(国際通貨市場)　85
INDRA(インドネシア債務再編庁)　291
IOSCO(証券監督者国際機構)　271,333
IS-LM分析　178
IS-LMモデル　159
IS曲線　163,171,173
ISバランス　18,154
ISバランス・アプローチ　23
ITBB　249
ITO(国際貿易機構)　191
Jカーブ効果　151,152
Jパワー　246
KAMCO　291
LIBOR　76,78
LIFFE(ロンドン金融先物市場)　86
liquidity squeeze　326
LM曲線　160,169,171
LoLR(最後の貸し手機能)　224,263,296,314
LTCM　92,275,278,296,298

索 引

M1	101		
M2	101		
M2+CD	102		
M3	101		

MABP(国際収支のマネタリー・アプローチ) 154,155
M&A 253,291,330
MAP(相互評価プロセス) 346
MDBs(国際開発金融機関) 200
MIGA(多国間投資保証機関) 199
MMMF 252
Moody's 325
MSCI 235
NAB(新規借入れ取決め) 284,342,347
NAFTA(北米自由貿易協定) 205
NATO 344
NDF 80
NDP(国内純生産) 14
Net Capital Rule(自己資本比率規制) 249,327
NGO 200
NI(国民所得) 13
NIIP(純対外債権債務ポジション) 327
$n-1$ 問題 70,193
NNP(国民純生産) 13
NYSE 93
OBU 247
OCC(米国通貨監督庁) 272
OECD(経済協力開発機構) 6,177
offer rate(売値) 59
off the run bonds 296
open economy →開放経済
opt-out 条項 214
originate-to-distribute 327
OTC デリバティブ(取引) 268,335
OTC 取引(相対取引) 55,58
PCA(早期是正措置) 262,263
Penn Central 銀行 297
PPP(購買力平価) 115,116,123
PRGF(貧困削減・成長ファシリティ) 198
pro-cyclical 273
PRSCs(貧困削減戦略融資) 199
PRSP(貧困削減戦略文書) 199
PSI(Private Sector Involvement) 285
PTM(市場別価格設定) 115,150
QE 329
QE2 329
regulatory arbitrage →規制上の裁量
regulatory capital 272
repatriation 327

Report to Congress on International Economic and Exchange Rate Policies 321
reference value 220
RMBS(住宅ローン担保証券) 324
ROA(総資産収益率) 269
ROE(総資本収益率) 269
ROW(その他全世界) 18,164
RTGS(即時グロス決済) 52,53,223,225
S&P 325
S&P500 80
SBA(スタンドバイ取極) 349
SDDS 29,31,284
SDR(特別引出権) 37,195,342,348
SDR 勘定 195
SDRM(国家債務再編メカニズム) 285
SEAQ 249
SEC(米国証券取引委員会) 258,259,271
SG ウォーバーグ 251
SIFIs(システム上重要な金融機関) 331
SNA(国民経済計算) 12,28
SNA 体系 12,19
SRF(補完的準備融資制度) 284
SOX 法(企業改革法) 259
SWF(ソブリン・ウェルス・ファンド, 政府系ファンド) 96,292,321,342,344
TARGET 53,219
TARGET システム 53
TARP(金融安定化法案) 326
TB 市場 301
TCI ファンド 246
TFP(全要素生産性) 275
Tier1 269,335
Tier2 269,335
Tier3 269
TIFFE(東京金融先物市場) 86
TTB 56
TTS 56
UIP 77
URR(無利子の準備金) 283
VaR 60
VDAX 80
VIX 80
WAWMU(西アフリカ経済通貨同盟) 304,306
WPI(卸売物価指数) 9,118
WTO(世界貿易機関) 192,194

―――― あ 行 ――――

相対取引 → OTC 取引
アイルランド支援 341

アウトライト・フォワード　76,79
アジア開発銀行　→ADB
アジア債券市場育成イニシアティブ(ABMI)　294
アジア通貨危機　239,255,275,276
アジア通貨統合　292
アジアの奇跡　275
アセット・アプローチ　126
アブソープション・アプローチ　15,23
アムステルダム条約　208
アメリカン・タイプ　81
アメリカンターム　60,61
アルゴリズム・トレーディング　63
アルゼンチン危機　310,314
アンカー通貨国　316
アンカバーの金利平価　77,129
アンショー報告　211
アンブロシアーノ事件　266
暗黙の保証　289
域内市場白書　206
イギリスのビッグバン　249
イグジット・ポリシー　310
異時点間の取引　18
委託介入　96
一物一価の法則　114
一般会計　94
一般均衡　18
移転収支　36
移転取引　30
意図せざる在庫投資　12
イングランド銀行　→BOE
インター・ディーラー市場　54
インターバンク市場　54
インドネシア債務再編庁(INDRA)　287
インフレ・ターゲット　109,311,322
インフレなき安定成長　1,2,175
インベストメント・バンク(投資銀行)　251
インボイス通貨　150
ウィーン条約　249
ウェルナー報告　211
売値(ask rate; offer rate)　59
ウルグアイ・ラウンド　194
エクイティCDO　324
エクスポージャー　59
エクソン・フロリオ条項　246
エージェンシーコスト　258,259
エマージング市場　235
エマージング(新興)諸国　27
円キャリートレード　94,296

円の国際化　150,292
エンロン問題　259
オイル・ショック　51,181,231,245,307
欧州安定メカニズム(ESM)　336
欧州委員会　210,227
欧州委員会統計局(Eurostat)　45
欧州型福祉国家　209
欧州合衆国構想　204
欧州議会　210
欧州共同体(EC)　204
欧州銀行監督機構　→EBA
欧州金融安定化メカニズム(EFSM)　336
欧州金融安定基金(EFSF)　336
欧州金融協力基金(EMCF)　188
欧州経済共同体　→EEC
欧州決済同盟　→EPU
欧州原子力共同体　→EURATOM
欧州憲法条約　227
欧州石炭鉄鋼共同体　→ECSC
欧州中央銀行　→ECB
欧州中央銀行制度　→ESCB
欧州通貨協力基金(FECOM)　210
欧州通貨制度　→EMS
欧州通貨単位　→ECU
欧州評議会(Council of Europe)　204
欧州復興開発銀行　200
欧州方式　61
欧州モデル　209
欧州理事会　210,225
欧州連合大統領　210
大口信用供与規制　261
オーバーシューティング　121,132
オーバーシューティング・モデル　126,133
オーバーシュート　97
オフサイト　261
オフサイト・モニタリング　261
オフショア市場　247
オフショアセンター　232
オプション・プレミアム　82
オフバランス　268
オフバランス取引　330
オープン・ポジション　59
オープン・マクロ・モデル　159
オペレーショナル・リスク　270,266
オランダ病　155
オリエンタルバンク　189
卸売物価指数　→WPI
オンサイト　261

索　引　371

か　行

外貨マリー　88
外国為替　51
外国為替及び外国貿易法　→外為法
外国為替管理法　191,240
外国為替資金　107
外国為替資金証券(為券)　94,107
外国為替資金特別会計(外為特会)　94,99
外国為替市場　54
外国為替認可銀行(為銀)　57,62
外国為替平衡操作　92,99
外国銀行参入　296
外資法　68
改正日本銀行法　263
外生変数　141
外為法(外国為替及び外国貿易法)　30,68
外為法改正　57,253
買　値　59
開放経済(open economy)　2,3,14
開放小国経済　120
開放マクロ　159
カウンターパーティ・リスク　59,330
価格効果　146
価格弾力性　143,145
価格統制　322
価格の硬直性　156
価格の伸縮性　120,126,156
拡大EU　204
拡大ファシリティ　→EFF
格付け会社　325
過剰準備　104
可処分所得　17
風に逆らう介入　97,98
風に乗る介入　97,98
価値貯蔵手段　100
カバー付き金利平価　77,127
貨幣ヴェール説　134
貨幣乗数　106,156
貨幣数量説　124,160
貨幣的(名目的)ショック　310
貨幣の二分法(ダイコトミー)　134
貨幣法　190
可変バスケット　10
カレンシー・ボード(制)　174,186,277,303,310,
　　313,314,316,317
為替安定基金(ESF)　97,353
為替スワップ　76
為替政策　169

為替操作国　321
為替手形　52,53
為替リスク　59
為替レートメカニズム(ERM)　210
関税及び貿易に関する一般協定　→GATT
関税同盟　205
間接金融　19
間接的に計測される金融仲介サービス(FISIM)
　　9
間接表示　60
完全雇用　175
完全代替　138,165
管理フロート　305
危険愛好者　238
危険回避者　238
規制裁定(regulatory arbitrage)　231,249
帰属価値　7
帰属取引　31
基礎収支　32
期待為替変化率　128
期待為替レート　129
期待収益率　126
基本ポートフォリオ　239
逆委託介入　96
逆為替　53
逆Jカーブ効果　153
逆選択　257
キャッシュ・マネジメント　89
キャピタルゲイン　8
キャリートレード　236
行革推進法　95
協調介入　96
共同フロート制　211
居住者　30
寄与度　14,22
寄与率　14
ギリシャ支援　340
金銀複本位制　184,189
キングストン合意　196
均衡アブソープション　307
均衡為替レート　→FEER
銀行衰退論　258
銀行取付け　256
銀行破綻モデル　289
金銭信託　102
金兌換　183
金兌換保証付き銀行券　189
金の二重価格制度　194
金プール制　194

金本位制　182,183
　　──のメカニズム　183
銀本位制　182
金融安定化フォーラム　→ FSF
金融安定化法案(TARP)　328
金融安定機構(FSI)　189
金融安定理事会　→ FSB
金融活動作業部会　→ FATF
金融勘定　32
金融機能強化法　263
金融コングロマリット　265
金融再生法　264
金融先物取引法　69
金融資産負債残高表　34
金融商品取引法　69,238
金融政策　175
金融セクター評価プログラム　→ FSAP
金融庁　261
金融の概念　18
金融マスタープラン　292
金輸出解禁　187
金輸出禁止　186
金輸出再禁止(措置)　187,190
金輸出点　185
金輸入点　185
金利・株式リスク　268
金利規制　261
金利平価式　77,165
金利平衡税　245
近隣窮乏化政策　187,230
クオータ　198,350
クック委員会　261
クーポン　128
クラウディング・アウト　167
グラスマンの法則　150
グラス=スティーガル法　252
グラム=リーチ=ブライリー法　251,252,327
クリーンフロート制　92
クレジット・クランチ(信用収縮)　262,281,291
クレジット・デフォルト・スワップ(CDS)　235,324
クレジット・トランシュ　198
グレシャムの法則　184
クロスボーダー M&A　236
クロス・レート　61
クローニー・キャピタリズム　289,290
グローバル・インバランス　142,153
グローバル化　159
グローバル・マクロ型　295

クローリング　318
クローリング・バンド(制)　304,310
クローリング・ペッグ(制)　304,310
群集行動　59,65
群集心理　135
経済安定化政策　195
経済協力開発機構　→ OECD
経済収斂条件　214
経済相互援助会議(COMECON)　194
経済通貨同盟　→ EMU
『経済白書』　12
経済連携協定(EPA)　194
計算単位　100
経常移転収支　16
経常海外余剰　33
経常勘定の通貨の交換性　242
ケインズ案　191
ケインズ的小国モデル　172
ケインズの美人投票　136
ケインズ・モデル　156
決済リスク　52
ケネディ・ラウンド　194
限界貸出ファシリティ　222
減価償却　13
現金売買相場　56
原罪(問題)　311,312,320,321
交易条件　117,310
公開市場操作　221
交換取引　30
広義流動性　102
考査　261
硬直価格マネタリー・アプローチ　126
硬直価格マネタリー・モデル　135
硬直価格モデル　164
購買力平価(PPP)　237
効用曲線　237
効率的市場仮説　139
高レバレッジ金融機関　→ HLIs
国際会計基準(IAS)　267
国際開発協会　→ IDA
国際開発金融機関　→ MDBs
国際銀行市場　19
国際銀行取引統計　232
国際金本位制　182
国際金融公社(IFC)　198
国際金融センター　250
国際金融仲介　237
国際金融のトリレンマ　171,174
国際決済銀行(BIS)　230

索引 373

国際財務報告基準(IFRS) 267
国際資金取引統計 35,232
国際資本市場 19,234
国際収支統計マニュアル(IMFマニュアル)
　　29,31,34
国際収支の天井 193
国際収支のマネタリー・アプローチ →MABP
国際証券市場 234
国際通貨基金(IMF) 177
国際通貨金融委員会 →IMFC 348
国際通貨制度 182
国際復興開発銀行 →IBRD
国際分散投資 137
国際貿易機構(ITO) 191
国際与信統計 35,232
国内企業物価指数 9
国内純生産(NDP) 14
国内総支出(GDE) 13
国内総生産 →GDP
国富 21
国民経済計算 →SNA
『国民経済計算年報』 12
国民純生産 →NNP
国民所得 →NI
国民所得勘定 29
国民総支出 12
国民総所得 →GNI
国民総生産 →GNP
国有銀行 289
国立銀行条例改正 189
誤差脱漏 41
個人消費 15
護送船団行政 264
護送船団方式 262
国家債務再編メカニズム(SDRM) 285
固定相場制 168,306,309
固定バスケット 10
古典派 124,156
コペンハーゲン基準 226
コーポレート・ガバナンス 290
コミットメントライン 325
小宮理論 41
コモディティ・リスク 60
雇用者報酬 4
コール 83
コール・オプション 81,297
ゴールドマン・サックス 251
コルレス銀行 53
コンディショナリティ 155,157,197,283,348

コンバージェンス・クライテリア 215

さ行

再建金本位制 187
在庫増減 4
最後の貸し手機能 →LoLR
財政安定化協定 217
財政政策 175
裁定取引 77,184
最低預金準備制度 221,222
最適通貨圏の理論 216,312
財の裁定取引 114
財務統括子会社 89
先物市場 77
先渡し相場 76
『ザ・バンカー』誌 273
サービス財 10
サービス収支 16,36
サブプライム(・ローン)危機 16,323,325
サブプライム・ローン 324
サプライチェーン 151
サミット 178
サムライ債 287
サラエボ事件 186
三貨制度 185
サンクコスト 153
産業コングロマリット 290
産業連関表 13,29
三面等価 4
三面等価の原則 12
ジェノア会議 187
シェンゲン協定 208
シカゴオプション取引所 →CBOE
シカゴ商品市場(CBOT) 84
シカゴ・マーカンタイル取引所 →CME
時価法(at current value) 24,34
時間軸効果 105
直先スプレッド 77
資金循環 18
資金循環勘定 19
資金循環統計 34
資金不足 18,19
シグナリング・チャンネル 98
時系列分析 139
自己回帰モデル 139
自己資本 267
時差リスク 55
資産管理会社 →AMC
資産市場均衡 166

資産選択　137
資産代替のドル化　316
自主管理　327
支出国民所得　13
市場価格　6,31
市場価値法(at market value)　24,34
市場規律機能　260
市場別価格設定　→ PTM
システミック・リスク　223
システム上重要な金融機関(SIFIs)　334
実質為替レート　121,122,124,308
実質期待収益率　126
実質金利平価　135
実質 GDP　8
実質実効為替レート　122,281,307
実質マネーサプライ　161
実物ショック　309
質への逃避　297,326
時点ネット決済　53,225
シニョレッジ(通貨発行益)　289,317
支払手段　100
支払い能力(ソルベンシー)　261
資本可動性　171
資本勘定の通貨の交換性　243
資本収支　12,32
資本収支危機　281
資本逃避防止法　191
資本逃避リスク　170
資本取引規制　239,286
資本輸出国　44
資本流出規制　244
資本流入規制　244
シャドー為替レート　287,288
ジャパンプレミアム　95
重金主義者　117
住宅専門金融機関　262
集団行動条項(CAC)　286
集団スキーム　69
自由フロート　305
自由貿易協定　→ FTA
取得価格　30
取得簿価ベース　24
シューマン宣言の日　224
シューマン・プラン　205
需要の価格弾力性　143
主要リファイナンスオペ　222
純対外債権債務ポジション(NIIP)　325
純輸出　15,168
譲許的融資　198

証券化　330
証券買取政策　329
証券監督者国際機構　→ IOSCO
証券投資　36
証券投資法　69
証券取引法第 65 条　252
証拠金　88
小国モデル　164
消費者物価指数　→ CPI
商品本位制　183
情報の非対称性　59,257,290
省令レート　31
所得収支　11,16,33
ショート・ポジション　59,79
自律的取引　32
新貨条例　183,188
新規借入れ取決め　→ NAB
人民元為替レジーム改革　320
信用組合　101
信用乗数　106
信用乗数メカニズム　105
信用創造機能　191,256
信用リスク　129
信用割当　257
数量効果　146
スカンジナビア貨幣同盟　182
スクエア　59
スタンドスティル　285
スタンドバイ取極(SBA)　347
ストック　21
ストップ・アンド・ゴー　193
ストラクチャード・ファイナンス　274
ストレステスト　340
スプレッド　56
スポット・レート　78
スミソニアン体制　195
スムート・ホーリー関税法　187
スワップ協定　96,97
スワップ取引　79
スワン・ダイアグラム　306
政策理事会　219
生産可能性曲線　237
生産国民所得　13
政治統合　205
成長協力協定　338
西南戦争　189
政府系ファンド　→ SWF
政府支出　15
政府住宅抵当証券(GNMA 債)　84

索引　375

政府短期証券　→FB
世界銀行　199
世界の手形交換所　183
世界貿易機関　→WTO
セカンダリーマーケット　129
世銀グループ　199
絶対的購買力平価　116
設備投資　15
ゼロ金利　109
全国内国為替制度（全銀システム）　52
全要素生産性（TFP）　279
早期是正措置　→PCA
送金為替　53
総合収支　32
相互評価プロセス（MAP）　344
総資産収益率（ROA）　264
総資本収益率（ROE）　264
総需要　15
相対価格　122,124
相対的購買力平価　117
総務的ドル化　317
即時グロス決済　→RTGS
その他資本収支　36
その他全世界　→ROW
その他投資　36
ソフト・ペッグ制　310
ソブリン・ウェルス・ファンド　→SWF

　　　　た 行

第一世代モデル　287,288
第二世代モデル　288
第三世代モデル　289
対外均衡　3
対外資産負債残高統計　34
対外純資産　21
大規模小売店舗法　125
対顧客市場　54
ダイコトミー（貨幣の二分法）　134
対内均衡　3
第2次IMF協定改正　302
ダイレクトディーリング　58
高橋財政　193
兌換再開条例　183
多国間投資保証機関（MIGA）　198
多国籍企業　87
タックスヘイブン　248
タックスヘイブン型　247
ダーティフロート　92
ダブルプレイ　277

為銀主義　57
為　券　→外国為替資金証券
単一欧州議定書　206
短期信用制度　213
弾力性アプローチ　143
チェッキーニ報告　209
チェンマイ・イニシアティブ　→CMI
チャーチスト　136
チャップス（CHAPS）　53
チャプター11　251
中央アフリカ経済通貨共同体（CEMAC）　298
中央銀行総裁・銀行監督当局長官グループ（GHOS）　332
中央銀行預金ファシリティ　222
中央計画経済　289
中間財投入　5
中国投資公司　→CIC
チューリップ　83
チューリップ・バブル　135
超過準備　104
調整可能な釘付け制度　192
調整的取引　32
直接金融　19
直接投資　→FDI
直接表示　60
貯蓄超過　18
チリ型資本取引規制　286
通貨オプション　82
通貨スワップ　86
通貨戦争　329
通貨代替のドル化　316
通貨の交換性　194,239
通貨バスケット制　280,319
『通貨報告書』（米財務省）　320
ディスインターミディエーション　252
ディスカウント　78
テイラー・ルール　221
ディーリング　54,56
ティンバーゲンの定理　3,176
デフレ　105
デフレ・ショック　186,320
デリバティブ取引　29,81,235,236
デルタ　60
電子ブローキングシステム　57
電信売買相場　56
店舗規制　260
ドイツ・ヘルシュタット銀行　265
投機家　59
投機的アタック　289

投機的動機　160,161
投機的バブル　135
東京金融先物市場（TIFFE）　86
統合消費者物価指数（HICP）　221
東西ドイツ統合　214
東西冷戦　27
投資家恐怖指数　80
投資銀行　→インベストメント・バンク
投資者保護基金　264
投資信託　101
同時多発テロ事件　238
投資紛争解決国際センター（ICSID）　198
独占禁止法　250
特別会計　99
特別引出権　→SDR
ドッジ・ライン　192
ドット＝フランク法　333,334
取立為替　53
取引動機　160,161
ドル化　309,313,316
トルコ通貨危機　276
ドロール報告　206,213
トンネルから出た蛇　211
トンネルの中の蛇　211

な　行

内外一体型　247
内外価格差　123,124
内国為替　51
内需　15
内生変数　141
内内価格差　125
内部格付手法　272
内部管理　260
内部交易条件　122
ナポレオン戦争　182
並為替　53
南海泡沫事件　135
ニクソン・ショック　51,195
二元銀行制　250
2国モデル　164
西アフリカ経済通貨同盟　→WAWMU
日銀ネット　52
日米修好通商条約　185,188
日本銀行　93
日本版ビッグバン　238,250
ニューエコノミー　1,16
値洗い　85
ネッティング　87

ネットワーク外部性　292
年金積立金管理運用独立行政法人（GPIF）　239
農協　101
延米取引　83
ノンバンク　262

は　行

媒介通貨　61,71
ハイパー・インフレーション　118,187,310,314
ハイパワードマネー　102,106
パーシェ型指数　10,11
バスケット　318
バスケット通貨　195,212
パススルー　150
バーゼルⅡ　239,260,267,272
バーゼルⅢ　267,333
バーゼル・アコード　265
バーゼル銀行監督委員会　266,297
バーゼル・コア・プリンシプル　266
バーゼル・コンコーダット　265,266
バーゼル・ニボー協定　213
バーター型貿易システム　194
バッキングルール　314
発生主義　30,31
ハネムーン効果　135
バラッサ＝サミュエルソン効果　120,121
パリティグリッド　212
パリバ・ショック　325
バリュー・アット・リスク　269
汎欧州（パン・ヨーロッパ）運動　204
バンコ・アンブロシアーノ　267
バンド　318
バンドワゴン効果　136
パン・ヨーロッパ運動　→汎欧州運動
東カリブ通貨同盟　→ECCU
引受商社　251
非居住者　30
非譲許融資　198
ビッカーダイク＝ロビンソン＝メッツラー条件　147
ビッグバン　249
ビッグマック指数　116,118
ピッツバーグ・サミット　331
非伝統的政策　323
1人当たりGDP　6
非負制約　109
非不胎化政策　109,110
標準的手法　272
ピール条例　182

索引　377

貧困削減戦略文書(PRSP)　199
貧困削減戦略融資(PRSCs)　199
ファイナリティ　51
ファニーメイ　326
ファミリービジネス　284
ファンダメンタリスト　136
フィアットマネー　100
フィッシャー効果　109,134
フィッシャーの交換方程式　124
フェッドワイアー　53
フォワード取引　127
フォワード・レート　76,78
付加価値　4,5
不完全代替　137
複式計上方式　28
複式簿記の原則　28
複数均衡の議論　71
複本位制　183
不胎化　108,109,314,320
双子の赤字　1
2つのミスマッチ　281,282
プチバン(パリ証券取引所改革)　250
プット・オプション　81
不動産融資規制　261
部分均衡　18
プライス・スピーシー・フロー(価格正貨移動)・
　メカニズム　186,314
プライベート・エクイティファンド　333
プラザ合意　41,96,196
ブラック・ショールズ式　82
フランチャイズ・バリュー　297
プリンシパル=エージェント　258
プルーデンス規制　224
プルーデンス政策　244,260
フレキシブル・クレジット・ライン(FCL)
　349
プレコミットメント　311
フレディマック　326
ブレトンウッズ　191
ブレトンウッズⅡ　331
ブレトンウッズ協定　191
ブレトンウッズ体制　51,181,211,371
プレミアム　78,84
フロー　21
フロー・アプローチ　126
プロイセン王国銀行　182
ブローカーディーリング　57
ブローカレッジ　55
プロセス重視のアプローチ　272

ブロック経済　194
ブロック経済主義　188
フロート制　303
分配国民所得　13
ベアスターンズ　325
ペイオフ　264
平価切下げ　170
平価変更　169
米国財務会計基準審議会　→FASB
米国証券取引委員会　→SEC
米国連邦準備制度理事会　→FRB
ベースマネー　102
ヘッジ　127
ヘッジファンド　27,216,296
ヘッジファンド危機　50,324
ヘッジャー　59
ヘリコプターマネー論　109
ベルサイユ条約　119,186,188
ヘルシュタット・リスク　55
ベルリンの壁　214,229
ベンチマーク　296,297
変動相場制　113,142,168,209,309
変動利付け債(FRN)　293
片務的ドル化　317
ボイス改革　350
ボイスブローカー　57
貿易財　10
貿易収支　15,35
包括通商競争力法　246
包括貿易競争力法(1988年)　321
法定準備　104
法定所要準備額　104
法定通貨(法貨, legal tender)　100,183,316
補完的準備融資制度(SRF)　280
北米自由貿易協定(NAFTA)　203
保険監督者国際機構(IAIS)　189
保険契約者保護機構　264
保護主義　187,194
ホットポテト現象　65
ポートフォリオ・バランス・アプローチ　137
ポートフォリオ・バランス・チャネル　98
ホームバイアス　136
ボラティリティ　305,318
ポリシーミックス　175
ボルカールール　333
ボルシェビキ地方政府　317
ホールドアップ問題　258
ポルトガル支援　341
ホワイト案　191

ホワイトノイズ　139
香港金融管理局(HKMA)　273
ポンド体制　187

　　　ま　行

埋蔵金　99
マウントワシントンホテル　191
前川レポート　41
前向きの在庫投資　4
マギー効果　152
マクファーデン法(州際業務規制)　252
マクロ・プルーデンス政策　334
マーケットメイカー　58,59
マーケット・リスク規制　268
マーシャルの k　124,161
マーシャル・プラン　192,204
マーシャル＝ラーナー条件　151
マーシャル＝ラーナーの安定条件　146,148
マーストリヒト条約　213
マーチャント・バンク　250,251
松方デフレ　189
マッキノン基準　217
マッチング　88
マニラ・フレームワーク　285
マネーサプライ　101
マネーストック統計　101
マネタイズ　303,310
マネタリー・アプローチ　124,126,287
マネタリスト・モデル　165
マネタリーベース　102
マネタリー・モデル　173
マネー・ローンダリング　248,249
マルチネッティング　88
万延小判　185
マンデル基準　217
マンデルの政策割当原理　176
マンデル＝フレミング・モデル　159
マンデル＝フレミング理論　309
ミクロ・プルーデンス政策　334
ミスアラインメント　91
ミセス・ワタナベ　88
無利子の準備金(URR)　286
名目 GDP　8
メキシコ危機　275
メザニン CDO　324
メーデー　252
モニタリング(監視)機能　258
モノバンク　289
モノライン保険機関　326

モラルハザード　257,258,259,263,311
モルガン・スタンレー　251
モントレー合意　199

　　　や　行

約束手形　53
山一證券破綻　262
ヤング案　188
誘因両立的規制　260
有効フロンティア　239
雪だるま現象　69
輸出指向型工業化　279
輸出信用状　56
輸出入の弾力性　146
輸出の価格弾力性　148
輸出物価指数　9,15,118
ユニバーサルバンク　252
輸入代替工業化　279
ユーロ　181
ユーロカレンシー市場　244
ユーロ市場　78
ユーロシステム　219
ユーロダラー　248
ユーロペシミズム　206
要求の二重の一致　68
要素所得　11
預金保険制度　264
預金保険法　263
吉国委員会統計　230,235
欲求の二重の一致　100
予備的動機　160,161
予防的融資枠(CCL)　280
ヨーロッパ・デー　224
ヨーロピアン・タイプ　81
ヨーロピアンターム　60
4条コンサルテーション　197

　　　ら　行

ライヒスバンク　182
ラスパイレス型指数　10,11
ラテン貨幣同盟　183
ラブアン・オフショア金融サービスセンター　279
ランダムウォーク　139
リザーブトランシュ　198
リーズ・アンド・ラグズ　87-89,242
リスク　126,137
リスク・ウェイト　272
リスク・エクスポージャー　59,79

索　引　379

リスク回避的な投資家　136
リスク管理　260
リスク選好　324
リスク選好度　326
リスク・プレミアム　136,165,316,335,337
リスボン条約　227
リターン　137
リーマン・ショック　16,271,338
流動性　126
　──のジレンマ　195
流動性危機　281
流動性資産比率規制　261
流動性リスク　256
両極の解　303,320
量的緩和策　109
履歴現象　153
リレーションシップ・バンキング　262
ループホール条項　215
ルーブル合意　96,196
レギュレーションQ　245

レバレッジ　296,325
レバレッジ解消　→ deleverage
レベル・プレイング・フィールド　267
レポ市場　296
レモン　257
レモン問題　257,258
連結ベース規制　268
レンテンマルク　119
レント　128
連邦公開市場委員会　→ FOMC
労　金　101
ロシア危機　27,275,278
ローマ条約　203
ロング・ポジション　59,79
ロンドン金融先物市場(LIFFE)　86
ロンドン・サミット　331
ロンドン市場　245

わ　行

割引現在価値　128

人 名 索 引

アカロフ, G.A.　257
アデナウアー, K.　204
伊藤博文　189
井上準之助　190
オブストフェルト, M.　178
カッセル, G.　117
クーデンホーフ－カレルギー, R.N.E.　204
グリーンスパン, A.　270,323
クルーガー, A.　285
ケインズ, J.M.　136,191
ケネディ, J.F.　245,248
小宮隆太郎　41
サミュエルソン, P.　120
サルコジ, N.　177
ジスカールデスタン, V.　177,212
シューマン, R.　204,205
シュミット, H.　212
白川方明　153
ソロス, G.　216
高橋是清　190
ターレス　83
チャーチル, W.　204
徳川吉宗　83
ド・ゴール, C.　207

ドッジ, J.　192
トービン, J.　137
ドラギ, M.　218,347
トリシェ, J.-C.　218
トリフィン, R.　195
ドロール, J.　213
ドーンブッシュ, R.　133
中曾根康弘　41
ニクソン, R.　195
バジョット, W.　263
バラッサ, B.　120,205
ヒックス, J.R.　160
ファン・ロンパイ, H.　210
フィッシャー, I.　134
フォード, G.　177
ブッシュ, G.W.(子)　1
ブラウン, J.G.　177
フリードマン, M.　216
ホエーリ, R.E.　80
ポールソン, H.　251
ホワイト, H.　191
前川春雄　41
マーシャル, A.　117,146
マンキュー, G.　5

ミル, J.S. 117
モネ, J. 204,205
ラーナー, A. 117

リカード, D. 117
ロゴフ, K. 178

● 著者紹介

勝　悦子（かつ　えつこ）

明治大学政治経済学部教授

慶應義塾大学経済学部卒業。1995 年茨城大学人文学部社会科学科助教授，98 年明治大学政治経済学部助教授，2003 年同教授。財務省関税外国為替等審議会委員，厚生労働省労働政策審議会，文部科学省中央教育審議会委員などを歴任。『国際金融アーキテクチャー』東洋経済新報社，2003 年（監訳），「エマージング諸国の為替レジームとアジアの通貨制度」『明治大学社会科学研究所紀要』第 47 巻第 2 号所収，2008 年，『国際金融理論』有斐閣，2008 年（分担執筆），など著作多数。

新しい国際金融論──理論・歴史・現実
Contemporary International Monetary System

2011 年 11 月 20 日　初版第 1 刷発行
2020 年 7 月 30 日　初版第 4 刷発行

著者　勝　悦子
発行者　江草　貞治
発行所　株式会社　有斐閣
〒 101-0051　東京都千代田区神田神保町 2-17
電話　(03)3264-1315〔編集〕　(03)3265-6811〔営業〕
http://www.yuhikaku.co.jp/
印刷　萩原印刷株式会社
製本　大口製本印刷株式会社

© 2011, Etsuko Katsu. Printed in Japan
ISBN 978-4-641-16333-1

落丁・乱丁本はお取替えいたします。
★定価はカバーに表示してあります。

JCOPY　本書の無断複写（コピー）は，著作権法上での例外を除き，禁じられています。複写される場合は，そのつど事前に（一社）出版者著作権管理機構（電話 03-5244-5088，FAX 03-5244-5089，e-mail: info@jcopy.or.jp）の許諾を得てください。